U0838052

● 教育部人文社会科学研究西部和边疆地区规划基金项目“新时代中国特色社会主义政治经济学若干重大理论问题研究”（19XJA790002）资助

● 教育部哲学社会科学研究重大课题攻关项目“中国特色社会主义政治经济学的理论与实践研究”（20JZD005）资助

中国特色社会主义政治经济学简史

A BRIEF HISTORY OF SOCIALIST POLITICAL ECONOMY WITH CHINESE CHARACTERISTICS

宋宇 孙雪 等◎著

中国经济出版社
CHINA ECONOMIC PUBLISHING HOUSE
·北京·

图书在版编目（CIP）数据

中国特色社会主义政治经济学简史 / 宋宇等著. --北京：中国经济出版社，2023. 3

ISBN 978 -7 -5136 -7241 -2

Ⅰ. ①中… Ⅱ. ①宋… Ⅲ. ①中国特色社会主义 - 社会主义政治经济学 - 经济思想史 Ⅳ. ①F120. 2

中国国家版本馆 CIP 数据核字（2023）第 052406 号

责任编辑 王 帅
责任印制 马小宾

出版发行 中国经济出版社
印 刷 者 北京柏力行彩印有限公司
经 销 者 各地新华书店
开 本 710mm×1000mm 1/16
印 张 22. 5
字 数 321 千字
版 次 2023 年 3 月第 1 版
印 次 2023 年 3 月第 1 次
定 价 88. 00 元
广告经营许可证 京西工商广字第 8179 号

中国经济出版社 **网址** www. economyph. com **社址** 北京市东城区安定门外大街 58 号 **邮编** 100011

本版图书如存在印装质量问题，请与本社销售中心联系调换（联系电话：010 -57512564）

版权所有 盗版必究（举报电话：010 -57512600）

国家版权局反盗版举报中心（举报电话：12390） 服务热线：010 -57512564

绪论 Introduction

随着改革开放和社会主义现代化建设的不断推进，在日益丰富的经济实践基础上，人们对于中国特色社会主义政治经济学的认识越来越成熟。我们恰逢为世界经济学革命做出贡献和创建中国经济学这难得的历史机遇。我们需要把对社会主义经济现象、问题、规律和经验的研究加以系统化，形成更加完整、更加科学的理论体系和话语体系。除此之外，研究中国特色社会主义政治经济学的历史，探索中国特色社会主义政治经济学的“历史路标”，也就是对中国特色社会主义政治经济学的经济思想史进行探讨，也是一个重要任务。

重视对经济思想史的研究，是马克思主义政治经济学的学术特征和学理遵循、理论品格。正如顾海良教授所言，探索政治经济学的“历史上具有决定意义的形式”，是马克思实现政治经济学科学革命的学术特征和学理遵循。这种对经济思想史研究和政治经济学理论研究的重要作用的强调，也可以在熊彼特等的论著中得到体现，尽管其与马克思主义经济学的观点有很大区别。而“理论创新—实践检验”的互动思路，既可以从实践视角验证中国特色社会主义政治经济学分析框架对社会主义市场经济的解释力，又可以反过来为中国特色社会主义政治经济学发展提供源头活水，使中国特色社会主义政治经济学更好地体现在经济思想史的发展中。

中国特色社会主义政治经济学形成于改革开放新时期，但其肇始发端可以向前追溯。可以确认的是，中国特色社会主义政治经济学开创于中国社会主义基本经济制度的确立时期，其重要标志是毛泽东于1956

年4月发表的《论十大关系》和1957年2月发表的《关于正确处理人民内部矛盾的问题》。与中国革命和建设的实践相呼应，毛泽东对新民主主义经济形态做了科学的论证；与中国社会主义改造道路相呼应，毛泽东对社会主义过渡经济理论做了创造性的探索。毛泽东关于中国社会主义建设道路问题的论证，更是中国社会主义政治经济学的开端之作。

当然，我们现在所说的中国特色社会主义政治经济学，主要是在当代中国改革开放的伟大实践中，在新时代中国社会主义现代化建设的辉煌历史进程中，中国共产党（当然也包括中国政治经济学工作者）对马克思主义政治经济学进行的理论创新与实践总结的成果。它是中国化马克思主义的重要组成部分，中国特色社会主义政治经济学理论体系必须是马克思主义政治经济学，是中国共产党对马克思主义政治经济学发展的伟大贡献。从对生产力等问题的探索开始，以经济制度、经济运行、经济发展、经济开放等研究为主要内容，以发展和探索社会主义生产关系为研究任务，展开了对中国特色社会主义政治经济学的发展历史的研究，形成了更加完整、更加科学的理论体系和话语体系。狭义而言，中国特色社会主义政治经济学经历了起步阶段（1949—1979年）、形成和发展阶段（1979—2012年）、新时代新突破阶段（2013年至今）。

中国特色社会主义政治经济学的历史发展，既是马克思主义经济学的中国化过程，也是从中国社会主义经济发展实践中总结得出新思想、新理论的过程。“马克思主义政治经济学化”，创造了马克思主义政治经济学的新内涵、新形式，形成了具有中国特色的马克思主义政治经济学，是对当代世界经济学发展的突破。这两个环节互相交织，在螺旋式上升中发展。

中国特色社会主义政治经济学思想史研究，按两条线索进行，一条是党的领导人和领导集体的理论贡献，另一条是经济学家的理论贡献。首先，党所提出的所有属于经济学的概念或术语和理论命题及判断，在经济理论上极具创新性。1956年，毛泽东发表《论十大关系》，这是一篇闪耀着中国经济学的伟大精神光辉的代表之作。1959年12月至1960年2月，毛泽东对苏联教科书社会主义部分进行了评论，对社会主义政治经济学的许多重要理论问题进行了深刻阐述，为探索中国特色社会主义政治经济学指明了方向。1984年，党的十二届三中全会作出了《中共中央关于经济体制改革的决定》，邓小平说："我的印象是写出了一个政治经济学的初稿，是马克思主义基本原理和中国社会主义实践相结合的政治经济学。"新时代以来，习近平总书记明确提出了"中国特色社会主义政治经济学"这一科学范畴，并进行了系统阐述。

其次，从经济学家的理论贡献看，早在中国特色社会主义政治经济学理论体系探索的起步时期，学术界就对中国特色社会主义经济建设中一些重大问题进行了思考，取得了一些重要的理论成果。如20世纪50年代关于商品生产、价值规律的讨论，60年代初关于经济核算、经济效果、社会主义再生产的讨论。此后，在中国特色社会主义政治经济学理论体系的形成时期，这种探索和研究出现了空前繁荣的局面，取得了许多新的突破和成果。如确立了中国特色社会主义经济理论的基本框架、从着重说明经济制度的本质转向更多说明现实经济运行和经济体制改革与发展的过程和规律。

一是对社会主义初级阶段经济制度、经济体制和经济运行的整体性研究。以对社会主义经济制度的本质研究为前提，对经济体制和经济运行的研究成为社会主义初级阶段经济制度理论的重要内容和必然展开形式。这方面研究以社会主义经济制度和市场经济体制的内在结合为主线，以当代中国经济体制和经济运行研究为内容，构成社会主义生产关系分析的整体性知识。二是科学发展论。新中国成立以来，中国共产党一直关注中国的发展尤其是经济发展。比如，"科学发展观"赋予了中国特色社会主义政治经济学崭新的中国内涵和时代特征。三是对外开放论。正确处理对外开放与独立自主、自力更生的关系，也是社会主义现代化建设中的一项基本任务。在实行对外开放政策和积极参与全球化过程中，形成了中国特色社会主义政治经济学的开放理论。

党的十八大以后，中国特色社会主义政治经济学日益成熟完善，形成了经济制度论、市场经济论、科学发展论和对外开放论等比较完整的理论体系。这可以概括为：以解放和发展生产力为根本指向和重大原则，以新发展理念为主导理念和主要内容，不断探索中国特色社会主义的“系统化经济学说”。因此，在现代化经济体系建设等实践中，中国特色社会主义政治经济学不断得以拓展。比如，公有制与市场机制的关系、社会主义初级阶段的基本经济制度，近期则提出和探讨了坚持党的领导等重大理论和实践问题。经济运行分析，服从于资源最优配置的目标。经济发展分析，遵循生产力自身的规律，研究发展的规律和相应的发展理念。注重创新、协调、绿色、开放、共享的新发展理念，融入新发展格局的高水平对外开放。这些都是中国特色社会主义政治经济学的重要理论成果。

本书以中国特色社会主义政治经济学若干重大理论体系的历史发展为研究对象，按照纵向的时间顺序，广义划分开创起步阶段（1949—1979 年)、形成和发展阶段（1979—2012 年）、新时代新突破阶段(2013 年至今)，对这些重大理论体系从开创到形成和发展、再到拓展和系统化的思想史过程，进行了较为深入的梳理和阐释。

简史，可以理解为精简、浓缩的历史，不仅可以对外行科普，而且是经济思想史的精华和关键部分，通过简史，人们可以对这方面的思想发展过程有一个大致的了解。回顾概括中国社会主义政治经济学的理论发展过程，探讨其与一般的宏观经济学和经济发展理论的内容体系，发现较为突出的经济矛盾已基本包含其中，并且针对中国经济社会转型和发展的特征，在一些重要问题上提出了系统化见解。基于其中的经验和深化认识，本书总结当今时代在政治经济学指导思想、方法论上所形成的共识，根据习近平新时代中国特色社会主义经济思想，系统把握中国特色社会主义政治经济学理论内核，对理论创新进行深度挖掘，加快政策话语向学术话语的创造性转换，推动社会各界“学好用好政治经济学”。由于作者能力和时间所限，不足之处在所难免，敬请广大读者批评指正。

C目录
Contents

第一篇　中国特色社会主义的开创时期（1949—1979 年）

第二篇 中国特色社会主义政治经济学的形成与发展（1979—2012年）

第三篇 新时代中国特色社会主义政治经济学的新境界（2013 年至今）

第一篇

中国特色社会主义的开创时期（1949—1979年）

从1949年新中国成立至1979年改革开放逐步展开，这一阶段是从广义上划分的中国社会主义政治经济学发展的第一个阶段即开创起步阶段。该阶段也可具体划分为1949—1957年社会主义过渡时期与1957—1979年社会主义初步建设时期两个子阶段，二者在总体上属于计划经济体制时期，在政治经济学思想上有较强的一致性与连贯性，因此将两个子阶段统一归为开创起步阶段。

面对新中国成立初期“一穷二白”、百废待兴的基本国情，以毛泽东为代表的共产党人借鉴“苏联模式”，实行计划经济体制，走重工业优先发展道路，开始了对社会主义现代化建设的探索。同时，中国政治经济学界也在苏联《政治经济学教科书》等基础上展开广泛的探索，形成了“关于公有制、计划经济和按劳分配的相关理论”。但随着社会主义建设中出现一系列新问题，直接使用马克思主义基本理论或是“拿来”苏联政治经济学，都难以继续指导中国社会主义建设。在此背景下，毛泽东站在历史高位提出了进行“第二次结合”，将马列基本原理与中国社会主义实际结合起来，找到在中国建设社会主义的道路。1956年4月，毛泽东作了题为《论十大关系》的报告，明确了社会主义建设必须结合具体国情走自己道路的思想，开启了中国社会主义政治经济学的序篇。中国经济学界也逐渐突破“苏联教科书”的思想局限，注重从我国实际国情出发构建社会主义政治经济学理论体系。但由于过度以意识形态与阶级矛盾手段应对经济发展问题，政治经济理论与实践发展脱钩，超越了现实国情，导致出现了冒进与偏差。在此阶段虽没有形成系统完善的政治经济学体系，但也产生了一系列关于探索社会主义经济建设的有益成果，为之后构建中国特色社会主义政治经济学体系奠定了基础，为改革开放之后中国马克思主义政治经济学理论的丰富和发展奠定了理论先导基础，为马克思主义政治经济学中国化的发展做出了重要贡献。

第一章　中国特色社会主义经济制度理论的探索

1949 年中华人民共和国成立以后，我党与理论界人士开启了对选择怎样的经济体制的构思与设想。彼时的社会主义经济体制的蓝图来自马克思主义经典作家的论述、苏联社会主义道路的实践研究与分析，然而对先贤理论的研讨与现实层出不穷的经济问题，也使我党与理论界人士在思想上受到启发，并逐渐形成了以马克思主义为指导，以社会主义政治经济学为标志的相关社会主义计划经济理论，包括计划经济与集中的经济管理模式、以国有经济与集体经济为代表的高级化的公有制形式、平均主义倾向的按劳分配思想，等等，不少计划经济的实践与思想在结构转型的当下重焕生机。本章选择新中国成立至改革开放前期这一时间段，对我国形成的社会主义计划经济体制的背景、理论基础、过程等进行总结，以此形成本书中国政治经济学理论发展的前传。

第一节　社会主义经济制度的建立

新中国成立之初我国对于苏联社会主义模式的学习是现实要求，如同苏联初创一样。新中国成立之后，我国面临着先进的政治制度与落后的生产力之间的矛盾，斯大林的领导模式也一度显示出集中力量办大事的优越性，并成功经受了二战的考验。苏联模式遵循的基本原则包括公有制经济制度以及计划经济体制等，这与马克思理想的共产主义模式大致相符。我国与苏联有着共同的指导思想与愿景，因此其发展模式对成立初期的新中国在社会主义道路的探索上产生了很大影响。

一、全面的学习与反思修正式的学习

马克思在《资本论》中指出，资本主义经济危机的根源在于生产社会化与生产资料私人占有之间的不可调和的矛盾，即资本主义个别企业有组织的生产与整个社会无政府生产状态的冲突，矛盾伴随着资本积累与社会化生产愈加恶化，最终将走向资本主义灭亡，且“生产的无政府是一个重要条件。只有计划经济才能够避免这种生产过剩的危机”。的确，在马克思主义经典作家看来，未来的共产主义社会将是一个消灭了商品与货币，“各尽所能，按需分配”的计划经济社会。恩格斯在《反杜林论》中指出：“一旦社会占有了生产资料，商品生产就将被消除，而产品对生产者的统治也将随之消除。社会生产内部的无政府状态将为有计划的自觉的组织所代替。”[①] 这是计划经济理论的渊源。

十月革命中，布尔什维克党领导俄国工人阶级推翻资产阶级建立了第一个社会主义国家，对社会主义制度的构建进行了完整的塑形。十月革命以后，为巩固苏维埃政权，苏俄社会主义建设形成了第一条道路，即战时共产主义路线。战时共产主义政策是在特殊时期实施的一系列临时性的经济政策的总称，战时共产主义政策的特点在于军事命令化、国有化与配给制，可以说形成了计划经济体制的雏形。然而，战时共产主义政策与和平年代的发展需求相悖，尤其是余粮收集制引发了人民的强烈不满。1920 年底，针对是否将战时体制转向和平建设体制在苏俄内部引发了激烈的争论，争论的核心在于是否允许自由贸易与市场存在。在此背景下，列宁带领整个苏俄走向了社会主义建设的第二条道路，即实施新经济政策。列宁指出，“不摧毁旧的社会经济结构——商业、小经济、小企业、资本主义，而是活跃商业、小企业、资本主义，审慎地逐渐地掌握它们，或者说，做

① ［德］马克思，恩格斯．马克思恩格斯选集：第 4 卷［M］．中共中央马克思恩格斯列宁斯大林著作编译局，编译．北京：人民出版社，1995：757.

到有可能只在使它们活跃起来的范围内对它们实行国家调节”①，并将利用商品货币关系视为“向社会主义过渡的新道路”。

在经历上述两条道路之后，苏联建构起了比较稳定的社会主义制度体系。列宁逝世后，斯大林取消了新经济政策，将计划经济视为社会主义制度的本质属性，开启了向“资本主义符号”的全面进攻：推行单一公有制，1929 年底加速农业全盘集体化运动，宣传消灭最后一个资产阶级——个体农民，改造之后的公有制只存在以国有企业为代表的全民所有制与以集体农庄为代表的集体所有制两种形式；否定商品货币关系与市场，实行中央计划经济，从宏观层面到微观领域、从生产活动到交换分配的所有环节，均实行自上而下指令性经济活动，由中央决定经济发展走向与资源配置；坚持政府主导的以重工业为中心的工业化进程，以农业、轻工业发展为代价全力支持重工业发展。在斯大林指导下编制的《政治经济学教科书》，将国家所有制与高度集中的计划经济列为社会主义的基本经济特征。高度集中的计划经济体制也曾取得一定的经济成效，但这种僵化的经济模式不可避免地会走向冲突矛盾的结局。

1949 年，我国在“一穷二白”的基础上开始了经济建设。马克思主义政治经济学作为主流经济学，肩负着指导我国经济建设的重要使命，其中，苏联作为践行马克思主义政治经济学思想并大致实现了公有制、计划经济等立项的共产主义模式的模本，成为我国在经济建设道路上一个重要的参照系。我国对马克思主义政治经济学的学习分为两大内容，一是对于马克思主义政治经济学经典文本的解读，二是对于苏联政治经济学的学习与研究。新中国成立初期，毛泽东在访苏中提出“第一个社会主义国家发展的历史，就给我们提供了最好的经验，我们可以用他们的经验”。可以说新中国成立之初对于苏联模式的学习是全面的。1953 年，毛泽东在全国政协一届四次会议中强调，“我们不仅要学习马克思、恩格斯、列宁和斯大林的理论，而且要学习先进的科学技术。我们要在全国范围内掀起学习

---

① ［俄］列宁．列宁选集：第 4 卷［M］．中共中央马克思恩格斯列宁斯大林著作编译局，编译．北京：人民出版社，2012：611.

苏联的高潮，来建设我们的国家”。在毛泽东的号召下，全国上下开展了一场轰轰烈烈的向苏联学习的运动，也就是自1953年开始，我国正式进入有计划的经济建设时期，计划经济的目标模式也在1954年列入《宪法》总纲之中。

1957年11月2日，毛泽东与中共党政代表团第二次赴苏参加在莫斯科举行的各国共产党和工人党代表会议。在关于如何对待苏联经验的问题上，毛泽东指出：“各国无产阶级的革命家如果忽视或者不认真研究俄国革命的经验，不认真研究苏联无产阶级专政和社会主义建设的经验，并且按照本国的具体条件，有分析地、创造性地利用这些经验，那么，他就不能通晓作为马克思主义发展新阶段的列宁主义，就不能正确地解决本国的革命和建设的问题。那么，他就会或者陷入教条主义的错误，或者陷入修正主义的错误。我们需要同时反对这两种错误倾向，而在目前，反对修正主义的倾向尤其是迫切的任务。”① 会议还总结了苏联社会主义革命与建设的经验，并提出了一些适用于各国社会主义革命与建设的普遍性的共同规律，其中“以马克思列宁主义政党为核心的工人阶级，领导劳动群众进行这种形式或那种形式的无产阶级革命，建立这种形式或那种形式的无产阶级专政；建立工人阶级同农民基本群众和其他劳动阶层的联盟；消灭基本生产资料资本主义所有制和建立基本生产资料的公有制；逐步实现农业的社会主义改造；有计划地发展国民经济，以便建成社会主义和共产主义，提高劳动人民的生活水平；进行思想文化领域的社会主义革命，造成忠于工人阶级、劳动人民和社会主义事业的强大的知识分子队伍；消灭民族压迫，建立各民族间的平等和兄弟友谊；保卫社会主义果实，不让它受到国内外敌人的侵犯；实行无产阶级的国际主义，同各国工人阶级团结一致”九条规律被毛泽东高度重视，并被作为衡量一个国家究竟是不是社会主义性质，一个政党究竟坚持不坚持马克思列宁原则的标准②。

在斯大林的指导下编制的《政治经济学教科书》，被毛泽东认为是第

① 中共中央文献研究室．毛泽东传[M]．北京：中央文献出版社，2012：3239.
② 中共中央文献研究室．毛泽东传[M]．北京：中央文献出版社，2012：3260.

一部系统讲述社会主义政治经济学的著作，毛泽东对其社会主义部分进行了逐章逐节的认真研读，汇编成《毛泽东读社会主义政治经济学批注和谈话》一书。在1957年的庐山会议上，毛泽东将研读此书视为会议的十八个问题之首，多次要求党内同志加强对此书的学习。

与此同时，苏联在社会主义建设过程中不断暴露出缺点与不足，尤其是斯大林逝世以后，苏联发生了一系列令人震惊的事件，使人们认识到苏联社会主义模式也并非完美无缺。一切从实际出发，实事求是，善于思考，一直是我党的历史传统，对苏联社会主义建设经验的重新审视使我们认识到并不能完全地复制苏联的经验，而要同我国实际情况相结合，才能使借鉴具有意义。

毛泽东在《论十大关系》中指出："特别值得注意的是，最近苏联方面暴露了他们在建设社会主义过程中的一些缺点和错误，他们走过的弯路，你还想走？过去我们就是鉴于他们的经验教训，少走了一些弯路，现在当然更要引以为戒。"① 毛泽东提出建设社会主义的指导思想在于"我们一定要努力把党内党外、国内国外的一切积极的因素，直接的、间接的积极因素，全部调动起来，把我国建设成为一个强大的社会主义国家"②。《论十大关系》重点探讨了我国经济建设及同经济建设密切相关的一些重大问题，提出要首先加强经济建设，并妥善处理多方利益关系，还提出对资本主义国家先进的科学技术与企业管理方法也要善于学习与运用。在之后的成都会议上，毛泽东指出："1956年4月的《论十大关系》，开始提出自己的建设路线，原则和苏联相同，但方法有所不同，有我们自己的一套内容。"③ 在总体模式上，《论十大关系》是对苏联模式的辩证思考，尤其是一些具体内容有很大不同，是从"走苏联走过的路"到"以苏为鉴走自己的路"的良好思索与开端。

除了毛泽东，我国党内一些先进人士也早早意识到了苏联模式的弊端。张闻天结合《苏联社会主义经济问题》一书的评价与思考，对计划经

---

① 中共中央文献研究室．毛泽东传[M]．北京：中央文献出版社，2012：2769.

② 中共中央文献研究室．毛泽东传[M]．北京：中央文献出版社，2012：2772.

③ 中共中央文献研究室．毛泽东传[M]．北京：中央文献出版社，2012：3260.

济模式提出了疑问，认为国家指令性的计划会挫伤生产积极性，也会加重国家的负担，更对反对价值规律与商品经济提出直接的批评。学者们努力摆脱斯大林对社会主义经济问题中某些形而上学的思想束缚，总结中国社会主义革命和建设的正反经验，立足于中国经济建设实际，涌现出诸多宝贵的思想。中国马克思主义经济学家薛暮桥于1979年出版的《中国社会主义经济问题研究》作为中国经济理论界珍贵学术观点的代表作，总结分析了社会主义社会的内部矛盾、社会主义生产关系以及中国社会主义经济发展规律，并对中国进一步开展经济建设作出了指导。这一时期对社会主义经济运行真正规律的探索，有力推动了具有中国特色的马克思主义政治经济学的形成与发展。

二、计划经济体制的逐步确立

新中国的成立揭开了中国历史的新篇章，然而由于长期以来受帝国主义、封建主义与官僚资本主义的压榨与战争摧残，国民经济处于崩溃状态。为了改变国民经济衰退的现状，首先要废除帝国主义在中国的特权，没收官僚资本，消灭封建土地所有制，构建社会主义性质的国营经济。新中国成立之前，在解放战争还未取得胜利之前，没收官僚资本的工作就已经在全国范围内开展。新中国成立后，相继通过了《企业中公股公产清理办法》《关于国营、公营工厂建立工厂管理委员会的指示》等政策法规，又在全国范围内对隐藏在私人资本主义企业中的官僚资本股份进行了清理，一步步完成了没收官僚资本的工作，并初步形成了社会主义性质的国营经济。同时，自1950年起全国新解放区分期分批进行了土地改革。《中华人民共和国土地改革法》的颁布，有力推动了土地改革的继续进行，彻底摧毁了地主阶级封建的土地所有制，建立了农民土地所有制，极大地解放了农村生产力。

新中国成立初期，物资严重匮乏，物价频繁波动，大批民族企业难以维持正常的生产经营活动。面对这种严峻的形势，我党把稳定物价作为中心环节，成立了以陈云为中心的中央财政经济委员会，以物价暴涨中心的上海为主战场，查封上海金融投机中心，打击破坏金融秩序的非法活动，取得了银圆之战与粮棉之战的胜利，使物价得到了有力的控制。1949年底改革财政体制，编制《1950年全国财政收入概算草案》，由政府统筹全国财政收支、物资调度与现金管理，做到统一计划。建立并壮大国营经济，消灭封建土地所有制，以及稳定物价、统一财政工作的实现，为国民经济的恢复奠定了良好的基础，同时计划经济体制也在逐渐形成。

中共七届三中全会召开后，开始在全国范围内进行有计划的经济建设。1951年2月，中央召开政治局扩大会议，毛泽东提出“三年准备、十年计划经济建设”的构想。在已组建的各种专门性的计划管理机构基础之上，1952年11月成立了国家计划委员会，开始着手编制五年计划的各项准备工作。1954年2月成立编制五年计划纲要草案的工作小组，经过多次试编，最终形成了第一个五年计划草案。为加强对国营工厂生产与建设的计划管理，1950年3月，中央实行了统一财经的新体制，将国营企业分为三类，明确了国营企业的管理权，提出国营企业内部生产应遵循“在工厂内，以实行生产计划为中心，实行党政工团的统一领导”。对于农业与手工业生产，在中央的组织安排下，实行互助合作、生产合作计划，并将其纳入地方经济计划。1954年，我国制定并颁布第一部宪法，其中规定“国家用经济计划指导国民经济的发展和改造，使生产力不断提高，以改进人民的物质生活和文化生活，巩固国家的独立和安全”。截至1956年底，我国计划经济体制已基本形成：在产权形式上，经过社会主义改造，基本实现了对社会主义公有制的追求，在经济活动的管理形式上，以行政命令制定“一五”计划并提前完成多项指标。有计划的经济建设使新中国成立初期的经济发展有了极大的好转，在制度形成的过程中也不断促使理论思想迸发，为理论的发展奠定了重要的制度基础和物质基础。

第二节 社会主义经济体制的理论思考

新中国成立以后，恢复发展国民经济，巩固新生人民政权，为向社会主义过渡创造条件，成为党和国家需要迫切完成的任务。总体上参照马克思主义传统经济理论与苏联模式，我国计划经济体制一步步成形，至1956年底我国的计划经济体制已基本明确，但也逐渐形成了自己的特色。一直以来，社会主义的计划经济与商品生产是讨论最多、最为热烈的内容，尤其是三大改造完成以后，社会经济发生重大变化，公有制逐渐成为唯一的经济基础，但多种经济成分并存的理论仍然存在。于是，关于计划经济、商品生产之间关系的讨论逐渐发酵，讨论的问题集中于社会主义生产方式下商品生产存在的原因，社会主义生产关系与商品生产是否相容，商品生产与社会主义计划经济的关系，由商品生产引发关于社会主义计划经济中价值规律的内容、作用及其与国民经济有计划按比例发展规律间的相互关系等的讨论。

一、社会主义计划经济与管理模式

国内学者最初对于社会主义计划经济的认识与理解多基于马克思列宁主义经典作家的论述。斯大林在与英国作家赫·乔·威尔斯的谈话中提到，“什么是计划经济呢，它有一些什么特征呢？计划经济力求消灭失业现象。我们假定，在保存资本主义制度的情况下，可以做到把失业现象减少到某种最低限度，但是不论哪一个资本家，从来不会而且无论如何也不会同意完全消灭失业现象……另外，计划经济要求加强产品为人民群众所特别需要的那些工业部门的生产……如果不摆脱资本家，如果不废除生产资料私有制原则，那么你就不能建立计划经济”①。

有学者根据马克思列宁主义经典作家的论述，对社会主义计划经济及相应的经济管理模式发表了相应的见解。第一，无产阶级专政，这是社会主义计划经济的政治前提。第二，生产资料公有制是社会主义计划经济的经济条件。第三，社会主义计划经济与资本主义经济的根本区别在于国民经济的发展目的不同，在社会主义计划经济之下，国民经济发展的目的是满足人民的需要，而不是追求少数人的发家致富。第四，集中统一有别于

① ［俄］斯大林．斯大林选集：下卷［M］．中共中央马克思恩格斯列宁斯大林著作编译局，编译．北京：人民出版社，1979：352.

"分散化""自由化"，是计划经济发展的客观要求，在计划经济体制下，社会再生产的全部过程和国民经济各部门的经济活动都要纳入统一的计划之中，既包括全国性、地区性的，也包括基层单位甚至每一个企业，部门、企业、地区的计划要纳入整个全国性的计划框架中来，构成一个统一的计划体系。在这样一个统一的计划体系下，可以合理调配生产避免盲目性，从而使各方积极性在正确的方向得到最大限度的发挥。然而现实情况是，我国地大物博，各地区的情况有所不同，在具体实施中遵循的并非绝对集中而是相对集中、适度分散。那么，在把握适度分散的程度时，又有学者指出适度分散应该包括三个方面的内容，首先，在国家制定统一计划之后，分级管理执行；其次，在统一计划范围内，将国家规定的计划指标具体化；最后，在国家计划的要求下，给予一定的权限。并且明确强调适度分散与分散主义、地方主义、本位主义的不同。针对经济管理模式中管得太多、太严的质疑，有学者分析认为工作中的主观主义、官僚主义在某些经济环节上客观存在，控制过严的问题时有发生，但并非社会主义计划经济制度的过错，计划管理上的集中与分散问题，需要就时间、条件和具体经济部门的具体生产品来加以分析。第五，用国家计划自觉调节生产，指导国民经济按比例协调发展，还是靠市场经济规律自发调节生产。

在计划经济的指导下，国家对社会经济进行统一领导、分级管理，不仅掌握着企业的经营管理权，同时也直接决定着国有企业的投资、生产、定价、财务等方方面面。过度集中的管理模式给国家增加了负担，也导致企业经营效率低下。1958 年，中共中央和国务院先后颁布《关于改进工业管理体制的决定》和《关于工业企业下放的几项决定》，提出要加大企业的经营自主权，将中央直属企业逐渐下放到地方管理，包括企业的计划管理权、企业管辖权、人事管理权、财政税收权等，国营企业的指令性命令种类大大减少，企业在物资、人事方面的自主权得到提升与扩充。针对企业的经营管理问题，孙冶方认为社会主义制度下，生产资料的所有权与占用、使用、支配的权力可以分离，从而创造性地提出全民所有制下国家所有权和企业经营权分离的管理形式。他认为："在全民所有制之下，占有、使用和支配是一个主体，而所有权是另一个主体。国营企业，只是根据它们的活动目的和财产的用途对固定给他们的国家财产行使占有、使用和支配之权。而这些财产的所有者是国家。"[①] 企业作为独立的经济核算单位，理应对企业经营管理负责，而国家也不应该干预过多从而束缚企业生产经营的积极性与主动性，"财经管理体制的中心问题是作为独立核算单位的企业的权力、责任和它们同国家的关系问题，也即是企业的经营管理权问题"[②]。他还提出国家集中管理与企业独立经营的权限应该划分清楚，属于简单再生产范畴的，是企业经营管理的"小权"，属于扩大再生产范畴的，才是国家应当集中领导的"大权"。

1960 年，针对行政手段管理企业带来的诸多弊端，刘少奇、周恩来和邓小平提议试办托拉斯，这是改革工业管理体制的一次有益尝试。托拉斯的中心在于社会主义性质下的企业让权放利的组织形式，是"由过去的部和厅局直接管企业向今后放权给公司管企业转变的问题"，这样"由公司来管，同由部来管，观念就不一样，由公司来管，部就轻松了，搞平衡、检查、监督，帮助公司搞好工作。厅、局也去搞这些事，不直接插手管工厂"[③]。1964 年 4 月 30 日，中央正式批准成立第一个托拉斯试点企业——华东煤炭工业公司，并对公司业务范围、发展规划和领导归属进行了明确。两年时间内，一批地方性的托拉斯企业也在各省市陆续成立，加速适应现代工业体系的组织形式的成立与完善。试办托拉斯的想法在高度集中的计划经济总框架下仍具有历史局限性，且在经济建设探索初期就遭遇了政治风暴，初见成效的改革探索也被迫停止。

二、社会主义商品生产与商品交换

在对社会主义计划经济与管理模式的讨论中，第五个问题计划与市场的关系无疑是讨论最为热烈的部分之一。社会主义制度下商品经济是否合理，存在两种针锋相对的观点，一种是以骆耕漠、顾准为代表的"商品消亡论"，他们认为商品是私有的经过交换的劳动产品，自 20 世纪 60 年代初

---

① 孙冶方．孙冶方文集[M]．北京：知识产权出版社，2018：267.

② 孙冶方．社会主义经济的若干理论问题[M]．北京：人民出版社，1979：140.

③ 刘少奇．刘少奇论新中国经济建设[M]．北京：中央文献出版社，1993：529－530.

期已经进入了逐渐消亡的过程；另一种观点以孙冶方、谷书堂、于光远、卓炯等为代表，坚持社会主义条件下仍存在商品经济，且其存在对现阶段的经济发展具有促进作用。根据斯大林《政治经济学教科书》中的观点，两种公有制形式的并存即国家所有制与集体所有制是商品生产存在的主要原因，这在当时是对社会主义中商品生产解读的最具代表性的观点，毛泽东就在郑州会议上反复强调，“生产资料是人民公社集体所有，因此产品也是公社集体所有，他们只愿意用他们生产的产品交换他们需要的商品。只要存在两种所有制，商品生产和商品交换就是极其必要、极其有用的”①。其还对三大改造中存在的“谈商色变”情况予以了极大的重视并作出批评，认为即便是在人民公社内部也要大力发展适宜交换的商品，要有计划地发展社会主义的商品生产，回应了当下关于社会主义商品生产的诸多争议，以三大改造中存在的现实问题为导向，进行深刻的思考，从而形成了一系列关于社会主义商品生产的正确思想。然而，由于毛泽东商品经济思想形成过程中充满曲折与反复，对社会主义商品经济思想认识不够坚定，态度在反右派斗争与反“左倾”错误思想中左右摇摆，致使意识形态领域的斗争侵入经济领域，导致了社会主义商品经济思想的中断甚至退步。

有关社会主义制度下为什么存在商品生产，顾准在《试论社会主义制度下的商品生产和价值规律》一文中，剖析了社会主义之所以存在商品生产、货币经济，是由于实行经济核算，社会主义经济是计划经济与经济核算的矛盾统一体。陈云认为，社会主义计划经济与商品生产的关系应该是“计划为主，市场为辅”，他在中共八大上指出：“在工商业经营方面，国家经营和集体经营是工商业的主体，但是附有一定数量的个体经营。这种个体经营是国家经营和集体经营的补充。至于生产计划方面，全国工农业产品的主要部分是按照计划生产的，但是同时有一部分产品是按照市场变化而在国家计划许可范围内自由生产的。计划生产是工农业生产的主体，按照市场变化而在国家计划许可范围内的自由生产是计划生产的补充。因

① 中共中央文献研究室．毛泽东传[M]．北京：中央文献出版社，2012：3551.

此，我国的市场，绝不会是资本主义的自由市场，而是社会主义的统一市场。在社会主义的统一市场里，国家市场是它的主体，但是附有一定范围内国家领导的自由市场。这种自由市场，是在国家领导之下，作为国家市场的补充，因此它是社会主义统一市场的组成部分。”① 卓炯也认为，在社会主义社会要有计划地发展商品经济，但他认为社会主义存在商品生产原因在于社会分工，“分工使劳动成为一方面的，而需要又成为多方面的，不通过交换就不能满足需要，这就是在社会主义制度下全民所有制内部还有商品经济的客观原因，这就是由社会分工决定的”。由社会分工决定的社会主义商品经济由于变革了资本主义生产关系，从而不仅不会与社会主义计划经济互斥，反而有利于促进社会主义的生产发展，也就是以辩证的思维分析了商品经济在不同生产方式下抽象的一般特征。因此，“我觉得建设共产主义的任务并不是要消灭市场，而是要把无政府状态的市场（也就是自由市场）改变成有计划的市场”②。

三、对价值规律的研讨

经济学界在讨论社会主义商品生产的同时，还对价值规律进行了深入研究。顾准在《试论社会主义制度下的商品生产和价值规律》中指出，社会主义经济是计划经济与经济核算的矛盾统一体。“社会再生产是一个不间断的过程，逐年再生产计划不是凭空制订出来的，经济核算制所提供的数据是计划制订的基本根据之一，没有这些，经济计划是制订不出来的。”也就是说，计划经济要以经济核算来补足，而经济核算必然与价格、成本、劳动报酬与基本建设投资等紧密联系，但由于四者紧密程度不同，经济核算所能发挥作用的程度也各异，“充分发挥经济核算制的作用，办法是：使劳动者的物质报酬与企业盈亏发生程度极为紧密的联系，使价格成为调节生产的主要工具。因为企业会自发的追求价格有利的生产，价格也会发生自发的涨落，这种涨落就实际上在调节着生产。同时全社会还有一

① 陈云．陈云文选：第三卷［M］．北京：人民出版社，1995：13.

② 卓炯．论社会主义商品经济［M］．广州：广东人民出版社，1981：17.

个统一的经济计划，不过这个计划是‘某种预见，不是个别计划的综合’，因此它更富于弹性，更偏向于规定一些重要的经济指标，更减少它对于企业经济活动的具体规定”①。顾准主张充分利用价值规律辅助计划经济，主张通过价格机制自动调节生产与流通，这样的观点无疑是标新立异、振聋发聩，可以说是我国社会主义市场经济理论的萌芽与雏形。

孙冶方在《把计划和统计放在价值规律的基础上》中指出，价值规律可以通过社会平均必要劳动量改进技术、改善管理，提高劳动生产率，其在自由市场受约束的情况仍然存在，只是作用的方式不同，或作用于商品流通范围，或作用于生产领域，而在自由市场受约束的情况下，价值规律的灵敏度有所下降；正是由于价值规律的作用表现，社会主义经济中非但不能排斥价值规律，而且应该受到更大的重视；价值规律在商品经济社会中是盲目的，与一切消极破坏的因素相联系，但在社会主义制度下，可以将盲目自发的规律变为自觉掌握的规律，排除其消极破坏的一面，发扬其积极建设的一面。这样不仅阐明了社会主义价值规律的必要性，而且将价值规律视为一般经济调节方式而放置于社会主义体制之下，打开了人们对于价值规律认识的新思路②。孙冶方于 20 世纪 50 年代末编写的《社会主义经济论》就是以价值规律为逻辑出发点，以扩大企业经营自主权为突破口，旨在变革高度集中的计划经济体制，正确处理政府与企业的关系，推行价格、统计、管理等领域的同步改革。

在 1958 年人民公社化运动中出现了反对商品生产与价值规律的声音，刮起了一阵“一平二调”的“共产风”，“左倾”思想蔓延。宣传“左倾”思想的言论与文章引起了我党与经济学界的重视，对此毛泽东指出：“算账才能实行那个客观存在的价值法则。这个法则是一个伟大的学校，只有利用它，才有可能教会我们的几千万干部和几万万人民，才有可能建设我们的社会主义和共产主义。否则一切都不可能。”③ 在此背景下，我国于 1959 年 4 月 3—22 日在上海召开了新中国成立以来的首次经济理论研讨

① 顾准．试论社会主义制度下的商品生产和价值规律[J]．经济研究，1957(3)：21－53.

② 孙冶方．把计划和统计放在价值规律的基础上[J]．经济研究，1956(6)：30－38.

③ 中共中央文献研究室．毛泽东传[M]．北京：中央文献出版社，2012：3610.

会，会议领导小组由薛暮桥、于光远、孙冶方、姜君辰等组成，到会的经济学家达245人，会议集中探讨了社会主义制度下商品生产与价值规律问题。

第三节 社会主义所有制问题的理论探讨

所有制关系是经济体制的核心内容，新民主主义社会应当存续较长的一段时间，是新中国成立初期以毛泽东为首的中共领导人的共识。新民主主义社会是一个多种成分并存的过渡时期的经济结构，特点在于突出国营经济的社会主义性质与主导地位，同时承认、限制并利用其他多种成分，以做好准备实现向单一公有制的过渡。1953年，我国开始从新民主主义到社会主义的过渡，通过三大改造的完成最终形成了计划经济体制下的单一公有制格局。

一、新中国成立初期多种所有制形式并存

新中国成立初期，我党对于多种所有制成分乃至私有制的态度是鲜明且包容的，同时也在不断壮大公有成分。

（一）国营经济的形成与主导地位

新中国成立初期，工业经济中最大的资本集中在帝国主义与中国官僚资产阶级手中，“官僚资本已集中价值达一百亿至二百亿美元的巨大财产，垄断了全国的经济命脉”。为构建社会主义性质的国营经济，毛泽东在基本经济纲领中指出，“没收封建阶级的土地归农民所有，没收蒋介石、宋子文、孔祥熙、陈立夫为首的垄断资本归新民主主义的国家所有，保护民族工商业”①。没收官僚资本是一项牵动全局、影响深远的政策，它初步形成了社会主义性质的国营经济，使国家经济在经济成分中占据领导地位，能够有力推动工业经济向社会主义的过渡。

---

① 中共中央文献研究室．毛泽东传[M]．北京：中央文献出版社，2012：1582.

国营经济形成以后，以“银圆之战”和“粮棉之战”的胜利取得了稳定市场的主动权，并以此证明了国营经济的实力与能力。国营经济控制着有关国计民生的重要行业和产业部门，控制着市场，还通过中央集权的计划经济在经营管理中占据重要的地位。1951 年，在陈云的领导下开始实行企业的计划管理与经济核算，明确合营企业及私营企业中的公股成分占比，形成国营企业经营管理体制，至此“经过三年经济恢复时期，国营工商业和私营工商业的产值比例发生了根本性的变化。1949 年中国工业生产总值的公私比例是，国营占 43.8%，私营占 56.2%，到 1952 年 9 月，国营上升到 67.3%，私营下降到 32.7%，国营经济已经超过私营经济”①。

（二）合作经济的发展

土地改革完成以后，我党鼓励在“耕者有其田”的基础上发展各种具有社会主义因素的合作经济。事实上，土地改革完成以后，农村就已经自发展开了多种形式的合作经济。毛泽东对互助合作事业予以高度重视与积极支持，并在解放区合作经济的基础之上，将互助合作的多种形式由上而下推广至全国。中共中央和毛泽东领导下的农业合作化道路，根据我国的实际情况，对马克思主义合作化理论进行了创新发展。

合作社有各种各样的形式，可分为两大类：一是由小生产者组织起来的生产合作社；二是由一切劳动人民组织起来的消费合作社。合作社实质上是党用经济手段取代行政命令，以商业活动战胜资本家的利器。刘少奇在华北财政经济委员会会议上的报告中对合作社的属性进行了阐述，“新中国的国家经济是无产阶级手中的基本工具，而合作社是劳动人民的集体经济，它与国家经济相结合，建立同盟，就能向社会主义发展。只有国家经济而没有合作社，国家经济就无所作为；只有合作社而没有国家经济，合作社就要走资本主义道路。因此，无产阶级有了政权，有了大工业，还要有合作社，才有社会主义前途”②。在其撰写的《论新民主主义的经济与合作社》一文中，进一步明确了合作社的首要任务是在经济上满足社员所

---

① 中共中央文献研究室．毛泽东传[M]．北京：中央文献出版社，2012：2269，2467.

② 中共中央文献研究室．刘少奇传(下)[M]．北京：中央文献出版社，1998：16.

需的生产生活资料，为社员服务，且“它必须和生产者或国家商业机关直接订货交易，在全国的或地方的范围内，实行统一的经营，或在统一的指挥之下分头经营，以便在广大的范围内，在生产者与消费者之间担负社会分配和运输的任务，来为社员服务”①。因此，这种大范围的营业实质上躲避了投机商人的剥削。

合作社的存在是具有私有基础的。合作社里的个人生产本质上仍具备强烈的自发趋势，合作社的建立能够动摇并削弱个人生产的私有因素，承担着改造私人小生产为公共大生产的历史任务。毛泽东指出：“‘必须在互助组织内部，扶植与增强新的因素，以逐步战胜农民自发的趋势，积极地稳健地提高农业生产互助组织，引导它走向更高级一些的形式，以彻底扭转涣散的趋势’，这里所说的增强新的因素，是指在互助组织内部增加公共积累和加大按劳分配的比重。”②

（三）对待私人资本主义

毛泽东认为即便是私有制也存在有益于国计民生的成分，民族资本主义就曾为中国革命的成功做出贡献，因而对待私有制的态度从来不是“一刀切”，而应该就事论事，区分开来。毛泽东指出：“因为就我们的整个经济政策说来，是限制私人资本的，只是有益于国计民生的私人资本，才不在限制之列。而‘有益于国计民生’，这就是一条极大的限制，即引导私人资本纳入‘国计民生’的轨道之上。要达到这一点，必须经常和企图脱出这条轨道的私人资本做斗争。而这些私人资本虽然已经纳入这条轨道，他们总是想脱出去的，所以限制的斗争将是经常不断的。”③

毛泽东还指出，国营经济与私人经济应当在地位上有所不同，在待遇上一视同仁。所谓有所不同，是就领导地位来说，社会主义国营经济与私人资本主义不同，社会主义经济是进步的，应当取得领导地位。所谓一视同仁，是指一般的待遇，在原料供应、劳资关系、市场、价格、内外交流

① 刘少奇．论新民主主义的经济与合作社[N]．人民日报，1948－09.

②③ 中共中央文献研究室．毛泽东文集：第五卷[M]．北京：人民出版社，1999：177.

等方面，都一视同仁。这样才能长久[①]。

二、向社会主义的过渡

1953 年开始我国从新民主主义向社会主义过渡。在如何向社会主义过渡的认识中，我党认为，社会性质的变革分两步走，先巩固与发展新民主主义，再逐渐向社会主义过渡。在新民主主义社会中，要使五种经济成分即国有经济、合作经济、个体经济、私人资本主义和国家资本主义各得其所，致力于生产力恢复与发展。最初有不少质疑的声音，认为应该限制排挤非公有因素的存在，对私营工商业政策提出了不满。毛泽东指出："国营经济是无限制地发展"，"这是长远的事，在目前阶段不可能无限制地发展，必须同时利用私人资本"。也就是说，对民族资产阶级要"采用既团结又斗争的政策以达到团结它共同发展国民经济之目的"，从而打消了一些人的顾虑，及时纠正了党内存在的"左倾"思想。

在向社会主义过渡方式的选择上，我党一致认为苏联的社会主义改造方式过急过快，造成了严重的混乱。我国的社会主义改造思路是逐步过渡到社会主义而非社会主义的一步到位。周恩来在《过渡时期总路线》中提出："我国根据国际条件尤其是国内各阶级联盟和经济发展的情况，不采取这种激烈的突然变革的办法，而采取温和的逐步过渡的办法。由新民主主义到社会主义虽然是一场革命，但可以采取逐步的和平转变的办法，而不是在一天早晨突然宣布实行社会主义。"[②] 经过多次会议的充分讨论，我党谨慎稳妥地制定了过渡时期的总路线。

对资本主义工商业的改造，从长期以来民族资产阶级同我党合作的友好关系、愿意接受社会主义改造的现实出发，国家通过和平的方式对资本主义工商业采取利用、限制、改造的方针，改造路线分两步走：第一步，将不受限制的独立的资本主义变成受限制的国家资本主义；第二步，使国家资本主义转为社会主义。改造的过程是使资本家在有利可图的情况下，

---

① 中共中央文献研究室．毛泽东传[M]．北京：中央文献出版社，2012：1954.

② 中共中央文献研究室．周恩来选集(下卷)[M]．北京：人民出版社，1984：167.

采取自愿的原则，并着重强调从中培养一批思想觉悟先进的、主动向共产党和人民政府靠近的资本家，以便经过他们说服、带动其他资本家主动接受改造。对资本主义工商业的改造，成功实现了马克思、恩格斯赎买的设想，并在理论上做出了新的概括与实践。对农业的社会主义改造，采取自愿互利、典型示范和国家帮助的原则。首先是发展带有社会主义萌芽性质的农业生产互助组织，继而发展至以土地入股、统一经营为特点的半社会主义性质的初级农业生产合作社，再发展到大型集体所有制的社会主义性质的高级农业生产合作社。对待富农阶级，采取消灭富农阶级与改造富农分子相结合的方式，由逐步限制到最后消灭。我国的农业社会主义改造道路在尚未实现工业化、机械化的情况下，在农民主动且自愿的情况下一步步推进，突破了苏联先机械后集体、依靠政权推翻富农，一举实现全盘集体化的模式，为中国农业社会主义改造提供了新的思路。1955 年底，在完成了农业与资本主义工商业社会主义改造后，我国着手推动手工业的社会主义改造。首先承认合作社的多种形式，并遵循由手工业生产小组到供销生产合作社，再到手工业生产合作社的逐步发展路线，引导个体手工业向现代化与集体化的方向发展。

三、公有制形式的高级化、单一化

三大改造完成以后，社会主义全民所有制和集体所有制当之无愧地成为我国国民经济的基础，从生产资料所有制层面来讲，只存在单一的公有制，且以国营经济为最主要的实现形式，在此情况下国营经济获得了迅速发展，并在经济生活中占据绝对地位。1956 年工业总产值中，国有企业占比 67.5%，公私合营企业占比 32.5%，私营和个体经济几乎不存在。国有企业数量急剧增加，到 1957 年国有工业企业数量已达 5.8 万个。但 1957 年在“左倾”思想的影响下，开始片面追求公有制形式的高级化，不断进行生产领域的改革，以至跃进到 1958 年的“人民公社化”。在人民公社化运动的冲击下，手工业合作社几乎全部转为国营企业，个体、私营形式萎缩，农村所有制性质不断升级，单一化的所有制形式占据经济领域的全部内容。“文革”期间，各个领域尤其是经济领域遭遇了重大打击，根据汪海波的研究结果，国有工业企业全要素生产率增长率在产出增长率中所占的比重，1970—1977 年为 0，1958—1969 年为 -4.4%，远低于 1956—1957 年的 13.8% 和 1953—1955 年的 24.3%。至 1977 年，国民经济中公有制经济已经基本“一统天下”，国有经济占比最高，成为社会主义经济的中流砥柱。据统计，1977 年我国工业总产值中，国营工业占 83.2%，集体工业占 16.8%；商业销售额中，国营商业占 92.2%，集体商业占 7.7%，个体商业仅占 0.1%。同时，对于国营经济、集体经济发展的研究也与日俱增。

（一）国营经济的讨论

我国的社会主义全民所有制采取了社会主义国家所有制的形式，在国家所有制形式下，全民所有制企业采取国营企业的形式，也就是企业领导人由国家委派，只对上级主管机关负责，不对企业职工群众负责，企业经营好坏同企业领导人没有直接利害关系。对此，有声音指出，在劳动者和生产资料之间，介入了国家机构，就不是经典马克思主义学者所讲的社会主义下劳动者和生产资料之间的直接结合，学者们回应“如果承认社会化的大生产必然像一个乐队需要指挥者那样必然需要有专职和兼职的生产组织者和管理者，那么，由社会主义国家的经济机构来组织和管理全国的全民所有制企业，由社会主义国家委派的干部同职工群众一起来管理各个全民所有制企业，怎么会伤害劳动者和生产资料的直接结合?”且社会主义全民所有制必然要表现为社会主义国家所有制，国营企业当然要置于国家机构的领导之下，以保证国民经济有计划按比例发展。

有学者针对国营经济管理体制中的弊端指出，要在经济管理体制和企业管理体制方面作出适当的改革，例如，完善社会主义国营工业企业责任制，一方面建立和健全企业对国家的责任制，正确处理国家的集中领导和企业的独立经营之间的关系；另一方面在企业协作中建立和健全严格的责任制，保证企业之间协作的顺利实现和整个工业生产正常进行。企业所承担的协作任务包括两部分：一部分是纳入国家或各级计划的固定协作关系，它是国家或各级计划的组成部分和具体化；另一部分是在上级主管机关领导下，企业之间建立的临时协作关系，或未纳入国家或各级计划的固定协作关系，它是国家或各级计划的必要补充。

（二）集体经济的讨论

公有制形式的高级化还体现在人民公社形式的农村集体经济。与全民所有制相比，集体所有制是一种较低级的社会主义公有制，与农业和手工业中较低的生产力发展水平相适应。发展集体经济最为明显的优势是实现公共积累，不仅包括资金的积累，而且包括劳动的直接积累。有学者论述了社会主义农业集体化中的劳动积累，对比以价值形态表现出的资本积累，劳动积累是劳动的直接积累，它凝结在固定资产——如水库、塘坝、林地等生产物中，不以价值形态表现，即使以价值形态表现，也不参加分配。在生产力还比较落后的情况下，劳动积累是主要的，是基本的。只有通过更多的劳动积累，才有可能进行更多的资金积累。有学者指出，劳动积累对发展农业集体经济、促进农业生产、改变农村生产面貌均具有极其重大的意义，但也要遵循合理的计划安排，例如，正确处理劳动积累和当年生产用工的关系、正确处理劳动积累和发展多种经营之间的关系等。

在集体经济的发展中，一个较为突出的问题就是集体利益与个人利益的实现。在人民公社时期，允许在不影响集体劳动前提下的小规模家庭副业经营，作为社会主义集体经济的助手和补充。学者们对于现实情况下家庭副业即个体经营的承认的可能性、必要性等做出了多重论述。同合作化以前的个体农民小私有经济在性质上有严格区分的情况下，个体经营是农村社会主义集体所有制经济体系中的必要组成部分，是集体经济的附庸和补充，适合于社会主义经济发展的需要。与此同时，允许农村个体经营的情况下，也肯定了农村集市上的商品交换的意义。尽管农村个体经营严格区别于个体农民小私有经济，但仍不等同于社会主义集体经济。有学者表示，否定一定历史时期内家庭副业作为社会主义经济的助手的积极作用，不允许家庭副业的存在，或者不鼓励社员在积极发展集体经济的同时搞好家庭副业，这是不对的。但看不到家庭副业的消极作用，不从思想政治教育和具体措施方面限制这种消极作用，也是不应该的。

还有学者强调集体经济中充分保障农民物质利益、民主权利的重要性。充分关心集体农民的物质利益，不仅可以充分调动广大社员的劳动积极性，而且还为集体经济的扩大再生产准备了多方面的条件。因为这里讲的集体农民的物质利益，不仅包括社员的个人物质利益，而且包括集体的物质利益。这样，切实保障集体农民的物质利益，就不仅在劳动力的再生产方面，而且在增加资金和生产资料方面准备了比较充裕的条件①。

第四节　社会主义收入分配问题的理论探索

伴随社会经济制度的变革，以社会主义的分配理论与苏联模式为指导，结合现实国情，我国开始了对分配模式的改革与探索。

一、分配模式的探索与实践

毛泽东充分肯定了马克思关于生产方式决定产品分配形式的观点，认为按劳分配和等价交换的原则“是在建设社会主义阶段内人们决不能不严格地遵守的马克思列宁主义的两个基本原则”。分配问题的核心实质上在于正确处理多方利益关系，在社会主义建设过程中，要通过合理的分配形式协调多方利益关系，激发建设社会主义的生产积极性。毛泽东在《论十大关系》中强调要兼顾国家、集体与个人的利益，在分配上应当同农民研究确定国家、合作社、农民三方合理的分配比例。在增加生产的基础上，使90%的社员收入每年都比上一年有所增加。要兼顾国家、工厂或合作社、个人三方的利益，使各得其所，不能只顾一头而忽视其他，应当兼顾三方的利益②。针对新民主主义时期多种所有制形式决定的多种分配形式，毛泽东指出现阶段的分配要符合经济发展的需要，物质资料的分配要各尽所能、按劳取酬，要区别于收入分配的完全平等。他指出：“绝对平均主义的来源，和政治上的极端民主化一样，是手工业和小农经济的产物，不

① 汪海波，孙连成．必须保障集体农民的物质利益和民主权利[J]．学术月刊，1979(3)：1－8，39.

② 中共中央文献研究室．毛泽东文集：第八卷[M]．北京：人民出版社，1999：130.

过一则见之于政治生活方面，一则见之于物质生活方面罢了。”纠正的方法：应指出绝对平均主义不但在资本主义没有消灭的时期，只是农民小资产者的一种幻想；就是在社会主义时期，物质的分配也要按照“各尽所能按劳取酬”的原则和工作的需要，决无所谓绝对的平均①。

新民主主义向社会主义过渡时期，多种经济成分并存，公有制尚未占据主体地位，现实中存在多种分配形式，例如，城市中存在大量的手工业者与民族资产阶级，他们或多或少保留着对生产资料的控制权，存在部分生产资料私有制，从而导致多种分配形式的存在；民族资产阶级中的资本家与工人也存在按生产要素分配的形式；农村中地主与富农拥有土地的所有权，农民根据地租与地主进行产出的占比分配。我国在逐渐酝酿三大改造的过程中，不断推动多种分配形式向按劳分配集中。1950 年 8 月，劳动部和全国总工会联合召开全国工资改革准备会议。1952 年前后新中国进行了第一次工资改革，是按劳分配原则在国营企业的首次尝试。此次工资改革的重点在于按照按劳分配的原则建立新的工人和工资等级制度，并以“工资分”作为全国统一的工资计量单位，以一定实物的种类和数量为计算基础并以货币形式支付。职工根据《技术标准》，按照技术复杂程度、工人技术水平、工作态度表现，由低到高划分为八个等级，企业职工按照职务等级确定工资水平。这次改革还建立了按工资标准和劳动定额确定计件单价的新的计件工资制，还设立了奖励工资制。此次尝试改变了以往杂乱多样的工资形式，初步探索了按劳分配的实现形式，并有效缩小了收入分配领域的差距，为后来按劳分配制度的确立奠定了基础。

二、公有制下的按劳分配讨论

（一）按劳分配问题的讨论

三大改造完成以后，社会主义公有制的确立使按劳分配制度在我国成为现实。刘少奇指出，“所有制问题基本上解决了，分配问题就大量地、突出地产生出来了”，“分配问题不仅包括在群众中很敏感的工资问题、住

① 毛泽东．毛泽东选集：第一卷[M]．北京：人民出版社，1991：367.

房问题、生活待遇问题，也包括带有全局性的诸如积累与消费的比例，国家预算中国防费、行政费、文教费和经济建设费的分配比例，各地区之间的投资比例，等等”[①]。针对现实存在的分配问题，理论界也积极参与了研究和探讨，主要集中于以下几个问题：什么是按劳分配，按劳分配内涵的说明；为什么要坚持按劳分配，按劳分配的经济条件，按劳分配与社会主义公有制间的关系；按劳分配与资产阶级法权的关系；按劳分配与物质利益关系原则。

针对按劳分配是什么，学者们大都基于马克思的剩余价值学说，认为按劳分配是区别于资本主义分配制度的分配形式。在资本主义下，劳动者的工资只是必要劳动创造的价值，占用劳动所创造价值的一部分，而劳动所创造的剩余价值被资本家无偿占有，因而按劳分配与资本主义分配制度存在本质区别。薛暮桥就提出社会主义公有制形式下，劳动者的劳动分为个人所有与集体所有，相应的劳动创造的价值分配给劳动个人与社会保留，后者主要适用于劳动福利的改善与扩大再生产的需要，按劳分配就是按照劳动的数量与质量进行分配，多劳多得，少劳少得，复杂劳动所得多于简单劳动所得，劳动所得大于不劳动所得。

为什么要坚持按劳分配，以薛暮桥、于光远为代表的学者认为生产力水平是实行按劳分配的主要原因，社会主义社会生产力没有得到完全发展，尚未达到能够实行各尽所能、各取所需的地步，生产满足社会需要的劳动数量大，且劳动力质量水平参差不齐，实行按劳分配可以鼓励生产的积极性。以徐崇温、郑玉林为代表的学者认为所有制形式决定分配形式，所有制是社会生产关系的基础，生产力发展水平对消费品分配方式的影响，是首先通过对所有制的影响才发生作用的，按劳分配的直接根据是社会主义所有制以及人们在生产过程中的地位和相互关系，而不是生产力水平、人们的觉悟程度或其他原因，因此社会主义制度下即使生产力有很大提高，但是只要还存在社会主义全民所有制和集体所有制并存的现象，只要劳动者之间的差别还存在，仍然需要坚持按劳分配的原则。于伍则认为

---

① 中共中央文献研究室．刘少奇传（下）[M]．北京：中央文献出版社，2001：332.

劳动力个人私有制是资本主义社会遗留的一种生产关系。社会主义按劳分配原则本身说明劳动是消费品分配原则的直接依据，消费品的分配依据是劳动能力不同。这说明社会主义社会承认劳动者与其自身的劳动之间是一种所属关系，说明社会主义社会里存在着劳动力个人私有制这一生产关系，这一生产关系就是按劳分配原则的直接根据①。

于光远主张维护劳动者获得物质利益的权力，认为从物质利益上关心劳动成果从而提高生产的积极性是一方面，另一方面要着重提高生产者的社会主义觉悟，以及思想层面的爱国教育。乌家培也认为，“工作人员从个人物质利益上关心社会生产的发展，是按劳分配规律的基本特点之一。按劳分配规律在社会主义经济中的作用直接决定了物质利益原则”，并且“物质得闲原则是利用劳动者从物质利益上对劳动结果的关心来组织生产和管理经济的社会主义经营原则。根据这个原则，劳动者的物质福利程度，要依社会生产的总成果及他自己投入的劳动的数量和质量来决定”②。

（二）按劳分配的实现形式

三大改造完成标志着社会主义公有制与计划经济体制在中国的正式形成，生产资料所有制决定分配形式，因此按劳分配原则也正式确立起来，包括初次分配领域的工资制度改革与农村合作社中的分配制度，再分配领域的劳动保障机制的完善与健全，并在效率与公平之间更加注重公平。

1956 年 4 月，李富春在全国工资会议上明确阐述了社会主义工资改革的意义及改革的原则，认为社会主义工资制度区别于资本主义工资制度，社会主义按劳分配原则下的工资制度能够更好地将个人利益与国家利益相结合、眼前利益与长远利益相结合、经济利益与政治觉悟相结合。社会主义工资的原则在于坚持按劳分配，工资报酬取决于劳动的数量、质量及其贡献。随后，我国开启了第二轮全国范围内的工资改革。改革领域包括取消工资分制度和物价津贴制度，实行直接用货币规定工资标准的制度，以

① 上海市劳动局办公室资料组．建国以来按劳分配论文选(上)[M]．上海：上海人民出版社，1978：49.

② 乌家培．略论物质利益原则的性质[J]．经济研究，1959(8)：51－54，38.

消除工资分和物价津贴给工资制度带来的不合理现象；改进工人的工资等级制度，使熟练劳动和不熟练劳动，繁重劳动和轻易劳动，在工资标准上有比较明显的差别，克服工资待遇上的平均主义现象；改进企业职员和技术人员的工资制度。企业职员和技术人员的工资标准，应该根据他们所担任的职务进行统一规定。改革还推广和改进了计件工资制与企业奖励工资制度①。这实际上确立了以职务、行业、地区、技术等四大要素为参照标准的社会主义按劳分配制度。

三、分配的平均主义倾向

新中国成立初期的按劳分配制度实践起来具有浓重的平均主义倾向。1957—1978 年，极“左”思想言论甚嚣尘上，在极“左”言论的影响下，按劳分配在分配制度中的地位逐渐弱化，取而代之的是收入分配中的平均主义倾向。1958 年通过的《关于人民公社若干问题的决议》明确指出：“在分配给社员个人消费的部分，实行工资制和供给制相结合的分配制度，这是我国人民公社在社会主义分配方式上的一个创举。”除了对基本生活资料的免费供应与平均分配外，在工资制方面，许多公社还实行按级别发放固定工资，《人民日报》评论其“试图把社员基本需求全包下来的”，“供给制当然还没有达到共产主义的‘各取所需’。但它完全冲破了‘按劳取酬’的法权界限，适合于进一步发展的要求，在‘公’的方面向前发展了，因此它应该属于共产主义的范围，是共产主义的萌芽”②。1960 年，中央还明确提出在三五年内坚持职工工资标准不提高的方针，并降低十七级以上领导干部工资标准，而体现按劳分配原则的计件工资制也被逐渐取消。

平均主义倾向造成的激励不足、生产效率低下饱受诟病，但事实是新中国成立初期的按劳分配实践的确顺应了历史与人民的发展需要，也成功践行了政策最初的诉求，而至于是按劳分配还是平均主义倾向，有学者强

---

① 国务院关于工资改革的决定[J]. 劳动,1956(8):1 – 3.

② 饭好菜也好——再论办好公共食堂[N]. 人民日报,1958 – 11 – 10.

调因生产力发展水平所致，我们还远未具备实行马克思按劳分配所要求的经济条件，既然实行按劳分配原则的条件不存在，理所当然也就没有必要固守一个现实中还不存在的概念[①]。也有学者剖析这种分配制度尽管在微观上造成了诸多问题，但从宏观经济来讲，却大大提高了国民经济的积累率，这对于中国走出因经济落后、积累过低而形成的所谓贫困“陷阱”意义重大，对保障中国在短短的28年间，基本建立起独立的工业体系起到了至关重要的作用。另外，这种按照人口定量供应主要生活必需品、普遍地低水平地提供公共产品（医疗、教育）和社会保障（农村以集体为单位）的做法，对于维持高积累条件下的社会稳定和人力资本积累还是起到了重要的作用[②]。尤其是当下由于社会不公、贫富差距越来越脱离人民对于社会主义共同富裕的美好愿景，公平在收入分配领域的意义再次受到重视。

① 张燕喜．对马克思分配理论的几点再思考[J]．科学社会主义，2006(4)：31－33.

② 武力，温锐．新中国收入分配制度的演变及绩效分析[J]．当代中国史研究，2006(4)：4－12，124.

第二章　社会主义经济发展理论的开创

20世纪50年代是新中国的奠基建设时期，对外面临着复杂多变的国际环境，对内亟须百废俱兴的重整起步。此时中国共产党进行社会主义建设的理论与经验较为匮乏，建设初期主要以马克思主义政治经济学理论体系为指导，同时更多地借鉴苏联社会主义发展经验，其发展模式对我国社会主义建设的影响是深入持久的。在此基础上，以毛泽东为代表的共产党人努力地探索与推进中国社会主义建设理论与实际，积累了正反两方面经验，逐渐形成了独特的、科学的、符合中国国情且能适应国内外矛盾多变趋势的社会主义经济建设理论。与此同时，中国经济学界试图走出“苏联范式”的政治经济学影响，对社会主义政治经济学诸多问题进行了反思与探讨，为之后构建中国的政治经济学体系提供了经验与思路。

本章着重讲述改革开放前中国社会主义奠基建设中经济运行发展的相关理论实际以及政治经济学重要问题研讨。这一阶段前期，中国经济运行思想与政治经济学研究都沿着苏联的社会主义政治经济学体系的脉络演进，受到了苏联斯大林的《苏联社会主义经济问题》以及《政治经济学教科书》的深远影响，在经济运行上采用苏联建设模式，在政治经济学研究中沿着其基本观点、研究范式以及框架体系展开。在不断地探索与总结的过程中，中国共产党人一方面借鉴以斯大林理论为核心的苏联社会政治经济学，在将其作为经济建设指导的基础上，逐渐厘清了经济运行中的种种矛盾，提出了具有重要意义的《论十大关系》；另一方面以马克思主义政治经济学原理为指导，将其与中国经济运行中的实际以及经济理论问题如工业化道路、生产力理论与社会主义商品生产等充分结合。在此情况下，中国逐步构建起特有的社会主义经济运行体系，开启了探索中国特色社会主义政治经济学的伟大征程。

第一节　毛泽东对社会主义经济建设的开创性探索

实践是理论之源，伟大的理论源于伟大的实践，又指引着伟大的实践，实践发展无尽头，理论创新无止境。新中国成立后，以毛泽东为核心的第一代中国共产党人在恢复与建设中国社会经济的实践过程中，不断地探索着建设社会主义的理论路径，初期借鉴乃至照搬了苏联社会主义建设经验，但在运行中出现了诸多问题。共产党人痛定思痛，在深入认识中国国情的基础上，开启了独属中国的社会主义建设理论探索的新篇章。

一、中国特色社会主义政治经济学的序篇

1952 年，由斯大林创作的《苏联社会主义经济问题》首次出版。斯大林从马克思主义政治经济学的角度出发，总结了苏联社会主义建设的历史经验，随后由苏联科学院经济研究所编写的《政治经济学教科书》出版，很快这两本书便被翻译成了中文并在中国出版传播。当时新中国正处于成立初期，国际形势碰撞，以美国为首的资本主义国家在政治、经济等多方面对中国展开封锁打击，甚至不惜发动朝鲜战争企图扼杀新中国，在此情况下，中国靠向苏联与其结盟以对抗帝国主义。

另外，当时中国共产党对如何进行社会主义建设还没有多少经验，反观当时苏联作为世界第一个社会主义国家，社会主义建设经验相对丰富，实行的无产阶级专政以及依靠高度集中的计划经济体制实现了工业国的大跨越，其经济发展模式适宜集中力量办大事，利用有限财力物力快速恢复和进行社会主义生产力的发展，因而成为新中国成立初期社会主义建设的重要参考，中国共产党几乎以照抄苏联模式的方法进行五年计划来发展国家生产力。但正如毛泽东对新中国成立初期的经济建设评价所言，“只能

基本上照抄苏联的办法，但总觉不满意，心情不舒畅”[①]，可见盲目推崇与施行照搬而来的经济运行方法具有其局限性与弊端。

1956年2月14日，苏共召开了第二十次代表大会，会上赫鲁晓夫发表了题为《关于个人崇拜与其后果》的秘密报告，全盘否定了斯大林，披露其在苏联社会主义建设中的严重错误以及造成的后果。这次报告使世界无产阶级运动摆脱了对苏联的迷信以及斯大林某些教条的束缚。此次会议之后，中国共产党从经济、政治、思想文化等方面批评与反思苏联模式的缺陷与弊端。毛泽东说：“过去我们就是鉴于他们的经验教训，少走了一些弯路，现在当然更要引以为戒。”[②] 而在对苏联社会主义建设反思的基础上，结合马克思政治经济学与中国经济发展的实际问题，毛泽东厘清了当下中国社会主义建设中的各项复杂关系与主次要矛盾，在1956年4月25日中央政治局扩大会议与5月2日最高国务会议上，向党内与党外发表了其对中国社会主义建设思考的重要成果——《论十大关系》。在1957年发表的《关于正确处理人民内部矛盾的问题》一文中，毛泽东又进一步明确和巩固《论十大关系》中关于社会主义社会基本矛盾观的科学方法论，为中国社会主义建设的整体关系与全面布局指明了方向，是马列主义普遍原理与中国实际的“第二次结合”，也是中国特色社会主义政治经济学的序篇。

二、《论十大关系》讲话的主要内容

《论十大关系》即把社会主义建设和改造中的经济、政治与文化指导方针，也即涉及各个领域如农业、工业、财政和商业等方面的关系问题理清楚。讲话围绕着进行社会主义革命，建设社会主义国家的基本方针，调动一切国内外的积极因素，为把我国建设成为一个强大的社会主义国家而奋斗。主要包含以下十个问题：

其一：在关于生产布局、工业化道路与资源配置方面，主要讨论的是

---

① 中共中央文献研究室．毛泽东文集：第八卷[M]．北京：人民出版社，1999：117.

② 中共中央文献研究室．毛泽东文集：第七卷[M]．北京：人民出版社，1999：23.

重工业、轻工业与农业发展的关系。首先是重工业，是我国建设的重点，优先发展生产力与生产资料，是中国建设成工业强国和现代化强国的根基。其次是轻工业与农业，生活资料尤其是粮食等生活必需品的生产不容忽视，片面注重重工业，会导致市场上的商品匮乏，货币不稳定，有苏联与东欧国家的前车之鉴，必须认识并处理好重工业、轻工业与农业的关系。在认识上，从长远来看，注重发展农业与轻工业，使得国家经济基础稳固，保障人民生活的需要，使重工业的发展更为平稳，是老成持重之策。在实际处理上，投资的重点是重工业不变，同时要加成农业与轻工业投资的比例，在现有的经济条件下使其积累更多更快些。

其二：在关于国家工业发展布局上，主要是沿海工业与内地工业发展关系问题。过去我国工业集中在沿海地区，新中国成立后为了平衡工业布局，加强了对内地工业的建设，客观上造成对沿海工业重视与利用的不足。因此要理性看待国际局势影响，明晰沿海工业技术设备的重要作用，采取积极的态度利用和发展沿海工业，以助力内地工业更好地发展。

其三：经济建设与国防建设关系问题，两者是相辅相成的，不能离开经济建设而片面地讨论国防建设，同样只有国防建设起来了，经济建设才有安稳良好的发展环境。毛泽东强调："我们现在已经比过去强，以后还要比现在强，不但要有更多的飞机和大炮，而且还要有原子弹。在今天的世界上，我们要不受人家欺负，就不能没有这个东西。"① 只有经济建设发展起来，国防建设才能强大起来，因此需适当降低军政费用，增加在经济建设方面的投资。

其四：处理国家、集体与个人的关系，也要从苏东社会主义国家建设中吸取经验，他们采取义务交售制，给予极低的补偿拿走了绝大多数的农作物，极大损害了农民的生产积极性。因此中国在国家与个人尤其是农民利益关系的处理上，要做到"军民兼顾""公私兼顾"。政策上采取轻农业税以缩小剪刀差，并通过等价交换等形式进行工农产品的交换，在工业品供应方面要做到薄利多销、稳定物价。在国家与集体的关系上，要在统一

① 毛泽东．论十大关系[R]．中央政治局扩大会议，1956.

领导下给予集体独立性以激发活性。在集体与生产者个人的关系上，要明确且得当地规定收入分配，且集体收入为人民服务的核心理念要明确。

其五：关于国家政治体制与行政管理体制，主要是明确中央与地方的关系。毛泽东认为："要发展社会主义建设，就必须发挥地方的积极性。中央要巩固，就要注意地方的利益。"① 可在处理中央与地方关系矛盾中，在坚持中央统一领导的基础上，扩大地方权力，给予地方更多独立性，充分发挥地方的积极性以适应各地发展情况的特殊性。

其六：关于民族关系，主要是对汉族与少数民族关系的处理。在防止大汉族主义，反对地方民族主义的基础上，广泛持久展开无产阶级民族政策教育，及时解决问题，在少数民族地区实行合适的经济管理体制与财政体制，也要诚心诚意地帮助少数民族发展经济与文化，促进民族团结，共同建造社会主义国家。

其七：关于党派关系，即共产党与共产党以外的其他民主党派与团体的关系。在坚持长期共存、互相监督的基本方针的前提下，对其他民主党派持既团结又斗争的态度。此外，无产阶级政党和无产阶级专政是社会主义国家的根基，无产阶级政党的强化也是必然的，但同时也要警惕官僚主义，精简党政机构。

其八：鉴于苏联肃反扩大化的教训，毛泽东对革命和反革命的关系提出了新的认识。他提到："反革命是什么因素？是消极因素，破坏因素，是积极因素的反对力量……但是，在我国的条件下，他们中间的大多数将来会有不同程度的转变。由于我们采取了正确的政策，现在就有不少反革命被改造成不反革命了，有些人还做了一些有益的事。"② 毛泽东认为，社会的反革命分子已经很少，对于残余部分，要按照不同情况给予不同的处理，要坚持少捉少杀的原则，在机关、学校与部队里进行清查，要坚持一个不杀，大部不捉，即在对反革命分子采取严肃态度的同时，也要给予一切反革命分子改过自新的机会，化消极因素为积极因素。

---

① 中共中央文献研究室．建国以来毛泽东文稿[M]．北京：中央文献出版社，1992 ;94.

② 毛泽东．论十大关系[R]．中央政治局扩大会议，1956.

其九：在政治生活方面，主要讨论了是非关系。毛泽东认为："惩前毖后，治病救人的方针，是团结全党的方针，我们必须坚持这个方针。"①对于犯错误的同志，不仅要看他们是否改正，更要帮助他们改正错误，不存在不犯错误的人，多多少少都是会有所错误，而对于革命而言，人多一点总是更好的，因此对待犯错误的人，要以帮助改正为主，除了极少数屡教不改的以外。

其十：在中外关系方面，《论十大关系》主要厘清了对外国的认知以及以怎样的态度去面对。首先应当承认的是，每个民族都有其长处与短处，向外国学习是必要且极其正确的。毛泽东阐述："我们的方针是，一切民族、一切国家的长处都要学，政治、经济、科学、技术、文学、艺术的一切真正好的东西都要学。但是，必须有分析有批判地学，不能盲目地学，不能一切照抄，机械搬用。他们的短处、缺点，当然不要学。"② 其次对待苏东其他社会主义国家，也应采取批判学习的态度，要有自己的主见，不能盲目地学，一切照搬，机械套用。以理性的眼光来看待各个国家，坚决反对迷信与个人崇拜。此外，对于社会科学、马克思列宁主义等，在学习其普遍真理的基础上要与中国实际相结合，反对教条主义。最后在对待资本主义国家先进科学技术与企业管理方法部分，也要批判地进行学习，一切科学的都值得我们学习以改进我们的工作。

三、《论十大关系》文本与思想的科学内涵

《论十大关系》一共讲述了十点，十种关系也是十对矛盾。毛泽东以辩证法的对立统一规律为指导，坚持具体问题具体分析的唯物论，将两点论与重点论结合在一起，全面地看待并厘清了我国社会主义建设中的各个问题。他认为："世界是由矛盾组成的。没有矛盾就没有世界。我们的任务，是要正确处理这些矛盾。这些矛盾在实践中是否能完全处理好，也要准备两种可能性，而且在处理这些矛盾的过程中，一定还会遇到新的矛

① 毛泽东．论十大关系[R]．北京：中央政治局扩大会议，1956.

② 中共中央文献研究室．毛泽东文集：第七卷[M]．北京：人民出版社，1999：41－44.

盾，新的问题。”[①]《论十大关系》为中国经济体制与经济运行提供了科学明晰的理论原则，对建设初期社会主义经济政治社会具有指导意义，对新时代中国特色社会主义的完善具有借鉴意义。其中蕴含的主要思想有以下几点：

其一：“以苏为鉴”，调动一切积极因素探索共建社会主义。在建设社会主义，学习苏联经验时，要注意两个方面，一方面，要认识与承认苏联在短短数十年的社会主义革命和建设中取得的巨大成就与成功经验，即使其中存在许多问题与弊端，也难以磨灭其对社会主义的贡献，中国将马克思列宁主义普遍真理与中国实际进行结合，完成了史无前例的社会主义改造也是学习苏联经验的成功探索。正如毛泽东在中共八大预备会议上所说：“苏联那个主流，那个主要方面，那个大多数，是正确的。它建设了社会主义，打败了法西斯，变成了一个强大的工业国。”“它有许多东西我们可以学。当然，是要学习先进经验，不是学习落后经验。”[②] 另一方面，要直面苏联发展中的一些弊端，深入思考如何学习苏联经验，将其与中国实际紧密结合。“以苏为鉴”更重要的是为了避免苏联在建设社会主义中的错误重现，是要更好地向苏联学习，将其进行社会主义建设与革命的经验中国化，探索出一条有中国特色的社会主义道路。

对于具体如何进行社会主义建设这一问题，《论十大关系》认为基本方针是调动国内外一切积极因素，为社会主义事业服务。我们党的一个优良传统便是团结一切可以团结的，调动一切有利因素，在战争年代，更是构建了全民统一革命战线。当下建设社会主义国家时，也要发扬这一作风。在国内，要做到稳固工人和农民基本盘，努力争取中间势力，化反动势力为积极因素，与各党派做到“长期共存、互相监督”，团结民主人士。在国外，要善于调动积极因素，赢得国际支持，共建社会主义。

其二：“聚焦重点”，走出中国自己的社会主义工业化道路。工业化是现代国家的核心历程，是传统社会向现代社会转变的必经之路。在中共七

① 毛泽东．论十大关系[R]．北京：中央政治局扩大会议，1956.

② 中共中央文献研究室．毛泽东文集：第七卷[M]．北京：人民出版社，1999：91.

届二中全会上毛泽东指出："中国稳步地由农业国转变为工业国，把中国建设成一个伟大的社会主义国家。"① 而我国的工业化道路主要是指工业化进程中农业、轻工业、重工业三大部门的发展关系。新中国成立初期，"一五"计划全力发展重工业取得了不俗的成果，但也使得产业结构性矛盾凸显。《论十大关系》重新思考了我国的工业化道路，深刻地对工业化进程中农业、轻工业和重工业的内在联系进行了思考，结合列宁所阐述的"生产资料生产优先增长规律"，毛泽东明确提出我国的工业化道路是在优先发展生产资料生产的前提下重视农业和轻工业协调发展，工农业密切结合，以农业为基础，以工业为主导加快我国工业化建设。这一核心思想成为我国社会主义工业化发展的指导方针。同时，毛泽东也总结探索了走中国自己的工业化发展道路的几个注意事项：在产业布局上，在大力发展内地工业的同时要充分利用沿海工业的技术和设备优势力量；在经济建设与国防建设的关系中，指出经济建设是国防建设的基础，加强国防建设首要的是加强经济建设；在中央的统一领导下，也要给予地方、工厂独立性，以激发社会生产生活活性。

其三："统筹兼顾"，兼顾各方经济体制与运行改革利益。在社会主义建设的过程中，要处理好社会各个方面在经济体制和运行改革中的利益。首先是国家、集体与个人之间的利益关系，要做到"军民兼顾""公私兼顾"，不能只顾一面，必须兼顾国家、集体与个人三方面。同时，在兼顾统一的基础上，也要照顾各个集体与个人独立性的发挥，盘活整个社会经济的发展。在工农业的利益关系中，毛泽东认为苏联的做法不可取，"把农民生产的东西拿走太多，给的代价又极低"②，应坚持轻税收，缩小产品剪刀差，稳定工业品价格。在处理中央与地方的关系中，在统一的领导下，允许正当的独立，增加地方的主动权。在对待汉族与少数民族的利益关系中，要帮助少数民族发展经济与文化，实行合适的经济管理体制。总之，对经济社会的各方利益要做到统筹兼顾，激发社会活性，汇聚建设社

① 中共中央文献研究室．建国以来毛泽东文稿[M]．北京：中央文献出版社，1992：204.

② 毛泽东．论十大关系[R]．中央政治局扩大会议，1956.

会主义的和谐力量。

其四："科学求真"，树立批判学习与实事求是的思想观。无论是对内还是对外，《论十大关系》在思想和认识上都强调批判性学习的思维和实事求是的观念。在认识中国与外国关系的问题上，要以积极开放的态度主动向外国学习，一切民族、一切国家的长处都值得去学习。在学习的方法和态度上，要以批判的眼光来看待和学习，抵制盲目学习、拿来主义与外国资产阶级的腐败制度与思想作风。在看待国内事务上，要在明辨是非的基础上，实事求是地看待问题，对于社会主义建设中的错误，要以正确的态度来对待，对于有错误的个人，认识到错误是不可避免的，重要的是帮助他们改正错误。

四、《论十大关系》思想内核的继承与发展

《论十大关系》是毛泽东率先对符合中国实际的社会主义建设道路进行探索的重要成果，在此过程中其提出的"百花齐放、百家争鸣"思想方针，在当时的思想理论界掀起了调查与探索的良好风气。在政治经济学诸多问题的大讨论中，产生了孙冶方的《把计划和统计放在价值规律的基础上》、于光远主编的《政治经济学》、薛暮桥等编著的《中国国民经济的社会主义改造》等有价值的论著。另外，随着我国社会主义建设的逐步演进，《论十大关系》受到了学界的广泛关注，诸多学者从不同的角度来研究《论十大关系》，产生了一系列的论文成果与图书专著。这些研究成果将《论十大关系》中的基本原则与思想内涵继承下来并进行创新发展，对我国社会主义道路的探索具有重要意义。总体而言，对于毛泽东同志《论十大关系》思想的继承发展与研究有以下几个方面：

其一：关于《论十大关系》在中国特色社会主义理论体系中的地位与作用问题。梁柱在其文章中提到，《论十大关系》作为毛泽东深入调查总结经验并回答中国历史的与现实的建设道路的重要理论成果，是探索适宜中国国情的社会主义建设道路的开篇之作，其思想内核与基本原则，至今

仍在中国特色社会主义理论体系中具有重要地位①。柏春林、欧永宁认为，《论十大关系》是中国特色社会主义理论体系的开端，它不仅是党建设社会主义的早期理论成果和对当时社会主义建设道路的较系统的认识，更是对中国特色社会主义理论的提出具有开创意义②。史春风在其论著中提到，在没有任何经验以及巨大的现实挑战面前，毛泽东率先提出了探索中国自己的社会主义建设道路的理念，并从经济、政治、文化等多方面进行了科学的探索与认知，开启了探索有中国特色社会主义建设道路的序篇③。

其二：对《论十大关系》中蕴含的经济思想的诠释。孙金华认为，虽然《论十大关系》中没有直接表达“经济和谐”的概念，但是在各个方面都体现出了统筹兼顾、经济协调发展的理念，如对从经济结构、区域经济布局、经济管理体制到分配关系等问题的阐述上，都体现了这一理念，为我党提出科学发展观与构建和谐社会的理念提供了重要的理论基础④。王志林、郭广迪以《新帕尔格雷夫经济学大辞典》对毛泽东经济思想的词条为基础，从经济体制思想、经济增长思想、宏观经济平衡思想以及经济发展动力等方面，分析了西方学者对毛泽东思想的认识，为我国学界深入研究毛泽东经济思想开辟了新的视野⑤。谈及《论十大关系》与中国特色社会主义政治经济学的关联，顾海良教授认为《论十大关系》正是中国特色社会主义政治经济学的序篇，其中的基本理论对当今的中国特色社会主义政治经济学开辟新篇章具有重要作用，《论十大关系》强调：“我们要学的属于普遍真理的东西，并且一定要与中国实际相结合……我们的理论，是马克思列宁主义的普遍真理同中国革命的具体实践相结合。”⑥ 基于此，顾海良认为把《论十大关系》中二次结合的思想融会贯通于中国特色的经济

---

① 梁柱．毛泽东《论十大关系》的深刻内涵和深远意义[J]．毛泽东研究，2016(5)：16－24.

② 柏春林，欧永宁．中国特色社会主义理论体系的开创篇——《论十大关系》《关于正确处理人民内部矛盾的问题》再认识[J]．长沙理工大学学报(社会科学版)，2010，25(1)：75－78.

③ 史春风．《论十大关系》导读[M]．北京：中国民主法制出版社，2012：148－157.

④ 孙金华．和谐社会的经济建设：毛泽东的初步探索[J]．毛泽东思想研究，2006，23(2)：135－138.

⑤ 王志林，郭广迪．《新帕尔格雷夫经济学大辞典》中的毛泽东及其经济思想[J]．政治经济学评论，2013，4(4)：63－76.

⑥ 中共中央文献研究室．毛泽东文集：第七卷[M]．北京：人民出版社，1999：99.

学说发展之中，是中国特色社会主义政治经济学发展的根本原则与基本遵循[①②]。

其三：从解读《论十大关系》中的哲学思想出发，陈爱华认为在《论十大关系》中蕴含着丰富的科技伦理辩证法思想。毛泽东运用马克思历史唯物主义与历史辩证法，对我国社会主义建设道路中的多元矛盾进行了解答，主要梳理了发展什么、如何发展与发展活动主体三大哲学伦理关系，对我国构建小康社会、和谐社会以及创新型国家具有深刻意义[③]。同时，郭圣福、魏法谱（2007），李兰（2008），熊孟强、时圣玉（2007）等，在各自发表的文章中也指出了《论十大关系》中包含的丰富哲学思想，如实事求是思想、对立统一规律、唯物辩证法矛盾观以及科学史观等。

其四：从《论十大关系》与中国特色社会主义理论发展的角度出发，有学者对毛泽东的“十大关系”和江泽民的“十二大关系”进行了比较联系研究，如李拥军、夏振坤等，他们认为两次报告是中国共产党人探索中国特色发展道路的共同答案，后者是对前者的继承与发展，不变的是都结合中国实际，具有时代特点[④]。有学者从其与科学发展观联系的角度出发，如马远达等，认为《论十大关系》中实事求是、辩证看待现实问题的思想，是科学发展观中全面协调可持续发展等思想的源头，它们是一脉相承的[⑤]。从《论十大关系》中的和谐思想对当今构建和谐社会理念的联系出发，王宏伟等认为毛泽东对社会矛盾的认知体现与诠释了构建和谐社会的核心思想，其经济和谐、政治和谐与文化和谐的思想体现为构建和谐社会，为构建和谐社会提供了物质保证、政治保障与精神支撑[⑥]。在新时代，

---

① 顾海良．中国特色社会主义政治经济学的序篇——纪念毛泽东《论十大关系》发表60周年[J]．毛泽东邓小平理论研究，2016(3)：63－70.

② 顾海良．《论十大关系》与中国特色社会主义政治经济学的发展——纪念毛泽东《论十大关系》发表60周年[J]．教学与研究，2016(4)：5－11.

③ 陈爱华．毛泽东《论十大关系》科技伦理辩证法思想的哲学解读[J]．毛泽东思想研究，2012，29(5)：136－140.

④ 李拥军．“论十二大关系”对《论十大关系》的发展[J]．毛泽东思想研究，1997(4)：62.

⑤ 马远达．《论十大关系》与科学发展观的继承与发展[J]．党政研究，2009(3)：22－24.

⑥ 王宏伟．试论社会主义建设道路探索初期毛泽东和谐社会思想[J]．毛泽东思想研究，2008(1)：122－125.

学者对《论十大关系》与新发展理念关系进行了探讨，杨卓华认为，《论十大关系》蕴含的发展理念，对于贯彻创新、协调、绿色、开放、共享的新发展理念，推进“四个全面”战略布局，实现社会主义现代化具有重要意义①。

第二节　社会主义现代化和工业化理论的探索

工业化是人类社会发展的必由阶段，社会主义工业化是社会主义现代化的基础和前提，高度发达的工业社会是现代化的重要标志。在1949年3月召开的党的七届二中全会上，毛泽东明确指出：“革命胜利以后，迅速地恢复和发展生产，使中国稳步地由农业国转变为工业国，把中国建设成一个伟大的社会主义国家。”由此可见，在这个历史时期，毛泽东把我国现代化建设目标确定为实现国家的工业化。与其他现代化实现方式相比，社会主义方式具有以共同富裕为目的、集中力量办大事与平等集体公正导向的基本特点。工业化理论是马克思主义政治经济学的重要构成，马克思与恩格斯处于工业化启动的时间与地点，通过对社会生产形态与本质的观察与研究，创立了科学社会主义理论体系，并以辩证唯物主义与历史唯物主义的研究方法对工业化问题进行了深入的剖析，他们的理论成了社会主义国家进行社会主义工业化的指导思想。十月革命一声炮响，列宁领导下的第一个社会主义国家建立起来，开辟了社会主义工业化的道路，将马克思工业化理论发展到新的阶段。结合苏联特定的国内外局势与马克思工业化理论，斯大林将工业化理论与苏联国情相结合，走出了一条具有苏联特色的发展重工业的工业化道路。中国作为社会主义国家，按照马克思主义工业化理论，结合中国实际向建成现代工业国家不断探索。随着历代共产党人的不懈努力，马克思主义工业化理论不断得到丰富与发展，社会主义国家工业化道路逐渐明晰。

---

① 杨卓华．五大发展理念与毛泽东《论十大关系》关系探讨[J]．马克思主义研究，2016(4)：33-34.

一、马克思主义工业化理论

(一) 马克思、恩格斯工业化理论

马克思与恩格斯的论著中并没有直接谈到“工业化”这一概念，他们基于工业变革时代下资本主义社会不断扩张与矛盾充分暴露的情况，提出对工业文明发展的认知，他们的工业化理论贯穿于整个马克思主义理论体系之中，其主要内容包括以下几个方面：

其一：关于工业化产生与发展的动力。总结马克思对此问题的表述可见，城市的发展、市场革命的进行与机器的广泛运用，是工业化发展的重要因素。城市的发展带来了人口与资源的集聚，为工业化提供了必要要素，“城市已经表明了人口、生产工具、资本、享乐和需求的集中这个事实”①。“城市彼此建立了联系，新的劳动工具从一个城市运往另一个城市，生产和交往的分工随之引起了各个城市间在生产上的新的分工，不久，每一个城市都设立一个占优势的工业部门。最初的地域局限性开始逐渐消失。”② 城市的兴起带来需求的变化，封建经济下的市场已经无法满足需要，满足新市场的需求促使了变革，“以前那种封建的或行会的工业经营方式已经不能满足随着新市场的出现而增加的需求了，工场手工业代替了这种经营方式”。紧接着“市场总是在扩大，需求总是在增加。甚至工场手工业也不再能满足需要了。于是，蒸汽和机器引起了工业生产的革命”③。

其二：关于工业化对人类发展的影响。马克思充分肯定了工业化对促进社会生产力与改变社会经济结构的重要作用，他在《共产党宣言》中提到：“资产阶级在它的不到一百年的阶级统治中所创造的生产力比过去一

---

① ［德］马克思，恩格斯．马克思恩格斯全集：第1卷［M］．中共中央马克思恩格斯列宁斯大林著作编译局，编译．北京：人民出版社，1995：104.

② ［德］马克思，恩格斯．马克思恩格斯全集：第1卷［M］．中共中央马克思恩格斯列宁斯大林著作编译局，编译．北京：人民出版社，2002：60.

③ ［德］马克思，恩格斯．马克思恩格斯全集：第3卷［M］．中共中央马克思恩格斯列宁斯大林著作编译局，编译．北京：人民出版社，1995：273.

切世代创造的全部生产力还要多还要大……过去哪一个世纪能够料想到有这样的生产力潜伏在社会劳动里呢?”① 通过对率先完成工业革命的英国社会经济结构进行分析，马克思与恩格斯指出并充分肯定了工业化带来的产业与就业结构的变化：“从事农业的相对人数，不能简单地由从事农业的人数来决定。在进行资本主义生产的国家，有许多人间接地参加这种农业生产，而在不发达的国家，这些人都是直接从属于农业的。因此，表现出来的差别要比实际的差别大。但是对于一国文明的总的水平来说，这个差别极为重要，哪怕这个差别只在于，有相当大一部分参与农业的生产者不直接参加农业，而摆脱了农村生活的愚昧，属于工业人口。”②

其三：关于工业化必然导致社会主义代替资本主义的推论。马克思与恩格斯透析了资本主义工业化大生产的本质，通过科学的论断认为资本主义先天存在的生产的社会化与生产资料私人占有之间的矛盾，必然使得社会主义代替资本主义。恩格斯在《共产主义原理》中提到：“随着产业发展，随着挤掉手工劳动的新机器的不断发明，大工业把工资压得越来越低，把它压到上面说过的最低额，因而无产阶级的处境也就越来越不堪忍受了。这样一方面由于无产阶级不满情绪的增长，另一方面由于他们力量的壮大，工业革命便孕育着一个由无产阶级进行的社会革命。”③ 而同时社会化大生产也具备实现共产社会的潜力，“大工业及其所引起的生产无限扩大的可能性，使人们能够建立这样一种社会制度，在这种社会制度下，一切生活必需品都将生产得很多，使每一个社会成员都能够完全自由地发展和发挥他的全部力量和才能。由此可见，现代社会中造成一切贫困和商业危机的大工业的那种特性，在另一种社会组织中正是消灭这种贫困和这

① ［德］马克思，恩格斯．马克思恩格斯全集：第3卷［M］．中共中央马克思恩格斯列宁斯大林著作编译局，编译．北京：人民出版社，1972：273.

② ［德］马克思，恩格斯．马克思恩格斯全集：第26卷［M］．中共中央马克思恩格斯列宁斯大林著作编译局，编译．北京：人民出版社，1973：542.

③ ［德］马克思，恩格斯．马克思恩格斯全集：第4卷［M］．中共中央马克思恩格斯列宁斯大林著作编译局，编译．北京：人民出版社，1973：357.

些灾难性的波动的因素”①。

（二）列宁、斯大林社会主义工业化理论

继马克思与恩格斯之后，列宁与斯大林作为苏联社会主义的开创者与引导者，在继承马克思主义工业化理论的基础上，结合苏联实际将马克思与恩格斯的工业化理论从理念推向了现实，形成了初步的社会主义工业化理论，对苏联乃至其他社会主义国家产生了深远的影响。

其中，列宁将马克思主义工业化理论发展到了新的阶段，从对资本主义社会工业的剖析到集中研究社会主义国家如何工业化问题。列宁的主要思想包括以下几个方面：第一，大机器工业是向社会主义过渡的物质基础，只有建立起大工业，才能够满足人民的需要，提供充分的生活资料，从而建立正常的社会主义社会。他在论述中提到：“开发资源、建立社会主义社会的真正的和唯一的基础只有一个，这就是大工业。如果没有资本主义的大工厂，没有高度发达的大工业，那就根本谈不上社会主义，而对于一个农民国家来说就更是如此。”② 第二，社会主义工业化的根本任务是发展劳动生产力，“主要的和基本的，决定苏维埃政权经济政策的，就是要竭尽一切可能来提高国家的劳动生产力”③。第三，列宁在分析资本主义扩大化生产与资本有机构成时，得出了生产资料生产比消费资料生产增长更快的结论，即生产资料优先增长理论，他指出：“技术愈发展，手工劳动就愈受排挤而为许多愈来愈复杂的机器所代替，就是说，机器和制造机器的必需品在国家全部生产中所占的地位愈来愈大。”④ 第四，国家所有制与计划经济体制是社会主义工业化的制度基础，“只有按照一个总的大

① ［德］马克思，恩格斯．马克思恩格斯全集：第1卷［M］．中共中央马克思恩格斯列宁斯大林著作编译局，编译．北京：人民出版社，1995：216.

② ［俄］列宁．列宁全集：第41卷［M］．中共中央马克思恩格斯列宁斯大林著作编译局，编译．北京：人民出版社，1986：301－302.

③ ［俄］列利丘克．苏联的工业化历史、经验、问题［M］．闻一，编译．北京：商务印书馆，2004：23.

④ ［俄］列宁．列宁全集：第1卷［M］．中共中央马克思恩格斯列宁斯大林著作编译局，编译．北京：人民出版社，1958：88.

计划进行建设，并力求合理地使用资源，才配称为社会主义的建设”[①]。第五，在资本主义国际化的趋势下，利用资本主义引入资金与技术，帮助完成社会主义工业化是一条特殊途径，“在一个小农生产者占人口大多数的国家里，实行社会主义革命必须通过一系列特殊的过渡办法”[②]。这里的特殊办法便是利用资本主义因素。

斯大林将马克思主义工业化理论进一步与苏联实际相结合，开创了苏联优先发展重工业的工业化道路，形成了著名的“苏联模式”。斯大林关于社会主义工业化的理论贡献主要体现在以下四个方面：第一，工业化发展的核心是优先发展重工业，不同于资本主义国家从低成本、易获利的轻工业起步，面临着严峻的国内外形势，要优先发展重工业以提升国防实力，“没有重工业就无法保卫国家，所以必须赶快着手发展重工业，如果这件事做迟了，那就要失败”[③]。第二，社会主义国家的工业化要施行赶超战略，即高速发展工业以追上资本主义国家，“高速度发展我国工业，首先发展生产资料的生产，要把我国经济转到新的技术基础上去是不可能的，迫使我们要高速度发展工业的内部条件就是如此”[④]。第三，经济体制上，为适应高速发展的重工业优先工业化战略，需实行相应的高度集中的计划经济体制，集中资源完成工业化。第四，在处理工农关系时，同样为了迎合工业化战略，斯大林对农业施行“剪刀差”政策，人为压低农产品价格以支援工业发展。在复杂严峻的国际形势的影响下，斯大林启动了以高速赶超、优先发展重工业与高度集中的经济体制为特点的工业化，在实践中创造了巨大的成果，使得苏联迅速实现了社会主义工业化，用短短十来年的时间完成了资本主义国家数十年乃至百年的工业化进程，但同时

① [俄]列宁．列宁全集：第28卷[M]．中共中央马克思恩格斯列宁斯大林著作编译局，编译．北京：人民出版社，1958：18.

② [俄]列宁．列宁全集：第41卷[M]．中共中央马克思恩格斯列宁斯大林著作编译局，编译．北京：人民出版社，1956：50.

③ [俄]斯大林．斯大林选集：下卷[M]．中共中央马克思恩格斯列宁斯大林著作编译局，编译．北京：人民出版社，1979：496.

④ [俄]列宁．列宁全集：第41卷[M]．中共中央马克思恩格斯列宁斯大林著作编译局，编译．北京：人民出版社，1979：77－83.

也在苏联社会经济内部埋下严重的隐患，极大地破坏了国民经济内各部门的协调发展，严重挫伤了人民的生产生活积极性，使经济发展失去了动力。

二、中国早期工业化思想

在1957年2月的最高国务会议上，毛泽东提出了“工业化道路”这一中国工业发展关系概念，其主要是设计关于农业、轻工业与重工业三大产业部门的发展关系。自中国第一个五年计划（1953—1957年）以来，苏联的工业化模式几乎被多数沿用，有着集中力量快速发展、优先发展重工业、粗放型发展与重视国防工业等特点，为中国工业化打下了初步的基础，但也造成了工业关系失调、农业农民受损与社会生活水平不高等问题。很快中国共产党在实际工作与苏联的经验教训中发现了问题。毛泽东在《论十大关系》中重新思考了我国的工业化道路，对农业、轻工业与重工业发展的内在联系进行了深入探索，提出我国的工业化道路是在以生产资料为核心的前提下，重视农业与轻工业发展，工农业密切结合地进行社会主义建设，即在发展中要妥善处理“农、轻、重”关系。这一思想是毛泽东中国工业化理论的基本思想，也是我国社会主义工业化各个时期历来的指导方针。关于我国工业化的步骤，刘少奇认为应走社会主义或人民民主的工业化道路，以人民群众的利益为最高原则，不断解放和发展生产力，达到富国强民的目的。具体有三个步骤，第一步，以农业与轻工业为核心，建立一些必要的国防工业；第二步，在发展农业与轻工业基础上，集中力量发展重工业；第三步，在建立与发展重工业的基础上，大力发展轻工业，促进农业机械化，其主张“农、轻、重”关系在工业化各阶段各有侧重，相互促进发展，也是符合唯物主义以及中国经济发展规律的。

与此同时，经济学界围绕着如何推进工业化建设，实现社会主义工业化，展开了广泛的讨论。部分学者如余建亭认为重工业发展周期长、投入多，不如先发展轻工业积攒资金再转型发展重工业①；也有观点认为我国

① 余建亭．关于社会主义工业化的几个问题[J]．中国青年，1954(4)：43－46.

国际环境相比苏联进行工业化时较好，从轻工业开始进行工业化也是可以的[①]。对此大部分学者持反对意见。贺笠认为，先发展轻工业后发展重工业是资本主义道路，而先发展重工业再发展轻工业才是社会主义的道路，中国走社会主义道路是由其所面临的不同世界条件所决定的[②]；同时，重工业有着自身特点，要高速实现扩大再生产，就必须有重工业为其他部分提供技术装备、动力与各类生产材料，为了满足人民日益增长的物质文化需求，使国家脱离落后贫困的状态，首先建立起强大的重工业基础是必然的[③]。在不断的探讨中，优先发展重工业的思想成了主流。

在此基础上，学界也进行了重工业与其他产业关系、重工业内部关系以及平衡发展问题的讨论。在工业与农业发展关系讨论中，毛泽东提出了“农业是国民经济的基础”论断，学界也强调农业经济对整个国民经济存在巨大的促进或限制作用[④][⑤]；对于重工业内部发展关系的讨论，主要集中在钢铁工业与机械工业的比例与发展问题上，主要观点认为钢铁工业与机械工业均应适当发展，在可能范围内，对机械工业的投资应先满足较薄弱的产业如重型机械、精密机床与仪表等[⑥]；对于综合平衡发展问题的讨论涉及多个方面，在定义综合平衡发展时，岳巍认为其是编制国民经济的重要方法，同时也是经常观察和研究国民经济发展的一种基本方法[⑦]；孙冶方认为综合平衡，即要搞好生产和消费、消费和积累、收入和支出之间的平衡[⑧]，关于综合平衡发展的作用或任务探讨中，多数观点认为综合平衡是从现有经济水平出发，统筹兼顾、全面安排、合理布局，保证国民经济

---

① 季云．我国怎样进行工业化[N]．人民日报，1953－05－22(3).

② 贺笠．我们为什么必须走工业化的道路[N]．人民日报，1953－01－01(6).

③ 佚名．发展重工业是实现国家社会主义工业化的中心环节[J]．山西政报，1954(5)：20－23.

④ 何畏．关于发展农业的问题[J]．经济研究，1958(3)：39－51.

⑤ 游心超．关于“农业是国民经济发展的基础”问题[J]．理论战线，1960(4)：30－33.

⑥ 余建亭．我国钢铁工业与机械工业的比例关系问题[J]．经济研究，1957(6)：20－26.

⑦ 岳巍．关于国民经济综合平衡的几个问题[J]．经济研究，1964(7)：1－7.

⑧ 孙冶方．谈谈搞好综合平衡的几个前提条件——在国民经济综合平衡理论问题讨论会上的发言[J]．经济研究，1981(2)：14－18.

有计划、按比例、高速度地发展，是多快好省地建设社会主义[①]。在党中央、社会与学界的广泛探讨之下，我国社会主义工业化逐渐向优先发展重工业同时使国民经济综合平衡发展的工业化路径展开。

但是中国的工业化道路并非一帆风顺，1957 年下半年出现的极“左”思想影响了对工业化道路的正常思考，党和政府错误地发动了“大跃进”运动，优先发展重工业的思想逐渐演变为片面发展重工业，中国的社会主义工业化在波折中前进。从 1949 年新中国成立至 1978 年改革开放之前，中国的工业化道路大致经历了以下几个阶段：国家经济恢复时期（1949—1952 年）；社会主义过渡时期（1953—1957 年）；“大跃进”时期（1958—1960 年）；经济调整时期（1961—1965 年）；“文化大革命”时期（1966—1976 年）；“两年徘徊”时期（1977—1978 年）。我国社会主义工业化道路曲折反复的深层次原因主要有两个：一是对社会主义工业化道路认识不清晰，在基础差、底子薄的现实情况下，较为激进地制定了超越工业化发展阶段与实际国情的“赶超”战略，造成工业化建设效率低下、质量不佳与结构失衡等问题。二是受到国际环境的影响，大环境下世界两大阵营对抗，社会主义阵营处于不利地位，加之中苏关系逐渐恶化、中印势力对抗等因素，使得国家工业化发展战略偏向重工业与国防建设，即在制定“三五”计划等时，逐渐从先解决生活资料问题转向了以“三线建设”为中心。除此之外，从 1966 年开始，一场由领导者错误发动，被反革命集团利用，给党、国家和各族人民带来严重灾难的内乱，也严重影响了我国社会主义工业化的进程。从工业化层面来看，主要是使得国民经济中比例关系再次严重失衡，国家经济增长速度被迫下降且反复波动，对我国社会主义建设造成了严重的不利影响。

三、中国特色社会主义工业化道路

从世界工业化的历程来看，由于具体国情的差别，各国进行工业化在相同或不同的理论指导下都有着自己的特点，乃至形成了多种工业化模

① 徐荣安．也谈对综合平衡的一些理解[J]．江汉学报，1964(4)：15－17.

式。世界工业化进程的历史经验提醒我们，工业化道路没有统一的模式，在遵循工业化基本规律的前提下，只有探索和发展符合自身国情与发展特点的工业化，才能成为更好的工业国家。自中国工业化进程启动起来，历代共产党人不断尝试将马克思主义工业化理论与中国实际国情相结合，走出一条适合中国国情的工业化道路。1956 年前后，毛泽东提出了在借鉴苏联工业化经验的基础上，走符合中国国情、中国自己的工业化道路思想，但是由于对社会主义的认识不足，在工业化具体的进程中没有得到充分的贯彻。改革开放以来，以邓小平为核心的第二代领导集体通过对中国以及世界工业化经验的反思，深刻认识到了走具有中国特色的工业化道路的重要性。此后，以邓小平、江泽民、胡锦涛、习近平等为代表的几代领导人立足于中国处于社会主义初级阶段的基本国情，不懈地探索社会主义工业化的理论与实践，逐渐形成了具有中国特色、适合中国国情的社会主义工业化道路，成为继列宁与斯大林之后对马克思主义工业化理论的重要开创。

（一）坚持在对外开放必要条件下完成工业化

新中国成立后，中国在基本脱离世界工业化环境的情况下推动着工业化建设，由于缺失世界市场与国际技术合作，我国与世界发达国家工业化水平的差距逐渐拉大。20 世纪 80 年代以来，邓小平对工业化经验进行了总结与分析并重新审视了国内外经济形势，指出："实现工业化主要依据自力更生，但是离开国际合作是不可能的。""对外开放具有重要意义，任何一个国家要发展，孤立起来，闭关自守是不可能的。"①邓小平在科学论断的基础上确立了改革开放的发展战略，使中国工业化进程融入世界经济发展整体进程中，能够充分利用世界市场资源，为我国工业化建设提供了紧要的资金并解决了工业等相关领域中先进技术的引进问题，使我国的工业化程度与综合国力得到了显著的提升。

（二）坚持以中国特色市场经济为依托完成工业化

在马克思与恩格斯分析资本主义大工业的经典论断中，工业化的进程

---

① 邓小平．邓小平文选：第 3 卷［M］．北京：人民出版社，1993：117.

始终与市场化的进展相联系，对商品的旺盛需求催生了更高效率的生产方式，更高效率的机器工业产品需要不断寻找销路，“资产阶级，由于一切生产工具的迅速改进，由于交通的极其便利，把一切民族甚至最野蛮的民族都卷到文明中来了”①。“世界市场使商业、航海业和陆路交通得到了巨大的发展。这种发展又反过来促进了工业的扩展。”② 随着改革开放的不断深入，中国共产党人在深刻认识与总结我国社会主义初级阶段论断的基础上，将社会主义市场经济体制逐步建立起来。1997 年党的十五大报告中提到：“在社会主义条件下经历一个相当长的初级阶段，去实现工业化和经济社会化、市场化、现代化。这是不可逾越的阶段。”③ 可见市场化与工业化的融合发展与一体化发展，是我国社会主义工业化体系不可忽视的一部分，这一科学认知赋予了我国工业化理论新的内涵，使社会主义工业化理论得到质的飞跃。

（三）坚持在国民经济协调发展的状态下完成工业化

改革开放前，借鉴“苏联模式”，我国开启了社会主义工业化的进程，但过度强调重工业优先发展的战略严重破坏了社会各产业部分的平衡关系，国民经济比例严重失调成了我国经济建设的重大问题，“我们过去长期搞计划，有一个很大的特点，就是没有安排好各种比例关系。农业和工业比例失调，农林牧副渔之间和轻重工业之间比例失调，……积累和消费比例失调”④。在总结经验重新认识的基础上，中央制定了“调整、改革、整顿、提高” 新八字方针，着重解决国民经济比例失调问题，施行了新的工业化发展战略，一方面调整重工业发展，加快轻工业与农业增长速度，以实现国民经济整体协调向好发展；另一方面对产品结构、技术结构、企业结构、组织结构等产业机构要素进行优化调整，使我国社会主义工业化

---

① ［德］马克思，恩格斯．马克思恩格斯全集：第 1 卷［M］．中共中央马克思恩格斯列宁斯大林著作编译局，编译．北京：人民出版社，1995：276.

② ［德］马克思，恩格斯．马克思恩格斯全集：第 3 卷［M］．中共中央马克思恩格斯列宁斯大林著作编译局，编译．北京：人民出版社，1995：273.

③ 中共中央文献研究室．十五大以来重要文献选编（上）［M］．北京：人民出版社，2000：15.

④ 邓小平．邓小平文选：第 2 卷［M］．北京：人民出版社，1994：250.

的质量与数量水平得到了提高。新型工业化战略的提出，标志着我国找到了具有中国特色、符合中国国情的工业化发展道路，是马克思主义工业化理论与中国工业化实际进程紧密结合的重要成果。

第三节　社会主义生产力理论的探索

生产力理论是马克思政治经济学理论思想体系的重要内容，社会主义的科学性是建立在生产力理论基础之上的，并且一直指导和影响着社会主义建设。在马克思的著作中，有着丰富的关于生产力理论的表述，其中包括生产力理论的内涵、生产力的构成、生产力的本质与生产力的地位作用等，这些理论深刻地影响了马克思主义政治经济学在中国的应用与发展。在社会主义建设初期，我国的经济学者关于生产力理论展开了广泛的研究探讨，取得了诸多理论成果。

一、马克思主义生产力理论

马克思对于生产力的表述具有丰富的内涵，生产力的概念主要是从人的角度出发来进行阐述，其主要包括三个方面：首先，从人自身的角度出发，生产力是人实际上的生产能力。马克思在分析个人在历史发展过程中的位置时指出："这里所说的个人不是他们自己或别人想象中的那种个人，而是现实中的个人，也就是说，这些个人是从事活动的，进行物质生产的，因而是在一定的物质的、不受他们任意支配的界限、前提和条件下能动地表现自己的。"① 可见，现实中的个人是从事生产的基础，而同时个人社会生活中的表现就是生产。此外，《资本论》中提到："我们把劳动力或劳动能力，理解为人的身体即活的人体中存在的、每当人生产某种使用价值时就运用的体力和智力的总和"②，也明确表达了生产力的来源，是人使

---

① ［德］马克思，恩格斯．马克思恩格斯全集：第3卷［M］．中共中央马克思恩格斯列宁斯大林著作编译局，编译．北京：人民出版社，1956：29.

② ［德］马克思，恩格斯．马克思恩格斯全集：第23卷［M］．中共中央马克思恩格斯列宁斯大林著作编译局，编译．北京：人民出版社，1972：190.

用的体力与智力的总和。

其次，从生产力与人的关系出发，马克思指出："劳动过程的简单要素是有目的的活动或劳动本身，劳动对象和劳动资料。"① 劳动的过程即生产的过程，而生产的过程是劳动者主体通过使用中介的劳动资料对劳动对象以作用的过程，人是生产的主体，生产是人的活动。《关于费尔巴哈的提纲》中强调，"人的思维是否具有客观的真理性，这不是一个理论的问题，而是一个实践的问题"②，即人在将体力与智力投入生产的过程中，既实现了人的主观能动性，也是对客观世界的改造，即人只有在生产实践中，才能够检验和发挥本身的创造能力。

最后，马克思指出生产力是人类共同活动的方式，即《德意志意识形态》中所指"一定的生产方式或一定的工业阶段始终是与一定的共同活动方式或一定的社会阶段联系着的，而这种共同活动方式本身就是'生产力'"③，共同活动的方式是人类社会在发展到一定阶段后以统一协作共同活动的方式来组织人，实现生产能力的扩大化，如在资本主义社会生产关系的建立，资本主义社会生产力实现快速发展，资本主义社会机器工业时期，资本主义生产力迅速发展，同时资本主义社会也更加繁荣。因此，共同活动本身就是生产力，是人与人联系在一起扩大的生产力，存在社会属性。

上文提到劳动过程即生产过程中的简单要素，即有目的的活动或劳动本身、劳动对象和劳动资料三要素，这是组成生产活动的基础要素。除此之外，生产力的构成是多样且不断变化发展的。马克思在《资本论》中提出："劳动生产力是由多种情况决定的，其中包括工人的平均熟练程度，科学的发展水平和它在工艺上应用的程度，生产过程的社会结合，生产资

---

① ［德］马克思，恩格斯．马克思恩格斯全集：第2卷［M］．中共中央马克思恩格斯列宁斯大林著作编译局，编译．北京：人民出版社，1995：178.

② ［德］马克思，恩格斯．马克思恩格斯全集：第1卷［M］．中共中央马克思恩格斯列宁斯大林著作编译局，编译．北京：人民出版社，1995：58.

③ ［德］马克思，恩格斯．马克思恩格斯全集：第4卷［M］．中共中央马克思恩格斯列宁斯大林著作编译局，编译．北京：人民出版社，1995：58.

料的规模和效能，以及自然条件。”[①] 可见生产力是由多种要素构成且受多种要素影响的，马克思根据对资本主义社会生产状况的观察，提出了此情况下的生产力构成要素。《资本论》进一步提出，“劳动过程的简单要素是这个过程的一切社会发展形式所共有的。但劳动过程的每个一定的历史形式，都会进一步发展这个过程的物质基础和社会形式”[②]。即三要素是生产力的基本构成，但随着生产条件、状况与各种因素的变化，新的生产力因素会产生并加入到生产过程中来。现实社会中，随着科技革命的发展，从“蒸汽时代”到“电气时代”再到“信息时代”，新的生产力要素不断出现，生产力的内涵不断丰富和发展。

生产力是社会经济存在与发展的物质性前提，生产力的增长过程即人类社会演化变革的决定性要素，在人类的一切活动中都占据着核心位置。马克思指出：“人类第一个历史活动是生活资料的生产，即物质生活本身的生产。”[③] “仓廪实而知礼节，衣食足而知荣辱。” 只有在生产力满足社会基本需要的前提下，人类社会的文明程度才能演进发展，而当社会生产力发展到一定阶段时，若现有生产制度与生产关系成为生产力进一步发展的阻碍，便会迎来新一轮的社会革命。

二、中国生产力理论研究

20 世纪 50 年代初，新中国刚刚成立，如何恢复和发展生产力是国家建设的首要任务，而要促进社会主义生产力的发展，就离不开对生产力的研究讨论，首先就是对生产力概念与内涵的讨论。其中对生产力概念的定义的讨论，主要有三种观点：一是认为生产力就是人的能力，普遍认为生产力是人对自然利用与改造的能力，主要考虑到了生产活动中人的主观能动性，即生产力是人作用于自然界的能力。此外，在赞成生产力是人的能

---

① ［德］马克思，恩格斯．马克思恩格斯全集：第 4 卷［M］．中共中央马克思恩格斯列宁斯大林著作编译局，编译．北京：人民出版社，2009：53.

② ［德］马克思，恩格斯．马克思恩格斯全集：第 7 卷［M］．中共中央马克思恩格斯列宁斯大林著作编译局，编译．北京：人民出版社，2009：1000.

③ ［德］马克思，恩格斯．马克思恩格斯全集：第 1 卷［M］．中共中央马克思恩格斯列宁斯大林著作编译局，编译．北京：人民出版社，2009：78.

力的观点基础上，也有部分学者认为生产力是人进行物质资料生产的能力或者创造财富的能力。二是认为生产力是客观物质力量，即生产力是人类在生产实践中形成的改造和影响自然以使其适应社会需要的物质力量。三是认为生产力代表人与自然的关系，标志着人类改造自然的实际程度与能力的范畴。总的来说，新中国成立初期，经济学界对于生产力的认知是相对片面的、局限的，易将生产力物化或忽视人的能动性的作用。此外，对于生产力的构成要素也存在讨论与争议，主要是张鱼与于光远两位经济学者对于基本构成要素中的“三要素”或“二要素”之争，主要探讨劳动对象是否是生产力的基本构成要素①②。

从20世纪50年代后期到60年代，学界主要是对李平心教授提出的关于生产力性质新观点的讨论。李平心认为，生产力存在物质技术属性和社会属性，并有其自身独特的发展规律，使其能够在与生产关系的不断适应中发展。传统理论认为，生产力是生产的物质和技术属性，而生产关系是生产的社会属性，即生产具有双重属性。而李平心教授认为，生产力同时具有物质技术属性与社会属性，原因是社会生产力体系的构建，一方面需要符合生产的物质技术基础，另一方面需要必要的社会条件基础。这一观点着重强调对待不同社会形态的生产力性质，不仅要从物质技术属性看待，更应从社会属性考虑，即“一定历史阶段的生产工具、原料、交通条件等性能、数量和来源，以及由它们制约的劳动技能……与一般技术水平(或科学技术水平)，所有这一切综合起来，标志着一个社会经济形态的生产力的物质技术属性”③。而“一定历史阶段劳动者的社会地位、生活面貌与精神机能，……以及生产力变化和发展的各种社会条件，所有这一切综合起来，规定着一定社会经济形态的生产力的社会属性”④。由李平心教授提出的关于生产力性质的新观点引起了学界的广泛研究与讨论，促使生产力相关理论取得了很大的进展。

20世纪70年代，学界关于生产力理论的讨论与研究依然主要是关于

① 张鱼．对生产力问题的商榷[J]．学习，1950，2(7)：11－12.
② 于光远．关于社会主义的生产力[J]．学习，1950，1(6)：7－9.
③④ 李平心．论生产力性质[J]．学术月刊，1959(6)：14－19.

“二要素”与“三要素”之争，而随着我国社会主义生产力的逐渐进步，多种因素如技术、人力资源、管理等在生产力发展过程中的作用逐渐凸显，学界在之前要素论的基础上，提出了关于生产力的“多要素论”，即随着社会生产的不断发展，新的生产力要素不断出现，多元化趋势出现。也有学者从其他角度如劳动产品角度思考，提出生产要素由改造自然的投入要素和获得物质资料的产出要素构成的“新二要素”论等①。

第四节　社会主义商品生产与价值规律理论的探索

20 世纪 50 年代到 60 年代，中国经济学界对社会主义经济下的商品生产以及价值规律的研究是一个重要的理论研究方向，这一研究本质上是对马克思主义政治经济学理论中的社会主义生产关系的再思考。传统理论认为，公有制下不存在商品生产，而公有制是社会主义的核心制度，商品生产又是自古到今的重要社会问题和现实问题。苏联的政治经济学理论仅承认了社会主义制度下存在有限的商品交换关系，而我国对商品生产理论的研究广泛讨论了社会主义社会中的商品关系，是对马克思社会主义初级阶段理论的补充与完善。

一、社会主义经济中的商品生产

（一）马克思社会主义商品生产观点

对于商品生产的性质，马克思认为：“使用对象成为商品一般，只因为它是互相独立经营的私人劳动的生产物……生产者由他们的劳动生产物的交换，才发生社会的解除，所以，他们的私人劳动所特有的社会性质，也只有在这种交换中才显现出来。”② 恩格斯指出：“资本主义生产方式就

① 涂金坤，王志国．生产力理论的研究与当今世界[M]．徐州：中国矿业大学出版社，2004：192 – 194.

② ［德］马克思，恩格斯．马克思恩格斯全集：第 1 卷[M]．中共中央马克思恩格斯列宁斯大林著作编译局，编译．北京：人民出版社，1956：54.

是最高形式的商品生产……其在社会化的生产中，统治着无政府状态。”①即在资本主义社会向社会主义社会的转变中，生产资料会为社会公有，商品生产会被消除，社会生产依靠计划进行，不再生产为交换而存在的商品，而是直接生产生活资料以及再生产资料。若是在社会主义社会中不进行计划下的产品生产，而是存在着资本主义的商品生产，结果导致生产的无政府状态会持续，私人的积累会逐渐吞没公有化的生产资料，社会主义从根本上被否定。即在传统的马克思、恩格斯理论中，公有制是社会主义的基本属性，公有制是不存在商品生产的。

（二）社会主义中的商品生产

在传统的马克思主义经济理论中社会主义不存在商品生产，但是现实中，在各个社会主义国家如苏联，商品生产是被承认且存在的。并且中国在建设社会主义实践中也发现，实行单一的计划制度，完全否定商品生产有着诸多负面影响，故中国经济学界在20世纪50年代到60年代对社会主义社会中的商品生产进行了广泛的讨论，其主要的研究方向是社会主义社会下商品生产存在的原因以及必然性。

第一种探讨方向是从与传统理论中的社会主义单一的公有制形式不同的现实社会主义社会中存在的两种不同形式的公有制即全民所有制和集体所有制角度出发，来论证社会主义社会中商品生产存在的必然性。萧禹功、顾准等是该主张的代表人物，主要认为商品是具有不同生产资料的生产者之间进行交换的产品，即在商品生产基础中存在社会分工以及不同的生产资料所有者，因在社会主义社会中存在全民所有制和集体所有制两种不同形式的公有制，所以商品生产才会存在②③。

第二种思想是从两种公有制、分配制度与经济核算体系之间的关联角度，来探讨社会主义商品生产存在的问题。骆耕漠认为，在社会主义制度下，有三方面的商品生产关系是需要保留的，即国家与居民之间、国家与

① ［德］恩格斯．反杜林论［M］．中共中央马克思恩格斯列宁斯大林著作编译局，编译．北京：人民出版社，1956：284.

② 萧禹功．关于社会主义制度下商品生产存在的原因［J］．经济研究，1957（4）：18－29.

③ 顾准．试论社会主义制度下的商品生产和价值规律［J］．经济研究，1957（4）：21－53.

企业之间、国家与集体经济之间。这是由社会生产力不够发达与资本主义私有制的残留造成的，将其保留原因一是实行“按劳取酬”原则的需要，即按商品形态来进行分配；二是为了“经济核算”的需要，即便于衡量企业生产，避免低效浪费；三是当时“集体农庄的经济要求”，即国家一时难以完成和负担起对集体农庄的改革①。

第三种是从社会分工的方向来解决社会主义商品生产问题，与前两者不同，其不涉及经济体制方面的影响。卓炯认为，商品生产之所以存在，是因为生产中存在着分工，只要有社会分工，商品生产便不会消亡。此外，卓炯在社会主义商品生产的基础上进而提出“计划商品经济”的概念，即计划经济与商品经济在一定的形式下可以协调存在，不是完全的对立与排斥的关系。商品经济既可以为资本主义下的私有制与无政府状态服务，也能为社会主义下的公有制与计划经济所用。这一观点与之后我国社会主义市场经济理论有共通之处，为之后进行的经济体制改革起到了理论先导作用②。

二、社会主义经济与价值规律

（一）马克思经济学中的价值规律

马克思在《资本论》中提到，“只有社会必要劳动的量，或生产一个使用价值社会必要的劳动时间，决定该使用价值的价值量”，“每一商品的价值，都是由它的使用价值中对象化的劳动的量，由它生产上社会必要的劳动时间决定”③。马克思认为，价值规律就是价值决定的规律。以劳动价值论为基础，马克思展开了对资本主义本质的分析。其中包括：剩余价值理论，即决定使用价值的仅为生产这个使用价值的社会必要劳动时间；社会再生产理论，复杂的社会再生产本质下，商品的价格总和等于其价值总和；交换理论，产品在资本主义社会中只有通过交换才能实现价值，因此

---

① 骆耕漠．论社会主义商品生产的必要性和它的“消亡”过程[J]．经济研究，1964(3)：3－11.

② 卓炯．论社会主义商品经济[M]．广州：广东人民出版社，1981：21－53.

③ [德]马克思，恩格斯．马克思恩格斯全集：第1卷[M]．中共中央马克思恩格斯列宁斯大林著作编译局，编译．北京：人民出版社，1956：204.

通过剩余价值规律的作用才能调节资本主义生产；价格变动规律，价值规律决定价格的运动，价格围绕着价值上下波动。

（二）社会主义中的价值规律

由上述马克思经济学中的价值规律可见，价值规律存在于资本主义社会，本质上是由于商品交换的存在，价值规律才能够发挥作用。新中国成立之初，我国沿袭苏联社会主义建设的经验，对于价值规律的主要观点是随着计划体制的逐渐确立，价值规律会逐渐被限制。但是在社会主义国家的建设过程中，忽视价值规律的作用导致了社会矛盾的产生。在此背景下，有部分经济学者对价值规律在社会主义制度中的作用进行了深入的研究与讨论，提出了一定的见解，其中以薛暮桥、顾准与孙冶方的认识为典型代表。

1953 年，薛暮桥发表了《价值规律在中国国民经济中的作用》一文，阐述了国家计划在国民经济运行把控上的不足以及价值规律在社会主义社会中仍然具有重要作用。他认为，计划经济的方式是有限制的，无法照看到国民经济的方方面面，在此情况下，尽管价值规律已经受到了限制，但是其仍然在社会经济运行中发挥着重要作用①。

1957 年 4 月，中国科学院政治经济学研究室的顾准发表了著名论文《试论社会主义制度下的商品生产和价值规律》。在这篇文章中，顾准从经济核算等角度对社会主义社会下的商品生产与价值规律作了解释，他提出在社会主义经济下的计划经济体制中，经济核算与其是相互矛盾的，但计划经济需要经济核算来促进合理的经济运行。过度强调计划的作用而忽视价格与价值关系，用计划来决定一切的不现实情况就会出现，从而会影响社会经济的良好发展。对于企业这个生产主体，以追求效益与利润为目的进行生产是其天性，在这个过程中，价格也会不断地发生变化，这种变化实际上就是价值规律的体现，也实际上调节着生产的进行。顾准对于社会主义社会下价值规律的认知，即明确指出要充分利用价值规律在社会主义经济运行中的作用，并且要防止过度的计划，在当时是标新立异又催人深

---

① 薛暮桥．关于社会主义市场经济问题[J]．经济研究，1992(10)：3－7.

省的，为后来中国的社会主义商品经济理论奠定了基础，并在中国的社会主义经济建设中得到了实践的证明①。

1959年9月，孙冶方发表了《论价值——并试论“价值”在社会主义以至于共产主义政治经济学体系中的地位》一文。他认为价值是社会主义政治经济学必不可少的概念，而价值规律作为形成价值这一过程的客观运动规律不应受到限制。限制这一规律与取消或改造价值规律都是错误的。在社会主义经济建设中，投资是影响生产发展的重要因素，而投资的效益以及生产的价格也是计划经济应该考虑的内容，而价值规律直接影响着产品的价格与投资效益，因此要正视价值规律在社会主义经济中的基础作用②。

就新中国成立之初政治经济学研究而论，与经济恢复和社会主义建设的实践相一致，中国政治经济学界的探讨研究也受到了苏联政治经济学体系的诸多影响，在基本观点、研究范式与框架体系上与苏联政治经济学高度一致。1952年斯大林在《苏联社会主义经济问题》中给政治经济学对象以新的定义等，我国经济学界没有什么分歧便基本接受了③。采用苏联教材，借鉴苏联政治经济学体系，一方面对中国经济学界普及和了解政治经济学知识有一定积极作用，但另一方面也因苏联政治经济学的局限以及错误，深刻影响了中国的经济学研究，主要表现在：对价值规律的调节作用认识不清；相对缺少对生产力的研究；忽视定量分析等问题。1956年苏共二大指出斯大林的错误后，中国经济学界也围绕斯大林提出的政治经济学展开了多次大讨论，本章第三节、第四节中生产力以及社会主义经济中的价值规律与商品生产的探讨便是其中的重要问题。中苏关系恶化后，我国经济理论界开始编著中国的社会主义政治经济学论著，先后出版了于光远、苏星主编的《政治经济学》（1961）、姚耐等主编的《政治经济学教

① 顾准．试论社会主义制度下的商品生产和价值规律[J]．经济研究，1957(4):21－53.

② 孙冶方．论价值——并试论“价值”在社会主义以至于共产主义政治经济学体系中的地位[J]．经济研究，1959(9):42－69.

③ 《经济研究》编辑部,《经济学动态》编辑部．建国以来政治经济学重要问题争论(1949—1980)[M]．北京:中国财政经济出版社，1981:3.

材》（1961）与徐禾主编的《政治经济学》（1973）等著作，但苏联政治经济学体系对我国政治经济学研究的影响是难以磨灭的。王珏编著的《中国社会主义政治经济学40年（1949—1989）》中提到："我国在50年代以后编写的政治经济学社会主义部分的教材，基本上沿袭了苏联教科书社会主义部分的体系和方法，这种情况至今（指20世纪90年代初）还没有多大改变。"[①] 总体而言，新中国成立初期我国政治经济学研究处于学习和普及苏联政治经济学理论体系阶段，同时受到"左倾"风气的影响，经济理论没有紧密联系并指导中国经济建设的实践。中国第一代马克思主义经济学家王亚南在1957年指出："我们关于政治经济学的学习与研究，还没有很好地配合上社会主义的建设实践。"毛泽东在总结苏联社会主义建设经验以及我国实际国情基础上发表了《论十大关系》报告，经济学界开始逐渐突破"苏联教科书"的思想局限，注重从我国实际国情出发，构建社会主义政治经济学理论体系。孙冶方、于光远等关于探索社会主义经济运行的理论思想成果，为之后构建中国特色社会主义政治经济学体系提供了经验与参考，为改革开放之后中国马克思主义政治经济学理论的丰富和发展奠定了理论先导基础，为马克思主义政治经济学中国化的发展做出了重要的贡献。

---

① 王珏．中国社会主义政治经济学40年(1949—1989)[M]．北京:中国经济出版社，1991:147.

第三章 社会主义对外开放理论的萌芽

新中国成立后，中国开始恢复并发展经济，独立自主地开展对外贸易，在学习借鉴苏联经验的同时探索中国社会主义建设的道路。这一时期，中国共产党有关对外开放的理论和经验都比较匮乏，更多的是继承并发展马克思主义的开放理论，并借鉴苏联有关对外开放的发展经验。结合国际形势和国内实际情况，以毛泽东为首的中国领导人对对外开放、对外贸易和外资利用等领域进行了开创性的探索，为后来实行改革开放积累了宝贵的经验教训。

第一节 对外开放实践的探索与发展

新中国的成立标志着中华民族从此走上了独立自主的发展道路。然而，复杂的世界形势，两极格局，以美国为首的西方资本主义国家对新中国的经济封锁和政治打压，再加上照搬苏联模式的影响，使得中国这一时期的对外开放艰难前行。以毛泽东为首的中国领导人在实践中不断深化关于对外开放的认识，积极发展对外关系，广泛开展对外贸易，为经济恢复和建设奠定了基础。这一时期出于内外种种复杂原因，中国对外开放事业只处于探索阶段，但这一时期的对外关系实践为中国以后实施的全面对外开放奠定了坚实的基础。

一、战后世界形势的变化

（一）战后世界政治格局的变化

第二次世界大战以前，世界格局以欧洲为中心、其他国家各地区为外围。二战导致的最直接最深刻的结果是美苏两个大国的崛起和两极格局的初步形成①。二战结束后，美苏两国之间的冲突和斗争逐渐扩展到以美国为首的资本主义国家和以苏联为首的社会主义国家两大阵营的互相对峙，形成了以美苏为中心的世界两极格局。从此世界进入两种社会制度并存与多种模式竞争的时期，美苏两国在社会制度、意识形态、价值观念和战略目标方面彼此竞争对抗，世界范围内出现一系列美苏代理人战争和国际危机②。

进入20世纪60年代后，两极格局受到了一定的冲击和影响，世界政治格局的演变呈现出以下新的特点：第一，社会主义阵营出现分裂直至解体。20世纪50年代中期以来，苏联军事和经济实力的迅速增长使得苏联野心膨胀，企图实现“苏美合作，主宰世界”。1968年苏联武装占领捷克，1969年挑起中苏边境冲突，中苏关系最终破裂，社会主义阵营不可避免地走向解体③。第二，帝国主义阵营内部分化。20世纪50年代中期以后，西欧和日本的相继崛起使得资本主义阵营内部经济力量对比发生重大变化。同时，西欧和日本开始极力谋求政治地位，与美国展开控制与反控制的斗争。西欧走向联合自强、政治经济一体化的道路。总之，这一时期西欧和日本经济、政治地位的提升以及与美国之间的斗争，表明美国霸主地位受到严重冲击，帝国主义阵营内部矛盾重重并开始分化。第三，第三世界的崛起。二战后民族独立运动蓬勃发展，广大亚非拉国家迫切要求政治独立。万隆会议的召开、不结盟政治运动的兴起和“七十七国集团”的出现，代表着世界舞台上出现了一支新的政治力量，为建立新的国际政治秩

---

① 陈岳．如何认识冷战后国际格局的多极化[J]．教学与研究，2001(4)：53－56.

② 刘江永．国际格局演变与中国周边安全[J]．世界经济与政治，2013(6)：4－24，156.

③ 都培炎．世界政治经济与国际关系[M]．上海：华东师范大学出版社，2011：43.

序和格局做出了重要贡献。

随着两大阵营的瓦解和第三世界的兴起，世界政治格局发生了重大变化。1974 年初，毛泽东在会见赞比亚总统卡翁达时正式提出了三个世界的理论，即美苏争霸为第一世界，日本、欧洲、澳大利亚、加拿大等发达国家为第二世界，中国与广大亚非拉发展中国家为第三世界[①]。第二世界的强大和第三世界的崛起冲击着二战后形成的两极世界的政治格局，有力地促进了世界政治格局多极化的发展。

20 世纪 60 年代后期，世界政治格局已经出现了多元化的趋势，这一政治格局的演变是在三个世界基础上形成的。20 世纪 70 年代后世界政治格局发生了以下变化：第一，二战以后美苏两国在长期斗争的情况下国家实力相对下降；第二，日本和西欧经济实力迅速增强，帝国主义阵营内部分化；第三，20 世纪 70 年代中国恢复了联合国合法席位，中国外交事业取得重大进展，中国的国际地位和经济实力不断提高[②]。

从二战结束到中国实行改革开放前，美苏争霸的两极世界政治格局并未得到根本性转变，但世界上已经出现了更多的势力中心。1969 年，尼克松提出建立以美国、苏联、西欧、日本和中国为中心的国际新秩序[③]。中国、西欧和日本的强大极大地冲击着两极格局，世界政治格局向多极化演变的趋势已成事实。

（二）战后资本主义社会生产关系和国际生产关系的变化

二战后，资本主义国家内社会生产和资本进一步被少数垄断资本所掌控，国家垄断资本主义成为资本主义生产关系中最显著的特征。国家垄断资本借助经济全球化之势，在对外贸易和资本输出等领域的影响日益扩大[④]。

二战后，国际垄断组织的形式和作用发生了显著的变化。二战前，国际垄断组织主要采取卡特尔、辛迪加、康采恩的形式。二战后，跨国公司

---

① 中共中央文献研究室．毛泽东文集：第 8 卷[M]．北京：中央文献出版社，1993：441 – 442.

② 卫林．世界经济与世界政治格局的历史性转折[J]．世界经济与政治，1991(9)：34 – 40.

③ 夏亚峰．“尼克松主义”及美国对外政策的调整[J]．中共党史研究，2009(4)：46 – 56.

④ 吴茜．关于当代资本主义新变化的争论及其实质[J]．社会主义研究，2010(3)：121 – 125.

占据了绝对优势，把资本输出作为扩大商品输出和抢夺国外市场份额的手段，在世界经济领域的影响越来越大。

二战后的资本扩张也发生了巨大的变化。资本扩张从商品输出发展到资本输出，并且，随着资本主义国家内部垄断程度的不断加深和资本输出规模的扩大，资本集聚程度不断提高。进入 20 世纪 60 年代后，跨国公司的发展使得国际资本集聚发展到国际资本集中，生产和资本的国际化迈上了新台阶。

二战后帝国主义殖民体系也发生了变化。战后旧的帝国主义殖民体系崩溃，一大批国家相继在政治上宣告独立，社会主义国家的数量增加。具体而言，美国成为资本主义的绝对霸主，是商品输出和资本输出规模最大的国家，英国等老牌资本主义国家实力下降，日本、西欧经济实力的增长和第三世界的崛起也冲击着旧的世界经济秩序。

（三）战后世界生产和生产力的发展

科学技术的发展是二战后资本主义社会生产关系和国际生产关系出现变化的重要动力。科学技术作为影响生产力的关键因素，促进了资本主义生产的社会化，使得资本主义社会的生产关系相应地调整①。

二战后掀起了第三次科学技术革命的浪潮，这次技术革命以新能源、新材料、电子计算机和生物工程学等技术的广泛应用为主要标志，对世界发展产生了深刻的影响②。在科学技术发展的作用下，世界各国工业和农业快速发展，特别是第三世界国家和社会主义国家的工业增长速度远远高于资本主义国家③。社会主义国家经济实力不断增强，逐渐成为推动建立世界经济新秩序的重要力量。

20 世纪 70 年代初期，资本主义世界经济衰退，进入困难的滞胀时期。资本主义长期高速发展所积累的矛盾爆发，出现了生产过剩、通货膨胀、失业人数增加和经济危机频发等问题。为了应对经济危机所带来的困难，

---

① 王阵军，慈悦．论当代资本主义社会生产关系的调整[J]．学术交流，2001(5)：53－55.

② 赵菊玲．第三次科学技术革命与经济和社会的发展[J]．历史教学，1990(3)：18－22.

③ 姚曾荫．国际贸易概论[M]．北京：人民出版社，1987：439.

西方资本主义国家开始调整产业结构，加大资金、产品和技术的出口，抢占世界市场、能源和原材料。资本主义国家发生的经济危机及应对危机的调整促进了又一场科技革命，并给中国等发展中国家带来了发展机会。

二、中国对外关系的发展历程

（一）新中国成立初期："一边倒"战略

新中国的成立深刻改变了世界力量结构，新中国对外关系的选择和发展成为各国关注的焦点。在 1949 年 1 月的政治局会议与 3 月的中共七届二中全会上，毛泽东先后提出了"另起炉灶""打扫屋子再请客"和"一边倒"三大方针，后经《共同纲领》加以法律化[①]。这三大方针构成了新中国外交政策的基本框架，初步形成了新中国成立初期"一边倒"的外交战略。

新中国采取"一边倒"的外交战略的原因主要有：一是国际形势。二战后形成了两大阵营互相对峙的两极格局，使得新中国的外交战略选择余地很小。而美国对新中国奉行不承认主义，实行贸易禁运和外交孤立，并试图通过支持台湾来达到分裂和遏制中国的目的。这一时期中国的国家安全威胁主要来自美国的霸权主义。为了巩固新生的政权，新中国坚定地采取"一边倒"的外交战略就成为必然选择。二是国内经济状况。新中国成立初期经济十分落后，国力薄弱。具体而言，中国是农业大国，人口与资源的矛盾突出，工业基础薄弱，基础设施落后，人均收入水平低下，人民生活十分困难。因此，中国领导人意识到经济的恢复与发展不仅需要一个和平的发展环境，也需要借助外部的支持和帮助。

"一边倒"的外交策略使得社会主义阵营成为新中国发展对外关系的主要方向。1949 年，新中国首先与苏联建立外交关系，并陆续与其他社会主义国家建立外交关系。新中国成立后也积极参与国际事务，为建设新中国争取一个和平的外交环境。1953 年，周恩来在同印度进行谈判时首次提出和平共处五项原则。该原则的提出标志着中国外交政策的成熟。1954

① 王红霞. 论建国初期毛泽东的三大外交政策[J]. 党史文苑,2009(10):24-25.

年，中国第一次以大国身份参加日内瓦国际会议。1955年，周恩来在万隆会议上阐述了中国“求同存异”的方针，和平共处五项原则得到了引申和发展，并被纳入到会议通过的处理国际关系的十项原则之中。20世纪50年代中期，社会主义阵营内部逐渐出现分歧，苏联在处理与其他社会主义国家的关系时，特别是在处理波匈事件中，表现出严重的大国沙文主义。对此，中国提出社会主义国家之间也应该实行和平共处五项原则。和平共处五项原则提出后，得到越来越多的国家的赞同，为构建新的世界秩序和国家关系提供了重要参考。

“一边倒”的外交政策使中国同社会主义国家建立了友好合作的关系，在帝国主义的封锁之下恢复并发展了经济，顺利实行了“一五”计划，巩固了新生的政权，实现了从新民主主义到社会主义的过渡。“一边倒”是新中国的基本利益所在，但并不意味着失去了政治上的独立性，中国在发展对外关系中始终坚守独立自主的基本原则，灵活处理同资本主义国家的关系。

（二）20世纪60年代：“两条线”战略

20世纪60年代，中国外交战略发生了重大变化，转向“两条线”战略，即同时反对苏联和美国的霸权主义。中苏关系的破裂使得“一边倒”的外交战略失去了基本前提，中国国家安全面临着来自苏联和美国的威胁，这导致了“两条线”战略的实施。

1956年，苏联国内政治的变化、苏联野心的膨胀以及赫鲁晓夫的“三和”政策，使得社会主义阵营内部矛盾激化。之后，苏联取消对中国的核援助、袒护印度和撤回苏联技术人员等事件加剧了中苏之间的冲突，中苏关系开始恶化。1969年，苏联入侵珍宝岛，宣告了中苏关系的彻底破裂。中国在反对苏联大国主义的同时，也一直持续着与美国之间的斗争。20世纪60年代，中美之间的斗争主要围绕以下三个方面：第一，反对美国对殖民地国家的侵略；第二，中国全力支持越南人民的抗美救国斗争；第三，反对美国企图分裂中国的阴谋。

这一时期，中国面临着来自美国和苏联两方面的霸权主义的威胁。面对美苏双重挤压的国际环境，中国积极争取“两个中间地带”，以期在国际上获得更多支持。1963 年底周恩来访问亚非 14 国，加强了中国同亚非国家的友谊和团结。在 1971 年 10 月 25 日召开的联合国大会上，有 26 个非洲国家投票支持恢复中国的合法席位。这一时期中国重新调整内外政策，加强了与西方国家的关系。在中国领导人的努力之下，中日、中欧关系有了新的突破。20 世纪 60 年代，中日经贸关系大大加强，1965 年日本成为中国第一大贸易伙伴。20 世纪 60 年代，中国开始从欧洲一些国家引进技术设备，并在 1964 年 1 月与法国正式建交。中法建交使得中国同其他西欧国家关系正常化成为可能，代表着中国对外关系的重大突破。

20 世纪 60 年代，中国在对外经济关系发展上取得一些成就，但没有从根本上扭转中国外交的不利局面。从现实情况出发，日本和欧洲国家都想加强与中国的经济联系从而发展自身经济，但日本和欧洲国家并没有完全摆脱美国的控制，在政策方向上只能与美国保持一致。

（三）20 世纪 70 年代：“一条线”战略

1969 年，中苏友好关系的破裂使得苏联成为中国面临的最大威胁。面对日益严重的苏联军事威胁，中国也积极寻求国际上的支持。同时，冷战出现了“苏攻美守”的新态势，美国希望集中力量对付苏联。美国希望联合中国抵制苏联，美国长期敌视中国的态度开始发生转变。在中美两国共同抵制苏联扩张的基础上，中美关系在 20 世纪 70 年代取得了重大突破，中国也实施了新的外交战略，即“一条线”战略。1973 年，毛泽东会见基辛格时提出：“我说我要搞一条横线，就是维度，美国、日本、中国、巴基斯坦、伊朗、土耳其、欧洲。”1974 年，毛泽东进一步提出“一大片”的构想。中国外交战略调整的目的在于团结国际上一切可以利用的力量，建立反对苏联的国际统一战线。

20 世纪 70 年代中国新制定的外交战略是出于国家安全的考虑，即为了抵制苏联的霸权主义。“一条线”的外交战略对中国对外关系的发展起到了极大的促进作用，主要有：打破了中美关系的坚冰，为日后中美正式建交奠定了基础；推动了中国同西方国家发生广泛的联系；恢复了中国联合国合法席位。但是，“一条线”战略也存在局限性。新的外交战略助长了帝国主义的嚣张气焰，影响了中国同第三世界国家的关系；对国际局势的错误认知使得中国在备战方面投入太多，无法全力投入国内经济建设和发展。因此，随着国际形势的变化和国内发展的现实需要，中国需要制定和实施新的外交战略。

三、中国对外开放的具体实践

（一）以苏联和东欧国家为重点的对外开放实践

新中国成立后，迫于国际形势，中国主要同苏联和东欧等社会主义国家进行经济交流和合作，主要包括低息贷款、设备和项目引进、合资经营、聘请专家和组织人员赴苏联学习等。在低息贷款方面，20 世纪 50 年代中国共从苏联取得 13 笔贷款，协议金额总计 68.731 亿卢布①。在设备和项目引进方面，新中国实施“一五”计划期间，苏联实际援建了 154 项大中型工业建设项目，这些项目大多是以引进成套技术装备的方式完成的。20 世纪 50 年代，中国和东欧各国签订协定引进的建设项目共 116 项，其中完成和基本完成的 108 项，解除合同的 8 项；单项设备 88 项，完成和基本完成的 81 项，解除合同 7 项②。在合资经营方面，1950 年中苏双方签订了《关于在中国新疆创办中苏石油股份公司的协定》《关于在新疆创办中苏有色金属股份公司的协定》和《关于创办中苏民用航空股份公司的协定》。继 1950 年的中苏合资协定之后，中国又于 1951 年同苏联创办了中苏轮船修理建造股份公司，与波兰合资创办了中波轮船股份公司，1959 年与捷克斯洛伐克合资创立中捷国家海运股份公司。在聘请苏联专家方面，从新中国成立到 1953 年聘请了苏联专家 5000 余人，从 1954 年到 1958 年超过万人，20 世纪 50 年代末受中苏关系影响大批苏联专家回国。在聘请东欧专家方面，根据中国和东欧国家签订的一系列协议，到 20 世纪 50 年代

---

① 孙泽学．对 1950 年代中国利用外资外智的历史考察[J]．中国经济史研究，2011(3)：49－60，68.

② 陈东林．20 世纪 50—70 年代中国的对外经济引进[J]．上海行政学院学报，2004(6)：69－80.

末中国从东欧国家引进专家共1000余人。中国聘请的外国专家广泛分布于各行各业中，为中国的社会主义建设做出了重要贡献。在组织人员赴苏联学习方面，1951—1965年在苏联学习的中国技术人员、科学家和留学生等约有3万人①。

（二）以资本主义国家为对象的对外开放实践

新中国成立初期，我国积极尝试与西方资本主义国家进行贸易往来，以促进国内经济发展。1950年4月5日《人民日报》发表社论，明确指出："用外资和技术来发展我国经济建设是一件大事，不独是和苏联，就是和其他新民主主义国家，以至某些资本主义国家。"这明确表达了新中国愿意同资本主义国家进行对外交流的态度。

抗美援朝战争爆发后，以美国为首的资本主义国家对中国实施"禁运"，严厉程度逐渐升级，导致中国面临的国际环境十分恶劣，难以实行全方位的对外开放。20世纪60年代末中苏关系破裂后，中国开始尝试加强同资本主义国家的经济联系。1963年，中国外贸部副部长卢绪章访问西欧，表明了中国政府新的外交态度，成为中国与西欧国家关系改善的重要标志。这一时期中国从资本主义国家引进了大量技术设备，采取的方式是出口信贷和延期付款。1962年我国从日本进口了两套维尼纶成套设备。1963年我国先后从日本、英国、法国、联邦德国、瑞典、意大利等国引进石油化工技术方面的14个成套设备项目。1963—1964年，党中央批准冶金、精密机械、电子工业等行业的100多个项目向国外考察、询价和相机签约。截至1966年，中国先后与日本、英国、法国、意大利、联邦德国、奥地利、瑞士、荷兰等国家的厂商签订石油、化工、冶金、矿山、电子等技术设备引进合同84项，成交额为2.8亿美元，其中成套装备合同56项。

20世纪60年代中期针对资本主义国家的技术设备引进意义重大，不仅使中国冲破了长期以来遭受的美国等国家的技术封锁，也为中国后来更全面的对外开放提供了成功的范例。

---

① 孙泽学．对1950年代中国利用外资外智的历史考察[J]．中国经济史研究，2011(3)：49－60，68.

（三）以对外援助为重点发展同第三世界国家的关系

20 世纪 60 年代末，中苏关系的破裂使得中国的对外开放举步维艰。为了打开新的外交局面，中国开始积极尝试通过对外援助的方式同第三世界的国家开展对外交流。

20 世纪 50 年代，中国向柬埔寨、波兰、锡兰、缅甸、印度尼西亚等国家提供经济援助。1963 年底至 1964 年初，周恩来出访非洲十国，并在访问进程中宣布了《中国政府对外经济技术援助的八项原则》，确立了中国开展对外援助的基本方针。1964 年以后，中国对外援助的国家数量、金额和项目都大幅度增加①。这一时期，中国经济水平还不发达，国家实力不够强大，但中国的对外援助一直在增加。中国的对外援助为冲破西方封锁和打造良好的国际舆论环境做出了巨大贡献。

（四）"四三"方案

从新中国成立到 1978 年这一时期，对外开放的主要目的是引进先进技术和设备，没有发挥更多的作用。这一结果是多种原因导致的，不能简单归结为指导思想上的失误②。相反，只要国内国际环境许可，中国就会积极进行对外开放。20 世纪 70 年代，中国发起了继 50 年代后的第二次大规模技术与设备引进，史称"四三"方案。"四三"方案的决策背景主要是：第一，国内形势的变化。林彪反革命集团的覆灭使国内政治环境得到极大改善。党中央吸取教训，积极采取措施解决国内存在的问题。在一定范围内，周恩来积极采取多种措施批判极"左"思潮和无政府主义，积极争取恢复正常的经济和政治环境。国内局势的好转为再一次开展外资引进工作创造了有利条件。第二，国际形势的变化。20 世纪 70 年代西方遭遇经济危机，生产能力严重过剩，商品、资本、设备和技术等都急于寻找海外市场。与此同时，中国在对外关系方面取得了很大进展。随着中国在联合国合法席位的恢复以及中美、中日关系的改善，70 年代中国迎来了最大的一次建交高潮，有 50 多个国家与中国建交。中国对外关系发展取得了重大成

---

① 黎青平．毛泽东邓小平与对外开放[M]．北京：中央党校出版社，1998：124.

② 江小涓．新中国对外开放 70 年[M]．北京：人民出版社，2019：1，5.

就，从而为中国外资引进工作创造了有利的条件①。以上两个因素使得中国再次从国外大规模引进成套技术装备的时机日趋成熟，为此党中央作出大规模引进国外成套先进技术和设备的决定。

“四三”方案是在多个引进计划的基础之上最终形成的。1972 年 1 月 22 日，李先念、华国锋、余秋里向周恩来报送国家计委《关于进口成套化纤、化肥技术设备的报告》，经批准后中国开始从国外引进成套化纤化肥装备，约需 4 亿美元。同年 8 月，党中央又批准从西德、日本引进轧机设备。1973 年 1 月 2 日，国家计委提交了《关于增加设备进口，扩大经济交流的请示报告》。该报告在对前一阶段对外引进工作进行总结的基础上，建议利用西方处于经济危机的这一外部有利时机，在今后三五年内引进约合 43 亿美元的成套设备，简称“四三”方案，其中包括：13 套大化肥、4 套大化纤、3 套石油化工、1 个烷基苯工厂、43 套综合采煤机组、3 个大电站、武钢 1.7 米轧机，以及透平压缩机、燃气轮机、工业汽轮机工厂等。此后，在这一方案的基础上，又陆续追加了一批价值 8.8 亿美元的项目，计划进口总额达 51.4 亿美元。

“四三”方案是中国第一次大规模地同西方发达国家进行交流合作，所引进的项目技术水平大部分处于世界领先地位，这些技术促进了国内的生产发展和技术进步。同时，“四三”方案发生于对外经济工作遭受严重破坏的时期，因而具有纠正自我封闭的作用，并为中国下一步实行对外开放积累了经验教训。

四、与对外开放相适应的贸易统制体制

1949 年，党的七届二中全会上确立了新中国对外贸易的基本国策，即对外的统制贸易。同年 9 月，各党派通过的共同纲领规定“实行对外贸易的管制，并采取保护贸易政策”，由此确立了中国最早的对外贸易基本国策即国家统制。这一时期中国的贸易体制与对外开放相适应，即中国有大规模引进技术设备的需求，也需要大量出口换取外汇，因此国家垄断了对

① 陈东林. 七十年代前期的中国第二次对外引进高潮[J]. 中共党史研究，1996(2)：79－84.

外贸易①。

1956年，完成对私营工商业的社会主义改造后，中国确立了由对外贸易部统一领导、统一管理、外贸专业公司统一经营，实行指令性计划和统负盈亏相结合的高度集中的对外贸易体制。贸易统制体制的运行模式具有以下特点：一是实行进出口许可制度；二是实行进出口企业管理制度，由外贸部统一管理企业并制定进出口任务计划和外贸产品收购计划；三是国家统一管理外汇②。

新中国成立后逐步建立起的对外贸易垄断体制，在当时的历史背景下对中国的经济建设起到了重要作用，特别是对于打破资本主义国家的经济封锁，集中资源换取国内建设所需的原材料、先进技术和设备，促进建立独立、完整的工业体系和国民经济体系起到了不可替代的作用。但是这种高度垄断性的外贸统制体制固有的缺陷，也给中国的发展带来了很多负面影响，如垄断经营导致产销脱节；统负盈亏的财务管理机制无法兼顾国家、企业和个人的利益，不利于调动各方面的积极性；指令性计划和行政干预使得政企不分等③。由此导致中国在成立后到改革开放前这一时期，没有抓住时代机遇，对外贸易发展速度远远低于世界平均发展速度，特别是在先进技术领域远远落后于世界先进水平，因此外贸体制改革势在必行。

第二节 中国开放思想理论溯源

马克思、恩格斯、列宁、斯大林等人的对外开放理论，是中国第一代领导人对外开放思想的主要理论来源。在此基础上，以毛泽东为代表的中国领导人结合中国实际情况，就对外开放、贸易统制体制和利用外资等问题做了详细的论述，提出要积极开展对外交流、向外国学习和实行对外贸易统制等，描绘了我国对外开放理论的基本轮廓，为中国开放理论的形成

①② 江小涓. 新中国对外开放70年[M]. 北京:人民出版社,2019:5.

③ 裴长洪,王万山. 共和国对外贸易60年[M]. 北京:人民出版社,2009:163.

做出了重要贡献。

一、马克思、恩格斯等人的开放理论

（一）马克思、恩格斯的开放理论

1. 主要内容

马克思等人的开放理论对中国开放理论的形成影响巨大。毛泽东指出："马克思的学说最管用，一是中国社会需要，二是中国革命需要，三是一旦被中国马克思主义者掌握住了，中国就会发生大作用。"① 毛泽东坚定支持马克思主义，但不是盲目照搬，而是将马克思主义理论同中国实际相结合，并运用到中国革命与建设中。毛泽东指出："要将马克思主义当工具看待，没有什么神秘，因为它合用，别的工具不合用。"

马克思、恩格斯没有专门的关于对外开放的著作，但二人在深入分析资本主义社会经济发展规律的过程中关于世界历史、国际贸易、国际价值等问题的深刻分析，事实上形成了较为完整的对外开放理论，奠定了社会主义国家对外开放的理论基石。马克思、恩格斯的对外开放理论主要分为三个层次：一是世界历史整体性理论，二是社会化大生产与经济关系国际化，三是国际贸易理论和国际价值理论②。

世界历史整体性理论。在《德意志意识形态》中，马克思、恩格斯首次提出了"历史向世界历史转变"的命题。人类社会的发展是不断扩大人类活动范围的发展，是突破民族历史走向世界历史的发展。马克思这一命题的提出深刻揭示了未来社会的国际性和开放性③。马克思指出，世界历史即在大工业和世界市场的基础上，各个民族和各个国家通过普遍交往、相互开放所形成的相互依赖状况，从而使世界成为一个整体的历史。世界历史整体性理论有五个特点，即世界市场的形成、普遍交往关系的建立、

① 倪德刚．毛主席眼中的马克思[J]．北京支部生活，2018(1)：12－14.

② 龚唯平．马克思对外开放理论的三个层次[J]．学术研究，1993(5)：33－38.

③ 顾海良，颜鹏飞．新编经济思想史：第4卷[M]．北京：经济科学出版社，2016：325.

民族文化的融会贯通、世界的整体化和走向开放的未来社会①。马克思深入分析了大工业与世界市场、世界历史的关系，大工业创造了世界市场，“它首次开创了世界历史”，打破了国家之间的孤立状态②。马克思和恩格斯虽然没有直接讨论社会主义国家对外开放的问题，但世界历史整体性理论阐明了未来社会主义是开放的社会。

社会化大生产与经济关系国际化。马克思和恩格斯揭示了资本国际化的历史必然趋势，其中包含着社会化大生产和经济关系国际化的相互关系。资本无限扩张的本性使得资本打破地区限制向全世界发展，因此资本关系本质上是国际经济关系。在《哲学的贫困》中，马克思指出，经济关系国际化是国际分工的结果，国际分工是机器大工业生产的产物。在《共产党宣言》中，马克思进一步强调了生产社会化必然要求国际间的分工、合作、开放与交流。

国际贸易理论和国际价值理论。马克思对斯密和李嘉图的国际贸易理论进行了批判性的吸收和归纳，在劳动价值论的基础上提出了国际价值理论，解决了李嘉图留下的难题。马克思指出，商品的国际价值是由世界劳动的平均单位决定的，国际价值是价值规律在世界市场的应用。价值规律在国际市场上发挥作用时出现了重大的变化。第一个变化是价值规律本身的变化。由于世界各国的平均劳动强度不同，价值规律的等价交换体现在：将一国的劳动换算成世界劳动的平均单位，再换算成不同数量的国外劳动，或者通过货币来完成等价交换。第二个变化指在国际市场上，即使不同国家的平均劳动强度差异不大，由于生产率的差异也会使得价值出现差异。马克思认为价值规律在世界市场上的作用与在一国市场上的作用最大的区别主要表现在：国内市场上商品的交换，一般是等量劳动的交换；世界市场上资本主义国家与发展中国家之间商品的交换，一般是非等量劳动的交换。价值规律的作用发生变化的原因是世界市场上劳动力和资本等

---

① 郭大俊．从马克思的世界历史思想到邓小平的对外开放理论[J]．湖北大学学报(哲学社会科学版)，1998(4)：21－25.

② 颜鹏飞，刘昌明．中国对外开放的思想渊源——马克思的世界市场和经济全球化理论(上)[J]．当代经济研究，2001(3)：43－47.

缺乏流动性①。

2. 主要观点

世界历史的形成使得对外开放成为必然。马克思认为，资本主义的不断扩张和资本主义经济方式逐渐在全球范围内的确立，打破了传统的自给自足的封闭经济，创造了世界历史②。在这个过程中，资本主义为了满足扩大原料产地和销售市场的需要，“它必须到处落户，到处开发，到处建立联系”，从而打破了国家之间的孤立状态，各国之间的联系日益紧密。因此，随着历史向世界历史的转变，国家之间必然走向开放。

对外开放为落后国家实现跨越式发展提供了条件。19 世纪 70 年代，马克思运用世界历史理论研究了东方社会，对俄国公社进行了深入分析，认为俄国有可能跨越资本主义的“卡夫丁峡谷”。马克思指出，俄国和控制着世界市场的西方同时存在，这使得俄国可以不通过“卡夫丁峡谷”，而将资本主义的优秀成果运用到公社中去。这一论述意味着落后国家可以走出一条与资本主义并存的道路，落后国家可以在避免资本主义带来的严重后果的同时而占有其积极成果③。俄国可以将资本主义的经验和成果运用到社会主义建设中去，促使本国发展。这是因为世界市场将各个国家联系在一起，各国联系日益紧密，落后国家能够通过对外开放学习和借鉴发达国家的经验，从而实现跨越式发展。

对外开放与国际交换的不平等性。马克思从资本主义生产方式出发，认为发达国家的劳动强度和劳动生产率较高，使得发达国家对外贸易中可以获得高于国际价值的价值，从而赚取超额利润。发达国家和落后国家在贸易形式上存在着国际价值相等的等价交换，实质上存在着少量劳动换取较多劳动的不平等交换④。马克思的国际贸易理论和国际价值理论表明，发达国家在对外贸易中存在对穷国的剥削。但西方贸易理论不承认国际贸

① 鲁晓璇，张曙霄．对马克思主义国际贸易理论和西方国际贸易理论及其关系的思考[J]．经济学家，2018(1):20-28.

② 顾海良，颜鹏飞．新编经济思想史：第4卷[M]．北京：经济科学出版社，2016:326.

③ 顾海良，颜鹏飞．新编经济思想史：第4卷[M]．北京：经济科学出版社，2016:162,328.

④ 姚曾荫．国际贸易概论[M]．北京：人民出版社，1987:234.

易中存在的富裕国家对穷国的剥削。古典贸易理论和新古典贸易理论分别从比较优势和要素禀赋出发，认为参与贸易的双方都能从贸易中获得好处，即贸易可以带来双赢。但这种鼓吹自由贸易的说法掩盖了资本主义国家剥削发展中国家的客观事实，经不起历史的检验。落后国家盲目依据比较优势实行自由贸易政策的后果，往往是丧失经济发展的自主性和潜力①。

关于自由贸易的批判。19 世纪，英国自由贸易派主张实行自由贸易，并宣传自由贸易的一系列好处。马克思认为，自由贸易实行过程中生产力不断提高，使得无产者数量增多，同时盲目生产被进一步扩大，这导致经济危机更加频繁和剧烈。无产者数量的增加和生产力的提高使得就业更加困难，最终自由贸易使得劳动报酬降低，还会增加一些人的劳动负担。因此，自由贸易是为了“排除一些仍然阻碍着资本前进的民族障碍，只不过是让资本充分自由活动罢了”②。只要雇佣劳动和资本的关系存在，总有被剥削的一方。马克思批判自由贸易不代表支持关税政策。马克思认为，自由贸易能够促进民族融合，强化资产阶级和无产阶级的对立，从而有利于社会革命③。

（二）列宁的对外开放思想

列宁首次系统阐述了社会主义国家对外开放思想。基于对世界形势和俄国国情的深刻分析，列宁创造性地提出了可以利用资本主义发展社会主义的观点，继承和发展了马克思主义的对外开放思想。

1. 主要内容

实行对外开放的必要性和可能性。关于必要性，列宁指出，社会主义国家不同世界发生联系是不可能生存下去的，社会主义国家必须发展与资本主义国家的经济、贸易关系。列宁指出，社会主义国家有必要进行对外

---

① 刘国晖，吴易风．国际贸易理论——马克思经济学与西方经济学的比较[J]．政治经济学评论，2015，6(4)：118－136.

② [德]马克思，恩格斯．马克思恩格斯全集：第 4 卷[M]．中共中央马克思恩格斯列宁斯大林著作编译局，编译．北京：人民出版社，1958：450.

③ 刘国晖，吴易风．国际贸易理论——马克思经济学与西方经济学的比较[J]．政治经济学评论，2015，6(4)：118－136.

开放主要有两个原因：第一，随着生产力的发展和社会分工的深化，世界各国普遍地发生经济联系，落后国家发展经济就必须同其他国家建立经济联系；第二，苏俄成立之初发展落后，缺乏经济建设所需的设备与技术，需要通过对外贸易来保障生存并发展经济。关于可能性，列宁指出："每个资本主义生产部门的自然趋向使它必须'寻求国外市场'。"[①]列宁从资本主义逐利的本质出发，提出资本主义国家需要同俄国做生意来获得利润，这为资本主义国家和社会主义国家之间的经济开放提供了可能性。

国家垄断对外贸易。为了防止外国资本的渗透和维护本国经济的独立性，列宁认为苏俄的外贸体制应为国家垄断制[②]。列宁指出："能保护工业的只是对外贸易垄断，绝不是关税政策。"[③]由此可见，列宁认为实行对外贸易垄断制能够有效避免西方资本主义国家的干扰，是苏俄进行工业化建设的有力保障。

灵活运用西方资本。列宁主张利用资本主义的优秀成果来建设社会主义，同时要对资本主义加以限制[④]。列宁提出："当我们国家在经济上还处于十分薄弱的时候，怎样才能加速经济的发展呢？那就是要利用资产阶级的资本。"[⑤] 从社会主义发展规律来看，利用西方的资本发展本国经济十分有必要。获取资本主义国家的先进技术和设备能够帮助苏俄更好、更快地建设社会主义，哪怕是付出一定的代价。列宁提出可以通过"对外贸易""租让制"和"合营公司"等多种形式来引进外资和技术设备等[⑥]，其中"租让制"是列宁对外开放思想的核心。所谓租让制，就是国家同资本家签订合同，资本家负责生产并将所得一部分上交国家，另一部分留给自

① ［俄］列宁．列宁全集：第4卷［M］．中共中央马克思恩格斯列宁斯大林著作编译局，编译．北京：人民出版社，2013：50.

② ［俄］列宁．列宁全集：第34卷［M］．中共中央马克思恩格斯列宁斯大林著作编译局，编译．北京：人民出版社，2017：611.

③ ［俄］列宁．列宁全集：第43卷［M］．中共中央马克思恩格斯列宁斯大林著作编译局，编译．北京：人民出版社，2017：335.

④ 蒋自强．经济思想通史：第4卷［M］．杭州：浙江大学出版社，2003：297.

⑤ ［俄］列宁．列宁全集：第40卷［M］．中共中央马克思恩格斯列宁斯大林著作编译局，编译．北京：人民出版社，2017：42.

⑥ 刘少奇．刘少奇论新中国经济建设［M］．北京：中央文献出版社，1993：52.

己。通俗地讲，租让制是利用资本发展本国经济和巩固政权的具体做法。列宁的系列论断为社会主义国家利用资本主义来发展本国经济指明了方向。

列宁的对外开放理论，特别是利用和限制资本主义的思想成为毛泽东对外贸易思想的重要理论来源。毛泽东多次指出不要害怕资本主义，要允许资本主义的广泛发展。社会主义经济在国民经济中占据统治地位，适当发展资本主义可以起到补充作用，可以促进国民经济发展和社会主义建设。毛泽东在提倡和鼓励有利于国家和人民的资本主义发展的同时，主张对资本主义的消极作用加以限制，对资本主义工商业实行利用、限制和改造的方针。从1953年开始，党中央对资本主义工商业的政策核心是“改造”，以和平手段将资本主义转变为社会主义。刘少奇在利用资本主义问题上也继承并发展了列宁的贸易思想。刘少奇指出：“在目前的经济条件下，私人资本主义经济的若干发展是进步的，对于工人也是有利的。”在中国特殊的国情下，刘少奇认为“既可以同私人资本合作，也可以同外国资本合作”。①

2. 理论贡献

对两种制度关系做出了新思考。列宁认为社会主义制度和资本主义制度既对立又统一，两种制度能够以和平共处的形式存在于世界之中。列宁的这一思想打破了两种制度完全对立的传统观念。资本主义国家和社会主义国家在政治上对立，但在经济领域可以合作。苏俄积极开展同西方资本主义国家的贸易往来是出于实际利益的考虑。苏俄成立之初发展比较落后，只有借鉴并吸收西方资本主义国家的发展经验才能加速本国的经济建设。对此，列宁曾指出：“不利用资本主义的遗产，就不能把社会主义建设起来。”②

对社会主义国家建设规律做出了新探索。在马克思主义思想的指导

① 刘少奇．刘少奇论新中国经济建设[M]．北京：中央文献出版社，1993：52.

② [俄]列宁．列宁全集：第35卷[M]．中共中央马克思恩格斯列宁斯大林著作编译局，编译．北京：人民出版社，1986：77.

下，列宁带领苏俄人民进行了社会主义建设的探索，在对外贸易方面实施了一系列新的政策，为社会主义国家的经济建设提供了宝贵的经验。列宁认为世界各国联系日益紧密，社会主义国家必须同其他国家发生经济联系。社会主义国家需要发展多边贸易关系来获取先进的技术、设备和管理经验等，从而增强自身实力。在贸易体制方面，列宁根据国际国内形势制定了对外贸易国家垄断制。在处理国际国内两个市场的关系时，列宁认为要充分利用两个市场的联系，借助国际市场发展国内市场，同时要预防国际市场对国内市场的冲击，要坚持以我为主、为我所用的原则，发展本国经济。

（三）斯大林的对外开放思想

二战结束后受国际形势的影响，斯大林对世界形势的判断出现了错误，过分强调了资本主义与社会主义的对立，在政治上和经济上分别提出了“两个阵营”和“两个平行的世界市场”的理论，这些理论对苏联的经济发展特别是对外贸易产生了消极影响。

二战后出现了中国等一系列社会主义国家，世界政治格局演变为资本主义和社会主义两大阵营互相对峙，对此斯大林提出：“两个对立阵营的存在造成的经济结果，就是统一、无所不包的世界市场瓦解了，因而现在就有了两个平行的也是互相对立的世界市场。”① 斯大林的这一观点否认了社会主义国家和资本主义国家在经济领域的联系，违背了世界经济发展的客观规律，对苏联的经济发展起到了消极作用。“两个平行的世界市场”理论忽视了世界经济全球化的趋势，使苏联和东欧各国被孤立于世界经济之外，阻碍了苏联和东欧各国生产力的发展。

二、毛泽东关于对外开放的思想

马克思、恩格斯和列宁等人关于对外开放的相关理论，是毛泽东对外开放思想的主要理论来源。在继承马克思等人开放理论的基础上，新中国

① ［俄］斯大林．斯大林选集：下卷［M］．中共中央马克思恩格斯列宁斯大林著作编译局，编译．北京：人民出版社，1979：561.

成立后以毛泽东为代表的中国领导人结合中国实际，开始了对中国对外开放理论的探索。

（一）毛泽东关于对外开放的主要论述

《论十大关系》和《关于正确处理人民内部矛盾的问题》这两篇著作，集中阐述了中国与外国的关系。在庐山会议上，毛泽东多次建议党内同志学习苏联的《政治经济学教科书》。在带领各级领导和干部研读学习的过程中，毛泽东运用马克思主义的观点、立场和方法，结合中国具体国情，阐述了社会主义建设的对外开放思想。

1. 《论十大关系》中有关对外开放的论述

毛泽东在《论十大关系》中详细论述了中国与外国的关系，开启了中国独立自主对外进行经济交流与合作的探索①。《论十大关系》中毛泽东的对外开放思想主要包括以下四个方面。

一是明确提出向外国学习的口号。毛泽东主张中国要学习其他国家的长处，实行对外开放是中国进行社会主义建设的必然选择。毛泽东强调，我们的方针是一切国家一切民族的长处都要学习，中国不仅要向苏联学习，也要向西方发达国家学习。“外国资产阶级的一切腐败制度和思想作风，我们要坚决抵制和批判。但是，这不妨碍我们去学习资本主义国家的先进科学技术和管理经验。”②

二是阐述向外国学习的客观必然性。一方面，毛泽东认为每一个民族都有其独特的优势，同时也存在短处，要充分认识到事物的两面性。另一方面，向外国学习有着国内和国际的双重原因。从国际角度看，二战结束后西方资本主义国家迎来了一个较为安稳的发展环境，西方发达国家的快速发展使得其与发展中国家的差距愈加明显。从国内角度看，中国近代以来长期遭受帝国主义国家的侵略和打压，经济不发达、技术落后的状况难以扭转。在认识到仅靠自身力量难以实现繁重的战后经济恢复和社会主义建设时，毛泽东审时度势地提出了向外国学习的口号。

---

① 蒋自强．经济思想通史：第4卷[M]．杭州：浙江大学出版社，2003：530.

② 毛泽东．毛泽东文集：第3卷[M]．北京：人民出版社，1999：41－43.

三是明确了向外国学习的态度。毛泽东强调在向外国学习的过程中要运用马克思主义的方法，既不能全部排斥，也不能全部照搬，要有分析有批判地学，这样才能更好地为建设社会主义服务。针对学习外国的先进技术和管理经验，毛泽东指出我们要坚决抵制和批判外国的腐朽制度和不良思想作风①。

四是阐明了向外国学习的方法。毛泽东指出，我们信仰马克思列宁主义，但这不代表要全部照搬，我们学习的马克思主义要与中国的具体国情相结合。毛泽东一贯主张，向外国学习是“中国和外国的有机结合”，要立足于中国的国情之上②。

2.《关于正确处理人民内部矛盾的问题》中有关对外开放的论述

在《关于正确处理人民内部矛盾的问题》中，毛泽东进一步阐述了有关对外开放的思想。

一是强调向外国学习有利于发展对外关系。毛泽东明确反对自我封闭，主张中国应该积极发展对外关系，学习外国的先进经验。新中国成立后，以美国为首的西方国家采取多种措施对中国实行经济封锁和政治打压，中国只能采取“一边倒”的外交政策，同苏联等社会主义国家进行对外交流。在政治上，中国选择倒向以苏联为首的社会主义阵营；在经济上，中国仍然积极争取同资本主义国家开展对外交流。

二是阐明了向外国学习有利于发展工业。在探索中国工业化道路时，毛泽东强调以重工业为中心，工业、农业和轻工业协调发展。毛泽东指出，我国是一个农业大国，只有发展农业才能稳定发展，才能促进工业发展。由于我国工业基础薄弱，应该主动借鉴苏联等社会主义国家的发展经验，学习资本主义国家好的经验，这样才能少走弯路。毛泽东的这些论述明确指出了向外国学习是中国进行工业化建设的必要条件。

三是进一步论述了向外国学习的态度。毛泽东指出，学习有两种态度，一种是教条主义，即完全照搬外国的技术和经验，不考虑我国的具体

① 毛泽东．毛泽东著作选读:下册[M]．北京:人民出版社,1986:742.

② 毛泽东．毛泽东著作选读:下册[M]．北京:人民出版社,1986:751.

国情；另一种是中国化的态度，即结合实际情况学习有用的经验。

3.《读苏联〈政治经济学教科书〉的谈话》中有关对外开放的论述

1958 年，毛泽东号召各级领导干部认真学习马克思主义经济理论，特别对苏联的《政治经济学教科书》进行了认真的学习和讨论。在学习过程中，毛泽东发表了多次谈话，其中在探索社会主义建设的相关谈话中深刻阐述了有关对外开放的思想。

一是向外国学习的目的是探索并形成自己的发展道路。在新中国成立以后，毛泽东号召“以苏为鉴”，在学习苏联发展经验的过程中找到符合中国国情的道路。毛泽东指出，《政治经济学教科书》里有一段话是正确的，即任何一个国家都具有自己建设社会主义的形式和方法。毛泽东在《读苏联〈政治经济学教科书〉的谈话》中指出：“我们的情况和他们不同，一条是有苏联的存在和帮助，这是一个很大的因素，但主要是国内的因素。”① 针对全面学习苏联所暴露出来的问题，毛泽东强调向外国学习既要坚持马克思列宁主义，又要进行中国化，探索出一条自己的发展道路。

二是指明中国对外开放要建立在自力更生的基础上。毛泽东强调，我国坚持以自力更生、不依赖外援为原则。凡是自己能办的，必须尽量地搞，尽可能独立地搞。毛泽东指出，一个国家的发展首先依赖自身的发展，中国要想取得社会主义建设的胜利，就必须依靠本国民众力量，发扬自力更生、艰苦奋斗的精神。

（二）毛泽东对外开放思想的主要内容

在政治上，毛泽东对外开放思想主要包括三个方面：一是选择马克思主义，学习苏联政治体制，并在探索的过程中逐渐形成具有中国特色的政治体制。二是借鉴西方资本主义国家的某些好的经验和制度。1954 年，中国制定第一部宪法时，毛泽东除了研究苏联等社会主义国家的宪法，也研究了资本主义国家的宪法。在《关于中华人民共和国宪法草案》的讲话

① 毛泽东．毛泽东文集：第 8 卷[M]．北京：人民出版社，1999：117.

中，毛泽东指出宪法就是资产阶级先搞出来的，我们对资产阶级民主不能一笔抹杀[①]。周恩来也指出："西方社会的某些形式和方法还是可以学的，这能够使我们从不同方面发现问题。"三是提出"三个世界"理论，为中国发展与第三世界国家的经济联系提供了理论依据，开创了外交新局面。

在经济上，毛泽东的对外开放思想主要包括两个方面：一是积极与外国进行贸易。早在新中国成立前，毛泽东就明确表示中国愿与友好国家进行经济往来。新中国成立后，毛泽东指出中国不仅要与社会主义国家做生意，也要与资本主义国家做生意，并提出"一要和平，二要通商"的方针[②]。二是引进外国资金、技术设备和先进管理经验等，以弥补国内建设中资金和设备的不足。

在文化上，毛泽东一贯主张要学习外国先进文化。早在1940年，毛泽东就指出："中国要大量吸收外国的先进文化，作为自己文化食粮的原料。"[③]新中国成立后，毛泽东提出"向外国学习"的口号，号召全党全国向外国学习。同时，毛泽东强调吸收外国文化的长处是用于发展中国的文化，必须把外国文化同我国社会主义文化相结合，同我国民族文化的优良传统相结合。

毛泽东的对外开放思想为中国对外开放事业奠定了坚实的理论基础，但受时代背景、历史条件等因素的影响，1978年以前中国并没有实施真正意义上的对外开放。

（三）毛泽东对外开放思想的原则

学者们普遍认为，"独立自主、自力更生"是毛泽东对外开放思想中最基本最重要的原则。独立自主是中国革命和建设的一条重要经验，是我们从近代依附于西方资本主义国家的历史教训中总结出来的。在此基础上，学者们对毛泽东对外开放思想的原则做了更具体的分析。毛泽东认为，中国对外开放必须坚持以下原则：一是对外开放必须坚持维护国家主

---

① 毛泽东．毛泽东文集：第6卷[M]．北京：人民出版社，1999：326.

② 毛泽东．毛泽东文集：第4卷[M]．北京：人民出版社，1991：1435.

③ 毛泽东．毛泽东文集：第2卷[M]．北京：人民出版社，1991：706.

权和安全；二是对外开放必须坚持“学创结合、重在创新”；三是对外开放必须坚持“矛盾分析、辩证把握”；四是对外开放必须坚持“阶级观点和阶级分析”①。

三、对贸易实践的理论升华

（一）中国领导人关于贸易统制的认识

从理论渊源来看，新中国第一代领导人选择贸易统制理论，主要是学习借鉴了马克思主义经典作家对国际贸易、国际分工、世界市场和对外开放等领域的科学精辟的论述以及苏联政治经济学中的贸易理论。马克思、恩格斯做出了未来社会必然是开放的论断，但没有解答社会主义国家应当采取什么样的外贸体制这一具体问题，列宁首次对这一问题进行思考并系统阐述了社会主义国家如何进行对外开放。列宁在苏俄的贸易实践中首先强调社会主义国家必须坚持对外开放，并结合苏联实际国情在对外贸易领域实行国家统制②。从实践背景来看，新中国成立之后将贸易统制作为对外贸易的基本政策，是基于毛泽东等中国领导人对国内国际环境的深刻认识。新中国成立前中国人民长期遭受帝国主义的压迫和剥削，中国丧失了对贸易、金融、铁路等领域的控制权，中国国民经济受到严重影响。新中国成立后国内存在着资产阶级和工人阶级之间的矛盾，资本主义投机商大肆进行投机活动，破坏经济秩序，损害国家和人民利益。同时，以美国为首的西方资本主义国家对中国实行经济封锁和禁运，企图扼杀新生的人民政权。为了恢复发展国内经济、建立良好的经济秩序和抵御帝国主义的经济侵略，新中国学习苏联模式实行国家集中领导和统一对外管理贸易，成为当时的必然选择。

毛泽东对外贸易统制思想主要体现在《在中国共产党第七届中央委员会第二次全体会议上的报告》和《论人民民主专政》两篇著作中，它们为

① 孙海．论毛泽东对外开放的五大思想原则及其当代价值[J]．毛泽东思想研究,2009,26(6):22－26.

② 列宁．列宁文稿[M]．北京:人民出版社,1978:41.

新中国开展对外贸易提供了理论指导。在中共七届二中全会上，毛泽东指出："人民共和国的国民经济的恢复与发展，没有对外贸易的统制政策是不可能的。"这是因为"中国还没有建立完整的工业体系，只有待经济上获得了广大的发展，由落后的工业国变为发达的工业国，才算最后解决了这个问题。而欲达此目的，没有对外贸易的统制是不可能的"。[①] 毛泽东认为，中国实行对外贸易统制有以下三方面的好处：一是有助于建立独立完整的工业体系；二是有助于尽快地同各国建立公平的外交关系；三是有助于巩固新生的人民政权。

1949 年 4 月，刘少奇指出："国家要管制对外贸易，对它加以统制。过去因受帝国主义侵略不能统制，今天必须统制。"[②] 同时刘少奇还指出："不要统制太严，统制死了，不要因统制而妨碍正常的进出口贸易。"[③] 刘少奇强调在对外贸易中要处理好公私关系，在保证国营企业在对外贸易中主体地位的同时，不能彻底否认私营进出口商对发展经济的促进作用。对于某些国家尚不能经营的且私营进出口商经营无害或害处不大的贸易，刘少奇认为可以在国家管制之下允许私人经营[④]。周恩来强调在"独立自主、集中统一"的对外贸易总原则下，可以采取灵活多样的方式。陈云也认为对外贸易必须统一，特别是重要的出口商品和外汇收入。在新中国成立之前的上海财经工作会议上，陈云强调要尽快组建全国统一的国营专业公司来统一掌握重要物资，以达到稳定物价、发展进出口贸易和调节供需关系的目的。1950 年政务院发布陈云起草的《关于统一国家财政经济工作的决定》，规定国营企业对外贸易和外汇必须统一管理。在国家统一管理对外贸易的基础上，陈云也注重发挥不同经济成分的作用，调动地方积极性。在"一五"计划期间，陈云提出中央可以将外汇按比例给地方分成的想法，极大调动了地方在外贸工作中的积极性[⑤]。叶季壮指出，我国的贸易统制制度是在列宁贸易统制理论的基础上，结合过渡时期的具体情况制定

---

① 毛泽东．毛泽东选集：第 4 卷[M]．北京：人民出版社，1991：1433.

②③ 刘少奇．刘少奇论新中国经济建设[M]．北京：中央文献出版社，1993：81.

④ 刘少奇．刘少奇论新中国经济建设[M]．北京：中央文献出版社，1993：64.

⑤ 陈云．陈云文选：第 2 卷[M]．北京：人民出版社，1996：97.

的，在这一时期，我国尚在帝国主义的包围之中，实行对外贸易统制才能保障社会主义建设的顺利进行①。

（二）学术界有关对外贸易的讨论

与党和国家领导人有关对外贸易的论述相比，学术界有关对外贸易的讨论更为细致和深入，主要集中在社会主义国际分工的含义、国际分工和专业化的关系、国际分工和自力更生的关系，“比较成本说”、对外贸易在我国社会主义国民经济中的作用和对外贸易的盈利性问题。

1964 年 12 月，北京外贸学院举行了关于“社会主义国际分工”的学术研讨会，对社会主义国际分工的含义、国际分工和专业化的关系、国际分工和自力更生的关系等问题进行了讨论。第一，学者们对社会主义国际分工有两种理解：一种是社会主义国家之间进行某些生产上的互助合作和反映社会主义国家间贸易关系中实际存在的劳动分工关系。另一种是一个社会主义国家生产其他社会主义国家不能生产但又需要的产品。第二，社会主义国家参与国际分工必须建立在自力更生的基础上。第三，学者们对社会主义国际分工与专业化的关系有三种不同的看法：一是社会主义国际分工不是专业化生产，仅是生产合作和互通有无；二是国际分工就是专业化；三是社会主义国际分工是专业化与协作。

李嘉图的“比较成本说”，说明了国际分工与自由贸易是最大限度利用一国资源的途径。部分学者认为，中国应该根据“比较成本说”制定对外经济政策。对此，薛荣久指出，“比较成本说”掩盖了资本主义国际贸易和国际分工的实质，资本主义的对外贸易是资本家追逐最大利润的一种工具②。如果仅根据比较成本的差异来参与国际分工，会导致一国在经济上的片面化发展，妨碍一国综合实力的提高。

关于对外贸易在社会主义国民经济中的作用，从新中国成立到改革开放前的主流思想是调剂余缺、互通有无，即在社会主义不断发展壮大的情

---

① 叶季壮．对外贸易的主要情况和若干问题[N]．人民日报，1957-07-12.

② 薛荣久．李嘉图“比较成本说”不能指导我国对外贸易——与季崇威同志商榷[J]．经济科学，1982(2)：41，68-72.

况下，总会出现某些物资或者技术的有无或余缺，因此需要通过对外贸易来调剂余缺，互通有无，从而平衡国内生产，满足社会需求。这一思想主要有三种观点：一是强调对外贸易的重点是使用价值的转换；二是对外贸易的目的是解决我国商品和资金等不足问题；三是对外贸易强调进口自己不能生产的商品，国内有能力生产的产品不要进口。

这一思想把对外贸易看作是互通有无、调剂余缺的手段，认为我国对外贸易的目的是实现使用价值的转换。学术界对“调剂余缺、互通有无”这一思想进行了客观的评价。袁文祺认为这一思想是在特定历史条件下形成的，改革开放前由于国内外环境的制约和计划经济体制的要求，我国处于半封闭的产品经济状态。根据产品经济的要求，对外贸易的目的就是调剂余缺[①]。孙祥剑认为以上认识有很大不足，这种认识没有考虑到价值和使用价值相统一，忽略了对外贸易能够节省社会劳动、提高生产率这一重要作用[②]。孙冶方强调对外贸易对社会主义国家具有重大意义，对外贸易能够利用国际分工节约社会劳动，促进国民经济发展[③]。

关于对外贸易的国民经济盈利性问题，斯密和李嘉图认为对外贸易的国民经济盈利性就是通过对外商品交换所节约的劳动。1957 年在捷克召开的学术探讨会上，捷克学者同样认为对外贸易是通过国际分工节约社会劳动的重要源泉[④]。但对外贸易实现社会劳动的节约是建立在一定条件之上的，即按照平等互利的原则。所谓平等是指交换双方的国际价值的平等，所谓互利是指双方都节省了社会劳动。如果离开了平等互利的原则，势必会出现一方对另一方的剥削。

（三）对外贸易的原则

1. 正确处理独立自主与争取外援关系的原则

独立自主是中国对外贸易的重要原则之一。新中国成立前，中国对外

---

① 袁文祺．关于我国对外贸易若干基本理论问题的再探[J]．国际贸易，1987(12)：1，4－10.

② 孙祥剑．我国对外贸易的国民经济盈利性问题[J]．中国社会科学，1982(3)：69－87.

③ 孙冶方．孙冶方文集：第 8 卷[M]．北京：知识出版社，2018：231－232.

④ 陈东琪．中国经济学史纲(1900—2000)[M]．北京：中国青年出版社，2004：256.

贸易完全依附于帝国主义国家。新中国成立后取消了帝国主义在中国所有的外贸特权，实行了对外贸易统制。这是新中国独立自主开展对外贸易的重要保障。

独立自主并不意味着一切只依靠自身。毛泽东在《论人民民主专政》中批判了“不要国际援助也可以胜利”的想法。毛泽东认为，人民革命的胜利和巩固需要国际革命力量的援助。1958 年，毛泽东进一步阐述了对于自力更生和外援的认识，提出了“自力更生为主，争取外援为辅”的观点，进一步强调了中国经济发展必须坚持独立自主、自力更生的原则。

周恩来也多次强调中国对外贸易必须坚持独立自主、自力更生的原则。1949 年 12 月，周恩来指出：“国家建设是以国家力量为主还是国际力量为主？我们的回答是以国内力量为主，即自力更生为主。”同时，周恩来也欢迎外援，即依靠本国民众发展经济，同时也在平等互利的基础上同各国开展贸易。1964 年周恩来就正确处理自力更生同国际合作的关系做了进一步的阐述。周恩来认为自力更生是中国革命和建设的基本立脚点，同时也要利用外国一切好的经验和技术①。

20 世纪 50 年代末，受客观因素和主观认识的影响，国内对自力更生的认识出现了一些错误，过度强调自力更生，甚至把自力更生与发展对外贸易对立起来，因此中国与外国的经济联系越来越少。

2. 正确处理好进出口、内外销关系的原则

新中国成立之初工业化水平低下，生产能力不足，面临进口需求旺盛而创汇能力不足的困境。1949 年 10 月陈云指出：“进口什么东西，要严加管制；出口的东西要放宽尺度。”② 周恩来也指出，中国要进口国内急需的原材料，限制生活消费品和奢侈品的进口，要通过关税贸易保护国内市场，促进本国工业发展。可以看出，中国成立后实行的是“宽出严进”的保护贸易政策。

在大力鼓励出口的背景下，如何处理内销和外销商品之间的关系成为

---

① 蒋自强．经济思想通史：第 4 卷［M］．杭州：浙江大学出版社，2003：571.

② 陈云．陈云文选：第 2 卷［M］．北京：人民出版社，1996：94.

对外贸易的一个关键问题。对此，陈云认为不同商品要区别对待，对于粮油等特殊商品应限制出口，其他商品应服从出口的需要①。只有这样才能保证必要的出口从而进口国内经济建设所需的技术设备等。叶季壮对进出口、内外销的关系作了更具体的分析，他指出进口的目的是保证国内工业化建设所需的原材料得到满足，但进出口也要考虑国内的需求以及国家整体建设需要，要综合考虑财政状况、供需关系等多方面因素。进出口既要符合国家工业化建设的长期利益，也要满足人民的实际需求。

20 世纪 50 年代末，受国际形势变化的影响，中国领导人对发展对外经济关系的认识出现了变化。李先念在支持外贸的同时，认为对外贸易应该遵从国内市场为主、国外市场为辅的原则。毛泽东和周恩来对这一原则作了进一步的补充和说明。毛泽东认为在这一原则后面应该再加上“但是国内市场极为重要，不可忽视，不能放松”。② 毛泽东的意见得到了周恩来等领导人的广泛认同。对于李先念提出的内销服从外销的贸易方针，毛泽东认为应该根据国家建设需要实行内外贸并举的方针。

3. 坚持平等互利、互通有无的原则

《共同纲领》规定中国同其他国家政府和群众构建平等的、互利的商贸关系。1954 年提出的和平共处五项原则进一步强调了平等互利的原则。周恩来也多次明确指出中国对外贸易一贯坚持平等互利的原则，只有建立在平等互利基础上的经济合作，“才有广阔的发展前途”③。

改革开放前，中国在对外贸易方面没有系统的理论研究，中国对对外贸易的认识主要来自党和国家制定的文件和领导人的相关论述④。这一时期具有代表性的专著是齐小思编写的《中国对外贸易基础知识》，该书系统阐述了中国对外贸易的性质、特点、政策、组织方式和发展状况。此外，1952 年对外经济贸易部内部共发行了 4 辑《贸易经济参考资料》，主要包括当时中国的对外贸易政策法规和学者对政策的理解。

① 陈云．陈云年谱：上卷[M]．北京：中央文献出版社，2000：515.
② 顾龙生．毛泽东经济年谱[M]．北京：中共中央党校出版社，1993：461.
③ 周恩来．周恩来外交文选[M]．北京：中央文献出版社，1990：413.
④ 任烈．贸易保护理论与政策[M]．上海：立信会计出版社，1997：179.

这一时期有关对外贸易的认识集中体现在国家垄断管理外贸体制上，倡导“自力更生为主、争取外援为辅；国内市场为主、国际市场为辅”。20世纪60年代后期，由于主观认识出现错误，对社会主义本质的理解出现偏差，把对外贸易看作是互通有无、调剂余缺的手段。这些思想是当时的国内、国际环境造成的。这一时期国内经济基础薄弱，生产能力不足，经济建设所需的设备、技术等只能依靠进口，因此对外贸作用的认识仅限为互通有无、调剂余缺。同时，新中国长期遭受西方资本主义国家的经济封锁，中国不得不实行“一边倒”的局部对外开放战略。20世纪50年代末，中苏关系的破裂使得中国对外开放事业举步维艰，使得中国过分强调依靠自身力量来进行社会主义建设。对外贸易指导思想的缺陷使得新中国成立后本来正确的对外开放主张没有得到坚持和贯彻，中国对外贸易发展缓慢，国家长期处于一种近似于封闭的状态。

第二篇

中国特色社会主义政治经济学的形成与发展（1979—2012年）

起始于1978年的改革开放，是中华民族发展历史上的一次伟大觉醒和伟大革命。这一时期，我们对过去政治经济学理论的重大问题进行了深刻反思，摒弃了以往高度集中的计划经济体制，开始对经济体制进行改革，对与之相关联的经济运行方式、经济发展方式以及对外开放模式也不断进行改革、调整。明确建立了社会主义市场经济体制的改革目标和基本框架，为适应社会主义市场经济体制对微观经济主体的客观要求，通过农村改革、企业改革、创新与完善宏观调控等方式，构建社会主义微观经济主体，并使之畅通运行。经济发展方面，实行适合中国国情的"比较优势战略"，开始重启"四个现代化"建设，确立对内改革、对外开放的现代化建设方针。

习近平总书记指出："改革开放是我们党的一次伟大觉醒，正是这个伟大觉醒孕育了我们党从理论到实践的伟大创造。"改革开放开始时，在理论层面我们基于马克思主义政治经济学原理，结合自身的实践，不仅形成了具有中国特色的马克思主义政治经济学，而且使其在实践与理论的相互作用下不断丰富和发展。我们党孕育了"邓小平理论""全面建成小康社会思想""科学发展观"等伟大理论创造。在学术界，出现了八大马克思主义经济学流派，包括：正统的马克思主义经济学创新流派、新马克思主义经济学综合流派、经典的马克思主义经济学文本流派、马克思主义生态经济学流派、演化的马克思主义经济学流派、数理马克思主义经济学流派、转型经济理论的马克思主义经济学流派以及后凯恩斯主义的马克思主义经济学流派。

因此，可将1979—2013年划分为中国特色社会主义的形成与发展阶段。虽然这一阶段中国经济规模大幅扩张，但经济发展质量仍显不足，高速度、高投入、高消耗的发展倾向未得到根本改变，与发达国家仍有较大差距。直到2013年进入新时代，中国才进入了量与质协同发展的新阶段。

第四章　经济体制改革的实践探索与思想形成

高度集中的计划经济体制在具体实践中产生了诸多不适，改革开放以来，我党与理论界展开了关于真理标准问题的讨论，邓小平对“两个凡是”思想的质疑拉开了思想解放的序幕，自此理论界迎来了对社会主义经济体制内涵与认识的讨论高潮，相关思想层出不穷，产生了关于经济体制改革的多重思路。1992 年党的十四大明确了社会主义市场经济体制的改革目标，是我国建设中国特色社会主义的伟大创举，同时也开启了各界对于市场经济体制理论的研讨。随着对社会主义市场经济体制内涵与认识的不断深化，所有制理论与分配理论日益成熟与完善，逐渐开创了具有中国特色的政治经济学理论体系。本章将时间线索定位于改革开放至新时代，总结了市场经济体制改革背景下的中国特色社会主义政治经济学发展历程。

第一节　经济体制改革思路的探寻与经济体制改革

改革开放拨乱反正时，理论界也掀起了拨乱反正、实事求是的热潮，对传统计划经济模式进行了反思，恢复对社会主义商品经济相关理论的探索，强调尊重客观规律，重视市场与价值规律的调节作用。在对计划与市场的一次次争论中，我党最终于中共十四大和十四届三中全会中明确了建立社会主义市场经济体制的改革目标和基本框架，自此社会主义市场经济体制改革全面开启。

一、再议社会主义市场机制与价值规律

（一）价值规律作用问题讨论会

1979年3月，陈云在“计划与市场问题”的提纲中提出：“整个社会主义时期必须有两种经济：①计划经济部分，即有计划按比例的部分；②市场调节部分，即不作计划，只根据市场供求的变化进行生产，带有盲目性调节的部分，第一部分是基本的主要的，第二部分是从属的次要的，但又是必要的。”① 李先念也认为经济管理体制中集中过多、计划过死。孙冶方重提“千规律，万规律，价值规律第一条”。薛暮桥提出要利用市场活跃流通等思想。1979年4月16—29日，“社会主义经济中价值规律问题讨论会”在江苏无锡召开，会议探讨了我国经济管理体制改革的方向和有关的理论问题，重点集中于社会主义经济中的计划和市场的关系、扩大企业权限与价值规律的关系与价格问题，并形成了突出的研究进展。

1. 社会主义既是计划经济，又是公有制基础上的商品经济

孙尚清等发文指出，社会主义社会存在商品货币关系是不可避免的，这种客观必然性不能只由现阶段社会主义公有制存在两种不同形式来解释，它是由社会主义社会人与人之间（包括各个生产者集体之间）在根本利益一致前提下还存在经济利害关系决定的。在社会主义社会，建立了生产资料的公有制，又保留着商品货币关系，是计划性和商品性统一的经济②。

2. 全民所有制内部交换的生产资料也是商品

何建章发文指出，不仅全民所有制同集体所有制之间存在着商品交换关系，国家出售给职工的个人消费品是商品，而且全民所有制企业之间的交换也是商品交换关系。这是由社会主义全民所有制内部的经济关系本身的特点决定的。同共产主义的全民所有制相比，社会主义的全民所有制是

---

① 陈云．陈云文选：第3卷[M]．北京：人民出版社，2015：245.

② 孙尚清，陈吉元，张耳．社会主义经济的计划性与市场性相结合的几个理论问题[J]．经济研究，1979(5)：56－67.

带有个人和集体利益差别的不完全的全民所有制。全民所有制企业的经营活动是同劳动者集体和个人利益紧密联系着的，遵循等价交换的产品交换原则①。

3. 价值规律对社会主义生产起调节作用

对如何认识社会主义经济问题的探讨自然而然引发对于价值规律的研究。学界承认了社会主义是计划与商品统一的经济，而商品经济是同市场联系在一起的，在客观上就是由有计划规律和价值规律共同调节着的。有计划规律要求社会自觉地按比例安排社会生产，价值规律则通过市场机制实现社会生产的按比例发展，两者的调节作用一致性是主要的，以及它们共同调节对社会主义经济发展的促进作用是主要的②。

4. 改革经济管理体制基本出发点

1978 年 9 月，马洪发表《论充分发挥企业的主动性》一文，认为改革经济管理体制应当把发挥企业主动性作为基本出发点，不能只在中央和地方的关系上兜圈子。蒋一苇进一步提出了著名的“企业本位论”，强调社会主义经济的基本单位仍然是企业，而且是具有独立性的企业。社会主义经济体系只能由这些具有独立性的企业联合组成。企业保持独立性，并不违反社会主义原则；恰恰相反，具有独立性才能充分实现社会主义的经济民主。经济改革归根结底是要解放生产力，生产力不在中央也不在地方，而在企业，搞活企业应该成为改革的最终立足点、出发点和归宿点③。

（二）社会主义商品经济理论交锋

1980 年，薛暮桥协助国务院经济体制改革办公室起草《关于经济体制改革的初步意见》，指出：“我国现阶段的社会主义经济，是生产资料公有制占优势，多种经济成分并存的商品经济。我国经济改革的原则和方向应

① 何建章．我国全民所有制经济计划管理体制存在的问题和改革方向[J]．经济研究，1979(5)：35－45.

② 孙尚清，陈吉元，张耳．社会主义经济的计划性与市场性相结合的几个理论问题[J]．经济研究，1979(5)：56－67.

③ 蒋一苇．企业本位论[J]．中国社会科学，1980(1)：21－36.

当是在坚持生产资料公有制占优势的条件下，按照发展商品经济的要求，自觉运用价值规律，把单一的计划调节改为在计划指导下，充分发挥市场调节的作用。”[①] 然而这一先进的思想并未得到统一的认可，社会主义计划经济的思想仍然占据主流。党的十二大召开之前，各种思想势力理论交锋不断，围绕着坚持计划经济还是发展商品经济争论不下。参加起草党的十二大报告的王忍之、袁木等5人，给胡乔木写信，“在我国，尽管还存在着商品生产和商品交换，但是绝不能把我们的经济概括为商品经济。如果作这样的概括，那就会把在社会主义条件下人们之间共同占有、联合劳动的关系，说成是商品等价物交换的关系；就会认定支配我们经济活动的，主要是价值规律，而不是社会主义的基本经济规律和有计划发展的规律。这样就势必模糊有计划发展的社会主义经济和无政府状态的资本主义经济之间的界限，模糊社会主义经济和资本主义经济的本质区别”，认为“在商品经济基础上的计划经营方式”，“必然会削弱计划经济，削弱社会主义公有制”[②]。此后的一年多时间，主张社会主义经济也是一种商品经济的文章销声匿迹。

1982年7月11—16日，在浙江德清县的莫干山召开了苏联东欧经济体制改革座谈会，即第一次莫干山会议。布鲁斯等7名外国专家作了报告，并详细介绍了苏联东欧国家经济发展情况与改革动向：由中央集权向分级分权发展；由国营经济，到发展多种经济成分和经营方式；由计划控制，到重视市场机制；由用行政办法管理经济，转向结合经济手段。其中一些质疑中国计划经济的声音认为我国的经济发展水平与苏东国家相距甚远，但却采取了一致的高度集中的计划经济体制，甚至有声音指出我国的经济模式并不能算真正意义上的计划经济。

1984年9月3日，我国围绕改革发展的重要理论问题召开了首届中青年经济科学工作者学术讨论会，即第二次莫干山会议，其中取得的最大成果是对价格改革思路的突破。张维迎指出，“市场机制的核心是价格，价

---

① 薛暮桥．薛暮桥回忆录[M]．天津：天津人民出版社，2006：356.

② 彭森，陈立，等．中国经济体制改革重大事件(上)[M]．北京：中国人民大学出版社，2008：120.

格体制的改革过程实际上就是市场机制的形成过程"①，他还提出价格改革反映了整个经济体制改革的进程，是整个经济体制改革的"牛鼻子"。在激烈的讨论中产生了"双轨制"这一思路，并在1984年10月通过的《中共中央关于经济体制改革的决定》中得到了集中体现。

（三）有计划的商品经济

1984年10月20日，中共十二届三中全会对20世纪80年代初的讨论进行了科学总结，明确社会主义经济是有计划的商品经济，并对价值规律、市场在经济中的作用给予了充分的肯定。党的十三大报告还对《中共中央关于经济体制改革的决定》做出了进一步的分析，"社会主义有计划商品经济的体制，应该是计划与市场内在统一的体制"；"社会主义商品经济的发展离不开市场的发育和完善，利用市场调节决不等于搞资本主义"；"必须把计划工作建立在商品交换和价值规律的基础上"；"计划和市场的作用范围都是覆盖全社会的。新的经济运行机制，总体上来说应当是'国家调节市场，市场引导企业'的机制"。党的十三大明确了改革的方向、性质、任务和各种基本方针战略，并对有计划的商品经济进行了全面解读，这是对计划经济体制的一个重大突破，标志着我国经济体制改革实践进入一个崭新的阶段。

二、20世纪90年代初计划与市场的争论

（一）姓"资"还是姓"社"?

新的运行机制的实施增加了经济领域的不稳定因素，改革不够到位、市场的不完善、改革过程中一些配套措施没有及时跟进等，加重了原本存在的总量失衡、通货膨胀、秩序混乱等经济问题，而对问题的修复免不了采取计划经济体制下的某些做法，如加强宏观管理等，这使一部分人认为市场经济的改革是错误的。尤其是1989年东欧剧变后，市场经济是资本主义，计划经济才是社会主义的观念回潮，坚持市场化的观念被认为是经济

① 张维迎．价格体制改革是改革的中心环节[N]．经济日报，1984-09-29.

领域的资产阶级自由化而饱受诟病。1990 年 2 月，北京一家报社刊出一篇长文《关于反对资产阶级自由化》，对中国的改革提出了疑问，究竟是社会主义的改革还是推行资本主义化的改革，后者包含两个内容，“一个是取消公有制为主体，实现私有化；一个是取消计划经济，实现市场化”，这篇文章的刊登拉开了改革开放后对姓“社”还是姓“资”问题讨论的序幕。此后，关于姓“社”还是姓“资”的大争论持续不断。

1991 年 7 月 4 日，在刘国光主持下，中国社会科学院召开了“当前经济领域若干重要理论问题”座谈会。会上，吴敬琏指出：“从全局上说，从战略上说，一定要保证我国整个经济发展的社会主义方向，从具体问题来说，不能囿于‘姓社还是姓资’的诘难，对外开放用了一些社会化大生产通用的做法，如果问‘姓社还是姓资’，这些做法都不能用了，如果这样的话，从根本上说来，是妨碍社会主义经济繁荣的，甚至是破坏社会主义繁荣的。”① 卫兴华提出要客观、理性地对待改革开放中存在的经济问题，不能以不正确的“社资观”去胡乱界定、评论。卫兴华、林凌、郭元晞、于光远等经济学家从生产关系、社会主义初级阶段等方面辨析姓“资”姓“社”问题，认为资本主义国家发展起来的某些事物或组织形式及手段，虽然是资本主义发展的产物，但其自身不等于资本主义。私有制经济成分中的私营企业和外资企业，它们只是社会主义经济的补充，而不等于社会主义经济。不同经济成分的不同性质，是客观存在的。这些经济成分的存在与发展，更有利于还处于社会主义初级阶段的生产力的发展。判断姓“资”姓“社”的标准，准确点说，区分资本主义和社会主义的标准，就是生产关系②。

1992 年，邓小平在“南方谈话”中将社会主义的本质高度概括为“解放生产力和发展生产力，消灭剥削，消除两极分化，最终达到共同富裕”，“计划多一点还是市场多一点，不是社会主义与资本主义的本质区别，计划经济不等于社会主义，资本主义也有计划；市场经济不等于资本

① 周瑞金．“皇甫平”文章引发的一场思想交锋[J]．新闻战线，2008(9)：30－33.
② 卫兴华．关于姓“资”姓“社”与生产力标准问题[J]．中国工商管理研究，1992(2)：18－22.

主义，社会主义也有市场，计划和市场都是经济手段”，并从“三个有利于”的立场看待这一问题，“判断改革开放姓‘社’姓‘资’，标准应该主要看是否有利于发展社会主义生产力，是否有利于增强社会主义国家的综合国力，是否有利于提高人民的生活水平”。[①]“南方谈话”有力地回击了对改革开放的质疑，极大地解放了思想，坚定了走市场化道路的决心，从此姓“资”姓“社”和“计划经济”不再是社会的主题词。1992 年 10 月，江泽民在党的十四大报告中提出要建立市场经济体制，自此关于市场经济体制的争论正式结束，建立市场经济体制的目标得以明确，学术界正式突破社会主义与市场经济不兼容的思想教条，开辟了中国特色社会主义市场经济理论研究与实践繁荣发展的新局面。

（二）激进式改革还是渐进式改革?

党的十四大明确了市场经济的改革目标是社会主义市场经济体制，然而采取怎样的经济转型模式以实现改革目标仍悬而未决，是走苏联等国家的“激进式”改革路线还是走更为缓和的“渐进式”的改革道路，引发了学术界的热烈讨论，并形成了支持两方的对立派别，分别为支持“激进式”改革路线的科尔奈（Komai）、李普顿和萨克斯（Lipton & Sachs）、胡永泰、杨小凯、张五常与“渐进式”改革的支持者，如斯蒂格利兹（Stiglitz）、诺顿（Naughton）、林毅夫、樊纲、麦金农（Mc Kinnon）、钱颖一和罗兰（Qian & Roland）、盛洪、华民等。

杨小凯根据西方社会的宪政思想，认为制度核心是长期成功的经济发展的根本，经济改革是大规模宪政转轨的一小部分，中国的双轨制是缺乏宪政秩序的市场导向改革的典型代表，虽然短期能够获得平滑转型的收益，但经济转轨双轨制产生了宪政转轨的非常高的长期代价，因此相对而言主张更加激进的社会变革[②]。

还有一部分学者根据苏联等国家实行的“激进式改革”特点进行分析总结，主张要根据中国国情，走“渐进式”的改革道路。樊纲提出仅考虑

① 逄先知，于友先，等．邓小平讲话实录[M]．北京：红旗出版社，2018：23.

② 杰弗里·萨克斯，胡永泰，杨小凯．经济改革和宪政转轨[J]．经济学（季刊），2003(3)：961－988.

旧体制到新体制的转换这一过程本身所需付出的代价，即转换成本，“一步走”改革要比渐进的“分步走”具有显著优越性。然而“改革的阻力”是客观存在的，这包括一部分人既得利益的损失、影响相对收入水平以及在投入与产出之间的时滞，也就是“摩擦成本”的必然性使得“渐进的”分步走形式具有天然的合理性与必要性①。林毅夫等基于经济效率的视角，认为渐进式改革道路是有利于帕累托改进的，增量改革可以把试错的成本分散化，避免过大的失误；使改革沿着可以取得收效的方向推进，并且获得了一种自我加强的特征；为每一部分新增的经济成分赢得了相应形成市场环境的时间②。还有学者从绩效比较入手，论证了相比“苏联模式”，中国实施“渐进式改革”模式才能获得成功。

在吸取苏联“激进式改革”的失败经验后，我国立基于国情，创造性地走出了一条适合我国的“渐进式”改革道路，主要特点包括：

一是自上而下与自下而上相结合，在坚持统一领导的前提下，充分发挥地方和基层单位在制度创新中的积极性与创造性，尊重群众的首创精神。

二是双轨过渡，增量先行，在保留计划调节的前提下，通过在新增资源中逐步扩大市场调节比例的办法来逐步向市场经济过渡。

三是整体协调，重点突破，在坚持全国“一盘棋”的前提下，分部门、分企业、分地区各个突破，由点到面，实现经济体制的整体转换。

四是兼顾改革、发展与稳定，把改革的力度、发展的速度和社会可承受的程度统一起来。

五是一切从实际出发，循序渐进，大胆试验，摸着石头过河，先试验后推广，并根据实践的发展不断调整改革的思路。

六是坚持问题导向，坚持实践标准，总结国内成功做法，借鉴国外有益经验，勇于推进理论和实践创新。③

事实证明，渐进式改革道路推动了经济的迅速发展、人民生活水平的

---

① 樊纲．两种改革成本与两种改革方式[J]．经济研究，1993(1)：3 - 15.

② 林毅夫，蔡昉，李周．论中国经济改革的渐进式道路[J]．经济研究，1993(9)：3 - 11.

③ 张宇，等．中国特色社会主义政治经济学[M]．北京：高等教育出版社，2018：86.

提高与综合国力的大幅增长。

三、坚持怎样的改革方向

2005 年，郎咸平基于国企改革中资产流失个案提出各种问题，并上升到了批评内地国企产权改革的方向、批判多种所有制成分是错误的，批判越走越远，最终走向对改革的全面否定与对中国社会全面的否定，走向荒谬，走向整个改革的对立面。我国的改革一直坚定地遵循着社会主义方向，然而在具体实践中难免遇到一些问题，围绕着“郎旋风”展开的争辩，经济学家内部分化，姓“社”姓“资”风波再起，争辩集中于面对新情况新问题，究竟是改革过了头，还是改革不到位？是改革本身错了，还是改革出现了失误？是反思改革，还是否定改革？是应该继续深化改革，还是应该就此打住，走回头路？问题的实质在于是否继续坚持市场化经济体制以及究竟坚持怎样的改革方向。

争论引起了中央高层的高度重视。2006 年 3 月 14 日，在第十届全国人大四次会议记者招待会上，国务院总理温家宝说，要坚定不移地推进改革开放，走中国特色社会主义道路，“前进中尽管有困难，但不能停顿，倒退没有出路”。他谈到 20 个字，“知难不难，迎难而上，知难而进，永不退缩，不言失败”。中共中央总书记胡锦涛在参加“两会”上海代表团讨论时明确表示：“要在新的历史起点上继续推进社会主义现代化建设，说到底要靠深化改革，扩大开放。要毫不动摇地坚持改革方向，进一步坚定改革的决心和信心。”

学术界也对郎咸平的观点进行了反驳。北京大学教授周其仁和林毅夫接受媒体专访，一针见血地指出郎咸平所指的国企改革中资产流失个案来源缺乏第一手调研资料，所指根本不涉及学术内容，而是司法内容，也就是说，如果改革过程中存在侵吞国资问题，应该依法处置侵吞国资行为，而不是上纲上线到学术问题，更不应该对中国特色社会主义道路产生质疑。从发展的眼光来看，郎咸平所提出的在产权交易过程中的问题或多或少地存在，然而不可否认的是，改革的成果有目共睹，改革的方向是正确的。产权交易过程中出现问题不可避免，出现问题后应该及时解决，包括建立透明的交易机制，完善过程监督，建立健全运作机制，而不是抨击改革本身。唐松等追溯了我国民营企业产权的初始形成方式，指出国有转制型企业相对面临更大的产权保护威胁，我们应该客观理性地正视这一问题，将民营企业家在创业初期进行“制度创新”的正面行为与损害社会公平正义的不法行为加以严格区分和对待。[①]

刘国光也解释道，改革会从过去“全民赞成，全党赞成”，变成今天出现很多的反思和疑问，以致某些人士惊呼要警惕出现所谓“反对改革的浪潮”，究其原因不外乎以下两点：一是改革中利益关系发生了变化，二是改革中意识形态关系发生了变化。随着改革进程的日益深化、曲折化和复杂化，中国社会的利益关系格局发生了变化，这种利益关系格局的变化，不可避免地会引起人们对改革问题的态度的变化。与此同时，资产阶级自由化思想假借中国改革开放的旗帜，同中国正确的改革观，即邓小平的改革观进行较量，同马克思主义进行较量，正是如此才更要坚持改革方向，坚持改革方向就是指邓小平开拓的社会主义自我完善的改革方向，是坚持四项基本原则的改革方向，这个改革方向，能够保证我们国家走向繁荣富强，人民走向共同富裕。[②]

卫兴华也辨析道，社会主义经济属于经济制度的范畴，而社会主义市场经济则属于经济体制的范畴，二者不是同一层次的问题。社会主义经济是指具有社会主义性质的经济，具体地说，是指以公有制为基础，劳动者是经济的主人，实行按劳分配，没有剥削和两极分化，走向共同富裕的经济。社会主义经济制度本身有个不断成熟与完善的过程。在社会主义初级阶段，无论在制度上、体制上还是运行机制上，社会主义经济制度都还处于探索阶段，在许多方面还不成熟和不完善，社会主义基本经济制度旺盛的生命力与创新力，取决于我国社会主义经济制度自我完善与发展的改革

① 唐松，温德尔，叶芷薇．恒产者恒心：“原罪”嫌疑、产权保护与民营企业绩效[J]．经济学(季刊)，2020，19(3)：995－1016.

② 刘国光．坚持正确的改革方向——读胡锦涛同志3月7日讲话有感[J]．马克思主义研究，2006(6)：13－15.

方向以及对社会主义经济制度的巩固与发展。①

2008年12月18日，胡锦涛在中共中央纪念中共十一届三中全会召开30周年大会上发表讲话，重申党的十七大阐述的中国改革开放的性质是"解放和发展社会生产力，实现国家现代化，让中国人民富裕起来，振兴伟大的中华民族；就是要推动我国社会主义制度自我完善和发展，赋予社会主义新的生机活力，建设和发展有中国特色社会主义；就是要在引领当代中国发展进步中加强和改进党的建设，保持和发展党的先进性，确保党始终走在时代前列"。②

四、市场经济体制改革的全面探索

党的十四大和十四届三中全会明确了建立社会主义市场经济体制的改革目标和基本框架，自此社会主义市场经济体制改革全面开启。党的十五大提出使市场在国家宏观调控下对资源配置起基础性作用，党的十六大提出在更大程度上发挥市场在资源配置中的基础性作用，2007年党的十七大提出从制度上更好地发挥市场在资源配置中的基础性作用。在大政方针指导下，我国市场经济体制改革的全面探索呈现出几大特点：其一，在国家顶层设计层面，构建了社会主义市场经济体制的基本框架，并围绕基本框架推进改革，包括宏观管理体制、经济结构体制、现代市场体系和社会保障体系等多方面的内容。其二，初步完善了社会主义市场经济体制，进一步增强公有制经济的活力，深化国企改革；大力发展和积极引导非公有制经济发展；加快推进和完善垄断行业改革，转变政府职能；加快要素市场的培育与发展；等等。其三，逐步形成全方位开放格局。

与此同时，我国学者对经典马克思主义经济思想的进一步深化认识以及基于我国实践经验的总结，开辟了关于中国特色社会主义市场经济理论研究繁荣发展的新局面，研究具有多层次、全方位的特点。进入21世纪后，中国马克思主义经济学在发展和创新过程中，形成了学术流派百花齐

---

① 卫兴华．社会主义经济制度若干理论问题的认识[J]．新视野，2007(1)：20－22.

② 胡锦涛．在纪念党的十一届三中全会召开30周年大会上的讲话[N]．人民日报，2008－12－09.

放的可喜局面。经济学家薛宇峰在《当代中国马克思主义经济学的流派》一文中，根据中国马克思主义经济学中的不同流派和学说的渊源与形成历史、观点与分析方法及理论体系，总结了八大流派，包括正统的马克思主义经济学创新流派；新马克思主义经济学综合流派；经典的马克思主义经济学文本流派；马克思主义生态经济学流派；演化的马克思主义经济学流派；数理马克思主义经济学流派；转型经济理论的马克思主义经济学流派；后凯恩斯主义的马克思主义经济学流派。承载学术大家经济思想的著作也遍地开花，包括对社会主义基本经济制度的研究：《关于改革经济管理体制的若干设想》（肖灼基著）、《中国改革大思路》（中国社会科学院课题组著）、《中国经济体制改革的模式研究》（刘国光著）、《中国传统积累模式和经济体制改革的特殊性》（程秀生著）、《我国农村经济发展与改革所面临的问题与对策思路》（陈吉元、邓英淘、姚钢著）、《中国经济体制市场化进程》（陈宗胜著）、《论联产承包责任制——兼论具有中国特色的社会主义农业发展道路》（林子力著）、《新中国经济的变迁与分析》（杨坚白等著）、《通向市场经济之路》（吴敬琏著）、《制度、技术与中国农业发展》（林毅夫著）、《中国农村改革：回顾与展望》（陈锡文著）等；包括对马克思经典文本的重新阐释与解读：《马克思社会再生产理论》（罗季荣著）、《社会必要产品论——社会主义政治经济学探索》（雍文远等编）、《评当代西方学者对马克思〈资本论〉的研究》（胡代光等编），以及由中央编译局精心编译的《马克思恩格斯文集》《马克思恩格斯全集》及出版的关于马列著作的各类专题读本《马克思主义是发展的理论》《解放思想史话》等。

2003 年，国家领导人胡锦涛提出的坚持以人为本，全面、协调、可持续的科学发展观是 21 世纪以来改革开放的重要体现。科学发展观强调经济建设与经济发展、生态建设与全面协调可持续发展，促进了经济体制的完善、经济发展方式的转变，也使经济学家意识到了环境、资源、生态等方面的重要性，从而涌现了多学科相互交融的马克思政治经济学的研究。2004 年，为巩固马克思主义在意识形态领域的指导地位，推动马克思主义大众化，在中央的统一安排下，马克思主义理论研究和建设工程正式启动，致力于研究当代中国马克思主义最新理论成果，编写具有中国特色、中国风格、中国气派的哲学社会科学教材体系，是中国共产党马克思主义演进与升华的最新成果，也是马克思理论研究的权威著作。

第二节　完善所有制结构与实现形式的探讨

所有制问题是生产关系的核心，伴随市场经济体制改革的开启，所有制领域的变革也在同步展开，形成了社会主义初级阶段所有制理论，中共十五大的召开更是对社会主义所有制理论做出了突破式创新，使得对公有制标准、所有制结构、所有制实现形式、国有经济的地位作用都有了一个更为明确的认识，自此我国所有制理论日益完善，生产关系的变革有力推动了生产力的发展。

一、社会主义市场经济与所有制理论

（一）关于所有制研究的几个问题

1. 社会主义初级阶段所有制理论

1981 年，中共十一届六中全会提出：“我们的社会主义制度还是处于初级的阶段”，“社会主义生产关系的变革和完善必须适应于生产力的状况，有利于生产的发展。国营经济和集体经济是我国基本的经济形式，一定范围的劳动者个体经济是公有制经济的必要补充。必须实行适合于各种经济成分的具体管理制度和分配制度。”① 党的十三大召开前夕，邓小平强调当前我国的社会主义是处在初级阶段的社会主义。社会主义初级阶段理论实质上是对以“一大二公”作为判断所有制先进与否标准的正式回击与否定，明确了“三个有利于”原则和生产力标准，突破了社会主义所有制理论的思想束缚。

---

① 关于建国以来党的若干历史问题的决议[N]. 人民日报，1981-07-01.

2. 国家所有制与全民所有制

在马克思经典作家的论述中，国家所有制并不等同于社会所有制或全民所有制，国家所有制是私有制过渡到社会所有制的中间环节。社会所有制是建立在社会化大生产基础上的公有制，是社会主义生产关系下对应较高生产力水平的所有制形式，在这种所有制中不再有某个阶级或某个代表占据生产资料，而是由社会集体所有。20 世纪 80 年代初董辅礽就提出区别全民所有制与国家所有制，经济体制的改革是要改变国家所有制，找到适合生产力发展水平的全民所有制形式，黄范章进一步指出股份制是最适合于全民所有制采取的一种有效形式，但完善全民所有制并不意味着摒弃国家所有制，只是必须摒弃过度集中管理的国有制形式。也有学者认为，当前全民所有制并不成熟，薛暮桥指出集体所有制甚至个体户可能比全民所有制更加优越。

3. 所有制是手段还是目的

1992 年，邓小平在“南方谈话”中将社会主义的本质高度概括为“解放生产力和发展生产力，消灭剥削，消除两极分化，最终达到共同富裕”。社会主义坚持公有制与按劳分配的主体地位，实质上是为社会主义的最终目的与根本任务服务。1993 年 7 月 13 日，《光明日报》发表了周淑莲关于所有制是手段而非目的的重要论述，引发了一批经济学家的质疑，批评周叔莲本末倒置，实质上是意图私有化。该争论引发了关于所有制是手段还是目的的理论研讨会，与会学者指出，所有制属于生产关系范畴，受生产力制约并为其服务，因而所有制是发展生产力的手段，就要相应地选择、改革、创新适应生产力发展水平的所有制形式与结构。对应地，社会主义经济中，公有制的比例不是越大越好，公有制的实现形式也非国有所有制与集体所有制两种，要根据市场经济的原则，鼓励多种公有制实现形式。

（二）对马克思所有制理论的研究

马克思关于“自由人联合体”以及“重新建立个人所有制”等问题的论述，更多着眼于对未来共产主义社会基本特征的构想，且受制于社会实践发展程度，对未来社会所有制的分析只是原则性的，而没有进行具体描述。改革开放之前，我国对所有制理论的探索表现在对马克思未来消灭私有制的理解中逐渐形成“一大二公”的观点。改革开放后学者们重提马克思所有制理论，跳出传统所有制理论框架，开启了理论联系实际的深入研究。薛暮桥回顾新中国成立以来我国生产资料所有制的演变历史，指出改革开放之前中国马克思主义者对公有制的理解过于简单，对于个体经济、私营经济的理解违背了历史唯物主义。[①] 于光远也指出，根据马克思主义经典作家论述，推翻资本主义制度以后的未来社会的所有制为“社会所有”，社会所有制与一般的公有制应该区别开来，任何社会都存在公有制，而只有社会所有才是社会主义的特征，国家所有制、集体所有制、企业所有制都是社会所有制的具体形式。[②]

二、党的十五大对所有制理论的突破

（一）所有制结构

1997 年 9 月，江泽民在党的十五大上作了题为《高举邓小平理论伟大旗帜，把建设有中国特色社会主义事业全面推向二十一世纪》的报告，系统、完整地提出并论述了党在社会主义初级阶段的基本纲领，并指出调整和完善所有制结构，进一步解放和发展生产力，是经济体制改革的重大任务。该报告对社会主义所有制理论做出了重要创新，政策与法律上的突破引发了新一轮关于所有制理论的研究。报告中提出，在我国社会主义的现阶段，公有制经济不仅包括国有经济和集体经济，还包括混合所有制经济中的国有成分和集体成分，公有制的主体地位主要体现在：公有资产在社会总资产中占优势，国有经济控制国民经济命脉，对经济发展起主导作用。第一，公有资产在社会总资产中占优势，既要有量的优势，更要注重质的提高；第二，国有经济的主导作用主要体现在控制力上，而不是体现在数量上是否占优势，控制力主要表现为，在关系国民经济命脉的重要行

① 薛暮桥. 我国生产资料所有制的演变[J]. 经济研究,1987(2):15-28.

② 于光远. 关于“社会所有制”[J]. 学术月刊,1994(2):3-6.

业和关键领域占支配地位，在其他领域，可以通过资产重组和结构调整，以加强重点，提高国有资产的整体质量。只要坚持公有制为主体，国家控制国民经济命脉，国有经济的控制力和竞争力得到增强，在这个前提下，国有经济比重减少一些，不会影响我国的社会主义性质。同时，非公有制经济是我国社会主义市场经济的重要组成部分，对个体、私营等非公有制经济要继续鼓励、引导，使之健康发展。①

党的十五大全面科学地界定了公有制经济的含义，否定了传统意义上理解的单一所有制的国有经济与集体经济，将改革开放以来发展迅猛的混合所有制经济中的国有成分和集体成分也归类于公有制经济，并指明不能以公有化程度的高低来界定并评价公有制的地位与作用。

党的十五大明确了非公有制经济的合法地位，肯定了非公有成分在经济生活中的作用表现，极大地鼓舞了各种经济成分繁荣发展，共同促进社会生产力水平的发展。同时，破除了对于个体、私营经济性质的偏见与质疑，尽管非公有规模逐渐扩大，但归根到底是处于社会主义生产方式之下，在国家的监督与管理下，起到繁荣社会主义市场经济的作用，所以是有利于社会主义的。

（二）公有制实现形式

股份制是现代企业的一种资本组织形式，既有利于所有权和经营权的分离，也有利于提高企业和资本的运作效率。资本主义可以用，社会主义也可以用，不能笼统地说股份制是公有还是私有，关键在于控股权掌握在谁手中。国家和集体控股，具有明显的公有性，有利于扩大公有资本的支配范围，增强公有制的主体作用。目前城乡大量出现的多种多样的股份合作制经济，是改革中的新事物，要支持和引导，不断总结经验，使之逐步完善。对以劳动者的劳动联合和劳动者的资本联合为主的集体经济，尤其要提倡和鼓励。②

党的十五大以后，开始区分公有制与其实现形式之间的关系，明确同

① 中共中央文献研究室．十五大以来重要文献选编：上[M]．北京：中央文献出版社，2011：15.

② 中共中央文献研究室．十五大以来重要文献选编：上[M]．北京：中央文献出版社，2011：15－16.

一种所有制性质可以拥有不同的实现形式，不同的所有制性质也可以拥有同一实现形式。股份制、公司制、承包、租赁、托管、兼并等都是实现形式，而非代表所有制性质，无论是私有制还是公有制都可以采用。公有制实现形式多样化，鼓励利用一切反映社会化生产规律的经营形式与组织形式，寻找能够促进生产力发展水平的多种实现形式。

针对党的十五大对经济理论的重大贡献，张卓元指出党的十五大报告纠正了人们的片面认识，依据实践的发展突破了传统经济理论关于公有制经济只包括国有经济和集体经济的框架，提出了应把改革开放以来新出现的混合经济中的国有成分和集体成分包括在公有制经济范围内的论断，这种理论创新打开了人们的眼界，扩展了改革的空间，使改革可以迈开大步往前走。对于股份制的阐述也解除了搞股份制怕被人们说成是搞私有化的思想束缚，从而有力地推动了企业的股份制和公司制改组，促进了现代企业制度建设；另外又引导人们着力于注意股权结构，而不是只从形式上关注是否实行股份制。①

三、党的十六大以来对所有制理论的完善

（一）基本经济制度的理论认识深化

党的十六大强调要“根据解放和发展生产力的要求，坚持和完善公有制为主体、多种所有制经济共同发展的基本经济制度”。② 党的十六届三中全会指出：“进一步巩固和发展公有制经济，鼓励、支持和引导非公有制经济发展”“要坚持公有制的主体地位，发挥国有经济的主导作用，积极推行公有制的多种有效实现形式，加快调整国有经济布局和结构，要适应经济市场化不断发展的趋势，进一步增强公有制经济的活力，大力发展国有资本、集体资本和非公有资本等参股的混合所有制经济，实现投资主体多元化，使股份制成为公有制的主要实现形式”“要大力发展和积极引导非公有制经济，允许非公有资本进入法律法规未禁入的基础设施、公用事

① 张卓元．“十五大”报告对社会主义经济理论的重要贡献[J]．经济研究，1997(10)：7－15.
② 全面建设小康社会　开创中国特色社会主义事业新局面[N]．人民日报，2002－11－09.

业及其他行业和领域”“非公有制企业在投融资、税收、土地使用和对外贸易等方面，与其他企业享受同等待遇”。[①]2007年，党的十七大提出“坚持和完善公有制为主体、多种所有制经济共同发展的基本经济制度，毫不动摇地巩固和发展公有制经济，毫不动摇地鼓励、支持、引导非公有制经济发展”“深化国有企业公司制股份制改革，健全现代企业制度，优化国有经济布局和结构，增强国有经济活力、控制力、影响力”“以现代产权制度为基础，发展混合所有制经济”。[②]

（二）公有制与股份制关系的讨论

党的十六届三中全会提出使股份制成为公有制的主要实现形式，对于如何认识股份制即股份制的性质，公有制与股份制的关系，成为理论界的讨论热点。

厉以宁提出了“新公有制企业”的概念，认为从计划经济体制转入市场经济体制后，传统公有制企业应当转变为同市场经济相适应的新公有制企业，经过改制的新的国家所有制、由国家控股或国家参股的股份制企业、大量存在的没有国家投资的公众持股企业、公益性基金所有制企业，是新公有制企业的四种形式，作为社会主义中国的经济改革必然走向新公有制的建立，从而得出结论：中国并非实行私有化，而是正在新公有化。[③]

项启源指出不能把股份制等同于公有制，两者不是同一个层次的问题，他认为“新公有化”论混淆了公有制经济与非公有制经济的界限，股份制是一种企业组织形式和资本组织形式，属于生产关系体系中的具体环节、具体制度，公有制经济可以用，私有制经济也可以用，它同所有制的性质不是一个层次的问题，不能混为一谈。股份制可以成为社会主义初级阶段公有制的主要实现形式，但却不能倒过来，否则就是颠倒了基本经济制度同具体实现形式之间的关系。股份制是现代企业制度，是一种有效的资本组织形式，并非私有化，应该大力推行，但在推行过程中必须做到有

---

① 兰红光．中共十六届三中全会在京举行[N]．人民日报，2003-10-15.

② 胡锦涛．高举中国特色社会主义伟大旗帜　为夺取全面建设小康社会新胜利而奋斗[N]．人民日报，2007-10-25(001).

③ 厉以宁．论新公有制企业[J]．经济学动态，2004(1)：17-20.

法可依，必须置于严密的监督管理之下，否则，它也可能走向反面，在某些人手中成为隐蔽的、渐进的私有化的捷径①。

汤在新则指出不能把股份制与公有制对立起来。股份制作为企业的组织形式，本身虽然是一种具体制度，在性质上是中性的，即不具有“姓资姓社”这种社会形式规定，但是，它并不是以“中性”的形式超然独立于社会之外，而总是作为一定所有制的组织形式或实现形式而存在于社会之中。所以，以企业形式存在的股份制，或者说，现实的、具体的股份制，由于是一定所有制的实现形式，自然就具有该所有制的性质。在社会主义社会，股份制既可以是公有制的实现形式，也可以是非公有制的实现形式，而这两种所有制都属于社会主义基本经济制度。②

何伟分析了股份制的性质，基于股份制的性质强调股份制是公有制的主要实现形式，与公有制是兼容而非对立的。他指出股份制是社会生产、社会资本、社会财产、社会企业、社会职能；不是私人生产、私人资本、私人财产、私人企业、私人管理，股份制是在资本主义制度内生长出的一种社会企业，既然对资本主义制度下的股份制可以作这样的定性，那么在社会主义制度下，无论是否有公有股参加，股份制都应定性为公有经济，即社会经济，这样说一点也不过分。③

还有学者就股份制与马克思社会所有制理论与重建个人所有制理论问题做出论述。于金富等指出马克思社会所有制理论包含两方面内容：一是马克思关于社会主义公有制本质规定的基本原理，二是马克思关于社会主义公有制存在形式的具体结论，从而说明公有制存在形式与公有制实现形式是有严格区别、不容混淆的，公有制存在形式上的差别，主要表现为公有产权主体的差别。我国目前存在的公有制形式主要有：全民所有制（采取国家所有制形式）、集体所有制、公众股份制、股份合作制和合作制，

---

① 项启源．不能把股份制等同于公有制——兼与厉以宁教授商榷[J]．经济学动态，2004(4)：18－24.

② 汤在新．不要把股份制和公有制对立起来——兼与项启源教授商榷[J]．经济学动态，2004(7)：37－42.

③ 何伟．论混合经济[J]．经济学家，2004(4)：15－19.

实现形式有：租赁制、承包制、公司制等，公有制实现形式实际上是为公有制存在形式而服务的。①

（三）混合所有制讨论

党的十六届三中全会提出大力发展国有资本、集体资本和非公有资本等参股的混合所有制经济。为此，理论界对混合所有制的认识及混合所有制与股份制的关系展开了讨论。

朱光华从宏微观不同层面界定混合所有制经济，他认为从宏观层面看，是指社会所有制结构的多种所有制并存，可称为社会的混合所有制，我国以公有制为主体，多种所有制共同发展的格局，就是一种社会的混合所有制；从微观层面来看，是指不同所有制成分联合形成的企业所有制形态，可称为企业的混合所有制。企业的混合所有制是从不同所有制结合的角度来划分的，其具体资本组织形式和经营方式可以是多种多样的，因而存在多种类型。② 何伟认为，混合所有制并非只是所有制的混合，而是各种资本的混合，资本混合制经济是各种不同所有制的资本混合，往往指价值形态，是在一个企业内不同资本在量上的融合，它们在质上是相同的，只有量上的区别。进一步地，混合所有制经济在各个社会都存在，而资本混合所有制经济是从股份制出现以后才存在的，它是市场经济发展到高级阶段的产物，股份所有制是资本混合所有制经济的典型，股份制一定是混合经济，混合经济不一定都是股份制。③

2004 年 4 月 24 日，“股份制、混合经济与利益统筹——中国海派经济论坛第 18 次研讨会”在武汉大学举行。研讨会探讨了以下几个问题：资本主义是如何利用股份制的？社会主义应当如何利用股份制？如何分析民营经济和“大卖大送改制风”？怎样认识和构建混合经济体制？各种统筹的实质是利益统筹。有观点认为，中国实行的是以公有制为主体、多种所有制经济共同发展的经济体制，其中社会主义、混合经济、中国特色的特

---

① 于金富，安帅领．“重建个人所有制”是共产主义社会所有制关系的本质特征——兼论公众股份制是我国现阶段“重建个人所有制”的重要形式[J]．经济学动态，2010(4)：50－55.

② 朱光华．大力发展混合所有制：新定位、新亮点[J]．南开学报，2004(1)：3－5.

③ 何伟．论混合经济[J]．经济学家，2004(4)：15－19.

质一个都不能少。另有观点指出，具有中国特色的社会主义混合经济，允许个体、私营和外资等其他经济成分的适度发展，但公有资产在社会总资产中一定要占大多数或优势，国有经济一定要控制国家的经济命脉，并体现对整个国民经济发展的主导作用。此外还有观点认为，股份制本身只是一种所有制的实现形式或者企业组织形式。当其资产共有、不量化到个人时，股份制是公有制的实现形式；当其资产私人所有、量化到个人时，股份制是私有制的实现形式；当其资产两者兼而有之时，股份制是混合所有制的实现形式。①

第三节　收入分配的实践与理论探讨

20 世纪 90 年代，在社会主义市场经济体制改革背景下，关于收入分配理论的研究逐渐增加，研究围绕按劳分配、劳动力商品及效率与公平几大问题展开，并逐渐形成了中国特色社会主义市场经济条件下的基本分配制度。

一、20 世纪 90 年代的收入分配理论研究

（一）围绕按劳分配的讨论

1. 按劳分配的含义

牛德生把按劳分配的含义放在劳动者劳动的数量和质量的结果上去考察，认为按劳分配的实质是按劳动力这一生产要素及其所有权分配，由于劳动力商品使用权与其所有权的分离，因而它的实现包括两个层次：第一，按劳动力要素分配，即按劳动力的价值或价格分配，劳动者得到劳动力消耗的补偿性收入，由此实现其劳动力商品使用权；第二，按劳动力要素的所有权即财产关系或按劳动力所有权收益来分配，是劳动力所有权在

---

① 曹雷．股份制、混合经济与利益统筹——海派经济论坛第 18 次研讨会综述[J]．经济学动态，2004(8)：114－117.

价值剩余中的真正实现。①

2. 按劳分配的核心

张宇认为实现按劳分配的核心问题是劳动成果和报酬的计量问题，而劳动成果和报酬的计量在现实中又是与产权关系紧密联系在一起的。只有在合理的产权结构下形成有效的激励约束机制之后，有效的监督和计量才能得到保证。按劳分配不仅是社会主义分配制度的基础，也为公有企业产权的合理化和市场化提供了依据。②

3. 按劳分配的实现形式

廖生明分析了社会主义市场经济条件下按劳分配的实现形式。首先，作为满足社会公共需要部分的产品不是从社会总产品中直接扣除，而是以物资消耗成本提取、税收、利润的形式存在。其次，必须通过劳动力的“买”和“卖”以及劳动力市场价格来实现按劳分配。同时法定最低工资、失业保障、最低生活保障和养老保障制度，可以作为提高劳动力价格的手段和工具——作为按劳分配的手段和工具来运用。③

4. 按劳分配与按贡献分配

郑志国等认为，以按劳分配为主体、多种分配方式并存的实质是按贡献分配。因为在社会主义初级阶段，即使以按劳分配为主体，其尺度也既不能是劳动产品，也不能是劳动能力，更不能是劳动时间，而只能是劳动贡献，即单纯由劳动的投入所引起的财富的增加。④

5. 按劳分配与按劳动力价值分配

简新华认为，按劳分配不是按劳动者的全部劳动分配，劳动者的收入不是“不折不扣的劳动所得”，而是作了“必要的扣除”的劳动所得，按

---

① 牛德生．论按劳分配的实现形式[J]．中国人民大学学报，1998(2)：4-9，129.

② 张宇．市场、平等与按劳分配——对按劳分配理论的再认识[J]．中国特色社会主义研究，1999(6)：46-49.

③ 廖生明．略论市场经济条件下按劳分配的实现方式[J]．厦门大学学报（哲学社会科学版），1999(1)：47-53.

④ 郑志国，蔡继明，蒋学毛，等．关于按劳分配与按要素分配相结合的研讨[J]．经济学动态，1998(5)：37-45.

劳分配是按必要劳动分配，也就是按劳动者的必要劳动所创造的价值分配。必要劳动创造的价值等于劳动力的价值，所以，按劳分配实际上就是按劳动力价值分配。①

（二）劳动力商品论

1. 社会主义经济中劳动力是不是商品

持肯定态度的学者从以下几个视角进行阐述：①存在成为劳动力商品的条件。②劳动力可以合理流动，意味着劳动力应是商品。③劳动力商品赋予劳动者的经济地位。④劳动力市场是培育市场经济体系的重点，社会主义市场经济体制要求劳动力成为商品。也有学者从劳动力商品的危害入手，认为劳动力成为商品削弱了社会主义劳动者的主人翁意识，不利于发挥社会主义制度的优越性，同时也为混淆资本主义与社会主义打开了一个理论缺口。

2. 劳动力商品与按劳分配

简新华认为，社会主义市场经济中的劳动力也是商品，因为市场经济中的所有生产要素都是商品，劳动力也不例外；否则，劳动力资源通过市场的优化配置就不能实现。劳动力是商品并没有否定按劳分配。社会主义市场经济条件下的公有制经济中，劳动者仍然是多劳多得、少劳少得、不劳不得，劳动越多，所得的收入越多，也不存在剥削关系。在劳动力是商品的条件下，对劳动者实行的是按劳动力分配。在社会主义市场经济中，在劳动力是商品的条件下，按劳分配的具体实现形式与马克思设想的按劳分配的具体实现形式有很大的不同，但按劳分配的基本原则在公有制经济中并没有被否定。①

（三）效率与公平

1. 收入分配公平的含义

对于收入分配公平的含义，厉以宁认为不把公平解释为收入分配的均

---

① 简新华．试解劳动力商品与按劳分配的理论难题[J]．经济学动态，1998（10）：23－25.

等或财产分配的均等，而把公平理解为获取收入或财产的机会的均等①。简新华进一步将收入分配公平的含义扩展为五方面内容，即取得收入的机会均等、分配的尺度统一、公平分配必须消灭剥削、分配公平不是分配结果均等、收入的差距适当。②

2. 按劳分配、按生产要素分配与效率

朱沁夫认为按劳分配与按要素分配对于效率作用的相互关系的同一性表现为：二者都能在不同层面上促进效率的提高。具体地说，按劳分配在提高劳动者积极性这个最基础的层面上对效率提高发生作用，按要素分配在效率提高上的作用又可分为两个层面：一是在企业生产的方式过程和生产企业要素的组合、配置层面上发挥作用；二是在社会的资源配置层面上发挥作用。二者相互关系的差异性方面表现为二者的互补性。③

3. 效率与公平的关系

经济效率与分配公平既存在矛盾性，也有一致性，是对立统一的辩证关系。现代社会要发展，就不可能没有效率，也不可能完全没有公平，二者必须兼顾，不可偏废。由于效率与公平具有一致性，因此可以兼顾；由于效率与公平具有矛盾性，因此必须予以协调。社会主义市场经济的两个转变即市场经济体制的转变与经济增长方式的转变，是提高经济效率的根本途径，公有制是实现经济公平的基本保证，合理的宏观调控是协调兼顾效率与公平的主要手段。④

二、党的十六大以来的收入分配理论研究

（一）按生产要素分配

党的十六大报告明确提出“确立劳动、资本、技术和管理等生产要素

① 厉以宁．经济学的伦理问题[M]．北京：北京大学出版社，1997：12－13.

② 简新华．论社会主义市场经济的效率与公平[J]．经济评论，1997(3)：19－26.

③ 朱沁夫．分配方式的目的与效率[J]．经济学动态，2000(6)：39－40.

④ 简新华．论社会主义市场经济的效率与公平[J]．经济评论，1997(3)：19－26.

按贡献参与分配的原则”,[①] 理论界对于按生产要素分配的依据、其存在的客观必然性及其实现机制展开了研究。

对于按生产要素分配的依据，一种观点是生产要素按贡献参与分配，也就是各要素在财富生产中，尤其是价值中创造的贡献，持反对意见的学者们认为生产要素贡献大小的量无法确定。克拉克依据生产率递减规律，用边际产品收益来测算生产要素的报酬，也存在着一系列无法解决的难题。生产要素分配的依据只能是生产要素所有者的所有权在经济上的实现形式，但生产要素所有权只是生产要素参与分配的前提条件。生产要素凭借所有权参与分配，究竟该分得多少、量的规定如何确定？这些所有权是无法说明的。[②]

于金富指出要素价格的实现过程就是按生产要素分配的过程，市场经济本身就包含着按生产要素分配的内在必然性，而社会主义市场经济体制的建立与完善，也为按生产要素分配提供了体制环境和实现机制。[③] 杨欢进基于马克思的逻辑展开分析，得到按生产要素分配规律并不是市场经济所特有的，而是一切社会形态所共有的分配规律的结论。它是存在范围更为广泛、本质层次更高的经济规律，“按劳分配”的“马克思条件”从来就没有出现过，在今后相当长的时期内也不会具备，现阶段的“按劳分配”是统一在按生产要素分配规律当中的。[④]

敖华指出价格市场化是实现生产要素按贡献参与分配的主要途径，要素价格内含了度量要素对社会财富贡献所需要的信息量，价格（特别是市场化价格）是一个自动的信号显示指标，反映了供给主体和需求主体从不同的角度对同一活动或物品的综合评价，只有实现市场化，要素价格才能成为要素贡献的测量器。[⑤]

---

① 全面建设小康社会 开创中国特色社会主义事业新局面[N]. 人民日报,2002-11-09.

② 卫兴华. 我国现阶段收入分配制度的理论与实际问题[J]. 经济学动态,2004(4):6-11.

③ 于金富. 马克思按劳分配理论与我国现阶段社会主义分配制度[J]. 当代经济研究,2006(11):41-44.

④ 杨欢进. 马克思逻辑中的按生产要素分配——兼与周为民、陆宁商榷[J]. 当代经济科学,2004(1):54-59,95.

⑤ 敖华. 生产要素参与分配的理论依据、难题和途径[J]. 生产力研究,2005(4):9-12.

（二）效率优先、兼顾公平

步入21世纪，关于公平与效率的讨论主要围绕着对效率优先、兼顾公平的政策思想的不同理解及对两者关系的反思。

学者们基于现实国情与经济发展规律，认为“效率优先、兼顾公平”的原则是正确且必需的。当下我国正处于计划经济向市场经济、二元经济向现代经济转型的过程之中，由于产业结构的迅速转换等，经济发展比较迅速，要求效率有较大的提高，收入差距也有所扩大。现阶段，遵循效率优先、兼顾公平的原则是符合客观经济规律的。① 也有学者在对“效率优先、兼顾公平”原则提出质疑的基础上，提出了“公平与效率并重”的口号。刘国光指出基尼系数客观上还处在上升阶段，如不采取措施，则有迅速向两极分化和向承受极限接近的危险，所以，我们必须进一步重视社会公平问题，调整效率与公平关系，加大社会公平的分量，“效率优先，兼顾公平”的口号现在就可以淡出，逐渐向“公平与效率并重”或“公平与效率优化结合”过渡。②

这一阶段，学者们对于公平与效率关系的认识更为辩证，不再过度强调两者间非此即彼的对立性，而是逐渐在对立统一中把握两者的关系。赵立忠和丁春福指出，人是社会实践的主体，人们对物质文明和精神文明等方面的需求是无止境的，在社会生产力和人的觉悟未达到极高的状态前，公平与效率的矛盾就不会消失，二者既相互斗争，又相互促进，从而不断推动公平与效率在更高层次上的统一，即历史的统一。③ 李牧耘指出，我们要最大限度地促进效率的增长，就要允许一定程度的“不公平”存在，因为竞争所引起的差异能激发劳动者的积极性，创造更多的物质财富，以保证公平程度的进一步提高；反之，效率的提高也离不开公平，没有一定程度的公平，就难以维持稳定的社会秩序，效率也就失去了最基本的前提条件。④

---

① 赵人伟. 对我国收入分配改革的若干思考[J]. 经济学动态,2002(9):35－40.

② 刘国光. 进一步重视社会公平问题[J]. 中国经贸导刊,2005(8):6－9.

③ 赵立忠,丁春福. 对“效率优先,兼顾公平”原则的再思考[J]. 工业技术经济,2004(2):50－52.

④ 李牧耘. 马克思主义的效率与公平观[J]. 理论视野,2005(1):41－43.

（三）收入差距

对公平效率问题讨论的根源在于日益明显的收入差距。自20世纪90年代以来，我国城乡、区域、阶层之间的收入差距迅速拉大，有学者检验了我国居民收入差距与经济发展水平之间的库兹涅茨曲线，得出结论：经济发展并不必然带来收入差距先升后降的结果。如果其他条件不变，收入差距在今后长时期内还将持续上升，而下降还遥遥无期且不能确证，这对社会公正和稳定提出极大的挑战，不排除陷入所谓“拉美增长陷阱”的可能性，即分配不公和增长停滞的恶性循环。①

不少学者将收入差距拉大归结为市场化的推进、分配制度的不完善，例如，陈永志和任力指出尽管市场给予每个人的机会和权利是平等的，各种要素参与生产与分配也都遵守公平的市场规则，但由于个人所拥有的生产要素数量、素质和种类不同，要素所有者所获得的收入就必然存在差距。对要素所有者来讲，拥有不同生产要素的差异是造成收入分配差距的基本原因。② 但也有分析表明，市场化本身并不会导致收入差距拉大，导致收入差距拉大的根本原因在于市场化进程中的制度不健全、体制不完善、政府行为不规范与腐败，等等，以致资源分配扭曲和收入分配不公。因此主张从全面的政府管理体制改革入手，减少行政性的资源垄断以及政府对经济活动不必要的干预和管制，控制和缩小居民收入差距的战略同消除滋生腐败的制度基础相结合。还有学者认为，是我国市场化改革机制设计问题。王永钦等指出，政治集权下的经济分权给地方政府提供了发展经济的动力，尤其是完成了地方层面的市场化和竞争性领域的民营化。但是，内生于这种激励结构的相对绩效评估，又造成了城乡和地区间收入差距的持续扩大、地区之间的市场分割和公共事业的公平缺失等问题。③

学者们基于日益扩大的城乡差距，也开始呼吁相应的制度变革。蔡昉指出，恰如1978年的城乡收入差距水平打破了传统城乡关系政策赖以存在

---

① 王小鲁，樊纲．中国收入差距的走势和影响因素分析［J］．经济研究，2005（10）：24－36．

② 陈永志，任力．论生产要素按贡献参与分配与居民收入差距［J］．经济评论，2004（2）：12－16．

③ 王永钦，张晏，章元，等．中国的大国发展道路——论分权式改革的得失［J］．经济研究，2007（1）：4－16．

的制度均衡，导致农村经济改革，而当下城乡收入差距回复到改革之初的水平时，制度变革的条件将成熟，寻求改革以户籍制度为核心的一系列维系传统城乡关系的制度安排的激励强度越来越大，这种改革已经迫在眉睫。①

① 蔡昉．城乡收入差距与制度变革的临界点[J]．中国社会科学，2003(5):16-25,205.

第五章　经济运行理论与实践探索

中国特色社会主义政治经济学不仅需要研究什么是社会主义的问题，还要着重回答如何建设社会主义。经济发展不仅取决于生产关系层面的制度建设，还取决于运行层面的资源配置安排等，尤其是社会主义市场经济体制客观要求微观经济主体富有活力，这涉及一系列的制度安排，包括通过改革使各微观参与主体——企业、农户、居民成为与社会主义市场经济发展要求相适应的商品生产者、经营者、购买者，使其成为真正的市场经济的微观基础，以及作为市场经济宏观主体的政府，如何更好地发挥对于微观经济主体的规范与引导作用等。本章从构建社会主义微观经济主体，畅通经济运行的维度，归纳了改革开放以来在农村改革、企业改革、创新与完善宏观调控方面，中国特色社会主义政治经济学发展的历程。

第一节　农业改革与农业合作理论的发展

一、农村改革启动与突破

在思想解放运动中，具有创新意识的广大农民群众自发地突破人民公社体制，大胆尝试包产到户、大包干等农业生产管理方式，自下而上地推动了农村改革进程。1991 年双层经营体制作为一项基本制度长期稳定下来，自此农村改革围绕着双层经营体制的完善持续深化。党的十六大以来，统筹的思想将“三农”问题放置在整个国民经济运行的大背景下，将农村与城市的经济、社会发展作为整体统一规划、全盘考察。

（一）家庭联产承包责任制

高级合作社与人民公社化严重束缚了农村生产力发展，在思想解放运动中，具有创新意识的广大农民群众自发地突破人民公社体制，大胆尝试包产到户、大包干等农业生产管理方式，自下而上地推动了农村改革进程。

包产到户是指将集体的土地承包到户，农户成为生产过程中独立经营、自负盈亏的经营主体，农产品实行缴够国家的、留足集体的、剩余自己的分配形式。包产到户引起了多方争论，张浩于1979年3月15日在《人民日报》刊登了《“三级所有，队为基础”应该稳定》一文，文章直指分田到组、包产到户是倒退，是脱离群众、丧失民心的行径，该言论动摇了部分地区坚定农业改革的信心与决定，对农业改革趋势造成了不良影响。人们的质疑与顾虑主要来自毛泽东对人民公社与个体户的认识，包产到户到底是个别地区的特殊政策还是可以推广实施？是冒天下之大不韪还是一项创举？①

关键时刻，邓小平讲道，“农村政策放宽以后，一些适宜搞包产到户的地方，搞了包产到户，效果很好，情况变化很快，安徽肥西绝大部分搞包产到户，增产幅度很大，针对当时党内外一些同志的担心，我们总的方向，还是发展集体经济”，“总的说来，现在农村工作中的主要问题还是思想不够解放，除表现在集体化的组织形式这方面外，还有因地制宜发展生产的问题”，② 邓小平的讲话拨开了农村改革的乌云。1980年9月中央召开座谈会，就进一步完善、加强农业生产责任制进行讨论，并发布了《关于进一步加强和完善农业生产责任制的几个问题》，通知“郑重地肯定了大包干和包产到户的改革行动，认为它不会脱离社会主义轨道，没有什么复辟资本主义的危险”。③ 自此，以包产到户、家庭联产承包责任制为特征的

---

① 张浩：“三级所有，队为基础”应该稳定［N］．人民日报，1979－03－15.

② 李新芝．邓小平实录3：1966—1982［M］．北京：北京联合出版公司，2018：571.

③ 李新芝．邓小平实录3：1966—1982［M］．北京：北京联合出版公司，2018：572.

农村改革迅速扩展开来。理论与实践齐驱并进，家庭联产承包责任制取得的巨大成功也推动了农业发展理论研究的进展。林子力在《论联产承包责任制——兼论具有中国特色的社会主义农业发展道路》一书中突破了传统政治经济学研究中将生产关系或所有制等同于生产资料归谁所有这种抽象的、法律意义上的所有和占有概念，而是从现实、运动中的经济关系出发，生产关系也就是人们的经济利益关系，它的本质规定，是劳动与物质生产条件的结合方式，家庭联产承包责任制是联合劳动的一种新的具体形式[①]，并从现实的生产过程与分配过程描述了农村商品生产特征及联产承包以后出现的农村经济的多种形式，描绘了社会化发展的中国农村经济形式多样化结构的轮廓，推动了中国特色社会主义农业发展理论的研究进展。

家庭联产承包、土地集体所有，是我党带领人民群众创造的中国特色的农业生产经营方式，是马克思主义关于合作化理论在我国实践中的新发展。家庭联产承包责任制触及了传统的农村产权结构，解决了集体经济内部的经营体制问题，调动了农民的生产积极性，带动了农村生产力的发展，是一项伟大的壮举。

（二）适度规模经营与集体经济

邓小平讲“中国社会主义农业的改革和发展，从长远的观点看，要有两个飞跃，第一个飞跃，是废除人民公社，实行家庭联产承包为主的责任制，这是一个很大的前进，要长期坚持不变，第二个飞跃，是适应科学种田和生产社会化的需要，发展适度规模经营，发展集体经济，这是又一个很大的前进，当然这是很长的过程”[②]，农村生产力由于第一个飞跃得到了解放发展，从而为第二个飞跃准备了前提条件，“只要生产发展了，农村的商品经济发展了，低水平的集体化就会发展到高水平的集体化。当前农村政策调整和改革的‘关键是发展生产力’，只有在这个前提下，才能

① 林子力．再论具有中国特色的社会主义农业发展道路[J]．中国社会科学，1983(4)：71－98.

② 邓小平．邓小平文选：第3卷[M]．北京：人民出版社，1993：333.

‘为集体化的进一步发展创造条件’”①。

邓小平强调第二个飞跃的重要性，指出“要提高机械化程度，利用科学技术发展成果，一家一户是做不到的，特别是高科技成果的应用，有的要超过村的界线，甚至超过区的界线，仅靠双手劳动，仅是一家一户的耕作，不向集体化集约化经济发展，农业现代化的实现是不可能的，就是过一百年二百年，最终还是要走这条路”②。

邓小平两个飞跃的经济思想具有重大的理论价值，可以说自改革开放以来我国沿着两个飞跃指导思想涉及的轨迹演进着，第一个飞跃思想早已实现，我国废除了人民公社体制，逐渐形成适合我国国情与生产力发展水平的双层经营体制，生产力得到极大的发展，稳定地解决了我国十三亿人口的吃饭问题；第二个飞跃的思想正持续稳步推进中，朝着高水平的集约化方向发展，势头不可阻挡。

二、市场经济体制下的农村改革

（一）明确与完善基本经营制度

1991 年 11 月 29 日，中国共产党第十三届中央委员会第八次全体会议通过了《关于进一步加强农业和农村工作的决定》，明确把以家庭联产承包为主的责任制、统分结合的双层经营体制，作为我国乡村集体经济组织的一项基本制度长期稳定下来，并要求对此不断充实完善。1993 年，“家庭联产承包责任制”正式写入宪法修正案，成为我国一项基本经济制度，其适应了彼时我国农村生产力水平和发展要求，并不断与时俱进地完善和创新，持续发挥着强大的优越性与旺盛的生命力。

1. 稳定承包关系

稳定完善双层经营体制，关键在于稳定完善土地承包关系。1993 年 10 月，中共中央在中央农村工作会议上提出，在第一轮农村 15 年的土地承包

① 邓小平．邓小平文选：第 3 卷[M]．北京：人民出版社，1993：315.

② 中共中央文献研究室．邓小平年谱（1975—1997）：下[M]．北京：中央文献出版社，2004：1349 - 1350.

期满以后，将土地承包期再延长30年不变。许经勇指出，家庭承包经营作为一种制度创新，有着还原农业家庭经营最优的经营特性和适应农业产业特征的本质内在规定，其制度绩效是难以估量的，土地的第二轮承包不单单是上一轮土地承包的简单延续，而且是一个提高和完善的过程①。韩绍凤等也指出，家庭联产承包责任制的实施过程中存在农户短期行为和非规模经营问题，主要是因为在人地矛盾比较突出、社会保障严重短缺的情况下，延长土地承包期能够改善农户对土地的长期投资预期，扭转农户短期化行为，可以说是解决农户短期化行为问题的必要前提，在此基础上还需要稳定提高农业生产利益②。

针对土地承包年限不变的政策，有人提出其妨碍了土地使用权的流动和集中。对此陈锡文指出，农村土地承包关系的稳定与农村土地使用权的流动和集中并行不悖，土地承包关系的稳定为土地承包经营权的自主流转提供了有力的保障与必要的前提，如果土地的承包关系处于不断的变动之中，那就不可能有土地使用权的流转，而只会有承包权的行政性调整③。

2. 改革组织经营形式

农业现代化发展需要使其与家庭联产承包的土地制度发生冲突。继家庭联产承包责任制后，蕴含着适应市场经济体制产权变革需求与农民创新精神的土地股份合作制应运而生。土地股份合作制又称农地股份合作制，是指农地承包方自愿联合起来，用土地承包经营权入股，农民全部或者部分放弃土地经营，由集体经济组织或者专业的土地经营者统一支配土地从事农业合作生产，农民分享土地股权收益的经营制度。土地股份合作制不仅促进了农业产业化经营，而且推动了土地适度规模经营的进程。学者们总结道：土地股份合作制实现了产权制度的创新；促使土地使用权流转机制不断完善；促使农业生产条件的改善和就业分化机制的建立（傅晨，1996；黄祖辉和傅夏仙，2001）。

① 许经勇．我国农村土地产权关系的深刻变革[J]．财经研究，1999(5)：38－42.

② 韩绍凤，朱有志．对我国农地经营制度变迁的展望[J]．求索，2000(2)：34－36.

③ 陈锡文．长期坚持党的农村基本政策　稳定完善农村土地承包制度[J]．农村合作经济经营管理，2002(12)：6－9.

（二）农村税费改革

家庭联产承包采取的“交够国家的，留足集体的，剩下的全是自己的”经典分配原则，实际上存在制度性缺陷和隐患，什么是“交够”，什么算“留足”，缺乏客观标准，从而导致国家、集体与农民三者关系的不明确、不清楚。为规范国家、集体、农民三方分配关系，并减轻农民负担，我国自2000年起逐步在部分省市进行以“三取消、两调整、一改革”为主要内容的税费改革试点。

分配领域的税费改革引起了理论界的高度重视。从历朝历代赋税制度更迭演变总结来看，税制改革极易引发“黄宗羲定律”，即税制改革下的反弹影响。唐仁健指出，“黄宗羲定律”不无道理，当前我国农村税费改革面临着巨大的挑战，改革之后仍存在一些在政策与实践上难以把握的不规范收费行为，地方仍存在强大的收支缺口压力，以及缺乏制止反弹的强有力的法律规范，但改革势在必行。分配关系绝不是消极被动地适应所有制，它对所有制具有巨大的“反作用”，开启税费改革进程不仅要求相关部门严防死守，把住最后“关口”，而且要着眼建章立制，加强经常性制度建设①。

三、中国特色社会主义农村发展理论的发展

（一）城乡统筹发展思想

改革开放以后，农村改革从家庭联产承包责任制开始，经历了农业市场化、产业化，农村工业化、城镇化，广大农村地区已然摆脱了贫穷的束缚。进入全面建设小康社会新时期，工业化、城镇化进程加速，改革开放初期不均衡发展战略路径的时滞影响——工农差距、城乡差距、区域差距制约着全面建设小康社会的步伐。面对城镇化过程中日益尖锐的三农问题，党的十六大报告中提出“统筹城乡经济社会发展，建设现代农业，发展农村经济，增加农民收入，是全面建设小康社会的重大任务”②。党的十

① 唐仁健．对农村税费改革若干重大问题的探讨[J]．中国农村经济，2002(9)：4－13.

② 全面建设小康社会　开创中国特色社会主义事业新局面[N]．人民日报，2002－11－09.

七大提出“统筹城乡发展，推进社会主义新农村建设”①。城乡统筹发展的实质是跳出“以农言农”的历史传统，将“三农”问题放在整个国民经济运行的大背景下，将农村与城市的经济和社会发展作为整体统一规划、全盘考察。

统筹发展思想引起了理论界的研究热潮，学者们从政策内涵、理论基础及定量评价多个方面展开研究。学者们对统筹思想的理论基础进行解读，有些学者研读马克思、恩格斯城乡发展观，认为马克思、恩格斯面对资本主义工业化时期由于城市的扩张所引起的城乡对立和矛盾的现实，提出了丰富、系统且富有科学预见性的城乡统筹发展思想②。其讲述的城市的出现、城乡关系的分离，源于生产力“有所发展但又发展不足”的必然结果和客观要求，具有历史必然性，也是人类文明形态历史跃迁的过程，人类历史进一步发展的必然趋势使扬弃和超越城乡之间的分离和对立，在克服各自片面性弊端的基础上进一步走向融合③。还有学者从多学科视角分析，例如，赵英丽以生态学上的共生概念、产业扩散与空间增长的阶段性理论、可持续发展理论作为城乡统筹规划的理论基础，对经济统筹规划和对策规划提供了相关内容及其切入点的理论支撑④。

（二）进一步深化农村改革

党的十六大以来，“三农”问题成为我国重要的社会问题，我党建立了一系列惠农助农的体制政策，在建设社会主义新农村重大战略、中国特色农业现代化道路、贯彻落实科学发展观等重大战略举措的指导下，开启了农村改革的进一步深化。

农村改革的核心依旧是土地制度。土地承包制带来了土地分散、零碎

---

① 中共中央关于加强和改进新形势下党的建设若干重大问题的决定[N]. 人民日报,2009-09-28(001).

② 石玉顶. 马克思恩格斯关于城乡统筹发展的思想及其启示[J]. 经济学家,2005(6):26-32.

③ 周志山. 从分离与对立到统筹与融合——马克思的城乡观及其现实意义[J]. 哲学研究,2007(10):9-15.

④ 赵英丽. 城乡统筹规划的理论基础与内容分析[J]. 城市规划学刊,2006(1):32-38.

经营，以及土地产权主体和客体模糊的制度缺陷[①]。宅基地不能同农村人口实现充分流转和市场交易，造成宅基地资源大量闲置，隐形流转与交易大量存在。深化土地制度改革的呼声渐起，一种声音是改行耕地私有化，承包权与所有权合并，另一种声音是建议对承包土地拥有永佃权，世代传袭。厉以宁认为两种思路都存在潜在的问题，必须审慎地对待农村土地承包制，坚持农村基本经营制度，稳定和完善土地承包关系，按照依法自愿有偿原则，健全土地承包经营权流转市场。他认为只要承包土地的使用权能够流转起来，农村土地承包制的局限性就可以大大减少。[②] 2008 年 10 月，中共十七届三中全会通过的《关于推进农村改革发展若干问题的决定》指出，要赋予农民更加充分而有保障的土地承包经营权，现有土地承包关系要保持稳定并长久不变；完善土地承包经营权权能，依法保障农民对承包土地占有、使用、收益等权利；加强土地承包经营权流转管理和服务，建立健全土地承包经营权流转市场；按照依法自愿有偿原则，允许农民以转包、出租、互换、转让、股份合作等形式流转土地承包经营权，发展多种形式的适度规模经营[③]。

此外，税制制度、金融体制、户籍制度等也都加大了改革力度。2003 年将税制改革试点推广至全国，其不仅仅是税改费的调整，还包括系列配套的改革调整，例如规范收费管理、压缩精简行政人员、改革县乡财税体制，等等。周黎安等对税费改革政策的效果进行评估，认为政策实行的确促进了农民纯收入水平的平均增长，且政策具备持续性[④]。同年还开启了农村金融体制改革试点，第一个层次就是农村信用社改革，并进一步为金融配套改革打开思路。同时，金融组织形式不再坚持单一模式，而是鼓励在组织形式上有所探索和创新，2006 年开启针对各类新型农村金融机构的新一轮农村金融体制改革。农村金融体制改革的重心在于改善农村融资状

① 郭晓鸣．中国农村土地制度改革：需求、困境与发展态势［J］．中国农村经济，2011（4）：4－8，17.

② 厉以宁．论城乡二元体制改革［J］．北京大学学报（哲学社会科学版），2008（2）：5－11.

③ 中共十七届三中全会在京举行［N］．人民日报，2008－10－13（001）.

④ 周黎安，陈烨．中国农村税费改革的政策效果：基于双重差分模型的估计［J］．经济研究，2005（8）：44－53.

况，使各类农村金融部门能够持续地进行商业化运作，能有效满足农村地区中小企业和农户的金融需求。户籍制度改革也是深化农村改革的关键一步。21世纪以来，户籍改革异常活跃，不少省份在不同程度上开始放宽常住户口的准入条件，有些地区甚至取消了城市户籍与农村户籍的区分。然而户籍制度改革在不同规模和发展水平的地区实行难度不同，改革后流动人口的社会保障、生活就业、公共服务、对原住民的影响等，也逐渐成为理论界关注的重点。

第二节　国有企业制度创新与现代企业理论

社会主义市场经济体制的明确为国企改革指明了方向，一直以来，国企改革作为经济体制改革的中心环节与重点难点是学者们关注的重点所在。最初国企改革停留在经营管理层面，以放权让利解决了国企的生产经营问题，伴随着市场化的逐步加深，学界又开始了对于产权及制度本身的探讨，关于现代企业制度理论的探索日益增多。

一、20世纪80年代国企改革的认识

（一）国企改革的取向与模式讨论

理论界一致认为，国有企业改革是市场化取向的，社会主义经济是有计划的商品经济，按照商品经济的本质要求，承认是有计划的商品经济下的经营实体，就要逐步走向市场，参与市场竞争。1984年，中共十二届三中全会通过《中共中央关于经济体制改革的决定》，强调“增强企业活力是经济体制改革的中心环节”，“要使企业真正成为相对独立的经济体，成为自主经营、自负盈亏的社会主义商品生产者和经营者，具有自我改造、自我发展的能力，成为具有一定权利和义务的法人”①。

最初国企改革呼声最高的模式是承包制，承包制着重于改善企业内部

① 中共中央文献研究室．十二大以来重要文献选编：中[M]．北京：中央文献出版社，1986：34.

的经营机制，遵循“包死基数、确保上缴、超收多留、欠收自补”的总原则，在一定程度上保证了企业的经营自主权。理论界普遍将承包制视为国企改革的过渡形式，认为承包制只是解决了当下企业的生产经营问题，并没有解决长远发展问题，实施过程中暴露了一些难以解决的问题，例如形式上的合理掩盖了事实上的不合理、政企没有完全分开、企业无法真正实现自负盈亏等。学者们承认承包制是当下国企改革的有效形式，但只能作为国企改革过渡的措施。1992 年后政府也不再鼓励承包制形式。

（二）两权分离思路

20 世纪 80 年代至 90 年代初期，两权分离思想是国企改革思路中最为重要且具有影响力的一种。1984 年，党的十二届三中全会通过了《中共中央关于经济体制改革的决定》，提出国企改革的思路是沿着所有权和经营权分离的原则逐步推进政企分开，使企业成为独立经营、自负盈亏的商品生产者和经营者。两权分离设计是以搞活企业为中心环节，这个思路绕开了所有制变革这一敏感问题，从所有权中分离出“经营权”，创造一个集所有权能于一身而又区别于所有权的概念，并在一定程度上将经营权与收益权挂钩，使得国有企业的改革在不触及国家所有制的前提下进行。经营权作为一个民法学的概念，应用于经济领域的改革，引发了旷日持久的理论争执。

刘光杰等认为两权分离是可行的，生产资料的所有权、使用和支配权，以及成果或收益的享有权，都是内含于生产资料所有制关系之中的，所有制关系的核心问题是利益关系问题。所有权同经营权内含于所有制关系中的权力结构体系，二者存在分离的可能性，两权分离是所有制关系的变革，但是两权分离要把握一个度，社会作为全民所有制经济的所有者主体，不能只是满足于所有权在经济上的实现，它首要的前提是，必须保证整个社会经济的稳定发展和满足社会成员的基本需要。因此，全民所有制经济经营权中处于较高层次的经营决策权，还不能不加区别地同所有权实行完全的分离①。

---

① 刘光杰，温端云．论社会主义全民所有制经济所有权与经营权的分离[J]．经济学家，1991(1):9－17,126.

还有学者反对两权分离，主张两权统一。孙宪忠指出，所有制的本质就是这种生产关系中的经济支配力量。所有权可以是这种经济支配力量的法律表现形式。所有制也应有其他的法律实现方式，只要这种方式（即财产权利）能够表现生产关系中的支配力量即可。孙宪忠认为依法赋予企业法人所有权是比“两权分离”更为普遍的实现全民所有制的法律形式，而且是现阶段的理想方式。他还指出基于国有企业中国家能够在财产权利中表现生产关系中的支配力量，应该逐步推行社会主义股份制。[①]

还有学者提出在两权分离基础上实现两权合一，张朝尊指出从经济的本性来看，两权合一是第一位的，而两权分离则是第二位的。最能促进经济发展的产权形式，是在两权分离的基础上实现两权在经营中的合一，这样的组织形式可以集两种优越性于一身，能够更加有力地促进社会经济的发展。此外，张朝尊还认为社会主义股份制是在两权分离的基础上，实现两权在经营中合一的有效的组织形式[②]。

二、关于现代企业制度

（一）现代企业制度的讨论

20 世纪 80 年代，国企改革的实践经验并不涉及产权以及制度本身，只停留在经营管理层面，[③] 80 年代中期学界就开始了关于现代企业制度理论的探索。1993 年，党的十四届三中全会召开，会上将现代企业制度的基本特征概括为“产权清晰、权责明确、政企分开、管理科学”。自此理论界展开了对于现代企业制度理论的集中研究。

对于现代企业制度的内涵与特征，有观点认为现代企业制度就是一种公司制的企业制度，其典型形态是股份有限公司制度。概括起来讲，可以有三大最基本的特征，即产权结构的多元化、责权的有限性和公司治理的

---

① 孙宪忠. 公有制的法律实现方式问题[J]. 法学研究,1992(5):19－26.

② 张朝尊. 在两权分离基础上实现两权合一——论承包制的缺陷和前进方向[J]. 经济研究,1990(11):28－31,80.

③ 尹航. 中国经济体制改革进程中的邓小平南方谈话——纪念邓小平南方谈话二十周年[J]. 求实,2012(5):4－8.

法人性。与国有企业这种出资人所有权和法人财产权合一的产权制度形成对比，国企现代企业制度改革就是强调多元产权结构①。也有观点认为现代企业制度最本质的特征是企业拥有法人财产权，公司法人财产权是建立公司这种现代企业制度的前提和基础，只有确认了公司的法人财产权，才能使公司真正成为市场经济的竞争主体和法人实体，才能使股东与公司之间的产权关系更加明晰②。在国有企业建立现代企业制度的讨论中，还诞生了“现代国有企业”的概念，金碚指出如果按一般的现代企业制度对企业进行改制，则这些企业在性质上就将不再是国有企业，或不再是纯粹的国有企业。要确立国有企业作为特殊企业而存在的地位，因此要建立现代国有企业制度，即按照在市场经济体制下建立现代国有企业制度的客观规律，形成国有企业的有效运行机制，最大限度地适应国有企业扬长避短的要求，使国有企业成为为数不多，但能够在国民经济中发挥独特功能、完成特殊使命的骨干企业③。

（二）产权制度与治理结构

1. 国有企业产权制度改革

产权制度改革是国有企业建立现代企业制度的基础环节。有学者认为国有企业出现严重困难，究其根源，是由于产权边界模糊，造成外部性显著和效率低下。从现实来看，国有企业公司化改造过程中产权主体分布情况仍旧是国有独资企业偏多，国有股一股独占、一股独大。如何进一步减持国有股，是国有大型企业今后产权改革的重点④。

20世纪90年代初，西方产权理论引起了我国学者的关注。有学者分析马克思产权理论，指出马克思的产权理论，特别是关于产权的性质、权利统一与分离的理论，是指导我国国有企业产权改革唯一正确的理论。强调国有企业产权是全民所有制企业的经济关系在法律上的表现，财产权、

① 魏杰，侯孝国．论产权结构多元化是国有企业产权改革的方向[J]．管理世界，1998(5)：135－141.

② 雷兴虎，冯果．论股东的股权与公司的法人财产权[J]．法学评论，1997(2)：80－84.

③ 金碚．三论国有企业是特殊企业[J]．中国工业经济，1999(7)：5－9.

④ 徐平华．产权改革是国企建立现代企业制度的基础环节[J]．当代财经，2001(7)：45－48.

所有权和财产关系等法的权利属于上层建筑，决定财产权、所有权和财产关系的则是经济基础，即生产关系的总和，产权作为法的权利对生产关系会起到积极的反作用。

有学者指出我国国企的根本问题并不是产权不明晰，而是产业定位与产权结构的严重错位。事实上，我国国企采用的是一种非常明晰的公有产权制度，只是当下把许多适用于私有产权结构的产业定位于公有产权领域，使这些产业面临两难的困境。因此，国企产权改革首先应对目前的国有企业进行分类，对不同的国有企业选择不同的具体组织形式和经营方式。①

还有学者认为，国有企业问题产生的真正原因不在于产权制度，而是缺乏充分竞争的外部环境，改革应从解除企业目前面临的各种政策性负担入手，使其进入竞争性的市场，使利润率能够真正成为反映其经营绩效的充分信息指标。企业发展的现实过程中，将会显示出哪一种内部治理结构更加符合我国企业实际②。

2. 委托代理理论与国有企业治理结构改革

现代企业制度成为国有企业改革的主要方向，现代企业的公司制实质上就是委托代理制度。伴随着国有企业公司制改革的开展，经济学界也对委托代理问题展开了广泛研究，并在此基础上尝试运用西方公司治理理论来分析我国国有企业内部治理结构改革问题。

有学者指出国有经济中存在多级委托代理关系，国有产权的行政代理因其高昂的组织成本和信息成本而导致企业治理结构效率普遍低下。国有产权的经济代理可通过剩余索取权与控制权在国家与企业之间的分离，刺激企业内最终代理人努力为委托人的利益工作，使企业逐渐走向市场，但由于政企关系难以分开和剩余索取权的不可转让性而难以确立排他性的法人财产权，这样就很难把国有企业改造成真正的市场主体③。

---

① 杨灿明．产权特性与产业定位——关于国有企业的另一个分析框架[J]．经济研究，2001(9)：53－59，96.

② 林毅夫，李周．现代企业制度的内涵与国有企业改革方向[J]．经济研究，1997(3)：3－10.

③ 杨瑞龙．论国有经济中的多级委托代理关系[J]．管理世界，1997(1)：107－116.

有学者从委托代理风险机制构建入手，认为中国国有企业防范委托代理风险的机制不健全，主要表现在两个方面：一是外部机制中的市场机制还不成熟；二是内部机制中的监督动力缺乏。前者是指企业外部形成的激励监督约束机制，主要由市场机制、法律制度、政府部门、中介机构、新闻媒体、公众舆论、社会道德等构成；后者是指企业内部形成的激励监督约束机制，主要由所有者、董事会、监事会、职工和相应的制度安排组合而成，必须从内部机制和外部机制双管齐下防范委托代理风险①。

还有学者认为市场竞争是影响委托—代理关系从而影响企业绩效的关键因素。公司内部治理模式和具体的监督机制是多样的，公司内部治理结构的方式，由于经济中技术条件、规模经济和法律框架的差别而异，也有路径相依的由来关系，适宜的公司内部治理结构处于不断的制度创新之中，但竞争的市场环境却是可以确定的，其永远是两权分离下形成有效的企业制度的前提条件②。

三、坚持国有企业改革的正确方向

政企分离的思想在改革之初便已提及，但一直未达到设想的目标，政企关系一直存在矛盾。一方面出于国有资产保值增值的考虑，政府仍旧存在各种形式的行政管理干预企业运作，另一方面，政府作为国有资产的所有者，受到多种条件限制，部分国有资产仍处于失控状态，且伴随着国企产权改革的进程，国有资产流失问题日益凸显。2002 年 11 月，在党的十六大报告中明确了深化国有体制改革的重大任务，提出“继续探索有效的国有资产经营体制和方式，各级政府要严格执行国有资产管理法律法规，坚持政企分开，实行所有权和经营权分离，使企业自主经营，自负盈亏，实现国有资产保值增值”③。要求中央与省、自治区、直辖市分级设立国有资产管理机构，明确“国家统一所有，分级行使出资人职责”的原则和体制。2003 年 3 月，中央和地方国有资产监督管理委员会分别成立。此后的

① 简新华．委托代理风险与国有企业改革[J]．经济研究，1998(9)：47－52.

② 林毅夫，李周．现代企业制度的内涵与国有企业改革方向[J]．经济研究，1997(3)：3－10.

③ 全面建设小康社会　开创中国特色社会主义事业新局面[N]．人民日报，2002－11－09.

中共十六届三中全会也提出，要建立健全国有资产管理和监督体制。

2004 年 6 月，香港学者郎咸平以国企产权制度改革中国有资产流失的个案为由，痛批产权改革过程中“化公为私”侵吞国资，直指“国退民进”式的国企产权改革步入误区，从而引发了一场关于国企改革的讨论。讨论的核心在于国有企业改革是否改错了？国有企业改革的问题出在哪里？国有企业改革的正确方向是什么？

学者们一致认为，国企改革的理论与实践成就不容忽视。有些学者指出，国企之所以进行改革，不只是要通过改革提高它的效率，增强它的活力和竞争力，改变它自身的效率低下问题，从根本上说，是要解决社会主义市场经济体制的微观基础问题，是整个经济体制改革的中心环节。国有企业出现问题的原因十分复杂，有改革不彻底、不到位问题，有法律制度欠缺和具体改革措施制度设计问题，也有个人的品质问题，但从根本上讲是改革观、发展观及政绩观背离了“以人为本”的科学原则问题。当前所要做的不是停止和改变国有企业的产权改革方向，而是要更加坚定信心沿着既定的改革方向深化改革，完成改革攻坚的使命，同时从根本上树立“以人为本”的科学改革观、发展观及政绩观，规范和纠正国有企业改革进程中的负面问题①。

第三节　非公有制企业发展的理论创新

2002 年，党的十六大再次明确个体、私营等各种形式的非公有制经济是社会主义市场经济的重要组成部分，必须毫不动摇地鼓励、支持和引导。事实上，自非公有制经济发展以来，社会各界对于其的争议一直反反复复。党的十六大报告再一次明确了社会主义非公有制经济的重要地位，坚定了对于社会主义非公有制经济的发展态度，自此彻底打消了社会中存在的质疑之声。党的十六大以后，各方人士更加关注非公有制经济发展中

① 李保民. 国有企业改革究竟应该坚持什么方向——兼与郎咸平教授和厉以宁教授商榷[J]. 经济体制改革，2005(1)：5－9.

存在的问题，以及如何更好地促进非公有制经济的发展。

一、改革开放初期非公有制经济发展的疑虑

非公经济因素的存在与发展有其必要性与可能性。改革开放初期，缓解各阶层社会就业问题尤为紧要；农村改革实行的农村家庭联产承包责任制本身孕育着个体独资的经济形态，随着改革的推广，农村剩余劳动力与资金也为个体经济的发展提供了可能。党的十一届三中全会之后，国务院开始根据市场需要逐渐放宽对个体经济的限制，“各地可根据当地市场需要，在取得有关业务主管部门同意后，批准一些有正式户口的闲散劳动力从事修理、服务和手工业等个体劳动，但不准雇工”[①]。1979年9月29日，叶剑英委员长指出，“我国现在还是发展中的社会主义国家，社会主义制度还很不完善，经济和文化还很不发达”，“目前在有限范围内继续存在的城乡劳动者的个体经济，是社会主义公有制经济的附属和补充”[②]。1980年，在全国劳动就业工作会议上，叶剑英提出“鼓励和扶持个体经济适当发展”的政策。随着一系列政策的出台，被压抑的个体经济在20世纪80年代迅速发展。

随着个体经济的崛起，个体工商户的人数越来越多、规模越来越大，私营经济接踵而来，成为不可回避的现实。如何对待私营经济是一个敏感且复杂的问题，如果说个体经济属于个体劳动者范畴，是可能产生资本主义因素的经济形态，那么私营经济则因为存在着私有生产资料和雇工剥削，则更是属于资本主义的经济成分[③]。国家对于雇工经营一开始也是反对以及限制的，直至1987年党的十三大开始明确私营经济的合法存在与发展，其基本政策是鼓励、保护、引导、监督和管理。

总的来说，国家对于个体私营的态度依旧审慎，非公经济的地位也未能得到明确肯定，加之传统思想的束缚与个体私营迅速发展的现实，思想舆论界对个体私营经济存在明显的质疑与担忧，讨论最多的是其性质问

① 黄孟复．中国民营经济史·纪事本末[M]．北京：中华工商联合出版社，2010：176.

② 中共中央文献研究室．三中全会以来重要文献选编[M]．北京：人民出版社，1982：211.

③ 保育钧．深化所有制改革　促进经济发展方式的转变[J]．中国城市经济，2007(10)：18－21.

题。对此，存在三种不同的看法，有的学者认为社会主义条件下的个体经济属于社会主义性质；还有的学者认为社会主义条件下的个体经济是“半社会主义性质的经济”或具有“某些社会主义的性质”；甚至有些学者认为社会主义条件下的个体经济仍然是“小私有制经济”。对于私营经济的讨论则更为热烈，张树文指出私营经济以雇佣劳动为本质特征，存在着程度不同的剥削，从本质上说属于资本主义生产方式[①]。也有学者认为其属于社会主义性质，并且承认私营经济在社会主义经济生活中的积极作用，认为如果私营经济的充分发展是我国农村经济发展不可逾越的阶段这一观点能成立的话，那么私营经济在我国所有制多元结构中无疑是对社会主义经济起积极补充作用的经济成分[②]。质疑声在 20 世纪 80 年代末伴随东欧剧变达到顶峰，不少人的思想愈加偏激，甚至提出“私营企业和个体户就是搞资产阶级自由化的经济根源，中国的改革是资本主义化的改革还是社会主义化的改革”的疑问[③]。

二、由“补充”至“重要组成部分”

（一）非公有地位的明确

20 世纪 80 年代末 90 年代初，对于民营企业的质疑争论不休。1992 年邓小平同志“南方谈话”，明确地提出了“三个有利于”标准，从根本上突破了对私营经济的姓“社”姓“资”的争论困境。随后在党的十四大上确立了社会主义市场经济体制的目标，党的十四大报告中指出：“在所有制结构上，以公有制包括全民所有制和集体所有制经济为主体，个体经济、私营经济、外资经济为补充，多种经济成分长期共同发展。”[④] 党的十五大对社会主义初级阶段的基本特征、发展过程、主要矛盾与根本任务做

① 张树文．一支行将崛起的新军——关于吉林省私营企业的调查与思考[J]．中国农村经济，1988(12)：23－28.

② 周石山．要让私营经济在农村充分发展[J]．财经理论与实践，1988(6)：43－45.

③ 马立诚．大突破：中国私营经济风云录[M]．北京：中华工商联合出版社，2006：188.

④ 江泽民．加快改革开放和现代化建设步伐夺取有中国特色社会主义事业的更大胜利——在中国共产党第十四次全国代表大会上的报告[J]．求实，1992(11)：1－16.

出了系统阐述，指出："公有制为主体，多种所有制经济共同发展，是我国社会主义初级阶段的一项基本经济制度，……个体、私营等非公有制经济，是社会主义市场经济的重要组成部分。"[①] 1999 年宪法修正案作出了重要调整，规定"在法律规定范围内的个体经济、私营经济等非公有制经济，是社会主义市场经济的重要组成部分"。至此，个体经济、私营经济等非公有制成分从社会主义经济的"补充"正式上升至"重要组成部分"，这是我党对传统所有制理论的重大突破，尽管学界仍有对个体经济、私营经济发展的质疑之声，但显然已不成气候。有学者总结到私营经济的发展不会动摇社会主义的根基，政府可以借助多种手段来实现对私营经济的直接或间接控制。更为重要的是，政府完全可以凭借政治权力对整个社会经济，包括私营经济实施控制，必要时甚至可以实施接管，私营经济中也不存在剥削现象，私营企业主的高收入源于其企业家才能获取的人力资本收入[②]。

（二）民营企业是什么？

至 21 世纪初，许多私营企业家将企业冠以民营企业的称号，以避免使用带有"私"字的私营企业的称号，理论界也有人故意混淆所有制性质与经营方式两个概念，将"民营"的概念模糊、扩大，由此引发了关于什么是民营企业？民营企业与所有制关系的讨论。

一种理论认为民营是相对于国有国营来说的，相对于官办官营来说的，凡不是国有国营，就是民营，不是官办，就是民办。所有制包括两个方面的问题：一是所有制形式和所有制性质；二是所有制结构。民营不是所有制概念，而是根据经营主体不同划分的概念。在现实经济生活中，不论公有、私有，也不论是公有、私有的不同形式，都是可以结合的，都是可以混合或组合在一起的，在我国社会主义条件下，公有、私有，多种所有制形成的共同发展，完全是一种互补、协作的关系[③]。

---

① 中共中央文献研究室．十五大以来重要文献选编：上册[M]．北京：人民出版社，2000：99.

② 胡家勇．中国私营经济：贡献与前景[J]．管理世界，2000(5)：41－48.

③ 晓亮．论民营经济的十个认识问题(上)[J]．南方经济，2001(1)：12－15.

另一种理论认为民营企业涵盖了所有非国有国营的企业。这里的“有”字指所有制形式，这里的“营”字指经营方式，这一民营企业的概念既考虑了所有制形式，又考虑了资产经营方式；既考虑了生产关系，又考虑了生产力，是一个“二合一”，因而是一个全面且综合的科学概念。根据这一概念，目前的民营企业可以包括：国有企业经过改制、改组、改造后实行了股份制（国家不控股的）、股份合作制、租赁制、委托经营等形式的企业（国家对这些民营化了的企业不再直接经营管理，只是凭所有者身份享有所有者权益）；全部集体企业；混合所有制集团公司；私营企业；个体企业；民间中外合资企业；外商民间独资企业等①。

还有理论指出，市场经济本身作为资源配置方式属于中性，民营经济或民营企业作为市场经济中的经济细胞和元素形态，也应是中性概念。不能就是否为民营对其作出制度性质判断。“民营”是一个一词多义的复合概念，有助于淡化所有制问题上的公—私界限，建立社会主义市场经济学②。

三、如何更好地促进非公有制经济发展

（一）非公有制经济发展中存在的问题

非公有制经济发展中存在的问题表现在以下几个方面。

内部治理结构混乱：私营经济中的绝大多数可以划分为家族企业，家族企业是依靠家族权威和内部忠诚来实现控制的企业，一定程度上是以家族的凝聚力弥补管理上的不足，但如果公司的治理结构没有得到合理的改造，则控制权的交接同时也意味着权威的转移，经理人可能利用权威和忠诚而形成内部人控制③。

融资难：民营经济投融资难是多方因素共同作用的结果。第一，金融及资本市场制度不健全、不完善；第二，大城市高商务成本对企业利

① 张惠忠．“民营企业”概念辨析[J]．上海统计，2001(3)：25－27.
② 黄文忠．关于民营概念的界定[J]．福建论坛(经济社会版)，2001(7)：46－48.
③ 李新春．经理人市场失灵与家族企业治理[J]．管理世界，2003(4)：87－95，154－155.

润的侵蚀；第三，现行土地及用地制度的影响；第四，政府职能机构不到位、制度不健全和政策环境不理想；第五，民营企业自身素质不健全①。

难以留住人才：私营经济多为家族化组织方式，家长权威高度集权的领导行为带来的直接后果，是中低层次的管理者尤其是非家族成员管理者没有得到足够的授权，还有就是一批优秀的管理者进入了外资企业，尽管其中有一些人才流出而进入私营企业，但管理方式和经验上的差异经常导致管理思想上的冲突和矛盾②。

劳资矛盾：从企业类型看，私营企业劳资争议最为集中，发生劳资纠纷的原因很多，主要集中在劳动报酬、保险福利、劳动保护和解除劳动合同四大问题上。民营企业的劳资关系是“相对的弱资本与绝对的弱劳动”。劳动者地位之弱不必说，民营资本的弱首先是相对于国资、外资的市场实力而言，其次是相对于政府的管制力量而言，“抽刀向更弱者”，把成本和损失转嫁到比他们更弱的劳工身上，由此造成对劳动者，尤其是对农民工的压迫和伤害③。

低绩效：民营上市公司表现为低效率运行，整体绩效低下，其直接原因在于上市公司股权结构畸形——控股股东民营企业“一股独大”，赋予了控股股东操纵上市公司几乎一切活动的“合法”权力；其根本原因在于目前股市的股权分裂制度，制度安排赋予了控股股东天然的剥削流通股东尤其是中小投资者的“合法”权力④。

（二）如何更好地促进非公有制经济发展

赵锡斌和温兴琦指出，民营企业发展环境是指一些相互依存、互相制约、不断变化的各种因素组成的一个系统，是影响企业管理决策和生产经营活动的现实各因素的集合。政府要改善民营企业发展环境，包括政治环

① 剧锦文．民营经济的融资障碍及其解决对策[N]．经济参考报，2003-12-10.

② 李新春．经理人市场失灵与家族企业治理[J]．管理世界，2003(4)：87-95，154-155.

③ 姚先国．民营经济发展与劳资关系调整[J]．浙江社会科学，2005(2)：78-86.

④ 谢百三，谢曙光．关于中国民营上市公司低绩效问题的深层思考[J]．财经科学，2003(1)：32-36.

境、经济环境、政策法律环境和文化环境，企业也可以发挥主动性和创造性，通过技术创新、管理创新和制度创新，影响、改善或控制环境，营造有利于企业发展的环境①。

刘迎秋认为，我国民营企业要想获得更快更好的发展，需要借助以下条件：一是技术的改进与创新；二是人力资本的投入与积累；三是家族企业的现代化；四是国际化的营销渠道。如果具备上述四大因素，我国民营企业就有较好的条件参与国际市场竞争，从而可以在竞争中达到竞合，实现自身的更大发展。从更广义的角度看，还需要很多条件的支持，法治、政策、制度、文化和社会环境等，都是不可或缺的②。

刘世锦则从自主创新的角度提出了促进民营经济发展的思路，指出增强自主创新能力，既是国家经济发展方式转变的需要，也是民营企业自身成长的需要，是新形势下民营企业应对竞争压力、形成新的竞争优势的需要。提高民营企业的自主创新能力，要创造维护公平竞争的环境，通过体制和战略调整形成有利于创新的氛围，改进有利于企业自主创新的投融资体制，重视和加强开放式创新③。

丁任重和孙根紧提出新时期我国民营经济转型升级，要从两个层面入手，从社会层面讲要解放思想，转变观念，进一步改善民营企业发展的社会舆论氛围和法律环境；落实政策，细化措施，进一步优化民营企业发展的政策环境；改革行政管理体制，完善服务体系，进一步为民营企业发展营造良好的服务环境。从企业层面讲要加快转变经营理念，增强社会责任感；建设现代企业制度，激发企业发展活力；逐步塑造现代企业文化，提升企业软实力；大力促进技术创新，增强企业竞争力；不断完善人才机制，突破企业人才瓶颈；积极参与国际竞争，实现经营战略国际化④。

---

① 赵锡斌，温兴琦．我国民营企业发展环境分析[J]．经济体制改革，2005(2)：55－58.

② 刘迎秋．民营企业发展最急需的是什么[N]．民营经济报，2007－05－28(B07).

③ 刘世锦．自主创新是民企发展的原动力[J]．宁波经济(三江论坛)，2008(3)：3－4.

④ 丁任重，孙根紧．新时期我国民营经济的转型与发展[J]．经济理论与经济管理，2011(12)：93－100.

第四节　对宏观经济管理理论的探讨

市场经济体制的建立与不断完善，带来了资源的有效配置，促进了国民经济恢复发展，但同时也带来了某种无序状态，宏观经济运行出现数次波动。在此过程中，我党不断进行宏观调控，积累了丰富的经验，在应对2008年国际金融危机中更是表现良好，具有中国特色的宏观调控方式逐渐受到理论界的青睐。

一、20世纪80年代对宏观管理的探索

（一）一个良好的开端

计划经济时代以指令性为特征的宏观管理方式显然不再适应改革开放后的市场化改革取向，一套市场经济体制下行之有效的宏观管理办法急需探索。在这种背景下，1985年9月，世界银行驻北京办事处主任林重庚先生邀请了30多名国内外著名的专家于“巴山号”轮船上举行了“宏观经济管理国际讨论会”，学者们系统地介绍了市场经济国家宏观管理的经验、措施与办法，对市场经济国家的宏观管理问题，尤其是我国经济体制改革中遇到的宏观管理问题进行了深入探讨，此次会议促使我国宏观经济理论研究进入新阶段。

会议讨论的议题主要有三个方面：经济体制改革的长期目标、关于宏观调控间接管理的主要调控手段与实行宏观调控间接管理的必要条件。会议达成了关于我国宏观调控的几点共识：

第一，市场经济下，政府的宏观调控方式应该由原来的直接管理、计划管理转变为间接管理为主，即主要运用经济和法律手段辅之以行政手段进行管理。

第二，宏观经济管理的经济手段主要是实行适当的财政政策和货币政策，根据宏观经济形势变化实施不同的财政政策和货币政策或者两者混合实施。

第三，宏观控制下的市场协调机制，有利于资源的优化配置，是最有效率的体制，可作为我国选择中长期改革目标的重要参考。

第四，要使政府对宏观经济的间接管理有效，就要深化国有企业改革，发展非公有制经济，使每一个企业都真正成为独立的市场主体。

第五，要建立一个有效的宏观经济管理体系，还要建立和完善市场体系①。

（二）价格管理体制创新之双轨制

改革开放后对于市场机制的引入带来了学术界对于价格改革的探讨。1981 年，汪祥春指出，“我们要实行计划调节和市场调节相结合，在计划指导下充分发挥市场调节的作用，就非使价格能及时地得到调节不可；而要使价格能及时地得到调节，就非彻底改革物价管理体制不可。改革物价管理体制的关键，在于扩大企业的定价权，国家只应保留少数商品的定价权，大部分商品的定价权应放给企业”②。1982 年，刘国光在《人民日报》发表《坚持经济体制改革的基本方向》，文章中写道“随着买方市场的逐步形成，随着价格的合理化，要逐步缩小指令性计划的范围，扩大指导性计划的范围”③，可以反映出学术界接纳市场价格与探索多重价格体系的尝试。

价格双轨制思路的成形得益于1984 年9 月在莫干山召开的全国第一次中青年经济工作者理论研讨会。作为会议讨论最为热烈、集中的问题之一，价格体系必须改革可谓是学者们的共识，但在具体的目标模式、理论依据以及路径问题上存在多种选择。一种是以周小川、楼继伟、李剑阁等为代表主张的“以调为主”，采用“小步快调”的方法，不断校正价格体系，既能减少改革过程中的震荡，也能逐步逼近市场均衡价格；另一种是以张维迎为代表主张的“以放为主”，认为应该放开价格控制，逐步形成灵活反映市场供求关系平衡的价格体系；在两种对立思路中，有学者吸纳、综合了双方观点，

---

① 张卓元．新中国经济学研究 70 年[M]．北京：中国社会科学出版社，2019：264 – 265.

② 汪祥春．对我国当前价格改革问题的初步认识[J]．财经问题研究，1981（2）：22 – 28.

③ 刘国光．坚持经济体制改革的基本方向[N]．人民日报，1982 – 09 – 06（5）.

形成了“调改结合”的价改思路，即自觉利用客观形成的价格，使计划价格和市场价格逐步靠拢，在这个过程中，逐步缩小计划控制的部分，扩大市场自由调价部分，最终达到两个价格的统一。莫干山会议形成了《价格改革的两种思路》的报告，并引起了党中央的高度重视。在理论的推动下，我国走向了渐进式的价格改革道路。1985 年价格改革的基本方针是“放调结合，小步前进”，逐渐放开部分领域的价格制定。

渐进式的价改思路在具体操作过程中遇到了多重矛盾与摩擦，在郭树清、刘吉瑞、邱树芳向国务院体制改革委员会提交的建议书《全面改革亟需总体规划》中指出：“一种产品实行两种价格，造成计划内产品纷纷流到计划外，而计划外部分又层层转手，大量国家财富落入私人和小集团的腰包，这就是一种‘冲突型’过渡体制，它的长期持续，必然引起经济生活的混乱和改革的夭折。”① 针对双轨制实行过程中出现的问题，我党一方面推动双轨制的施行并加快向单轨制的过渡，另一方面大力整顿市场秩序，控制双轨制市场漏洞。1988 年 9 月，党的十三届三中全会报告中明确指出：“价格双轨制是我国一定历史条件下的产物，在商品经济还很不发达，市场远未发育的情况下，硬性取消看来是行不通的。既然双轨制在一定时期内不可避免，就必须强化管理和监督，减少混乱现象，尽量限制它的弊端。”② 在理论与实践的探索下，至 20 世纪 90 年代我国大部分产品的价改基本完成，价格体制的改革取得了显著成效，使我国产品结构与生产结构逐渐趋向合理，并直接促成我国由短缺经济转为买方市场，促进了经济的快速增长。

（三）关于通货膨胀的讨论

1988 年下半年开始，国民经济出现过热现象，抢购风、囤积潮及银行挤兑等扰乱了经济的平稳运行，最终引致通货膨胀。经济学界针对这一问题展开了理论研究。

---

① 郭树清，刘吉瑞，邱树芳．全面改革亟需总体规划——事关我国改革成败的一个重大问题[J]．经济社会体制比较，1985(1)：21－26.

② 赵紫阳．在中国共产党十三届三中全会上的报告[J]．求实，1988(S2)：1－8.

1. 通货膨胀的成因

学者们关于通货膨胀的成因大致分为以下几个视角：第一，认为社会中总需求超过总供给就会导致通货膨胀，持这类观点的学者认为通货膨胀的基本含义就是流通中的货币过多，当前我国的通货膨胀就是货币需求量超过供给量。第二，有学者指出单纯从需求膨胀方面进行分析，使得通货膨胀纯粹是一个货币现象，而实际上我国的通货膨胀既包含价格上涨的通货膨胀，也包括有隐蔽性通货膨胀在内的混合型通货膨胀，它大大高于单纯价格通货膨胀的水平[①]。第三，有学者认为我国的通货膨胀是一种体制性通货膨胀，在旧体制的某些层面已被突破、新体制尚未确立的新旧体制交替转换时期，两种经济体制的摩擦导致通货膨胀存在必然性[②]。第四，有学者尝试从预期的视角进行研究，认为市场化改革，市场调节作用的日益扩大，通货膨胀逐渐公开化，使社会心理预期在1988年的通货膨胀中发挥了重要作用[③]。

2. 通货膨胀的治理

1988年，党的十三届三中全会提出“治理经济环境、整顿经济秩序”的改革方针，并通过压缩投资规模、调整投资结构、提高存款利率、限制购买力、彻查在建项目、严控物价上涨等方式，加强对宏观经济的监督管理。

理论界也对治理通货膨胀提出了不同的政策主张，与通货膨胀的成因判断是相互对应的。例如，坚持需求膨胀的，认为应该抑制需求，采用紧缩的货币供给政策；判断为结构性通货膨胀的，认为应该在总量紧缩的前提下，着力于结构优化，既要抑制需求，又要增加供给、改善供给，推行向产业、企业倾斜的财税政策；也有学者指出通货膨胀问题的彻底解决，有赖于能够有效运转的体制的初步建立，即旧体制向新体制的初步转轨，

---

① 杨仲伟，张曙光，王诚，等．我国通货膨胀的诊断[J]．经济研究，1988(4)：3－11.

② 何道峰，段应碧，袁崇法．论我国近年通货膨胀的发生机制与结构表现[J]．经济研究，1987(11)：21－28.

③ 郭树清．总需求、总供给——从概念到现实[J]．经济研究，1992(3)：3－15.

当下应该治理、整顿、调整经济体制中引发通货膨胀的因素，也为全面深化改革扫清障碍①。

二、市场经济体制下的宏观调控

自改革开放以来，经济迅速发展，供给约束逐渐缓解，短缺经济逐渐消除，日益增加的消费需求带动供给增长、结构升级。党的十四大建立了社会主义市场经济体制，更加明确了经济体制改革的目标，稳定且改善了消费、投资的预期，带动了经济的迅速发展。在这一阶段，我国主要进行了两轮宏观调控，一是治理1993—1997年经济过热，二是应对1998—2003年亚洲金融危机冲击。

（一）宏观调控的“软着陆”

1992年邓小平“南方谈话”，首次清晰了发展道路问题。由此，投资者创业热情得到极大激发，强化了的投资预期且形成了投资需求的急剧膨胀。1993年，中国经济面临房地产、开发区、集资、股票“四热”和投资、消费“双膨胀”，对此1993年6月24日，中共中央、国务院出台了《关于当前经济情况和加强宏观调控的意见》，要求加大宏观调控力度，实施适度从紧的财政政策和货币政策，整顿金融秩序和流通环节，控制投资规模。该意见以整顿金融秩序为重点，提出了16条加强和改善宏观调控的措施，包括：严格控制货币发行，稳定金融形势；坚决纠正违章拆借资金；坚决制止各种乱集资；严格控制信贷总规模；加快金融改革步伐；投资体制改革要与金融体制改革相结合；进一步完善有价证券发行和规范市场管理；加强房地产市场的宏观管理；积极稳妥地推进物价改革；等等，对稳定金融秩序、改善宏观经济环境发挥了重要的指导作用②。

在政府治理通货膨胀的影响下，国民经济逐渐恢复良好运行，人们对于政府的信心逐渐增强，对改革的承受力也有一定改善，通货膨胀的心理

---

① 吴敬琏．通货膨胀的诊断和治理[J]．管理世界，1989(4)：7－15.

② 加强宏观调控，整顿金融秩序[EB/OL]．(2018－11－09)．中国社会科学网，http://www.cssn.cn/zjsdggkf/201811/t20181109_4772858.html.

预期逐渐调整，政府宏观调控的效力逐渐显现。刘国光和刘树成于1997年在《人民论坛》上发文，评论此次政府宏观调控达到预期目标，国民经济运行成功实现了“软着陆”，开了我国经济发展史的先河，为经济运行开辟了一条适度快速和相对平稳发展的新轨道[①]。

（二）关于通货紧缩

1996年，世界经济在亚洲金融危机冲击下进入通货紧缩周期，国内商品供大于求、物价下跌、经济衰退等种种迹象表明，通货紧缩成为我国时下面临的新问题。

但是关于我国是否已经存在通货紧缩，理论界存在不同看法。例如，王煜和高材林认为我国只是存在通货紧缩的某种迹象，整体而言并不存在通货紧缩；戴相龙指出不能把内需不足简单地认为是通货紧缩，物价下跌也有可能是农产品价格下降导致的；胡鞍钢则认为中国已出现全面性的严重的通货紧缩，且已成为影响我国经济持续、快速、健康发展的大敌。对通货紧缩不同的看法，实际上反映了学者们对通货紧缩含义的不同认识，学者们对于通货紧缩的定义普遍是与通货膨胀相对应的商品及服务的货币价格的不断下跌，且伴随经济衰退现象。王煜和高材林进一步归纳出通货紧缩的三个特征：一是物价的持续下跌，货币供应量持续减少；二是有效需求不足，失业率居高不下；三是经济全面衰退，GDP负增长或大幅度下滑[②]。针对通货膨胀的成因，有学者从总需求的角度论述有效需求不足引致的通货紧缩，也有学者从供给角度认为是生产成本上升导致企业亏损，或是生产能力过剩以致供给超过有效需求造成的。与成因相对应，学者们还从供给与需求两个角度提出关于治理通货紧缩的不同切入点。

三、新世纪的宏观调控研究

（一）宏观调控的总结与研究

随着西方经济学理论与方法论的不断引入以及我国宏观调控体系的日

① 刘国光，刘树成．论“软着陆”[J]．人民论坛，1997(2)：19－21．
② 王煜，高材林．1998年1—8月份宏观经济形势分析报告[J]．金融研究，1998(10)：2－9．

益完善，我国宏观经济的增长与稳定成为经济学关注的焦点，对于我国宏观经济运行的研究日益增多，形成了诸多研究成果，例如《通货膨胀机理与预期》（李拉亚著）、《关于宏观经济管理的若干问题》（李成瑞著）、《中国：改革中的经济增长与结构变动》（郭克莎著）、《通货膨胀的诊断和治理》（吴敬琏著）等。此外，学者们还展开了对我国宏观调控的经验总结与研究。

有学者根据1998—2002年我国经济运行的特点，总结了我国宏观调控的目标方向，并指出过去我国经济呈现波动幅度上的“大起大落”与上升期和回落期时间长度上的“短起短落”，但总的来说走出了一条相对平稳的新轨迹，最重要的原因就是宏观调控的指导思想发生了重大变化，即着眼于保持国民经济的稳定较快增长，敏锐把握国际国内经济形势的变化，增强预见性、针对性和有效性，例如，面对国际经济环境严峻和国内有效需求不足的困难局面，果断地把宏观调控的方向，从实行适度从紧的财政政策和适度从紧的货币政策，治理通货膨胀，转向实行扩大内需的方针，实施积极的财政政策和稳健的货币政策，抑制通货紧缩趋势，系列政策措施为社会主义市场经济下宏观调控的政策工具库增添了新的内容①。

有学者基于改革开放以来我国财政体制改革、税收制度改革和预算管理改革实践，总结归纳了我国30年财税体制改革取得成功的五大经验：改革与政府职能转换同步进行，坚持走渐进式改革道路，改革中强化政府财政的宏观调控能力，财税体制改革与国有企业改革、金融、投资体制改革协调推进，预算管理内部的改革坚持同步推进②。

有学者分析了我国宏观调控方式的转变。政府的宏观调控主要有经济手段、法律手段和行政手段，我国的宏观调控经历了从以计划和财政调控为主，向以金融货币调控为主的转变，计划的直接调控功能已转向以市场为基础的指导性功能，综合协调宏观经济政策和杠杆的运用③。

---

① 刘树成．中国经济波动的新轨迹[J]．经济研究，2003(3)：3－8，92－89.

② 马海涛，肖鹏．中国财税体制改革30年经验回顾与展望[J]．中央财经大学学报，2008(2)：1－6.

③ 黄赜琳．改革开放三十年中国经济周期与宏观调控[J]．财经研究，2008(11)：88－100.

还有学者开始重视宏观调控中供给管理的重要性。刘伟和苏剑针对中国宏观经济失衡的新特点，指出需求管理的宏观经济政策存在五大局限性，提出需求管理政策本身的局限性以及我国经济发展和体制改革的双重特殊性，表明需要引入并重视供给管理。就长期均衡增长而言，供给管理政策的运用具有更为重要的意义。而就短期波动的调节而言，若经济失衡的总体方向明确，那么，在需求管理政策与供给管理政策组合过程中，究竟主要运用哪种政策，应当也可以根据总量失衡的方向及相应的宏观经济政策首要目标来选择①。

（二）后危机时代的宏观调控

金融危机爆发后，宏观审慎政策成为金融监管与宏观调控模式改革的核心。周小川提出宏观审慎政策框架是一个动态发展的框架，意在弥补传统货币政策工具和微观监管在防范系统风险方面的不足，其主要目标是维护金融稳定、防范系统性金融风险，其主要特征是建立更强的、体现逆周期性的政策体系，其主要内容包括：对银行的资本要求、流动性要求、杠杆率要求、拨备规则，对系统重要性机构的特别要求，会计标准，衍生产品交易的集中清算，等等②。张健华与贾彦东指出，在建立逆周期宏观调控机制方面，考虑到我国银行信贷在全社会融资中占比仍较高，信贷波动与经济周期变化和系统性金融风险之间关系较大，因此在建立逆周期信贷调控机制过程中，既重视利率等价格型指标变化，也重视货币信贷增长状况，通过窗口指导等方式加强风险提示，并运用信贷政策、差别准备金、调整按揭成数等手段，加强宏观审慎管理，引导货币信贷平稳增长③。

金融危机的爆发也使主流经济学受到前所未有的冲击，学者们开始进行反思，具有中国特色的调控方式逐渐受到理论界的青睐。有学者总结了多年来我国宏观调控的特点与金融危机下的调控措施，认为总量性扩张与结构性收缩是中国宏观调控的最大特色。中国社会中存在一系列的结构问

---

① 刘伟，苏剑．供给管理与我国现阶段的宏观调控[J]．经济研究，2007(2)：4－15.

② 周小川．金融政策对金融危机的响应——宏观审慎政策框架的形成背景、内在逻辑和主要内容[J]．金融研究，2011(1)：1－14.

③ 张健华，贾彦东．宏观审慎政策的理论与实践进展[J]．金融研究，2012(1)：20－35.

题，并且处于结构剧变的过程中，结构调整对于中长期的可持续发展而言尤为关键。后危机时代中国在体制转轨、结构变迁以及对外开放方面面临新特点，宏观调控的新思维应该是：①把握宏观调控的主线：突出供给管理，加快结构调整；②完善宏观调控的基础：推进市场化改革；③转移宏观调控的重心：从工业化到城市化；④拓宽宏观调控的视野：关注世界发展的中国因素，加强国际政策协调[①]。

后危机时代，全球普遍进入经济下降周期，对此有学者分析了我国宏观经济运行中的机遇与挑战，指出“机遇”来自五个方面，即国际经济结构调整为中国经济发展提供了重要机遇和竞争激励，中国消费结构和产业结构升级带来巨大需求潜力，工业化、城镇化、农业现代化形成明显的提升动力，经济合作和区域均衡发展带来投资调整和技术创新效应，财政金融形势相对稳定，消解“凸显矛盾”具有较大空间；风险来自三个方面，即欧债危机带来的“外部风险”、实体经济扩张与资本市场泡沫间的“替代风险”、转轨中市场资源配置和政府公共产品供给的“制度风险”。现阶段我们不仅面临国内外复杂多变的严峻形势，而且还遇到调控政策选择空间收缩的“两难”与“多难”的局面。宏观调控在强调“稳中求进”主基调的同时，应针对存在的不利因素，充分发挥财政调控经济的功能与作用，进一步优化财政宏观调控政策，提升调控的系统性、灵活性和有效性。在宏观调控总体框架设计上，将反周期调控与化解深层次矛盾的长效机制结合起来，积极财政政策与稳健货币政策的组合要更加具有针对性和可操作性[②]。

① 中国经济增长与宏观稳定课题组．后危机时代的中国宏观调控[J]．经济研究，2010，45(11)：4－20.

② 财政部财政科学研究所课题组．宏观经济形势与财政调控：从短期到中长期的分析认识[J]．经济研究参考，2012(61)：3－50.

第六章　社会主义经济发展理论初步形成

从开始实施改革开放，到现在中国特色社会主义进入新时代，中国的改革开放始终是基于马克思主义政治经济学的基本理论，结合中国经济运行的主要问题和社会现实不断推进的，并在这一过程中不断实现马克思主义政治经济学的中国化。如今，我国不仅在经济发展方面取得了巨大的成就，而且建立起了具有中国特色的马克思主义政治经济学体系。

本章将从社会主义经济发展问题的角度，对中国马克思主义政治经济学发展史进行梳理。主要内容涉及经济发展战略理论、经济现代化理论的逐步构建、非均衡与均衡发展的动态协调与理论研讨三个方面。

第一节　经济发展战略理论

经济发展战略决定着一个国家长期的发展目标，以及实现目标的路径，是一个总体性的理论。从违背中国客观事实的重工业优先发展战略到改革开放之后逐步形成的符合中国国情的比较优势战略，我们党对历史的经验教训不断进行总结，并转化为指导下一步行动的理论，再通过实践进行检验。这一过程中，我们将马克思主义政治经济学原理同中国实际相结合，探索着属于中国的社会主义经济建设理论，并最终形成一个个贴合实际的战略。就是在这样一个摸着石头过河的过程中，具有中国特色的马克思主义政治经济学得到不断丰富和发展。

一、归位社会主义经济建设路线

（一）改革前的战略选择

1949年新中国成立，新生政权在诞生之初，就肩负着中华民族伟大复兴的使命。新中国快速实现国富民强，是当时领导人以及千万民众的迫切愿望。面对国内薄弱的经济基础，各方面百废待兴。以美国为首的西方资本主义国家，面对一个与之意识形态“对立”的新政权，对新中国实施经济上全面封锁、政治上孤立的措施，使新中国与国际失去良好的联系，加上朝鲜战争的爆发，国内处于随时准备战斗的状态。在国内外双重困境下，快速实现经济发展，加强国防力量就是当务之急，而实现工业化和生产的商品化、社会化、现代化，就是关键所在。

如何实现工业化，首先要解决的就是选择何种经济发展战略的问题。为此，学界展开了激烈的讨论，有学者依据苏联建设的经验提出，优先发展重工业符合社会扩大再生产要使生产资料增长占优的原理和社会主义的基本经济法则。先建设重工业同时发展农业，再发展轻工业，是社会主义的道路。一部分学者提出，我国所处的国际环境与苏联初期不同，认为有苏联和人民民主国家的支持，应优先发展轻工业，等资本积累起来再发展重工业。随着讨论的不断深入，优先发展重工业的观点逐渐占优。1953年9月，周恩来在《过渡时期的总路线》中提及第一个五年计划时指出：“要首先集中主要力量发展重工业，重工业是国家工业化的基础。”[①] 于是，以国民经济计划为载体的重工业优先发展战略确定下来。

事实上，重工业优先发展战略虽使中国经济积累率快速从低点提升至15%，形成了较完整的工业体系，但重工业具有资本增密、投资力度大、周期长、风险高的特征，而当时的新中国最缺的就是资本。因此，取得前述成果也付出了极大代价，最终得到的是高成本、低效率、低积极性的社会现实。经过几十年的发展，中国经济绩效表现不佳，人均收入水平长期处于低位，反而与发达经济体差距越来越大。同时，优先发展重工业的战

① 中共中央文献研究室．周恩来选集(下卷)[M]．北京：人民出版社，1984：109.

略也举步维艰。

（二）改革开放新时期

“文革”结束后，是继续坚持重工业优先战略还是开辟新的发展道路成为一项重要抉择。党的十一届三中全会拉开了改革开放的序幕，对过去重大的政治经济学理论进行了拨乱反正，提出建设中国特色社会主义使命。在不断的探索过程中，形成了适合中国国情的经济发展思想和指导理论。

党的十一届三中全会上重新确立了实事求是的马克思主义思想路线，提出以社会主义现代化建设为中心，对经济管理体制进行改革，以及积极发展同世界各国平等互利的经济合作等基本指导思想。这是党进行拨乱反正的开始。为了尽快弥补“文革”中的损失，改革开放的起步就充斥着急躁冒进的倾向，使得国民经济比例严重失调。1978 年 4 月，中共中央召开工作会议，会议通过了对国民经济进行“调整、改革、整顿、提高”的方针，决定从 1979 年开始，对经济进行三年调整。至 1981 年经济调整已取得阶段性成果，国民经济有了明显好转。1981 年 6 月召开了党的十一届六中全会，会上审议通过了《关于建国以来党的若干历史问题的决议》，系统地对过去的经验教训进行总结。

党的十一届六中全会通过的《关于建国以来党的若干历史问题的决议》，对毛泽东思想作出了正确的评价，科学地阐明了毛泽东思想作为党的指导思想的伟大意义。从十一届三中全会到十一届六中全会，我党彻底实现了在指导思想层面的拨乱反正。

为了彻底纠正我国经济建设中的“左”倾错误，以及回答如何走出一条适合中国国情的经济发展路子，《关于建国以来党的若干历史问题的决议》（以下简称《决议》）指出：“我们过去在经济工作中长期存在‘左’倾错误，就是离开了我国国情，超越了实际可能性。必须从我国国情出发，量力而行，积极奋斗。”① 为了纠正急于求成冒进的情绪，《决议》提出“要有步骤分阶段地实现现代化的目标”。为了摆脱盲目大干、脱离实

① 中共中央文献研究室．改革开放三十年重要文献选编（上）[M]．北京：人民出版社，2008：213.

际的行为，《决议》提出："必须采取科学态度，深入了解和分析情况，认真听取各方面干部、群众和专家的意见，努力按照客观经济规律和自然规律办事，努力做到各经济部门按比例地协调发展。"[①] 同时，党的十一届六中全会对我国经济发展的现状作出了准确判断，也对过去所取得的经验和成就作出肯定，在一定程度上对发展的消极情绪作出批判。《决议》再次重申"我国社会的主要矛盾是人民日益增长的物质文化需要同落后的社会生产之间的矛盾"[②]。整体上，党和国家此时已经认识到我国社会主义制度处于初级阶段的基本国情，形成了社会主义经济发展战略必须从我国国情出发的观念。

三年经济调整使我国国民经济各部门的比例有明显的改善，同时改革开放步伐逐渐加快，社会主义经济发展呈现新局面。

1982 年 9 月，党的十二大顺利召开，会上提出"建设有中国特色的社会主义"崭新命题。邓小平强调"我国社会主义的主题是建设"，并指出了社会主义建设的旗帜和目标，即建设有中国特色的社会主义。他指出："把马克思主义的普遍原理同我国的具体实际结合起来，走自己的路，建设有中国特色的社会主义，这就是我们总结长期历史经验得出的基本结论。"[③] 这句话包含两层意思：一是把马克思主义理论和普遍原理作为走中国特色社会主义道路的理论依据；二是要将马克思主义理论与中国实际相结合，走"有中国特色"的道路。

党的十二大围绕我国的主要矛盾，对经济发展作出了长远规划，重申邓小平于 1979 年提出的在 20 世纪末达到小康水平的目标，提出："20 年工农业生产总值翻两番，人民的物质文化生活达到小康水平"[④]，还确定了分"两步走"的战略，前十年打好基础，创造条件，后十年要进入一个新的经济振兴时期。这一战略也就成为后来"三步走"战略的思想雏形，为之后党的十三大报告中的"大三步走"战略和党的十五大报告中的"小三

① 中共中央文献研究室．改革开放三十年重要文献选编(上)[M]．北京:人民出版社,2008:213.
② 中共中央文献研究室．改革开放三十年重要文献选编(上)[M]．北京:人民出版社,2008:212.
③ 中共中央文献研究室．邓小平文选:第 3 卷[M]．北京:人民出版社,1993:3.
④ 中共中央文献研究室．十二大以来重要文献选编(上)[M]．北京:人民出版社,1986:14.

步走”战略奠定了基础。

党的十二大开启了对计划与市场两种调节手段关系的探索，突破了计划经济与商品经济的对立观念。1984 年 10 月，中共十二届三中全会通过了《中共中央关于经济体制改革的决定》（以下简称《决定》），《决定》明确指出：“社会主义计划经济必须自觉依据和运用价值规律，是在公有制基础上的有计划的商品经济”①，可以看出，商品经济的发展是社会经济发展不可逾越的阶段逐渐成为人们的共识，同时人们也认识到社会主义的商品经济也存在盲目性，必须有计划地指导、调节和行政管理。这为之后我国长期经济发展战略的制定，以及经济体制改革奠定了基础。

二、向小康社会的目标不断前进

（一）小康社会与“三步走”战略的提出

小康社会是一个具有社会主义色彩的概念，它是邓小平立足于中国国情，反思过去社会主义建设的经验教训而提出的中国现代化建设中的阶段性目标。

1979 年，邓小平在回答日本客人关于“你们的现代化是什么样的现代化”问题时说道：“我们要实现的四个现代化，是中国式的四个现代化。我们的四个现代化概念，不是像你们那样的现代化的概念，而是小康之家。到 20 世纪末，中国的四个现代化即使达到了某种目标，我们的国民生产总值人均水平还是很低。要达到第三世界中比较富裕一点的国家水平，同西方比也还是落后。所以我只能说，中国到那时也还是一个小康的状态。”②这是邓小平首次将人民生活水平与党和国家的发展战略联系在一起，将我国现代化建设的战略目标定量化。在党的十二大会议上，根据邓小平的设想，首次提出在 20 世纪末实现人均国民生产总值翻两番，人民物质文化生活达到小康水平。

围绕“建设小康社会”的目标，邓小平从多方面多角度进行了论述，

① 赵晓雷．新中国经济理论史[M]．上海：上海财经大学出版社，1999：159.

② 中共中央文献研究室．邓小平文选：第 2 卷[M]．北京：人民出版社，1993：237－238.

形成了比较完整的小康思想体系。同时，他也将小康社会纳入中国20世纪末的发展战略中，他指出："我们第一个目标是解决温饱，这个目标已经实现。第二个目标是在本世纪末达到小康水平，第三个目标是在下个世纪的五十年内达到中等发达国家水平。"①

在党的十三大会议上，根据邓小平的小康社会思想，确定了我国社会主义现代化建设的"三步走"战略，第一步，实现国民生产总值比1980年翻一番，解决人民的温饱问题。第二步，到20世纪末，国民生产总值再增长1倍，人民生活总体达到小康水平。第三步，到21世纪中叶，人均国民生产总值达到中等发达国家水平，人民生活比较富裕，基本实现现代化。然后，在这个基础上继续前进。

小康社会思想在改革开放新时期成为我国经济社会确定发展方针、制定政策的理论依据。随着社会主义建设的发展，再加上进一步的研究，小康社会的建设目标也越来越清晰，即小康社会的最低标准为人均国民生产总值800美元。同时，其内涵也越来越丰富，这也是我国社会主义建设不断取得成就，追求更高要求的表现。小康社会思想是在社会主义制度下形成发展的，是对中国特色社会主义理论的丰富和发展，贯彻坚持了以人民为中心的发展思想，充分显示了社会主义制度的优越性。

实现小康社会目标，存在着诸多困难和矛盾。1987年党的十三大指出我国面临的矛盾主要有："人口众多、资源相对不足、资金严重短缺等，其中的主要矛盾是经济活动的效益太低。"② 此外，世界上许多国家以及我国周边一些国家和地区都在加快发展，基于社会主义制度的巩固和国家安全的考虑，必须加快我国的发展速度。因为在这样的国际环境下，结合我国的实际情况，在提高质量、增进收益、优化结构的基础上加快发展速度，已经不仅仅是经济问题，亦是政治问题。

当时姓"社"姓"资"的抽象争论，一直束缚着人们的思想和手脚。从根本上看，要实现小康社会目标，加快我国经济发展，必须解决经济体

① 中共中央文献研究室．邓小平文选：第3卷[M]．北京：人民出版社，1993：256.

② 中共中央文献研究室．十三大以来重要文献选编（上）[M]．北京：人民出版社，1991：17.

制改革的根本问题，即计划和市场之间的关系。邓小平“南方谈话”指出：“计划和市场都是经济手段。”这就从根本上消除了把市场经济和计划经济看作所属社会基本制度范畴的羁绊。同时，“南方谈话”也为建设小康社会找到了一条出路，即建立社会主义市场经济体制。以此将小康社会建设和社会主义市场经济体制建设有机结合，使其成为党和国家在20世纪90年代，在小康社会思想指导下的一次实践。

（二）新“三步走”战略与全面建成小康社会

21世纪到来之际，经过全国各族人民的不懈努力，我们已经胜利完成了“三步走”战略的前两步，人民生活水平总体达到小康水平。这是社会主义制度的伟大胜利，也是中华民族发展史上一个新的里程碑。

在回顾我国过去的发展历程，展望新世纪时，党的十五大上将实现第三个目标的过程更加细化，提出新世纪的奋斗目标：新世纪第一个十年实现国民生产总值比2000年翻一番，使人民的小康生活更加宽裕，形成比较完善的社会主义市场经济体制；再经过十年努力，到建党一百周年，使国民经济更加发展，各项制度更加完善；到世纪中叶建国一百周年时，基本实现现代化，建成富强民主文明的社会主义国家。新“三步走”战略的提出，不仅体现了党中央领导集体对社会主义现代化建设规律的深刻把握和对现代化内涵的更深理解，还充分体现了对社会主义制度优越性的自信。

为了完成在新世纪新阶段的奋斗目标，以江泽民为核心的第三代领导集体提出“全面建设小康社会”。这是中国特色社会主义经济、政治、文化全面发展的目标，是与加快推进现代化相统一的目标，符合我国国情和现代化建设的实际，符合人民的愿望，意义十分重大。

实际上，邓小平提出的小康社会思想是基于中国国情，对马克思主义进行的创造性转换，为其赋予了马克思主义的科学内涵，并将其作为我国社会发展战略和社会主义现代化建设的阶段性目标的指导思想。这个概念是一个关于社会全面发展的综合性的概念，包含政治、经济、文化、社会等诸多方面。

江泽民曾经多次对小康社会的内涵进行科学阐述，党的十四大指出：

“加快改革开放和经济发展，目的都是为了满足人民日益增长的物质文化需要。城乡居民的实际收入消费水平和生活质量要显著提高，衣食住行尤其居住条件，应有较多改善。文化生活更加丰富，体育、卫生事业进一步发展，人民健康水平持续提高。”① 1992 年 12 月，江泽民在六省农业和农村工作座谈会上提到：“没有农民的小康，就不可能有全国人民的小康。”② 1999 年 6 月，江泽民在西安主持召开座谈会时提到：“没有西部地区的稳定就没有全国的稳定，没有西部地区的小康就没有全国的小康。”③ 党的十六大提出：“必须看到，我国正处于并将长期处于社会主义初级阶段，现在达到的小康还是低水平的、不全面的、发展很不平衡的小康，人民日益增长的物质文化需要同落后的社会生产之间的矛盾仍然是我国社会的主要矛盾。”④ 可以看出，全面建设小康社会是建立在总体小康水平基础上的。江泽民进一步提出全面建成小康社会的目标：“要在本世纪头二十年，集中力量，全面建设惠及十几亿人口的更高水平的小康社会，使经济更加发展、民主更加健全、科教更加进步、文化更加繁荣、社会更加和谐、人民生活更加殷实。”⑤

全面建成小康社会是对小康社会思想的传承。同时，全面建成小康社会是实现现代化建设第三步战略目标必经的承上启下的发展阶段，以及完善社会主义市场经济体制和扩大对外开放的关键阶段。它进一步丰富了中国特色社会主义理论，对推动社会主义建设，充分显示社会主义制度优越性具有伟大意义。

三、全面建成小康社会的新征程

2003 年“非典”疫情暴露了我国经济社会发展的许多问题，党中央领导集体进行了深入的思考。面对新的形势、新的发展要求，我们国家要实

① 中共中央文献研究室．十四大以来重要文献选编(上)[M]．北京：人民出版社，1996：32.

② 中共中央文献研究室．江泽民论有中国特色社会主义(专题摘编)[M]．北京：中央文献出版社，2002：118.

③ 中共中央文献研究室．江泽民论有中国特色社会主义(专题摘编)[M]．北京：中央文献出版社，2002：177.

④ 中共中央文献研究室．十六大以来重要文献选编(上)[M]．北京：人民出版社，2005：14.

⑤ 中共中央文献研究室．十四大以来重要文献选编(上)[M]．北京：人民出版社，2005：14.

现什么样的发展、怎样发展成为要回答的重要问题。以胡锦涛为核心的第四代领导集体，提出了“科学发展观”，并在理论和实践层面不断丰富和发展，逐步形成了完整的理论体系。

在中央人口资源环境工作座谈会上，胡锦涛第一次系统阐述了科学发展观的基本内容。他指出：“科学发展观是用来指导发展的，不能离开发展这个主题。坚持以人为本，就是要以实现人的全面发展为目标，从人民群众的根本利益出发谋发展、促发展，不断满足人民群众日益增长的物质文化需要，切实保障人民群众的经济、政治和文化权益，让发展的成果惠及全体人民。全面发展，就是要以经济建设为中心，全面推进经济、政治、文化建设，实现经济发展和社会全面进步。协调发展，就是要统筹城乡发展、统筹区域发展、统筹经济社会发展、统筹人与自然和谐发展、统筹国内发展和对外开放，推进生产力和生产关系、经济基础和上层建筑相协调，推进经济、政治、文化建设的各个环节、各个方面相协调。可持续发展，就是要促进人与自然的和谐，实现经济发展和人口、资源、环境相协调，坚持走生产发展、生活富裕、生态良好的文明发展道路，保证一代接一代地永续发展。”① 党的十七大明确揭示了科学发展观的理论地位和指导作用，指出：“科学发展观，第一要义是发展，核心是以人为本，基本要求是全面协调可持续，根本方法是统筹兼顾”②，并将其写入党章，这就意味着科学发展观已成为成熟、系统的理论，成为发展中国特色社会主义必须坚持的重大战略思想。另外，其对经济发展内涵的丰富将中国马克思主义政治经济学推向了新的发展阶段。

在科学发展观思想的指导下，党和国家坚持以全面建成小康社会为目标，坚持走中国特色新型工业化道路，积极推动区域协调发展，深化科教兴国战略和可持续发展战略，实施创新驱动战略。以提升国家自主创新能力为核心理念的创新驱动战略是解决我国经济想要取得长远发展动力问题的重要全局性支撑。区域协调发展的标志是西部大开发、东北振兴和中部

---

① 中共中央文献研究室．十六大以来重要文献选编(上)[M]．北京：中央文献出版社，2005：850.

② 中共中央文献研究室．十七大以来重要文献选编(上)[M]．北京：中央文献出版社，2009：11－12.

崛起战略，旨在缩小东中西部地区的差异，发挥各地的比较优势，为实现全面现代化奠定基础。

在经历多年的高速发展之后，生态环境问题已成为不容忽视的现实问题，人与自然之间的关系决定和影响着整个国家和民族的命运。学术界以刘思华教授和杨志教授等为代表的马克思主义生态经济学流派，将马克思主义政治经济学和生态经济理论相结合，开展生态文明和循环经济的研究。刘思华教授在其主编的《可持续发展经济学》中，率先提出“生态资本”的概念。首倡重新解读马克思主义经济学，主张将其与生态学和生态经济理论相结合，探索出一条生态经济协调可持续发展的科学道路。杨志教授认为，在科学发展观的指导下，走新型工业化道路，应降低单位国内生产总值能耗，实施节能和用清洁能源代替煤炭。将马克思主义政治经济学与生态学联系起来，也是在全新重大问题前，对马克思主义政治经济学与时俱进的创新。

无论是“三步走”战略、“新三步走”战略、新时代两阶段发展战略等总体性的战略目标，还是西部大开发、区域协调发展、科教兴国和人才强国、创新驱动、可持续发展、乡村振兴、军民融合发展战略的社会主义现代化建设实践，都离不开马克思政治经济学的指导。实践与理论是对立统一的，它们相互促进、相互影响，从而有了当代马克思主义政治经济学的不断丰富和发展。

第二节　经济现代化理论的逐步构建

现代化是基于工业化、城镇化、信息化、全球化的，是由传统社会向现代化工业社会转变的过程。早在以毛泽东为核心的第一代领导集体时期，就提出要实现农业、工业、国防和科学技术的现代化设想，这为之后改革开放的现代化建设做了重要铺垫，但遗憾的是，这一设想被“文化大革命”中断。党的十一届三中全会之后我们党重启“四个现代化”建设，通过不断的努力实践和探索，至今已经形成了具有中国特色的社会主义现代化建设理论体系。它不仅展现了社会主义制度的优越性，而且也为众多发展中国家实现现代化提供了一条全新的道路。

一、我国社会主义经济现代化的重启与发展

（一）我国社会主义经济现代化的重启

“文革”结束之后，我们党开始对过去提出的正确的但没有贯彻落实的思想进行拨乱反正，并在此基础上形成了改革开放的思想。我国社会主义现代化建设开始重启。

“文革”刚结束之时，虽仍受“两个凡是”思想的影响，但党已经开始反思这段时期的错误，开始强调迅速发展生产力，使社会主义制度获得日益增强的物质基础，推动了生产关系和上层建筑的发展与变革。同时，重提毛泽东于1954年提出的“四个现代化”。邓小平在《全党讲大局，把国民经济搞上去》中指出：“把我国建设成为具有现代农业、现代工业、现代国防和现代科学技术的社会主义强国。”① 随着重启四个现代化任务，也开始强调大力发展科学技术和教育，并成为这一时期党的现代化理论的重要内容。邓小平在《关于科学和教育工作的几点意见》中提到：“我们国家要赶上世界先进水平，从何着手？我想，要从科学和教育着手。就今天的状况来说，要特别注意调动教育工作者的积极性，要强调尊重教师。”②

综上可以看出，这一时期我党已经开始纠正过去以“阶级斗争”为主的纲领，转而将工作重心放在经济建设和发展生产力上，特别是重提建设“四个现代化”任务。发展生产力、发展科学技术和教育等思想，为现代化重启做足了思想准备。

（二）我国社会主义经济现代化建设的道路转换

党的十一届三中全会的顺利召开，拉开了改革开放的序幕。会上确立了党的工作重心将转移到经济建设上来的方针，从而为中国的社会主义现

---

① 中共中央文献研究室．邓小平文选：第2卷［M］．北京：人民出版社，1994：4.

② 中共中央文献研究室．邓小平文选：第2卷［M］．北京：人民出版社，1994：48－49.

代化建设打开了新大门。这一时期最为突出的现代化理论创新就是：确立了对内改革和对外开放的中国特色社会主义现代化的支柱，奠定了之后现代化理论创新的基础。

确立党的工作重心之后，我国就迅速进入了社会主义现代化建设的新征程。而以什么为动力，采取什么样的途径，就成为党中央领导集体需要思考的问题。为此，党中央深刻把握中国国情，从中国实际出发，同时吸取国外先进经验，提出了对内改革、对外开放的方针，并将其视为中国走向现代化的必由之路。基于此，党中央提出了一系列新的理论，如发展市场经济、建设小康社会和先富带后富等思想，而其中建设社会主义市场经济体制，更是建设中国特色社会主义现代化，以及一系列经济理论创新的核心。

在我国经济现代化建设道路的转型过程中，以洪银兴教授、裴小革教授等为代表的一批马克思主义政治经济学家也加入转型经济的研究当中，转变了以往单纯依靠西方主流经济学研究转型经济的局面，并形成了转型经济理论的马克思主义流派。该流派明确提出建立社会主义市场经济体制包含着两层思想：一是改革的前提是完善和发展社会主义制度；二是坚持市场经济的改革方向，充分发挥市场在配置资源中的基础性作用。同时还指出，中国经济转型具有“摸着石头过河”的阶段性发展特征，可划分为三个阶段：体制模式与改革方案设计的改革探索期、体制转轨与改革重点突破的转轨明确期、体制确立与改革攻坚的转型深化期。此外，就经济转轨还提出了三个重要的主张：一是重新配置国有产权和建设新的企业制度；二是转变政府职能和完善宏观调控机制；三是建设社会保障体系和社会安全网①。对当时众多学者热衷的所谓“激进”和“渐进”的研究方法也提出了批判，认为应该动态地、基于事实地研究中国的经济转型，并强调应将马克思主义生产关系变革理论和发展经济学、新制度经济学体制变迁理论等研究成果充分结合。

改革开放是通过对我国历史经验教训和苏联国家发展经验的总结而提

① 薛宇峰. 当代中国马克思主义经济学的流派[J]. 经济纵横,2009(1):31－40.

出的。这一时期的改革，是逐渐将市场机制引入经济发展中，包含两个大的方面：改革经济管理体制和经济管理办法。概括来讲就是对企业“放权让利”。邓小平在《解放思想、实事求是、团结一致向前看》中提到：“现在我国的经济管理体制权力过于集中，应该有计划地大胆下放，否则不利于充分发挥国家、地方、企业和劳动者个人四方面的积极性，也不利于实行现代化的经济管理和提高劳动生产率。”① 在之后的会议讲话中，也多次提到给予企业自主权。1978 年 12 月，在中国共产党第十一届中央委员会第三次会议上，邓小平指出：“实现四个现代化，要求大幅度地提高生产力，也就必然要求多方面地改变同生产力发展不适应的生产关系和上层建筑，改变一切不适应的管理方式、活动方式和思想方式，因而是一场广泛、深刻的革命。”② 可以看出，此时已经将改革上升至“革命”的高度，足见当时领导人改革的决心和坚定的信念。当时，学术界对此也进行了积极的讨论。蒋一苇提出著名的企业本位论，指出：“企业是独立的或相对独立的商品生产者和经营者，主张逐步扩大企业的自主权。”③ 还有经济学家提出，对现有不合理的价格体系和管理体制需进行改革，逐步缩小工农业产品价格剪刀差④。

其次，实行对外开放，学习外国先进经验。面对与发达国家之间的差距，为打破长期以意识形态“交友”的思想枷锁，积极与国外进行交流，党中央决定实行对外开放政策。但人们受限于当时的思想认识，对姓“社”姓“资”的问题产生了争论。邓小平在《实行开放政策，学习世界先进科学技术》中提到：“过去行之有效的东西，我们必须坚持，特别是根本制度，社会主义制度，社会主义公有制，那是不能动摇的。我们不能允许产生一个新的资产阶级。我们引进先进技术，是为了发展生产力，提高人民生活水平，是有利于我们的社会主义国家和社会主义制度。至于怎

① 中共中央文献研究室．邓小平文选：第 2 卷[M]．北京：人民出版社，1994：145.

② 中共中央文献研究室．三中全会以来重要文献选编[M]．北京：中央文献出版社，2011：4.

③ 蒋一苇．企业本位论[J]．中国社会科学，1980(1)：21－36.

④ 中国社会科学院经济研究所资料室．价值规律作用问题资料[M]．北京：中国社会科学出版社，1979.

么能发展得多一点、好一点、快一点、省一点，这更不违背我们的社会主义制度”[①]。对外开放政策的提出不仅体现了党中央对我国现代化建设客观规律的深刻把握，还丰富了我国现代化建设理论，为像我国这样的发展中国家追赶发达国家，提供了新的道路选择，极大地推动了马克思主义政治经济学的发展。

在对外开放政策的基础上，另一关键的理论突破是关于社会主义也能搞市场经济的思想。因为受“左”倾思想的影响，当时很多人将市场经济等同于资本主义道路。这样僵化的思想观念严重影响到我国的现代化发展，所以此时提出的社会主义也能搞市场经济的思想，对我国现代化发展具有重大意义。

要突破这样的思想枷锁，最关键的是厘清市场与计划之间的关系。邓小平、陈云对此作出了很有创造性的回答。邓小平在《社会主义也可以搞市场经济》中提到：“我们是计划经济为主，也结合市场经济，但这是社会主义的市场经济。虽然方法上基本上和资本主义社会的相似，但也有不同，是全民所有制之间的关系，当然也有同集体所有制之间的关系，也有同外国资本主义的关系，但是归根到底是社会主义的，是社会主义社会的。市场经济不能说只是资本主义的。”[②] 陈云在《计划与市场问题》中提出：“整个社会主义时期经济必须有两部分：计划经济部分和市场经济部分。第一部分是主要，第二部分是次要，但又是必需的。”[③] 可以看出，两人针对市场与计划之间的关系的观点是一致的，都认为市场与计划是经济发展所必需的，并不受社会制度的羁绊。社会主义也能搞市场经济也是这一时期现代化理论创新的标志。薛暮桥、孙冶方等著名经济学家也发文指出，“肯定社会主义经济是商品经济或市场经济，肯定社会主义经济中市场调节的作用”[④]。

---

① 中共中央文献研究室．邓小平文选：第2卷[M]．北京：人民出版社，1994：133.

② 中共中央文献研究室．邓小平文选：第2卷[M]．北京：人民出版社，1994：236.

③ 陈云．陈云文选：第3卷[M]．北京：人民出版社，1995：245.

④ 中国社会科学院经济研究所资料室．社会主义经济中计划与市场的关系（上、下）[M]．北京：中国社会科学出版社，1980.

再次是先富带后富思想的提出。由于对社会主义教条式的理解，当时社会普遍将平均主义等同于共同富裕和社会主义，这就违背了客观经济规律。为突破平均主义思想障碍，邓小平最早提出了“允许一部分人先富起来，先富带后富”的思想。

在理论指导实践的过程中，以农村为突破口的改革率先开始。在农业上实行家庭联产承包责任制，明确指出包产到户、包干到户或大包干都是“社会主义生产责任制”，充分调动了农民的积极性。家庭联产承包责任制是将土地的经营权和所有权分开，所有权归集体，经营权归个人。这既不同于苏联的集体农庄，也不同于资本主义的私有制，是完全具有中国特色的多种经济形式。

（三）我国社会主义经济现代化理论基础的确立

从党的十二大到十三大，社会主义现代化理论得到进一步发展，其标志是：社会主义初级阶段理论的提出，以及党中央在此基础上提出的“三步走”战略，并且为了保证“三步走”战略顺利完成，党中央提出了进一步完善社会主义市场经济体制。

在党的十一届六中全会上通过的《关于建国以来党的若干历史问题的决议》中，第一次出现对社会主义初级阶段的认识。经过五年在理论和实践上的探索，党中央对什么是社会主义、怎样建设社会主义有了更加深刻的认识。党的十三大会议上对社会主义初级阶段作出了全面解释，会议指出：“我国社会主义初级阶段，是逐步摆脱贫穷、摆脱落后的阶段；是由农业人口占多数的手工劳动为基础的农业国，逐步变为非农产业人口占多数的现代化的工业国的阶段；是由自然经济半自然经济占很大比重，变为商品经济高度发达的阶段；是通过改革和探索，建立和发展充满活力的社会主义经济、政治、文化体制的阶段；是全民奋起，艰苦创业，实现中华民族伟大复兴的阶段”①。同时，还对其所包含的两层含义作出了解释，“第一，我国社会已经是社会主义社会。我们必须坚持而不能离开社会主义。第二，我国的社会主义社会还处在初级阶段。我们必须从这个实际出

① 中共中央文献研究室．十三大以来重要文献选编（上）［M］．北京：人民出版社，1991：12.

发，而不能超越这个阶段。”①

马克思主义经典作家对未来社会的发展阶段只进行了大致的描述，并没有详细论述社会主义的发展阶段。我们党结合中国实际，经过艰苦的奋斗和努力的探索，创造性地提出社会主义初级阶段的理论，不仅发展、丰富了社会主义现代化理论，也极大地推动了马克思主义政治经济学的发展。

在对社会主义初级阶段基本国情有了充分认识之后，党中央为推动我国的现代化进程提出了“翻两番”“小康社会”发展目标以及“三步走”战略。同时，为了使社会主义现代化建设持续健康地发展，党中央提出了社会主义的根本原则：坚持公有制的主体地位和实现人民共同富裕的目标。这也成为社会主义现代化理论发展的重要标志。

为了实现“小康社会”目标，顺利完成“三步走”战略，党中央决定进一步完善社会主义经济体制的改革，主要表现在两个方面：一方面是完善家庭联产承包责任制。在明确“大包干”等多种经济形式是社会主义生产责任制后，农民的积极性被充分调动，极大地解放了农业生产力。在此基础上，党中央连续发布关于农村工作的一号文件，制定了解决“三农”问题的政策，进一步完善家庭联产承包责任制，同时对人民公社进行改革，实行“政社分离”等，推进了中国农业现代化进程。另一方面是完善城市经济体制改革。通过对市场与计划之间关系的科学解释，党中央改变传统经济发展观念，鼓励发展多种形式的合作经济和商品经济。

这一时期，随着经济社会的发展以及不断探索，人们对市场与计划有了新的认识，社会主义市场经济理论在社会主义也能搞市场经济的思想上有了新的发展。当时，学术界对“社会主义经济是公有制基础上有计划的商品经济”这一命题有着激烈的争论，有学者提出社会主义经济是计划经

① 中共中央文献研究室．十三大以来重要文献选编(上)[M]．北京:人民出版社,1991:9.

济和商品经济的统一[①]；有的直接把社会主义经济规定为有计划的商品经济[②]。反对者认为，若把我国经济概括为商品经济，就会模糊有计划发展的社会主义经济和无政府状态的资本主义经济之间的状态，模糊社会主义和资本主义之间的区别。在这之后，有关商品经济的文章日渐萧条。直至党的十二届三中全会召开，时任中国社会科学院院长马洪在编写十二届三中全会文件提纲时，重提“社会主义经济是有计划的商品经济”，并得到当时党中央老一辈革命家的支持。最终在中共十二届三中全会通过的《关于经济体制改革的决定》中明确指出：“社会主义计划经济必须自觉依据和运用价值规律，是在公有制基础上的有计划的商品经济”[③]，商品经济的发展是社会经济发展不可逾越的阶段才逐渐成为人们的共识，同时认识到社会主义的商品经济也存在盲目性，必须有计划地指导、调节和行政管理。1987 年，邓小平提出：“计划和市场都是发展生产力的方法”[④]，这一论断有力化解了姓“资”姓“社”问题的羁绊，极大推动了我国现代化的进程。

二、改革开放新时期经济现代化理论的全面构建

（一）对经济体制改革的进一步探索

20 世纪 80 年代末国内外政治环境的变化，使得一部分人对要不要继续进行改革开放产生怀疑。以邓小平为核心的领导集体及时提出，不仅要继续坚持改革开放，思想还要更解放一些，从而为中国现代化顺利发展找到了方向。

党的十三大之后，党中央继续就经济体制改革做进一步探索，并逐渐进入深层内容，取得了突破性进展。首先，明确计划经济与市场经济有机

① 孙尚清，陈吉元，张耳．社会主义经济的计划性与市场性相结合的几个理论问题[J]．经济研究，1979(5)：56－67.

② 谢佑权，胡培兆．从实际出发正确认识和有计划地利用价值规律[J]．经济研究，1979(S1)：11，43－47.

③ 赵晓雷．新中国经济理论史[M]．上海：上海财经大学出版社，1999：159.

④ 中共中央文献研究室．邓小平文选：第 3 卷[M]．北京：人民出版社，1993：203.

结合，是深化经济体制改革的基本方向。在《中共中央关于制定国民经济和社会发展十年规划和“八五”计划的建议》中提到：“计划管理必须自觉遵循经济按比例发展规律和价值规律，考虑市场供求关系，市场调节要在国家总体计划和法规约束下发挥作用。属于总量控制、经济结构和经济布局的调整以及关系全局的重大经济活动，主要发挥计划的作用；企业日常的生产经营、一般性技术改造和小型建设等经济活动，主要与市场调节。”① 随着改革的不断深化、经济结构的调整和市场的不断发育，党中央对计划经济和市场调节各自充当的角色已有清晰的认识。其次，对价格体制的改革和治理整顿。由于长期通过行政命令决定生产资料价格、调配资源的模式已经严重阻碍了我国经济改革的进程，因此党中央从1988年开始放开物价，但由于缺乏经验，整个市场一度陷入混乱，党中央又迅速进行清理整顿，最终完成了价格体制平稳过渡，使经济改革理论得到丰富。最后，对国有企业的改革。国有企业一直是我国经济的支柱，但限于僵化的计划经济体制的影响，企业上下没有活力，严重影响了国民经济的发展。党的十三大之后，党中央在原企业承包制的基础上开始对国有企业进行股份制改革，并逐渐建立现代企业制度。改革过程中，中央提出了一系列相关理论，如实施多种形式的股份制、承包经营责任制和深化企业内部配套改革等，这些都丰富了经济改革理论。

（二）社会主义经济现代化理论走向系统化

党的十四大之后，党中央围绕着建立社会主义市场经济体制目标，继续深化经济体制改革。这一时期党中央针对经济体制改革要确立怎样的目标以及如何建立目标，提出了一系列具体要求。

对于建立社会主义市场经济体制的目标，党中央提出：“社会主义市场经济体制是同社会主义基本制度结合在一起的。建立社会主义市场经济体制，就是要使市场在国家宏观调控下对资源配置起基础性作用”②，而针对如何建设社会主义市场经济体制，党中央提出以下要求：①坚持“三个

① 中共中央文献研究室．十三大以来重要文献选编(中)[M]．北京:人民出版社,1991:1404－1405.

② 中共中央文献研究室．十四大以来重要文献选编(上)[M]．北京:人民出版社,1996:520－521.

有利于”的标准，即是否有利于发展社会主义社会的生产力，是否有利于增强社会主义国家的综合国力，是否有利于提高人民的生活水平。②调整所有制结构和经济结构。社会主义性质和初级阶段国情决定了我国必须坚持以公有制为主体、多种所有制经济共同发展的所有制结构。而公有制包括国有经济、集体经济以及混合所有制经济中的国有成分和集体成分。为了不影响社会主义的性质，必须保证公有制经济占国民经济的主体地位，并通过充分发挥市场机制作用，健全宏观调控体系，促进经济结构优化。③公有制实现形式多样化。一切能够反映社会化规律的经营方式和组织形式，以及能极大地促进生产力发展的公有制实现形式都应大胆利用[①]。④完善分配结构和分配方式。坚持按劳分配为主体、多种分配方式并存的制度。把按劳分配和按生产要素分配结合起来，坚持效率优先、兼顾公平，有利于优化资源配置，促进经济发展，保持社会稳定[②]。⑤深化国有企业改革，建立现代企业制度。建立现代企业制度是国有企业改革的方向，搞好国有企业，对建立社会主义市场经济体制和巩固社会主义制度具有极其重要的意义[③]。⑥深化农村改革。坚持把农业放在经济工作的首位，稳定党在农村的基本政策，确保农业和农村经济发展、农民收入增加。

围绕建立社会主义市场经济体制提出的每一个要求，都是党中央不懈努力探索的结果，都是中国特色社会主义政治经济学的重大理论创新。其中以公有制为主体、多种所有制共同发展的经济理论的提出，是结合中国实际情况对马克思主义所有制的继承和发展，是社会市场经济体制理论的基础；为建立适应社会主义市场经济体制发展要求的收入分配制度，党中央在继承和发展马克思政治经济学的生产决定分配、所有制关系决定分配关系的基本原理，以及邓小平的收入分配思想的基础上，结合我国国情提出社会主义初级阶段的基本分配制度，成为中国特色社会主义政治经济学的理论基石之一。

---

① 中共中央文献研究室．十五大以来重要文献选编(上)[M]．北京:人民出版社,2000:21-22,24.

② 中共中央文献研究室．十五大以来重要文献选编(上)[M]．北京:人民出版社,2000:24.

③ 中共中央文献研究室．十五大以来重要文献选编(上)[M]．北京:人民出版社,2000:22.

经过党的十四大到十五大的艰苦奋斗，我国已经初步建立了社会主义市场经济体制，解决了我国社会主义现代化建设的全局性和方向性问题，使改革开放有了新的突破，社会主义现代化建设迈入新阶段。

（三）社会主义经济现代化理论的全面发展

2002年党的十六大召开，会上对过去五年的实践作了系统的总结，明确"三步走"战略的前两步已经顺利完成，人们对现代化的认识更加深刻。在现代化建设取得显著成就时，人类历史跨入了新的纪元，一同跨入的还有我们的社会主义现代化建设。党中央展望新世纪，提出了"新三步走"战略，并据此提出全面建成小康社会的发展目标。由此开启了以经济建设为中心的政治、文化、社会、生态文明协同发展的新历程。

党的十六大提出了具体的全面建设小康社会的奋斗目标：

一是在优化结构和提高效益的基础上，国内生产总值到2020年力争比2000年翻两番，综合国力和国际竞争力明显增强。基本实现工业化，建成完善的社会主义市场经济体制和更具活力、更加开放的经济体系。城镇人口的比重较大幅度提高，工农差别、城乡差别和地区差别扩大的趋势逐步扭转。社会保障体系比较健全，社会就业比较充分，家庭财产普遍增加，人民过上更加富足的生活。

二是社会主义民主更加完善，社会主义法制更加完备，依法治国基本方略得到全面落实，人民的政治、经济和文化权益得到切实尊重和保障。基层民主更加健全，社会秩序良好，人民安居乐业。

三是全民族的思想道德素质、科学文化素质和健康素质明显提高，形成比较完善的现代国民教育体系、科技和文化创新体系、全民健身和医疗卫生体系。人民享有接受良好教育的机会，基本普及高中阶段教育，消除文盲。形成全民学习、终身学习的学习型社会，促进人的全面发展。

四是可持续发展能力不断增强，生态环境得到改善，资源利用效率显著提高，促进人与自然的和谐，推动整个社会走上生产发展、生活富裕、生态良好的文明发展道路①。

---

① 中共中央文献研究室．江泽民文选：第3卷[M]．北京：人民出版社，2006：543－544.

全面建设小康社会，首要任务是发展经济，核心是坚持以经济建设为中心，大力解放和发展生产力，其出发点和最终落脚点是提高全国人民的生活水平和质量，这其中的难点和重点是农村和西部。

（1）针对农村问题，党中央提出了全面推进农业现代化的战略，战略的重要内容之一是加强农村经济结构调整，深化经济改革。随着社会主义市场经济体制改革的不断深入，传统的农业经济结构与市场经济不相适应的矛盾越发突出，经济结构的调整和改革势在必行。中共十五届五中全会通过的《关于农业和农村工作若干重大问题的决定》提出了农业和农村实现跨世纪发展的目标和任务，强调农村出现的产业化经营能够有效解决千家万户的农民进入市场、运用现代科技和扩大经营规模等问题，提高了农业经济效益和市场化程度，是我国农业逐步走向现代化的现实途径之一①。2000 年 1 月 16 日发布的《中共中央、国务院关于做好 2000 年农业和农村工作的意见》中提出："积极推进农业和农村经济结构的战略性调整，全面提高我国农业、农村经济整体素质和效益，增加农民收入，是新阶段农业和农村工作的中心任务。"②

对农村的经济改革深化，一是继续坚持和完善农村经营体制。稳定以家庭联产承包责任制为主的责任制，完善统分结合的双层经营体制。二是深化粮食流通体制改革。1997 年，按照"四分开、一完善"的原则加快粮食流通体制改革，完善粮食价格机制；1998 年，推行"三项政策、一项改革"；2001 年，实施"放开销区、保护产区、省长负责、加强调控"的政策。三是进行农村税费改革试点探索，以减轻农民负担、规范农村税费关系。2000 年，试行"三个取消、一个逐步取消、两个调整和一项改革"的政策；2002 年，扩大试点范围，主要任务是正税清费，治理"三乱"，取消"三提五统"，将农民应缴纳的税费规范为农业税和农业税附加，把过重的农民负担减下来③。

---

① 中共中央关于农业和农村工作若干重大问题的决定[J]. 求是,1998(21):2-12.

② 中共中央、国务院关于做好 2000 年农业和农村工作的意见[J]. 湖北政报,2000(2):14-18.

③ 国家发展改革委经济体制综合改革司,国家发展改革委经济体制与管理研究所. 改革开放三十年:从历史走向未来[M]. 北京:人民出版社,2008:541.

科教兴农和农业可持续发展的方针也是农业现代化建设的重要支撑。1991年10月，江泽民正式提出了科教兴农战略，“我们一定要树立科学技术是第一生产力的马克思主义观点，积极创造条件，把农业和农村经济的发展，逐步地转移到依靠科技进步和提高劳动者素质的轨道上”①。1998年10月，党的十五届三中全会通过的《中共中央关于农业和农村工作若干重大问题的决定》指出：“农业的根本出路在科技、在教育。实行农科教结合，加强农业科学技术的研究和推广，注重人才培养，把农业和农村经济增长转到依靠科技进步和提高劳动者素质的轨道上来。”② 1999年，党中央确立了我国科教兴农战略的工作思路，即做好三个转变，加强五个结合。

21世纪，建立与社会主义市场经济相适应的科技教育体制以及符合我国农业科技教育发展规律的运行机制，成为我国农业科技教育的重要任务，要培养大批具有创新意识和创新能力的高素质农业科技人才，为实现农业现代化提供强有力的科技和人才支撑，以推进我国农业的可持续发展。

（2）西部大开发战略。我国的区域经济发展，是依据邓小平提出的“两个大局”的战略思想实施的。这就导致东部地区依靠较好的经济基础和有利的地理环境，再加上政策倾斜，取得了比西部地区更快的发展。到20世纪90年代，东西部地区的差距越来越大，不平衡不协调更加凸显。长此以往，会阻碍实现全面建成小康社会，完成第三步战略目标，以及共同富裕的最终目标。为解决这一问题，党中央提出了西部大开发战略。这一战略对巩固全国发展的大局，对凝聚民族力量和实现中华民族伟大复兴具有重大意义。

---

① 中共中央文献研究室．江泽民论有中国特色社会主义（专题摘编）[M]．北京：中央文献出版社，2002：560.

② 中共中央文献研究室．十五大以来重要文献选编（上）[M]．北京：人民出版社，2000：560.

三、中国特色社会主义经济现代化理论的进一步发展

（一）科学发展观指导下的社会主义现代化建设

社会主义市场经济体制，是我们党和国家在没有前人经验借鉴的情况下的伟大创新。通过历代领导集体的不断探索，社会主义市场经济体制得到不断完善，一方面我们的经济发展取得了显著成就，另一方面市场经济体制存在不完善和一些缺陷，而这些缺陷已成为阻碍我国经济持续发展的主要因素。所以，完善社会主义市场经济体制、转变经济发展方式，就成为我国继续推进现代化建设的必然选择。经过对新问题、新实践的不断探索，经济现代化理论不断丰富。

1. 完善社会主义基本经济制度，健全现代市场体系

一是在巩固和发展公有制经济的基础上，坚定不移地鼓励和支持非公有制经济的发展，构建公有制经济和非公有制经济和谐发展、公平竞争的局面。党的十七大报告提出：“坚持平等保护物权，形成各种所有制经济平等竞争、相互促进新格局”①，并在党的十八大上对其进一步细化具体化，提出：“保证各种所有制经济依法平等使用生产要素、公平参与市场竞争、同等受到法律保护。”②

二是深化国有企业、集体企业改革。通过国有企业的公司制股份制改革，完善各种国有资产的管理体制，增强国有经济的活力和控制力。保证国有经济在同其他所有制经济形式进行公平竞争的情况下，能够掌握关系国家安全和国民经济命脉的重要产业和领域。推进集体经济改革，发展多种形式的集体经济、合作经济。

三是推进公平准入，深化垄断行业改革。党的十七大报告提出：“深化垄断行业改革，引入竞争机制，加强政府监督和社会监督”，“推进公平准入，改善融资条件，破除体制障碍，促进个体、私营经济和中小企业发展。”③

---

① 中共中央文献研究室．十六大以来重要文献选编（上）[M]．北京：中央文献出版社，2009：20.

② 中共中央文献研究室．十八大以来重要文献选编（上）[M]．北京：中央文献出版社，2014：16.

③ 中共中央文献研究室．十七大以来重要文献选编（上）[M]．北京：中央文献出版社，2009：20.

四是健全现代化市场体系。目的在于形成统一开放竞争有序的现代市场体系，为此党的十七大提出："发展各类生产要素市场，完善反映市场供求关系、资源稀缺程度、环境损害成本的生产要素和资源价格形成机制，规范发展行业协会和市场中介组织，健全社会信用体系。"①

2. 完善社会主义初级阶段分配制度

党的十七大报告指出，一是将收入分配与社会公平相联系，提出"合理的收入分配制度是社会公平的重要体现"。二是提出"初次分配和再次分配都要处理好效率和公平的关系，再次分配更加注重公平"，成为指导深化分配制度的改革思想。三是第一次提出"逐步提高居民收入在国民收入分配中的比重，提高劳动报酬在初次分配中的比重"。四是进一步细化生产要素按贡献参与分配。

党的十八大针对收入分配提出了新的思路和新的要求。一是首次提出居民收入倍增目标，即到2020年，实现国内生产总值和城乡居民人均收入比2010年翻一番。二是强调"两个同步，两个提高"，即"居民收入增长和经济发展同步、劳动报酬增长和劳动生产率提高同步，提高居民收入在国民收入分配中的比重，提高劳动报酬在初次分配中的比重"②。三是强调多渠道增加居民收入。四是在要素按贡献参与分配的初次分配机制的基础上，提出"加快健全以税收、社会保障、转移支付为主要手段的再分配调节机制"③。

3. 转变经济发展方式

党的十七大报告提出了转变经济发展方式的战略思想，指出："要坚持走中国特色新型工业化道路，坚持扩大国内需求特别是消费需求的方针，促进经济增长由主要依靠投资、出口拉动向依靠消费、投资、出口协调拉动转变，由主要依靠第二产业带动向依靠第一、第二、第三产业协同

---

① 中共中央文献研究室．十七大以来重要文献选编(上)[M]．北京：中央文献出版社，2009：17－28.

② 中共中央文献研究室．十八大以来重要文献选编(上)[M]．北京：中央文献出版社，2014：28.

③ 中共中央文献研究室．十八大以来重要文献选编(上)[M]．北京：中央文献出版社，2014：16.

带动转变，由主要依靠增加物质资源消耗向主要依靠科技进步、劳动者素质提高、管理创新转变。”[①] 在之后的中共十七届五中全会上又提出转变经济发展方式的五项基本要求，从而为转变经济发展方式指明了方向。

党的十八大再次丰富了转变经济发展方式的思想，提出“一个立足点”，即“把推动发展的立足点转到提高质量和效益上来”；“四个着力”，即“着力激发各类市场主体发展新活力、着力增强创新驱动发展新动力、着力构建现代产业发展新体系、着力培育开放型经济发展新优势”；“五个更多”，即使经济发展“更多依靠内需特别是消费需求拉动，更多依靠现代服务业和战略性新兴产业带动，更多依靠科技进步、劳动者素质提高、管理创新驱动，更多依靠节约资源和循环经济推动，更多依靠城乡区域发展协调互动”[②]。

4. 统筹城乡发展，推进社会主义新农村建设

党的十六大以来，党中央针对“三农”问题，提出“统筹城乡发展，推进社会主义新农村建设”的重大战略，旨在构建城乡经济一体化新格局，建设新形势下的新农村。

党的十七大报告强调，“加强农业基础地位，走中国特色农业现代化道路，建立以工促农、以城带乡长效机制，形成城乡经济发展一体化新格局”[③]，并将“统筹城乡发展，推进社会主义新农村建设”视为促进国民经济又好又快发展的重要任务之一。城乡一体化也是打破城乡二元经济结构，缩小城乡发展差距，解决“三农”问题的根本途径。对于推进社会主义新农村建设，党的十六届五中全会指出：“建设社会主义新农村是我国现代化进程中的重大历史任务。要按照生产发展、生活富裕、乡风文明、村容整洁、管理民主的要求，坚持从各地实际出发，尊重农民意愿，扎实稳步推进新农村建设。”由此可见，新农村建设实质上是一个庞大的系统工程，旨在促进包含经济基础、生态文明、精神文明和政治生

① 中共中央文献研究室．十七大以来重要文献选编(上)[M]．北京：中央文献出版社，2009：17-28.

② 中共中央文献研究室．十八大以来重要文献选编(上)[M]．北京：中央文献出版社，2014：16.

③ 中共中央文献研究室．十七大以来重要文献选编(上)[M]．北京：中央文献出版社，2009：18.

态的农村的全面发展，这一工程是中华民族历史上的伟大创新。

（二）新常态下的中国特色社会主义现代化建设

2016年12月，中央经济工作会议上，习近平提出“作出经济发展进入新常态的重大判断”“形成以新发展理念为指导、以供给侧结构性改革为主线的政策框架”“贯彻稳中求进工作总基调”三件大事，作为党的十八大以来党的经济发展怎么看、怎么干的系统概括。

中国经济发展进入“新常态”。习近平提出，中国经济新常态，是在深入分析国内外宏观经济新形势和深刻揭示中国经济潜在增长率新变化的基础上，对我国未来经济社会发展新趋势的一种战略判断。2014年中央经济工作会议，对新常态下中国经济的变化作了系统性的阐述，指出：“从消费需求看，过去我国消费具有明显的模仿型排浪式特征，现在模仿型排浪式消费阶段基本结束，个性化、多样化消费渐成主流。从投资需求看，传统产业相对饱和，但基础设施互联互通和一些新技术、新产品、新业态、新商业模式的投资机会大量涌现。从出口和国际收支看，现在全球总需求不振，必须加紧培育新的比较优势，使出口继续对经济发展发挥支撑作用。从生产能力和产业组织方式看，现在传统产业供给能力大幅超出需求，新兴产业、服务业、小微企业作用更加凸显，生产小型化、智能化、专业化将成为产业组织新特征。从生产要素相对优势看，过去劳动力成本低是最大优势，现在人口老龄化日趋发展，经济增长将更多依靠人力资本质量和技术进步。从市场竞争特点看，过去主要是数量扩张和价格竞争，现在正逐步转向质量型、差异化为主的竞争。从资源环境约束看，过去能源资源和生态环境空间相对较大，现在必须顺应人民群众对良好生态环境的期待，推动形成绿色低碳循环发展新方式。从经济风险积累和化解看，必须标本兼治、对症下药，建立健全化解各类风险的体制机制。从资源配置模式和宏观调控方式看，全面刺激政策的边际效果明显递减，必须全面把握总供求关系新变化，科学进行宏观调控”①。提出这样的判断，是我国

① 中共中央文献研究室．十八大以来重要文献选编（中）[M]．北京：中央文献出版社，2016：241－245.

社会主义政治经济学理论的一次重大创新，也是对中国经济发展规律的深刻把握，为新形势下中国经济发展指明了方向。

在“新常态”背景下，以习近平为核心的新一届领导集体，运用马克思主义基本原理和中国经济社会发展实际相结合，提出了新的发展理念，成为指导我们制定“十三五”规划，以及实现现代化建设，全面建成小康社会的长远目标的指导思想和总纲领。

以供给侧结构性改革为主线。这是一条着眼于扩大有效供给，使供给和需求结构以及需求结构的变大相适应，并以此实现经济增长和发展的适应和配合，从而释放更大的经济增长和发展的活力与动力；核心是提高供给质量和效率；重点是解放和发展社会生产力；根本目的是更好地贯彻落实以人民为中心的发展思想和任务的路线。这是党中央在新常态背景下，对我国经济发展的重大调整，肩负着化解我国经济发展所面临的苦难和矛盾的巨大任务，也是促进社会分工、培育新发展动力的必然选择，是当代马克思主义政治经济学的新成果之一。

第三节　非均衡与均衡发展的动态协调与理论研讨

一、地区倾斜的探讨研究

幅员辽阔、资源丰富、区域差异以及完整的经济体系是我国所具有的独特的空间发展优势。新中国成立以来，中国区域经济大体经过了均衡—非均衡—再均衡的发展轨迹。对发展的不同阶段学术界都进行了积极探讨，观点和争论也是百花齐放。这里重点介绍改革开放后非均衡与再均衡两个阶段。

（一）向东部沿海地区倾斜的非均衡发展

改革开放以前，为改变旧中国工业布局集中于沿海地区的局面，在较长时间里国家实行的是区域经济平衡发展战略，重点是中西部地区和“三线”建设。改革开放后，邓小平提出“一部分地区有条件先发展起来，一部分地区发展慢点，先发展起来的地区带动后发展的地区，最终达到共同富裕”①。在这样一个先富带后富的思想指导下，以追求区域经济发展“效率”为目标的经济政策，开始向东部沿海地区倾斜。国家相继开放了14个沿海港口城市，兴办了5个经济特区和浦东新区。邓小平关于区域经济发展的思想，也成为具有中国特色的区域经济发展指导思想。

学术界则对梯度推移论展开了激烈探讨。梯度推移论认为，无论在世界范围内还是一国范围内，经济发展总是不平衡的，客观上会形成经济技术梯度差。有梯度就有空间转移，生产力的空间转移，首先是让高梯度地区引进先进技术，获得政策上的倾斜，率先发展，然后再逐步向二级梯度地区、三级梯度地区推进。此时，二级梯度地区和三级梯度地区则先使用中间技术或传统技术，再随着经济不断发展，逐步使用先进技术。在发展过程中，推进速度会不断加快，从而缩小地区之间的差距，使区域协调发展。我国区域经济客观上存在东、中、西三级梯度差，应该充分利用这一优势。

在反对声音中，最值得一提的是，西部经济学家提出的反梯度推移论。该理论认为，三大梯度的划分并不合理，理论上是以科学技术水平作为划分依据，但实际上是以海上贸易条件为依据。区域经济发展的配置，不应仅以贸易为重点，很多情况下应以资源禀赋、技术条件为转移。被划为三级梯度的西部地区，有丰富的自然资源，有很多重要城市、工业区，也有国内一流的技术，按照资源和技术应划为一级梯度。1984年参加“莫干山会议”的西部代表郭凡生就提出：“当前世界正经历新技术革命，这给了不发达地区一个赶超的机会”“国内技术的梯度推移不能构成一个规律。”②但该理论并没有阐明在我国实行“反梯度推移”的充要条件，也未提供可供选择的可行操作，更没有取得成功的案例参考。因此，反梯度推移理论最终并没有被决策层采纳。

在之后的“六五”计划和“七五”计划中，区域发展战略就有所体

---

① 中共中央文献研究室．邓小平文选：第3卷[M]．北京：人民出版社，1993：374.

② 郭凡生．谈谈技术的梯度推移规律[N]．经济日报，1984-09-28.

现。在“七五”计划中首次将全国划分为东部、中部、西部三个经济带，并提出到20世纪90年代，要加快东部地区经济的发展，中部作为能源、原材料建设的重点地区，并为西部地区开发做好准备。

（二）区域非均衡协调发展

经过十几年的发展，东部沿海地区获得政策上的倾斜，实现了快速发展，但由于经济体制和机制不完善，再加上市场的自发作用，并没有出现梯度理论所言的向中西部推移的趋势，反而扩大了东部、中部、西部的差距。此外，老工业基地经济增长持续不振，贫困地区返贫率和抗自然灾害能力不足等问题显著。因此在学术界开展了积极的探讨，为解决新问题提出新观念、新方法。其中，以李树桂提出的非均衡互补协调发展战略为代表，在其主编的《中国区域经济问题研究》中指出：“从我国区域经济发展的历史经验教训来看，改变均衡发展战略和非均衡发展战略，实行非均衡互补协调发展战略是最佳选择。”① 当时这一可以兼顾公平与效率的战略提议，得到了诸多学者的赞同。

在区域经济学界中，将生产力布局问题视为研究区域经济发展的重点问题，学术界对此有着积极讨论，也可反映出关于地区倾斜的争议。其中最重要的是点轴开发理论。该理论指出，20世纪50年代我国划分沿海地区与内地，20世纪60年代至70年代中期划分一线、二线、三线建设区域，20世纪80年代划分东部、中部、西部三大经济地带，从国土开发、经济发展空间战略衡量，都有不同程度的局限性。划分的空间面积都很大，很难对具体的建设布局发挥作用，也不能阐明如何实现从不平衡到较为平衡的区域发展。而点轴开发模式将生产力发展在空间上聚集成点即中心城市，并通过点与点之间的交通动脉即轴发挥聚集作用，这样不仅可以发挥各级中心城市的作用，而且可以便利各城市、各区域之间的要素流动。随着经济不断发展，在不断升级点的同时也可加强对轴的开发，并且通过轴不断向外延伸，从而实现区域发展的协调性。

根据点轴开发理论，学术界先后提出了多种战略构想，例如：三字型

① 李树桂．中国区域经济问题研究[M]．成都：成都科技大学出版社，1993：27.

东中西推移论；“T”型战略，即以沿海与沿江作为全国发展主轴，形成国土开发和区域发展的“T”字型结构；兀字型沿海、长江和陇海、兰新线的“沿海两线论”；“四沿”型格局论，即沿海、沿江、沿路、沿边网络结构①。这些战略构想整体来说长短不一，其中影响最大的是三字型梯度推移论，当时有学者就指出其存在重大问题，即不利于进一步形成网络式区域经济，非调整不可②。

（三）科学发展观指导下的统筹区域协调发展

长期的非均衡发展战略，导致东部、中部、西部地区差距不断扩大，特别是各地区间收入水平和享受的公共资源的差距。面对实现全面建成小康社会，以及共同富裕的最终目标，这些差距已成为严重的阻碍。因此，自党的十六大以来，党和国家通过不断的实践探索与总结，提出了以人为本，全面协调可持续的科学发展观，提出了统筹区域发展。正如国家发改委课题组《统筹区域发展研究》中明确提出的，统筹区域发展的目的在于实现区域协调发展，将发展差距控制在社会能控制的范围之内。

这一阶段党中央在区域经济发展问题上，就是要努力实现区域经济发展的协调、再均衡，这一点在《国民经济和社会发展第十一个五年规划纲要》（以下简称《纲要》）中，也能深刻体现出来。《纲要》提出，坚持西部大开发、振兴东北等老工业基地、促进中部地区崛起、鼓励东部地区率先发展的战略部署，完善区域协调互动机制，形成合理的发展格局。

这样的战略部署得到了学者们的广泛认可。朱传耿充分认可了这一战略，提出“该战略覆盖了我国全部的国土面积和人口，致力于实现各地区的共同发展和繁荣，因而它又是全面完整的区域发展战略”③。陈宣庆、张可云认为，“新的区域发展战略的核心是协调，通过统筹兼顾达到公平和效率的统一，促进协调发展。统筹区域发展战略的提出，也是坚持全面、

---

① 陈栋生．区域经济研究的新起点[M]．北京：经济管理出版社，1991：221.

② 王伟光，张卓元．中国经济 30 年（1978—2008）[M]．北京：中国社会科学出版社，2008：314.

③ 朱传耿．区域经济学（第二版）[M]．北京：中国社会科学出版社，2007：297.

协调、可持续的科学发展观以及构建和谐社会的内在要求和重要内容”①，他们建议：“无论是中央政府还是地方政府，在处理区域问题时，要运用‘区域方法’，而不是‘一刀切’的传统方法。”② 这种区域方法主张因地制宜地采取更有针对性的方法，因为实际的区域问题并非均匀分布于不同地区，而是集中于特定地区。

二、产业导向的探讨研究

对于我国而言，产业经济学理论是一种“进口”理论。它真正形成一门独立的学科是在20世纪中叶，但真正进入我国成为研究对象是在改革开放之后。随着我国改革开放的不断深入，中国学者们在吸收国外理论的同时，结合我国实际国情，对产业经济学的研究逐渐实现了中国化，并形成了产业结构、产业组织等主体内容。从改革开放至今的研究历程，根据不同时代背景和研究特点大致可分为四个阶段：改革开放到20世纪90年代初、党的十四大到20世纪末、21世纪初到党的十八大、进入新时代中国特色社会主义时期。

（一）产业经济学在我国的引进与发展

新中国成立之初，我国的经济学科体系是从苏联引进的，产业概念主要是指计划经济中的“部门”和“行业”，包括农业、工业、商业等，对应的学科专业设立了农业经济学、工业经济学和商业经济学等门类。这一学科分类模式一直沿用至改革开放初期。产业经济学在我国的发展可以分为两个时期，“引进期”和“发展期”，前者从20世纪80年代至20世纪末，后者从21世纪初至今。

改革开放初期，我国的产业经济学理论主要受日本产业经济学理论的影响。1985年，杨治教授主编的《产业经济学导论》出版，这是国内第一本以“产业经济学”命名的书籍，系统地介绍了日本学者对产业经济学的

---

① 陈宣庆，张可云．统筹区域发展的战略问题与政策研究［M］．北京：中国市场出版社，2007：33－34.

② 陈宣庆，张可云．统筹区域发展的战略问题与政策研究［M］．北京：中国市场出版社，2007：34.

研究，对国内的后续研究产生较大影响；同年，清华大学和世界银行经济发展学院联合编印的《产业组织经济学》出版，该书系统介绍了西方产业组织理论[①]；1988 年，日本学者植草益的《产业组织论》（卢东斌译）出版，是国内第一本系统介绍国外产业组织学的书籍；20 世纪 90 年代后，我国学者取得了一些较规范的研究成果。1990 年，陈小洪、金忠义编著的《企业市场关系分析——产业组织理论及其运用》出版；1991 年，王慧炯主编的《产业组织及有效竞争》出版；1993 年，马建堂主编的《结构与行为：中国产业组织研究》出版[②]。之后，还有大量与产业组织理论相关的学术文献发表，很大程度上促进了我国产业组织研究的发展。

研究进入发展期，明显具有以下特征：一是产业经济学的学科地位有所提升。有学者认为，产业经济学以实际产业为研究对象，填补了国内中观经济学研究的空白，为政府制定产业政策提供了有力的理论支撑；有利于完善我国的经济学科体系的现代化建设；有利于企业更清楚地认识外在产业环境，有助于提高资源的配置效率。二是国内学者就产业经济学的研究内容分为两种观点：第一种认为，产业经济学等同于产业组织理论，主要以特定的产业为研究对象，并以市场结构、市场行为、市场绩效和产业组织政策为基本理论框架。第二种认为，产业经济学不仅仅是产业组织理论，还包括产业结构、产业关联、产业布局、产业发展和产业政策等内容[③]。三是出现了诸多基于产业经济学分析范式，结合中国实际问题进行分析的研究成果。例如，在干春晖主编的《产业经济学：教程与案例》中，运用规范的产业经济学研究方法，分析了中国十个重要产业，展现了中国产业发展的现状[④]。王聪、段西军等通过构造 SCP 框架，分析了我国证券市场结构和佣金制度、证券公司在经纪业务中的竞争行为与固定佣金制度，证券市场绩效与固定佣金制度，证券交易成本的调整对证券市场的

---

① 吴汉洪．西方产业组织理论在中国的引进及相关评论[J]．政治经济学评论，2019，10(1)：3－21.

② 王姚瑶．产业组织理论的主要流派及其在我国的发展[J]．辽宁经济，2009(7)：56.

③ 吴汉洪．西方产业组织理论在中国的引进及相关评论[J]．政治经济学评论，2019，10(1)：3－21.

④ 干春晖．产业经济学：教程与案例[M]．北京：机械工业出版社，2006

影响①。栗书茵运用产业组织理论对我国外汇市场结构的特征进行分析，得出我国外汇市场结构呈现“买方较高垄断，卖方较高寡占”的总体特征②。

（二）产业结构的研究发展

第一阶段，这一时期的研究主要包括对过去我国产业结构问题进行分析总结，并对未来产业结构调整和选择提供建议，以及对第三产业的研究。国务院财政经济委员会多次组织经济学界，就我国产业结构问题进行探讨研究。有学者研究指出，我国产业结构的两个根本缺陷，在于资源结构与产业结构相背离和由低水平数量扩张造成的有效供给不足。其根源在于在封闭条件下强行实施以投资需求为主导的增长路线，因而被迫发展资本密集型产业并开发所需的技术③。也有学者认为，结构不合理体现在农轻重的比例失调，原因在于违背比较优势追求重工业优先发展。

关于产业结构的调整和选择，争论焦点是未来产业结构调整问题。杨坚白认为：坚持中国工业化道路，需坚持农轻重的顺序，要以农业为基础，调整重工业结构，使之与农业、轻工业相适应。孙尚清提出：要稳定轻工业的增长，同时要在适当控制重工业发展速度和增长下，保证重工业优先增长。李京文、郑友敬等提出产业结构合理化要依靠技术进步，并提出调整产业结构的基本原则，包括消费导向、就业需求、协调发展、技术进步、效益最佳④。黄一义根据对我国经济结构和产业配置矛盾的分析，并借鉴有关国际经验，提出我国20世纪优先发展的产业及其顺序：一是以劳动密集型的加工工业为主的出口产业、基础设施产业；二是为以上产业配套的原材料、元器件、零部件和工业设备制造产业；三是有潜在出口能力的下一代出口产业⑤。

---

① 王聪，段西军．中国证券市场佣金制度研究——关于中国证券市场的SCP分析框架[J]．经济研究，2002(5)：39－47，65－93.

② 栗书茵．基于产业组织理论的我国外汇市场结构优化研究[J]．经济学动态，2011(7)：75－79.

③ 黄一义．论本世纪我国产业优先顺序的选择[J]．管理世界，1988，(3)：16－35.

④ 李京文，郑友敬，等．技术进步与产业结构问题研究[J]．数量经济技术经济研究，1988(1)：3－8.

⑤ 黄一义．论本世纪我国产业优先顺序的选择[J]．管理世界，1988(3)：220.

国内最早研究第三产业的学者是李江帆，他运用马克思的劳动价值理论的范式分析第三产业并揭示其规律。

第二阶段，这一时期中国开始围绕建立社会主义市场经济体制，进行经济体制改革，市场机制在资源配置上开始发挥基础性作用，再加上经过20世纪80年代的探索，对产业经济的认识也更加深刻。中国即将加入WTO，对产业结构的研究更加关注开放经济的背景；再者美国进入新经济后，在信息技术革命下催生新兴产业发展，传统产业也出现变革。国家信息中心中国新经济发展战略课题组提出，应在我国已形成的一定信息产业基础上，利用信息技术改造传统产业，加快国民经济结构的战略性调整；利用国际信息产业重组的机会，充分发挥比较优势，加快信息化建设①。许小年则认为：我国高科技产业发展的条件还不成熟，应先把注意力放在为高科技产业发展构筑良好环境方面。

加入WTO意味着，我国产业结构调整必须放眼整个国际经济背景。胡乃武等认为，我国的比较集中优势在劳动密集型产业上，而这些产业优势会受到进口国反补贴、反倾销、配额限制等打压。所以根据加入WTO和国际经济形势要求，产业结构调整的核心应是提高我国产业的国际竞争力，实施跨梯度升级模式，通过整体设计，分类推进产业调整②。洪银兴认为，加入WTO不仅涉及产业结构调整，还会涉及所有制结构调整，并且所有制结构的调整会反向推动我国产业升级③。王洛林等认为，技术先进的跨国公司会对我国的产业升级起到巨大的带动作用。

第三阶段，2000年第一、第二、第三产业的占比分别是15.1%、45.9%、39.0%，到2012年为10.1%、45.3%、44.6%。第一产业持续降低，第二产业基本持平，第三产业占比显著增加，产业结构调整逐步趋向协调。进入21世纪，我国已经实现总体小康，经济环境发生了根本性的变化，体制环境变了，供求关系变了，对外关系变了。但也面临着严峻的挑

---

① 国家信息中心中国新经济发展战略课题组．新经济：中国面临的机遇和挑战[J]．求是，2001(5)：27－31.

② 胡乃武，王春雨．加入WTO与我国产业结构调整[J]．中国人民大学学报，2002(3)：54－59.

③ 洪银兴．WTO条件下贸易结构调整和产业升级[J]．管理世界，2001(2)：21－26，219－220.

战：劳动人口增长率下降，要素成本上涨，刘易斯拐点接近和人口红利逐渐减小；气候变化带来的环境压力；新技术革命和全球产业结构调整；全球金融危机爆发；国外需求减少，大宗商品价格波动等。因此，要想实现可持续健康发展，就必须对产业结构进行战略性调整。

党的十六大提出走新型工业化道路，引起了学术界的探讨。刘世锦认为，进入21世纪消费产业已经成为主导产业，并且行业增长的出发点和归属点都是以居民消费为基础，因此他判定我国经济已进入以市场为基础、附加值和技术含量逐步提高，可持续比较强的重化工业阶段。吴敬琏则持反对意见，认为应该进行体制改革，为技术进步和效率提高创造条件，加快服务业的发展，用信息化带动工业化。他还强调，中国经济未来增长应该依靠效率提高，而不是高投入①。林毅夫认为，中国劳动力依然过剩，应该积极发展劳动密集型产业而不是资本密集型产业②。赵丽芬、董军认为，我国重化工业的增长是经济上升周期的作用，不能作为我国进入重化工业阶段的依据③。

近年来，我国出现东部沿海劳动密集型产业向中西部地区转移的趋势。发生在长三角地区的要素流动和产业转移，促成了长三角地区经济一体化。陈建军认为，长三角地区出现制造业产业重心转移，形成了相对合理的产业分工结构和空间结构。蔡昉认为，沿海地区进行产业升级、转移，西部地区承接不仅能发挥西部地区劳动力丰富的比较优势，解决就业问题，还能保持劳动密集型产业在中国的延续。魏后凯认为，产业转移是企业在异地的规模扩张，能够提升企业的竞争力，对于转出区若能促进产业升级，发展新兴产业长远来看将提高整体竞争力。冯根福等则对大规模产业转移持消极态度，认为我国中西部地区间大规模产业转移的条件还不成熟，想要依靠中西部之间的产业转移，解决在全球经济危机下扩大就业

---

① 吴敬琏．思考与回应：中国工业化道路的抉择（上）[J]．学术月刊，2005(12)：38－45.

② 林毅夫．目前的重工业热不符合中国国情[J]．当代经济，2005(2)：6.

③ 赵丽芬，董军．论现阶段我国“重化工业化”论断的反思[J]．改革，2005(4)：28－35.

和实现区域协调发展相当困难①。

第四阶段，2012年开始经济增长速度减缓，转而进入高质量发展的转型阶段。党的十九大报告中提出我国进入新时代，并且主要矛盾已转变为人民日益增长的美好生活需求和不平衡不充分的发展之间的矛盾。2013年，我国第三产业增加值首次超过第二产业，正式成为国民经济的主导产业。但在工业4.0下各国都推出再工业化战略、贸易保护主义抬头、人口红利持续衰减的背景下，我国推出创新驱动战略，为产业结构升级注入了动力。理论界对以下几个问题较为关注：①产业结构调整的影响因素。徐赟、李善同指出，出口对主导产业增长具有重要拉动作用，而主导产业带动的经济增长可促进产业结构升级②。刘建江等提出，传统产业产能过剩且制造业低端锁定、高房价常态化等制约转型升级③。②产业结构调整方向。张伟等指出，低碳化是产业结构优化的方向，我国能源结构的变化驱动着产业体系低碳化。陈昌兵认为，创新驱动下产业升级主要表现是服务业和高端制造业、深度城市化和技术创新④。郭俊华等提出，应该大力发展“互联网+”的生产性服务业及绿色低碳产业，并通过质量和品牌重塑中国制造的品牌形象⑤。

（三）产业组织的研究发展

产业组织研究的是产业内企业间的市场和组织关系。产业组织理论在20世纪80年代逐渐被系统性地引入，学者们结合中国的实际情况，逐渐形成了具有中国特色的产业组织理论思想。

第一阶段，因为现行经济体制不合理，商品经济不发达等，导致企业

---

① 冯根福，刘志勇，蒋文定．我国东中西部地区间工业产业转移的趋势、特征及形成原因分析[J]．当代经济科学，2010，32(2)：1－10，124.

② 徐赟，李善同．中国主导产业的变化与技术升级——基于列昂惕夫天际图分析的拓展[J]．数量经济技术经济研究，2015，32(7)：21－38.

③ 刘建江，易香园，王莹．新时代的产业转型升级：内涵、困难及推进思路[J]．湖南社会科学，2021(5)：67－76.

④ 陈昌兵．新时代我国经济高质量发展动力转换研究[J]．上海经济研究，2018(5)：16－24，41.

⑤ 郭俊华，卫玲，边卫军．新时代新常态视角下中国产业结构转型与升级[J]．当代经济科学，2018，40(6)：81－90，129.

组织结构不合理，“大而全，小而全”的产业布局，总体呈现出绝对规模大，有效规模小。之后开始经济体制改革，对企业实行“放权让利”，但却形成了“一放就乱，一收就死”的局面，以及一系列社会问题的恶化。卫兴华等提出，增强企业活力也应建立和不断完善约束机制，来抑制企业的盲目扩张，将企业活力引入国民经济计划轨道①。

胡汝银的专著《竞争与垄断：社会主义微观经济分析》在当时有较大影响。该书以马克思的微观经济分析框架为基础，系统地研究了产业组织层面的社会主义竞争问题，并得出重要结论：社会主义垄断主要表现为国家垄断和行政垄断，社会主义竞争存在部门间不充分竞争；各种“抽肥补瘦、鞭打快牛”的措施虽能抑制部门间不均齐竞争，但也起到了阻碍先进企业成长、保护落后企业的作用，降低了资源配置效率。

第二阶段，产业组织理论研究主要集中于中国产业组织现象和产业组织政策。对市场结构、市场分裂、实际运行绩效问题，以及市场结构的适度集中和反垄断与管制政策问题有着独到见解。20 世纪 90 年代，我国经济转为买方市场，大部分行业的产业组织都不合理。主要表现为全行业产能过剩，行业内企业数量多，规模小，绝对产量水平低。针对这样的市场结构，国内学者一直认为必须做大做优企业，加强行业集中度，淘汰落后产能，实现规模经济。

马建堂在《结构与行为——中国产业组织研究》中，计算出中国 3 个主要工业行业的市场集中度，对中国企业规模经济状况进行了估计，指出中国的管制体系应满足企业自由进入、自由退出的条件；政府对不同的产业应结合其特点，设置不同的进入和退出的壁垒，引导产业组织合理化；政府的产业组织政策引导方向要与市场信号引导方向一致。

针对市场分割产生的原因，学者们提出了各自的见解。杨灿明认为，这种区域市场结构的独特性与政府行为有直接关系，而政府的行为又与长期的行政管理与经济管理一元体有关②。银温泉、才婉茹以路径依赖理论

① 卫兴华，洪银兴，魏杰．企业活力与企业行为约束机制[J]．学术月刊，1986(4)：1-5，9.

② 杨灿明．地方政府行为与区域市场结构[J]．经济研究，2000(11)：58-64.

为分析基础，指出地方市场分割是经济转轨中的特有现象，以财政大包干、大量国有企业事实上的地方所有制为基本特征的行政性分权，是其深层体制原因，此外传统体制一流的工业布局、地方领导的业绩评价等现实因素，也强化了地方市场分割倾向①。

关于反垄断与管制政策问题，我国学者的看法比较一致。张维迎、盛洪以电信行业为例进行分析，指出中国反垄断的首要任务是反政府部门的垄断和限制公平竞争的行为。王俊豪的专著《政府管制经济学导论》有比较大的影响。该书系统论述了各种管制理论，并对电信、电力和自来水三种自然垄断行业的产品管制价格形成机制作了系统研究。

第三阶段，21 世纪，随着博弈论分析工具的引入，产业组织的研究在企业竞争行为、竞争战略方面越来越多、越来越深入。产业经济学的研究也越来越细化，针对具体的行业领域展开。另外，社会主义市场经济体制改革不断深化，学术界日益重视深化垄断行业、反垄断和政府管理体制改革等问题。

企业竞争方面，孙洛平利用边际分析法，得出竞争力的提高与企业规模无关的结论。他指出，我国若干中小城镇的产业集群现象，就是利用市场组织充分发挥其竞争优势的典型例子。林汉川、管鸿禧利用外部环境竞争力、短期生存事例、中期成长能力、长期发展潜力四项指标，对各行业的中小企业的竞争力作出评价，并对他们的竞争力进行排序，由高到低依次是电子电器行业；化工、轻工、商业服务业；食品、机械、冶金、建筑、建材业；纺织业②。

反垄断问题方面，针对不同垄断类型、不同行业保持不同集中度，学者们提出各自的建议。面对我国占主要的行政性垄断，刘小玄提出在竞争市场上解决的首要问题是产权问题，而在垄断竞争市场上，解决行政性的市场垄断最为关键。王俊豪认为，民营化能够真正推动自然垄断企业实现政企分离，同时还能促进竞争。民营化改革是深化我国自然垄断企业政府

---

① 银温泉，才婉茹．我国地方市场分割的成因和治理［J］．经济研究，2001（6）：3－12，95.

② 林汉川，管鸿禧．中国不同行业中小企业竞争力评价比较研究［J］．中国社会科学，2005（3）：48－58.

管制体制改革的必然选择①。

刘伟、黄桂田则认为，各国金融资产配置方式不同，银行业的产业组织结构存在差异性，由大规模银行组成的相对集中的产业组织结构并不一定导致竞争程度的下降。中国银行业偏高的集中率并不是影响行业竞争程度的主要原因。即使中国银行业大幅度提高商业化程度，银行业的产业组织结构也不宜过度分散，保持相对集中的行业结构，更有利于提高金融资产的配置效率②。

政府管制问题方面，白让让、郁义鸿对管制放松的初始诱因提出一个新的解释，即管制放松是技术进步、需求结构变化和原有管制下的产品特质、产业组织结构及权力结构安排的内生现象③。江飞涛等对1994年以来旨在防治“产能过剩”的中国钢铁工业投资管制政策进行反思。他们指出，钢铁工业投资管制政策阻碍了市场对固定资产投资的自发调整，造成一些不良政策后果，采取此类政策应审慎④。陈代云通过分析西方发达国家在规制和放松规制之间的转变，揭示出其一般规律，认为放松规制促进竞争，提高了消费者福利水平，但并不是不要规制。在市场和政府不能相互替代时，就有市场和政府同时存在的必要，规制和放松规制就成为一种“两益取其重，两害取其轻”的权衡。同时提出，我国应该在满足规制和放松规制的一般规律基础上，建立具有中国特色的社会主义市场经济体制下的规制体系⑤。

第四阶段，互联网背景下的产业组织研究。互联网经济的产业组织是一个全新的研究领域。关于互联网与实体经济之间的联系，杨德明、刘泳文认为，要推进互联网和实体经济的深度融合，推进“互联网 +”国家战略在传统企业中更为有效地实施。在互联网环境下，差异化仍然有助于企业获得竞

① 王俊豪．我国自然垄断产业民营化改革的若干思考[J]．商业经济与管理，2002(1):11－14.

② 刘伟，黄桂田．银行业的集中、竞争与绩效[J]．中国金融，2003(24):65.

③ 白让让，郁义鸿．价格与进入管制下的边缘性进入——一个理论模型分析[J]．经济研究，2004(9):70－81.

④ 江飞涛，陈伟刚，黄健柏，等．投资规制政策的缺陷与不良效应——基于中国钢铁工业的考察[J]．中国工业经济，2007(6):53－61.

⑤ 陈代云．产业组织与公共政策:规制抑或放松规制？[J]．外国经济与管理，2000(6):7－12.

争优势，提升企业业绩，但成本领先则难以帮助企业获得竞争优势[①]。

传统产业组织理论从供给角度分析市场结构、市场行为和市场绩效问题。而互联网技术的发展，使得企业可以为每一位消费者提供基于其异质性偏好的服务，实现差别定价，这就可以对企业的市场行为造成影响进而影响绩效，所以基于消费者异质性的产业组织研究成为热点。罗珉、李亮宇认为，在互联网时代，传统的价值链中以供给为导向的商业模式正在逐渐走向消亡，以异质性需求为导向的互联网商业模式和价值创造正在出现。他们提出了互联网时代商业模式概念并对它的关键要素如社群、平台、跨界、资源聚合和产品设计进行了描述，阐述了互联网时代连接的重要性，指出连接满足了顾客深层次的需求，进而揭示了互联网时代的商业模式追逐的是连接红利[②]。

当下我们正处于以数字化和智能化为核心的第四次工业革命浪潮中。戚聿东等结合传统产业转型升级的经验证据，提出一个“产业组织数字化重构”的理论框架，旨在揭示数字技术推动传统产业转型升级的内在机理，为企业战略适应性转变和政府产业组织政策调整提供理论依据[③]。在数字经济趋势下，产业组织价值创造和获取方式发生着变化。李颖则从宏观、微观和产业生命周期三个维度切入，全面系统剖析数字经济运行下产业组织变革的驱动因素和驱动机制，提出数字经济驱动下产业组织演化历经产业模块化、产业平台、产业生态系统、产业创新社区四个阶段[④]。

---

① 杨德明，刘泳文．“互联网+”为什么加出了业绩[J]．中国工业经济，2018(5):80-98.

② 罗珉，李亮宇．互联网时代的商业模式创新：价值创造视角[J]．中国工业经济，2015(1):95-107.

③ 戚聿东，肖旭，蔡呈伟．产业组织的数字化重构[J]．北京师范大学学报(社会科学版)，2020(2):130-147.

④ 李颖．数字经济趋势下产业组织变革及对策[J]．商业经济研究，2021(13):181-184.

第七章　对外开放理论的形成

改革开放 40 多年以来，中国经济在各方面都经历了跨越式的大发展。伴随着科技革命发展与经济复苏，中国深入参与经济全球化进程，积极迎接全球化带来的机遇与挑战。实施改革开放，建设经济特区，逐步实现全方位对外开放，建设社会主义市场经济体制，以及坚持独立自主的和平外交政策，都是我国经济贸易快速发展的推动力。我国为适应市场经济体制，还需要进一步深化对外贸易体制改革，优化进出口产业结构，促进对外贸易发展。在国际资本流动方面，我国将“引进来”和“走出去”相结合，同时注重发展引进外资与对外投资，不断完善投资制度，扩大资本流动的规模，已成为世界上重要的资本流入和流出大国。中国提出建设“开放型经济体制”，在发展开放型经济的同时，我们需要注意维护国家经济安全，保障经济的独立性和自主性，要注重防范风险，完善国家经济监管体制。改革开放初期，由于物资匮乏，我国经济以“外向型”为主，随着经济社会的飞速发展与进步，我国经济需要由“外向型”转向以扩大内需为主的“开放型”。因此，建设开放型经济是我国经济发展的必然趋势。

第一节　经济全球化理论发展

经济全球化是各国的经济贸易活动紧密联系在一起的过程。20 世纪末的第三次科技革命推动生产力发展，推动生产国际化，经济全球化进入发展的“黄金时期”，21 世纪初的第四次科技革命带领人类进入智能化时代，推动人类社会走向全球经济一体化。改革开放后，中国将实施改革开放与深度参与经济全球化紧密结合，积极应对全球化带来的机遇与挑战，坚持以独立自主原则参与全球经济治理，不断贡献中国智慧。全球金融危机导致经济全球化放缓，逆全球化思潮萌发。后危机时代带给中国的机遇大于挑战，我们必须抓住机会，发展对外经济贸易，争取在经济全球化浪潮中长久获益。党的十一届三中全会将“对外开放”确立为我国需长期坚持的基本国策。1992 年之后我国经济进入了加速推进的新阶段，建设社会主义市场经济体制成为经济体制改革的新目标。中国在坚持实施独立自主外交政策，积极与其他国家建立和平友好外交关系的同时，也坚持主动扩大对外开放，推动全球多边贸易体制建设，与各国共同维护国际经济秩序，建设互利共赢、安全高效的开放型经济体系。

一、经济全球化

（一）全球化与经济全球化

“全球化”的概念是 20 世纪 80 年代由 T. 莱维提出的，“全球化就是商品、服务、技术和资本在世界性生产、消费和投资领域的扩散”[①]。

关于“全球化”和“经济全球化”的区别，学者们有不同的看法。一种观点认为，全球化就是经济全球化；另一种观点认为，经济全球化是全球化的主要内容，但全球化还包含其他非经济方面[②]。我国学者认为，全球化除了经济全球化，还包括政治制度、意识形态、科学技术、文化艺术等内容，但经济全球化是全球化的核心和主要内容。总体来说，经济全球化是指生产要素在世界范围内自由流动，跨国公司重新组合配置生产要素，各国的经济贸易活动紧密联系在一起的过程，是社会生产力发展的必然结果。相比之下全球化的范围更大，全球化是一种人类社会发展的现象，通常指不同国家和地区之间在政治、文化、经济、贸易等各方面都相互交流、相互影响、相互融合，世界成为一个巨大的有机整体。在多数情

① 赵景峰．经济全球化的马克思主义经济学分析[M]．北京：人民出版社，2006：25－26.

② 范跃进，郑峰，李平，等．经济全球化与区域经济发展[M]．济南：山东人民出版社，2005：3－4.

况下，人们所说的全球化就是指经济全球化，因为经济活动不是独立存在的，而是与政治、文化及科学技术等各种因素密切联系、相辅相成的。

（二）经济全球化的推动力量

全球化的源头是马克思的世界历史论。能够推动民族历史走向世界历史的动力，来源于生产力和科学技术的不断发展，资本的不断扩张和世界市场的形成。习近平总书记指出，经济全球化是社会生产力发展的客观要求和科技进步的必然结果，不是人为造出来的①。生产力是人类社会发展的最终决定力量，科学技术是第一生产力，科学技术的任何突破与创新都将使生产力水平有跨越式的提升。当社会发展到一定程度，由于资本逐利的天性，人类经济活动的范围将不断扩大，最终将突破国与国之间的屏障和阻碍，商品和生产要素开始跨国流动，全球化进程由此推进。关于全球化的推动力量，国内外学者的主要观点如下。

科学技术是促成经济全球化的重要生产力因素，也是根本驱动力。新加坡前总理李光耀曾表示，科技能让制造商把资金、机器和管理知识转移到原料、劳动以及基础设施方面具有相对优势的国家去，以赚取最大利润，使全球经济出现前所未有的繁荣和增长②。20 世纪 80 年代以来，以信息技术、微电子技术为主导的高科技新型产业蓬勃发展，深刻地改变了人们的生产方式和生活观念。计算机、网络、移动电话、通信设施的全球普及，以及现代运输技术的革命性变革，降低了生产要素跨区域流动的成本，提高了信息流通速率和劳动生产率，还改变了世界市场的交易方式，促使电子商务产业飞速发展。同时，随着物流行业迅速发展，电子商务平台与跨国物流公司的合作也为消费者提供了更加便捷的物流配送服务。因此，科学技术进步推动了商品贸易和资本流动全球化，推动了生产和投资国际化，加速了世界经济迈入全球化的步伐。

世界市场与跨国公司的发展也是经济全球化的重要推动力。马克思曾

---

① 共同构建人类命运共同体——习近平在联合国日内瓦总部的演讲[J]. 中国翻译，2017，38（2）：126 – 127.

② 范跃进，郑峰，李平，等. 经济全球化与区域经济发展[M]. 济南：山东人民出版社，2005：13 – 14.

揭示世界市场的本质是资本家剥削雇佣工人，以实现资本的无限增殖与扩张[①]。当资产阶级统治一个国家时，国内市场将无法满足资本追逐剩余价值和不断增值的需求，它必定会突破层层阻碍走向世界，世界市场由此形成。马克思认为，资本的原始积累和资本主义殖民统治是对外贸易与世界市场形成的基础，而世界市场的形成又为资本主义扩张提供了更大的舞台，有利于资本主义商品和制度理念输出，促进资本主义发展。

因此，资本的扩张推动世界市场形成，跨国贸易和商品、要素的自由流动又推动了跨国公司的发展，进而推动经济全球化进程。跨国公司是经济全球化的载体[②]，对经济全球化起到了重要的促进作用。随着信息化时代的到来，发达国家的跨国公司对外进行直接投资，根据不同地区的比较优势和税率来调整生产要素的配置，以扩大规模，降低成本，赚取最大利润。许多跨国公司往往还选择跨国并购和组建战略联盟的对外投资方式，或是将生产和经营的多个环节分包给具有优势的承包者，构成遍布全球的跨国企业网络，将各国经济都纳入其中，并紧密相连[③]。跨国公司在实施经济全球化经营战略过程中，带动了资本、管理、人员和技术的跨区域流动，推动了生产、贸易和技术的全球化，也推进了国际间企业合作和要素重组，因此成为经济全球化的推动力量。

另外，政治因素对全球化的作用也不可忽视。美苏冷战结束后，两极化格局瓦解，世界政治格局发生巨变，形成“一超多强”的新局面。世界局势逐渐缓和，各国都有精力和资本发展本国的高科技产业，并在军事、文化、政治和经济方面开展进一步合作。发达国家为适应新的国际形势，不得不放松针对本国市场的政策管制，降低关税以减少进出口贸易壁垒，并鼓励金融改革创新，为推进全球化提供良好的市场条件。

（三）经济全球化的历史进程

全球化促使东西方的文化、文明和思潮相互碰撞、交流与融合，世界

① 卡尔·马克思，弗里德里希·恩格斯．共产党宣言［M］．北京：人民出版社，1848：270－300.
② 范跃进，郑峰，李平，等．经济全球化与区域经济发展［M］．济南：山东人民出版社，2005：14.
③ 李琮．经济全球化新论［M］．北京：中国社会出版社，2005：114.

经历了从“东学西渐”到“西学东渐”的过程[①]。发源于英国的产业革命、运输革命和古典经济自由主义带来了第一次“西学东渐”，美国主导的知识经济革命、通信革命以及新自由主义带来了第二次“西学东渐”[①]。20 世纪四五十年代，以原子能、电子计算机和空间技术为核心的第三次科技革命，推动人类社会发生了重大变革，也推动着经济全球化进入高速发展的阶段，人类由此进入“信息时代”。第三次科技革命催生出的新兴技术手段，使得各产业内部垂直专业化分工日益深化，国际联系日益紧密，国际贸易迅速扩大，经济全球化进入“黄金时期”。新中国成立初期，中国有意识地抵抗西方国家对中国经济的干预与威胁，坚持独立自主重建经济，完善社会主义制度建设。这一时期，我国在计划经济体制内，与其他社会主义国家有一些经济联系和贸易往来，以实现国民经济迅速复苏。1978 年，对外开放成为基本国策之后，中国开始正式融入经济全球化浪潮之中，实现了蜕变式发展。中国积极加入新的国际分工体系，融入新经济地理格局，为推动世界贸易投资自由化贡献了重要力量。

20 世纪 90 年代初期，美苏冷战结束，两极格局瓦解，国家间的关系有了新调整。这一时期，美国对别国实行霸权主义和强权政治，与其他西方发达资本主义国家共同掌握着经济全球化的主导权，经济全球化明显加快。2001 年中国加入世贸组织，这是中国深度参与经济全球化的里程碑，也是中国改革开放的新阶段，中国从积极参与经济全球化到逐渐成为全球化的引领者，在世界舞台上绽放光彩。“入世”之后，中国由局部开放发展为全方位、多层次、多领域的对外开放，由单向开放转变为与他国双向或多向开放，中国的改革开放与经济全球化的发展相互渗透，相互推进，相互成就，密不可分。

第四次科技革命发生于 21 世纪，它与以往的科技革命不同，是以指数级而非线性速度展开的[②]。这次科学技术的创新与突破将带领人类进入全新的“智能时代”，智能化、网络化和数字化技术将全面渗入各行各业，

① 颜鹏飞，李朝辉，王今朝，等．经济思想史研究的新突破[J]．经济评论，2004(5)：123－125.

② 习近平．共担时代责任　共促全球发展[N]．人民日报，2017－01－18.

推动人类社会走向全球经济、政治、文化一体化，也给人类社会带来了无限的机遇与挑战。2007 年中共十七大对世界形势作出的新判断是，“和平与发展仍是时代的主题，世界多极化不可逆转，经济全球化深入发展”，“我国必须将独立自主与参与经济全球化结合起来，并科学分析中国全面参与经济全球化的新机遇新挑战”①。我国充分利用后发优势，利用经济全球化的便利条件，积极参与国际交流与国际事务，推动全球治理体系建设，在经济、政治、文化、环境等各方面都为世界贡献了中国智慧和中国方案。2002 年，党的十六大提出“建立公正合理的国际政治经济新秩序”，主张“维护全人类共同利益，提倡国际关系民主化”，“经济全球化应朝着有利于实现共同繁荣的方向发展”②。坚持和平共处五项原则，坚持与各国平等协商，相互尊重，坚持弘扬民主、和睦、协作、共赢的精神，坚持主权独立，与各国共同维护世界经济的稳定健康发展③，一直是中国参与全球经济治理的根本原则和宗旨。中国不断学习国外先进的发展成果，吸取宝贵的经验教训，努力缩小与发达国家的差距，实现了跨越式的大发展，在国际事务处理中发挥着越来越重要的作用。

经济全球化既是机遇也是挑战，既是动力也是威胁，全球化在迈向新阶段的同时，也给世界经济带来了动荡与负面影响。2008 年，美国的次贷危机引爆了一场全球性金融危机，世界经济出现深度衰退，资本主义的基本矛盾更深层次地暴露出来。金融危机之后世界经济迟迟未能复苏反弹，而是陷入长期低迷的新常态，过去积极主导经济全球化的西方发达国家因而掀起贸易保护主义和逆全球化思潮。在后危机时代，全球经济治理体系改革迫在眉睫，低碳经济也成为经济全球化的新方向，以中国为首的新兴经济体国家蓬勃发展，成为推动经济全球化的新生力量。对于中国来说，需要转变外贸发展方式，调整对外贸易战略，扩大内需以适应国际市场的

---

① 胡锦涛．高举中国特色社会主义伟大旗帜，为夺取全面建设小康社会新胜利而奋斗[M]．北京：人民出版社，2007.

② 中共中央文献研究室．为全面建设小康社会、开创中国特色社会主义事业新局面而奋斗[N]．人民日报，2007-10-09(001).

③ 裴长洪．中国开放型经济建设 40 年(下)[M]．北京：中国社会科学出版社，2018：602-604.

新变化。金融危机为中国提供了难得的发展机遇，社会主义制度的优越性使得中国并未受到金融危机的严重损害，反而促使经济表现出强劲的增长力。国外的企业和货币体系遭受冲击，为中国发展国际市场、拓展人民币国际业务提供了绝佳机会。只要我们把握好机会推动经济发展，就能在未来经济全球化中持续获益。我们需要扩大实施“走出去”战略，引入国际资本，大力发展国内高端制造业，优化产业结构布局；需要加强实施节能减排和低碳生产，以达到欧美市场的绿色贸易限制标准，减少与欧美国家的贸易摩擦；需要加强与新兴市场国家和欧盟国家的经贸联系，开拓国际市场，扩大出口贸易比重；同时，我们还需要积极参与国际经济贸易规则的制定并认真遵守，建立国际经贸统一战线联盟，持久地将贸易战打下去①。

二、中国对外关系

（一）初期发展阶段

1978 年召开的党的十一届三中全会，是中国改革开放事业的起点。十一届三中全会形成了以邓小平为核心的第二代党中央领导集体，及时纠正了当时中国普遍存在的“左”倾错误思想，坚决批判“两个凡是”错误方针，进行了关于“真理标准问题”大讨论，并确立“解放思想、实事求是”为党的基本思想路线，同时将党和国家的工作重心转移到经济建设和社会主义现代化建设上来，正式提出实施“改革开放”的伟大决策②。邓小平集中了党和人民的智慧，总结了新中国成立以来的正反两方面经验教训，在充分研究了国际经济形势的基础上，以马克思主义为原则③，提出“现在世界是开放的世界”④ 这一伟大思想。邓小平提出，“关起门来搞建

---

① 裴长洪．中国开放型经济建设 40 年(下)[M]．北京:中国社会科学出版社,2018:596 - 600.

② 成致平．解放思想　实事求是　是邓小平理论的精髓——十一届三中全会有关价格决议的回顾[J]．价格理论与实践,2018(9):30 - 31.

③ 蒋自强,张旭昆,袁亚春,等．经济思想通史:第 4 卷[M]．杭州:浙江大学出版社,2003:633.

④ 邓小平．邓小平文选:第 3 卷[M]．北京:人民出版社,1983:64.

设是不行的，中国的发展离不开世界”[①]，“和平与发展是当今世界的时代主题”[②]，因此，自党的十一届三中全会以来，对外开放一直是我国长期坚持的基本国策。

对外开放是需要我们长期坚持的根本战略方针。根据邓小平的设想，我国现代化建设战略目标分为三步：第一步，解决人民温饱问题；第二步，人民生活达到小康水平；第三步，我国经济达到中等发达国家水平，而三大目标的实施必须与对外开放政策紧密结合，必须充分运用国际经济对我们的有利条件，推动我国现代化进程[③]。中国要想摆脱贫困，实现小康，在社会经济各方面赶超发达国家，坚持对外开放的基本政策就不能改变，只能更加完善，更加全面，更加彻底。全球化程度随着世界经济发展越来越深入，中国要想立足于世界大国之林，就必须加深与其他国家的交流融合，实行全方位、多层次的对外开放。中国既要对发达国家开放，也要对发展中国家开放，既要对资本主义国家开放，也要对社会主义国家开放[④]；中国不仅要对外开放，也要对内开放，要利用好国内国外两种资源、两个市场。邓小平指出：“尊重社会经济规律，搞两个开放，一个对外开放，一个对内开放。对外开放具有重要意义，任何一个国家要发展，孤立起来、闭关自守是不可能的。对内开放就是改革，改革是全面的改革。”[⑤]

在改革开放初期，中国的区域开放是从沿海到内陆循序渐进，由“点”到“线”再到“面”逐步推进的[⑥]。1979 年，邓小平首先在深圳、珠海、厦门、汕头设立经济特区，作为经济体制改革的“试验田”，1988 年在海南也成立了经济特区。建设经济特区目的在于打造良好的投资环境，吸引外商投资，引进先进技术。经济特区是对外开放的“点”，是对外政策的窗口，是我国全方位对外开放格局的基础；1984 年 3 月，中央先后开放了大连、秦皇岛、天津、烟台、青岛、连云港、南通、上海、宁

① 邓小平．邓小平文选：第 3 卷[M]．北京：人民出版社，1983：78.

② 邓小平．邓小平文选：第 3 卷[M]．北京：人民出版社，1983：281－282.

③ 蒋自强，张旭昆，袁亚春，等．经济思想通史：第 4 卷[M]．杭州：浙江大学出版社，2003：635.

④ 邓小平．邓小平文选：第 3 卷[M]．北京：人民出版社，1983：98－99.

⑤ 邓小平．邓小平文选：第 3 卷[M]．北京：人民出版社，1983：32.

⑥ 崔朝东．邓小平对外开放思想及其实践[J]．外交学院学报，2001(1)：23－29.

波、温州、福州、广州、湛江、北海等14个沿海港口城市，扩大了城市的自主权，并对外商投资提供优惠政策。这14个港口城市，就是对外开放的“线”；1985年，中央开放长江三角洲，珠江三角洲，闽南的厦、漳、泉三角地区和辽东半岛、胶东半岛，将它们列为经济开发区①。经济开发区的成立，东北、西南、西北地区边际经济合作，上海浦东新区成立，沿海与内陆的省会城市依次开放等措施，全面构成了我国对外开放的“面”。由“点”到“面”的逐步推进，使我国对外开放取得了可喜的佳绩。

1992年，邓小平视察武昌、深圳、珠海和上海地区，发表了对中国特色社会主义建设非常重要的讲话。邓小平指出，我们不能因为害怕资本主义的东西多了，改革开放就迈不开步子，应该大胆地试，大胆地闯。在改革开放过程中，只要我们坚定“一个中心，两个基本点”的基本路线，坚持社会主义道路，遵循“三个有利于”标准，即“有利于发展社会主义生产力，有利于增强社会主义国家的综合国力，有利于提高人民的生活水平”，改革开放就是对社会主义有益的，无须争辩姓“资”姓“社”问题②。同年10月，党的十四大召开，大会对十一届三中全会以来党的改革开放伟大实践做了历史性的回顾和总结，确立了邓小平建设有中国特色社会主义理论在全党的指导地位③，并明确我国经济体制改革的目标是“建设社会主义市场经济体制”。邓小平“南方谈话”与党的十四大之后，我国改革开放与现代化建设进入全面加速推进的新时期，对外开放由沿海向内地转移，由第一、第二产业向第三产业扩散，战略重心从体制试点向全面制度建设转换④。

中国对内大刀阔斧搞改革，对外积极维护和平友好的外交关系。1982年9月，党的十二大明确提出，中国应继续坚持“独立自主的对外政策”，坚持“中国的事情要按照中国的情况来办，要依靠中国人自己的力量来

① 崔朝东．邓小平对外开放思想及其实践[J]．外交学院学报，2001(1)：23－29.

② 邓小平．邓小平文选：第3卷[M]．北京：人民出版社，1983：370－383.

③ 沈雁昕．中共十四大与十四年伟大实践的基本总结[J]．当代中国史研究，2019，26(5)：68－77，251.

④ 门洪华．中国对外开放战略(1978—2018)[M]．上海：上海人民出版社，2018：93－95.

办。独立自主，自力更生，无论过去、现在和将来，都是我们的立足点”[①]。独立自主处理本国事务，不屈服于外界压力，不放弃民族独立，是中国作为泱泱大国应有的姿态，更是中华民族精神的体现[②]。邓小平还提出了“和平与发展”的时代主题，要求我们必须以维护国家利益作为中国对外关系的底线，坚决维护国家的主权和安全，容不得任何外国势力插手干预。为保护国家自身的利益安全，我们必须紧密团结第三世界国家和其他可团结的力量，共同反对美苏霸权主义，为维护国际安全与世界经济秩序做出切实贡献。改革开放以后，遵循“独立自主”的外交原则，党和国家领导集体展开了一系列外交活动，积极与世界主要大国建立友好合作的关系。1978 年 8 月，中日建交，签订了《中日和平友好条约》，同年 12 月中美公布正式建交，之后中国开始建立均衡的对外关系，中苏关系于 1989 年实现正常化[③]。1991 年苏联解体，美苏冷战结束，两极格局瓦解，重大政治格局变化对世界各国都存在不小的冲击。但无论外界局势如何变换，中国仍继续坚持独立自主、和平共处的外交政策，坚持以邻为善，不结盟、不对抗、不针对第三方的外交方针，不退让不妥协，沉着冷静，坚持自我，并先后与西欧、加拿大、澳大利亚、新西兰等国家建立外交关系，外交工作取得了全面发展。同时，中国也进一步加强了与第三世界国家的团结合作。发展中国家之间的相互支持与合作，即南南合作，对中国的经济发展具有重要意义。在新的国际形势下，中国为建立新的国际秩序，坚持以“和平共处五项原则”代替霸权主义政治[④]，坚持以“独立自主、完全平等、互相尊重、互不干涉内政”的原则处理党际关系，成功同英国、葡萄牙两国达成协议，先后于 1997 年和 1999 年恢复对香港、澳门行使主权。中国的国际角色逐渐发生转变，开始从世界舞台的边缘走向中心，在国际事务中发挥着日益重要的作用。

---

① 邓小平在中国共产党第十二次全国代表大会上的开幕词[R]. 中国共产党新闻网,2017.
② 蒋自强,张旭昆,袁亚春,等. 经济思想通史(4)[M]. 杭州:浙江大学出版社,2003:637.
③ 王逸舟. 中国对外关系转型 30 年(1978—2008)[M]. 北京:社会科学文献出版社,2008:29.
④ 蒋自强,张旭昆,袁亚春,等. 经济思想通史(4)[M]. 杭州:浙江大学出版社,2003:641.

（二）快速发展阶段

2001 年，中国加入了世界贸易组织（WTO），标志着中国改革开放进入新阶段，是中国深度参与经济全球化的重大里程碑①。从此，中国正式开启全方位融入世界经济主流的新征程。中国履行对 WTO 的承诺，主动降低关税，放宽各个领域的市场准入条件，提高贸易和投资自由化、便利化水平，中国因此面临着更加激烈的国际竞争，也拥有了更大的国际市场份额和更多的获利空间。同年，21 世纪第一个新型区域合作组织“上海合作组织”成立②，中国作为这两大进程的主要创建者和推动者，从传统的“双边”外交模式上升为“以多边为舞台”的外交方针③。之后，中国积极加入更多国际组织，与广大发展中国家密切合作，共同反对西方国家的霸权主义和强权政治，促进世界经济增长和国际关系民主化，推动建立国际社会新秩序，在国际事务中进一步发挥重要作用。改革开放之后，中国的对外关系逐渐由被动转向主动，与世界主要大国的关系进一步改善，与苏联、法国、日本、美国、菲律宾、印度尼西亚、韩国等外交关系均实现正常化，并在苏联解体之后与俄国共同发表《中俄联合声明》，宣布“两国具有新型建设性伙伴关系”④。中国一直致力于落实“睦邻、安邻、富邻”的周边外交政策，积极与世界各国构筑不结盟、互利合作、睦邻友好的伙伴关系。

进入 21 世纪，国际环境和外部条件都发生了重大变化，随着全面深化改革和经济全球化浪潮进一步袭来，我国的国际关系面临着新挑战，对外开放战略也呈现出新特点。持续对外开放不免产生一些弊端，如拉大贫富差距、破坏生态环境、对国内本土产业造成冲击等，中国在新发展阶段需要特别注意并解决这些问题。经济全球化快速发展对发展中国家来说既是

---

① 资料来源：国务院新闻办公室 2018 年 6 月 28 日发表的《中国与世界贸易组织》白皮书。

② 潘光，胡键．21 世纪的第一个新型区域合作组织：对上海合作组织的综合研究［M］．北京：中共中央党校出版社，2006.

③ 马振岗．改革开放 30 年中国国际环境和对外关系的演变与展望——2008 年国际形势研讨会论文集［M］．北京：世界知识出版社，2009：51.

④ 王逸舟．中国对外关系转型 30 年（1978—2008）［M］．北京：社会科学文献出版社，2008：40.

机遇也是挑战，中国要想在全球化浪潮中占据有利地位，就必须坚持以经济建设为中心，继续推行独立自主的和平外交政策，坚持深化改革扩大开放，促进社会主义现代化建设稳步推进，促进综合国力和经济实力有效提升。2000 年，江泽民首次把“走出去”战略上升到关系发展全局的重要高度，2007 年党的十七大报告指出，“坚持对外开放的基本国策，把‘引进来’和‘走出去’相结合，扩大开放领域，优化开放结构，提高开放质量，完善内外联动，互利共赢、安全高效的开放型经济体系，形成经济全球化条件下参与国际经济合作和竞争的新优势”①。我国构建对外开放新格局的根本原因是国际生产方式的转变，伴随着信息技术和交通运输的迅速发展，以价值链分工为特征的全球生产网络确立。为了更好地参与到全球价值链的生产环节中，我国必须实施程度更高、范围更广的对外开放②。“引进来”作为我国新时期对外开放战略的主要内容，是指国内大规模引进外资，引进先进的科学技术和设备，以及成熟的管理经验，以解决国内资金短缺技术匮乏的问题。改革开放初期，我国“引进来”战略的成果主要体现在规模扩张、总量增大上，而 1998 年亚洲经济危机之后，“引进来”的外资企业集中于“三高企业”和加工贸易企业，我国开始以资源禀赋比较优势嵌入全球价值链低端环节③。加入世贸组织后，我国的对外开放战略开始与国际社会全面对接，在深圳、珠海、汕头、厦门和海南设立经济特区，将大连、烟台、天津、青岛等 14 个沿海城市设立为对外开放的港口城市，并且成立了“长江三角洲”“珠江三角洲”和“闽南金三角”沿海经济开发区，进一步扩大了东部沿海地区的对外开放，为“引进来”提供平台和窗口。实施“引进来”政策使得外企对我国工业增加值的贡献大幅增加，推动我国成为外贸大国，推动就业水平和质量迅速提升，促使我国成为经济增长最快的国家之一。“引进来”为“走出去”提供了坚实

① 胡锦涛．高举中国特色社会主义伟大旗帜，为夺取全面建设小康社会新胜利而奋斗——在中国共产党第十七次全国代表大会上的报告[J]．实践(思想理论版)，2007(Z1)：4－19.

② 李丹，董琴．“引进来”“走出去”与我国对外开放新格局的构建[J]．中国特色社会主义研究，2019(2)：41－46.

③ 朱华．关于“引进来”与“走出去”相互关系的理论思考[J]．大连海事大学学报(社会科学版)，2010，9(1)：5－7.

的物质基础，也带来了良好的示范效应①。“走出去”战略与“引进来”相辅相成，在我国加入世贸组织以后，“走出去”的需求更加迫切。我国需要通过“走出去”获得难以引进的资源，充分利用国外资源要素帮助本土企业抢占国际市场的主动权，有助于带动高新产业发展与经济增长，解决国际收支顺差与贸易摩擦等问题，同时增进与他国的友好合作关系。“走出去”还可以帮助我国更深入地参与国际分工，从更大范围、更广领域、更高层次上开展竞争与合作，变被动为主动②。积极推动全球多边贸易体系建设，参与国际竞争与合作，充分发挥我国比较优势进行对外投资、跨国经营，是深化世界对“中国模式”和中国特色社会主义道路认知和支持的重要途径。“互利共赢”，要求实现国内和世界经济共同发展，运用“内外联动”的发展战略，统筹好国内改革与对外开放的关系，可以帮助中国在国际外交领域树立负责任大国的良好形象。

第二节　我国对外开放的实践探索

国际贸易起源于社会分工。社会分工产生了国家与阶级，工业革命推动生产力发展和生产关系变革，社会分工日益深化，最终产生国际贸易。改革开放之后，我国开始深度参与国际贸易，对外贸易成为经济发展的活跃推动力。为适应市场经济发展，我国持续深化外贸体制改革。改革开放至今，我国的货物贸易和服务贸易发展仍存在一些不足，需要加强创新，推动改革，促进对外贸易发展。中国的利用外资是在改革开放之后才开始发展，1992 年以后，外商直接投资成为我国利用外资的主要形式。我国引进外资以经济特区为起点，由沿海向内陆逐步扩展。“引进来”战略与建设社会主义市场经济提出后，我国利用外资迅速发展，此阶段外商投资主要集中于第二产业。加入世贸组织后，中国引入外资开始流向第三产业和

① 朱华．关于“引进来”与“走出去”相互关系的理论思考[J]．大连海事大学学报(社会科学版),2010,9(1):11.

② 陈继勇,胡艺．美国技术创新与贸易竞争力之关系—— 一项基于实证的研究[J]．经济管理,2006(15):84 - 89.

中西部地区，外商独资企业逐渐成为对华直接投资的主导者，中国也逐渐成为世界重要的外资流入国。中国对外投资的发展比利用外资晚一些。改革开放初期，中国对外投资水平较低，技术含量低，主要针对发展中国家和我国港澳地区。20 世纪 80 年代后期，政府逐步放松对外投资管制，90 年代后实施的社会主义市场经济改革，“走出去”与“引进来”相结合战略，以及对外投资制度优化升级等政策，都促进了中国对外投资迅速发展。

一、国际贸易

（一）国际贸易的产生

国际贸易最初产生于社会分工。人类早期的畜牧业与农业分离提升了原始社会的生产力，出现剩余产品的交换；手工业的分离又促使商品生产迅速发展，商人的出现进一步促进了社会经济发展，实现了脑力劳动与体力劳动的分离。手工业与商人形成了城市中工业与商业的分工，交通工具的出现使得不同地区建立起了贸易联系，随着国家和阶级的相继出现，商品贸易的范围逐渐超出国界，为国际贸易的出现提供了可能。“不仅城市中的工业与商业的分工是国际贸易发生的物质基础，而且城市本身也是国际贸易和世界市场存在的主要形式。”① 由于生产力发展，新部门不断产生，部门内部开始形成专业化分工。随后工业革命兴起，资本主义生产方式形成，世界进入现代大机器化生产时期。由于各国的科学技术进步、生产力发展、社会生产关系变革，以及各国不同的自然地理条件，促使社会分工日益深化、细化，甚至跨越国界，国际分工由此产生。国际分工是社会生产力发展到一定阶段的产物，是生产社会化向国际发展的趋势，也是国际贸易和世界市场形成的前提和基础②。亚当·斯密指出，“运送贸易所交换的，是全世界各国的剩余生产物，其范围必受全世界各国剩余生产物

① 杨圣明．走向贸易强国的理论创新[M]．北京：经济科学出版社，2011：3－7.

② 徐攀峰．国际产品内分工下我国加工贸易发展研究[D]．长沙：湖南大学，2006.

的价值的限制"[1]。而"一国的国外贸易，自然按其财富增加的比例而增加，其剩余生产物又自然按其全生产物增加的比例而增加"[2]。也就是说，贸易所交换的产品是各国生产剩余的产品，贸易范围受各国剩余产品的价值限制，而剩余产品会根据社会总财富成比例增加，只有国际分工扩大深入，劳动力生产率提高，社会会总财富才会增加，才会促进贸易市场规模扩大，贸易商品总量增加[3]。中国发展对外贸易的关键，在于打开国门，开放市场，深化对外贸易体制改革，积极参与国际分工与合作，提高生产力水平和国民经济总量，以此推动我国对外贸易市场稳定持续发展。

（二）中国对外贸易发展

党的十一届三中全会之后，我国对外贸易体制进行了循序渐进的改革，摆脱了计划经济体制的束缚，开始参与国际分工合作，参与经济全球化进程，对外贸易规模不断扩大，进出口商品结构不断优化，对外贸易市场也开始朝着多元化的方向发展，发展对外贸易成为我国加速社会主义现代化建设的重要途径。

我国的对外贸易地位经历了从属于计划经济到作为市场经济调节进出口的重要政策杠杆的转变[4]，已成为推动中国经济发展的活跃力量。1978年，我国货物贸易进出口总额只有206.4亿美元，而到2013年，货物贸易总额增加至4.16亿万美元，平均年增长率高达16.4%，中国从全球贸易排名靠后跻身为第一，成为世界第一货物贸易大国，这是我国对外贸易发展史上的一个里程碑，标志着我国离全面建设小康社会的目标更进了一步。我国货物贸易不仅在总量上高速增长，贸易结构也在不断变化。基于我国产业结构不断优化升级，比较优势开始由劳动密集型向资本密集型和技术密集型产业转移。亚当·斯密曾对比较优势理论进行解释，他指出，不同生产力水平的两个国家进行贸易，生产力水平高的国家生产任何产品

---

① 亚当·斯密．国民财富的性质和原因的研究（上卷）[M]．北京：商务印书馆，1997：7－8.

② 亚当·斯密．国民财富的性质和原因的研究（上卷）[M]．北京：商务印书馆，1997：167.

③ 梁洪学，周伊伦．优势学说滥觞的再认识——亚当·斯密国际贸易理论的启示[J]．江汉论坛，2021（3）：45－51.

④ 佟家栋．发展中大国的国际贸易与中国[M]．天津：天津教育出版社，2005：125.

都具有优势，生产力水平低的国家生产任何产品都不具有优势，但只要两个国家在生产不同产品时存在优势差距，劣势国家就能通过生产优势差距较小的产品进行贸易交换，则两国都能从贸易中获益[1]。因此，我国产业结构开始升级，产业技术水平逐渐提高，初级产品的出口贸易增长率从20世纪90年代开始持续下滑，而工业制成品的贸易竞争力显著增加。但总体而言，低技术产品的竞争优势明显高于高技术产品，直到进入21世纪，以电子信息技术为核心的高新技术产品出口，贸易的比重才开始上升，中国比较优势仍主要存在于低技术工业制成品，高技术产品竞争力有待加强[2]。

加入WTO以后，中国形成全方位、多元化的对外贸易格局，并积极与新兴市场国家和其他国家建立贸易合作伙伴关系。这一时期，中国不断完善进出口相关法规制度，降低关税，全面开放对外贸易经营权，不断拓宽服务贸易领域市场[3]，使得服务贸易竞争力不断增强。服务贸易的发展水平，是国家对外贸易发展可持续性与科学性的标志。我国已抓住了制造业跨国转移的重大机遇，成为第一货物贸易大国，但货物贸易的粗放型增长方式对国内环境和资源造成了巨大的压力，不符合可持续发展的宗旨。因此，向服务贸易转型，是我国从贸易大国走向贸易强国的必要条件。大力发展服务贸易，促进制造业与现代服务业融合发展，可以加快推进现代工业化进程，也有利于培养高素质复合型人才，为高端劳动力创造更多就业机会。2000年，我国服务贸易进出口总额为664.61亿美元，到2013年，我国服务贸易进出口总额达到5142.77亿美元，贸易总额增长了7.7倍，而贸易逆差从56.01亿美元增长至1467.8亿美元。服务贸易逆差持续扩大，贸易进出口总额波动增长，都意味着中国服务贸易的发展尚不稳定，易受国际环境的影响[4]。2013年之前，中国的服务贸易以旅游业、运

---

① 梁洪学，周伊伦．优势学说滥觞的再认识——亚当·斯密国际贸易理论的启示[J]．江汉论坛，2021(3)：45－51.

② 裴长洪，彭磊．后危机时代中国开放型经济研究——转变外贸发展方式与对外经贸合作新趋势[M]．北京：社会科学文献出版社，2010，10(1)：120－127.

③ 马林静，梁明．中国对外贸易体制70年变革与未来改革思路探索[J]．国际经济合作，2020(1)：45－55.

④ 许唯聪，李俊久．中国服务贸易的发展现状、问题及对策[J]．区域经济评论，2020(5)：122－130.

输业和其他商业服务为主，在信息、通信、金融、保险、知识产权等贸易领域的竞争力明显偏弱，因此，中国在附加值高和资本密集的服务行业出口量与中国贸易大国的地位并不相称。此外，中国服务贸易还存在区域发展失衡的问题。沿海地区的服务贸易进出口水平明显高于内陆地区，且沿海地区以金融、保险和计算机等技术、知识密集型的服务业为主，而内陆地区主要发展劳动密集型服务贸易①。中国对外贸易的高速增长需要大力发展服务贸易，尤其重视技术和资本密集型的制造业，推动服务业现代化发展，促进服务贸易数字化转型；需要健全服务贸易法规体系；需要加大人才培养力度以满足高技术服务业的需求，调节当前中国服务贸易结构的失衡；需要扩大开放，与更多国家建立贸易合作关系，深化服务体制改革，加强服务产业创新；需要吸引外资投入中国的高端制造业领域，发挥外资对国内产业的引领作用，促进国内服务业的迅速发展，提升内资企业在外贸市场中的国际地位。

二、国际资本流动

（一）利用外资

在经济全球化的背景下，利用外资发展经济是我国对外开放的主要措施②，也是缩小与发达国家的差距，实现追赶的最有效途径之一③。由于发展中国家普遍人均收入低，国民购买力不足，导致投资引诱不足，进而导致资本形成不足，难以依靠自身储蓄累积资本，因此利用外资是一种积累资本的可行途径④。学者阿比吉·特班纳吉等指出，外资能够启动一种良性循环，能够帮助穷国在关键领域投资，提高其生产力，由此产生的高收入会带来更多的投资，收益将呈螺旋状上升⑤。国外的资金、先进生产理

① 许唯聪，李俊久．中国服务贸易的发展现状、问题及对策[J]．区域经济评论，2020(5)：122－130.

② 张浩．外资利用与经济安全政策探析[J]．苏州大学学报(哲学社会科学版)，2008(5)：38－42.

③ 胡祖六．关于中国引进外资的三大问题[J]．国际经济评论，2004(3－4)：24－28.

④ 张金山，叶毅，陶颖．经济增长理论与中国经济发展路径[J]．税务与经济，2020(6)：20－26.

⑤ 阿比吉·特班纳吉，埃斯特·迪弗洛．贫穷的本质——我们为什么摆脱不了贫穷[M]．景芳，译．北京：中信出版社，2013.

念和技术随着外商投资大量涌入发展中国家，可为国内相对落后的经济与市场注入活力，帮助促进国内产业结构优化，生产技术进步，增加本国在全球经济中的分量与地位。因此，作为世界上最大的发展中国家，我国非常需要利用外资发展经济，提高国内生产力，增强出口创汇能力与外汇收入，为我国日后的经济腾飞打下良好基础。

党的十一届三中全会将实施对外开放上升为我国的基本国策，民营经济开始有了自己的生存空间，为国内利用外资发展经济提供了基本条件。1979 年 7 月 1 日，第五届全国人大第二次会议通过的《中华人民共和国中外合资经营企业法》首次确立了外商对华投资的合法性。同年，国务院设立外国投资管理委员会，对引进外资工作进行统一管理和监督。1986 年，《国务院关于鼓励外商投资的规定》（二十二条）颁布，建立了中国利用外资的总体战略计划①。正如经济学家斯蒂格利茨所说，政府和市场是相互补充的伙伴关系，只有政府充分发挥监管与宏观调控作用，市场才能更好地发挥作用②。我国在对外开放，积极参与世界经济合作的同时，政府适时对经济进行政策干预，才能促进我国经济更好更快地发展。

最初中国利用外资以向国际金融机构和他国政府借款为主，根据国家统计局的数据可知，从改革开放到 1991 年这段时间，中国对外借款的总额为 525. 6 亿美元，而外商直接投资额为 250. 6 亿美元，外商投资份额占对外借款额的比重不足 50%，说明在改革开放初期，我国引进的外商直接投资规模较小。随着对外开放的深入发展，引进外资的比重逐年增长，直到 1992 年外商直接投资占比首次超过对外借款，外商直接投资成为中国利用外资的主要方式。1993 年，中国实际利用外商直接投资额为 275 亿美元，在发展中国家中位于第一，在世界排名第二，仅次于美国③。此后，中国利用外资水平一直在世界名列前茅。经济学家研究表明，在经济发展初期，发展中国家引进的外资应重点投入出口导向型产业上，以帮助改善出口贸易市场环境，增加国内出口，促进形成初期的资本积累。在中国实际

① 国际合作中心对外开放课题组．中国对外开放 40 年[M]．北京：人民出版社，2018：131.

② 李礼．斯蒂格利茨的政府干预理论评述[J]．湖南行政学院学报，2009(3)：5－7.

③ 裴长洪．中国开放型经济建设 40 年(上)[M]．北京：中国社会科学出版社，2018：366.

情况也确实如此。改革开放初期，中国主要靠发展经济特区来吸引外资，外商投资主要针对服务业和轻工业，集中于东部沿海城市。在沿海城市，外商利用中国劳动力成本低的要素禀赋优势，大力发展出口导向型加工业，同时，拥有先进技术的外商投资企业通过技术转让的形式，也在国内形成了进口替代的发展模式[①]，劳动密集型的出口导向型工业与技术资本含量较高的进口替代型工业共同协调发展，有效改善了我国工业资本的技术构成，促进了产业结构优化，提升了国内社会福利水平。

对外开放必须顺应时代，主动参与国际经济合作，充分利用自身的比较优势和经济全球化的国际大形势，抓住机遇，韬光养晦，加快发展。因此，中国继续深化改革，以建设社会主义市场经济为目标，进一步强化“引进来”战略政策，鼓励外商投资从出口加工业扩展到高新技术产业，从制造业扩大到服务业[②]，中国利用外资也进入了腾飞阶段。1992 年之后，我国沿海、沿边沿江和内陆城市相继开放引资，吸引大量外商投资于基础产业和技术密集型企业，促进国民经济快速增长。但我国仍存在利用外资区域发展不平衡，东西部地区城市差距不断拉大的问题。直到中国加入世贸组织后，开始大规模全面地引入外资，改善投资环境，完善政策法规，减少对外商投资的领域限制，吸引了更多外资流入第三产业和中西部地区，投资区域不平衡的现象得以改善，地区发展差距开始缩小。张金山认为，加入世贸组织将中国推向了国际经济竞争的前沿，倒逼中国理顺经济运行机制，提升企业竞争意识和能力，学会在竞争中求生存求发展，也帮助中国克服了吸收能力的约束，为高效利用外资奠定了基础[③]。

2008 年爆发世界金融危机，全球 FDI 流入量连续三年下滑，直至 2011 年才缓慢复苏。但中国并未遭受严重冲击，实际利用外商直接投资仅在 2009 年出现小幅下降，2010 年就突破 1000 亿美元并持续增长。中国经济能够保持长期稳定的增长，受到外部影响之后能够迅速恢复，且逐渐成为最具吸引力的国外直接投资东道国，主要因为我们有独特的制度优势。我

① 裴长洪. 中国开放型经济建设 40 年(上)[M]. 北京:中国社会科学出版社,2018:304 - 310.

② 张金山,叶毅,陶颖. 经济增长理论与中国经济发展路径[J]. 税务与经济,2020(6):20 - 26.

③ 张金山,叶毅,陶颖. 经济增长理论与中国经济发展路径[J]. 税务与经济,2020(6):20 - 26.

国市场经济体制具有“中国特色”，公有制仍是主体，非公有制和多种所有制经济的地位也日益提升。公有制经济保障人民的根本利益，是国家经济强有力的后盾，在国家遭遇全球经济危机的冲击时，能够帮助国民经济保持稳定，免受重创。非公有制经济则打破了我国计划经济难以为继的僵局，极大地激发了市场主体的活力与积极性，推动国家科技创新，提高社会生产力水平，促进国家经济多样化发展，在经济危机之后还能够帮助政府扩大就业，增加税收，维护社会稳定，使得国家经济能迅速复苏，保持宏观经济健康稳定发展。

总体而言，利用外资有效弥补了国内的投资需求不足，为中国带来了资金和先进的技术，帮助我国优化产业结构，提升国际竞争力，打造良好的国际贸易和投资环境，也给国内市场经济注入了新鲜活力。但我国利用外资方面尚存在一些不足，我国引进的先进技术在数量和质量上总体偏低，内外资政策脱节，外资垄断情况较为严重，以及引进外资可能对国家经济安全造成威胁，这些都是下一步需要解决的难题[①]。

（二）对外直接投资

对外直接投资（FDI）是国际资本流动的重要形式，也是中国对外开放的重大举措之一。对外直接投资对我国经济发展具有不可替代的作用。首先，它能够增加我国的出口贸易，减少高额外汇储备潜在的风险，调节国际收支平衡；其次，通过在国外设立研发机构有助于提升我国科研水平，打破发达国家的技术垄断[②]，引进的先进技术和管理经验有利于深化国内企业改革，完善社会主义经济制度，对国家经济和科技的发展都具有重要意义；再次，对外直接投资可以突破地区限制，增加资源利用效率，有利于弥补国内资源的短缺，完善国内产业结构，推动科技创新；最后，建立跨国公司能够有效扩大我国的国际影响力，提升国际地位，加强南南合作、南北合作，为我国建立更多友好的贸易伙伴关系。

改革开放之前，我国因物资人力匮乏，加上封闭的贸易政策，没有能

① 张浩．外资利用与经济安全政策探析[J]．苏州大学学报(哲学社会科学版),2008(5):38-42.
② 舒悦．中国对外直接投资的理论依据及现实意义[J]．中国外资,2012(12):29-30.

力开展对外投资，直至1979年国务院提出“出国开办企业”，中国才开始尝试进行海外投资活动。西方投资理论中的小规模技术理论表明，发展中国家的优势在于民族产品和低价产品销售，所以对外直接投资主要集中于境外同民族聚集区、文化相似的周边国家或者更不发达的国家和地区①。这一理论能够解释中国改革开放初期的对外投资发展形势。改革开放初期，中国的对外投资水平低，规模小，种类单一，主要投资于港澳地区和其他发展中国家，投资产业局限于餐饮、服务等技术含量较低的行业。但20世纪80年代后期，政府逐步放松了对企业进行海外直接投资活动的管制，中国对外投资迅速发展，截至1991年底，中国批准海外直接投资企业已达1008家，总投资额高达31.54亿美元②。除大型国有企业以外，一些生产型企业开始开展对外投资业务，投资主体向着多行业企业转变。我国对外投资的规模和行业也日趋广泛，从小规模技术行业拓展到资源开发、交通运输、加工装配、旅游餐饮、工程承包等数十个领域，投资地区也增加至全球140多个国家③。高鹏飞等认为，中国对外投资领域之所以能够实现迅速扩张，其根本原因是资本的不断积累，技术、自然资源、管理经验的不断获得以及国际分工与国际投资动态比较优势的变化④。

1992年，随着社会主义市场经济改革政策的提出，我国对外投资的步伐明显加快。1997年，党的十五大提出更好地利用国内国外两个市场，两种资源，鼓励发挥比较优势对外投资，大力支持有竞争力的企业跨国经营⑤，提升国内经济发展与对外经贸往来的互动作用。2000年，江泽民提出“走出去”战略方针，鼓励发挥我国比较优势进行对外投资，继续发展

---

① 高鹏飞，胡瑞法，熊艳．中国对外直接投资70年：历史逻辑、当前问题与未来展望[J]．亚太经济，2019(5)：94－102.

② 段小梅，李晓春．中国对外投资：发展历程、制约因素与升级策略[J]．西部论坛，2020，30(2)：109－124.

③ 国际合作中心对外开放课题组．中国对外开放40年[M]．北京：人民出版社，2018：168.

④ 高鹏飞，胡瑞法，熊艳．中国对外直接投资70年：历史逻辑、当前问题与未来展望[J]．亚太经济，2019(5)：151－152.

⑤ 江泽民．高举邓小平理论伟大旗帜　把建设有中国特色社会主义事业全面推向二十一世纪——在中国共产党第十五次全国代表大会上的报告(1997年9月12日)[R]．理论与当代，1997(Z2)：4－23.

对外承包工程和对外劳务合作，带动国内产品、服务、技术对外出口，并将“走出去”提升到国家战略的高度，中国对外投资由此进入新阶段。民营企业和地方企业逐渐成为对外直接投资的主力军，中国对外投资也开始由“市场寻求型”转向“资源寻求型”，针对富有石油和矿产资源的国家的投资大量增加，其目标在于通过逆向技术溢出效应推动国内产业升级，弥补国内部分资源紧缺和技术落后的劣势。党的十六大提出将“引进来”和“走出去”相结合，全面提高对外开放水平①，引进外资和对外直接投资在我国社会主义市场经济中被摆到了同等重要的位置，我国对外直接投资朝着规模更庞大、体制更完善、服务更便利的方向发展。

2008 年全球性金融危机导致世界经济下滑，但中国对外投资的步伐并未受到阻碍，国内企业对外投资和并购的趋势更盛，投资主体更加多元化，投资领域也扩展到采矿业、金融业、批发零售、制造业、租赁和商务服务业、居民服务、交通运输、房地产等 18 个行业。后危机时代全球经济形势发生了变化，我们要继续利用各国经济结构调整提供的机遇，加快我国企业“走出去”的对外投资步伐②。支持本土企业根据自身比较优势进行对外投资和海外并购，大力发展高新技术制造业，注重实体经济与金融产业相结合，主动参与国际竞争和经济全球化，利用我国和平友好的对外关系推动企业对外投资顺利发展。

对外直接投资作为我国参与国际资本流动的主要方式之一，虽起步较晚，但发展迅速，多元化趋势明显，已成为提高企业国际竞争力的重要途径③。有学者认为，我国实施对外投资政策的主要目标，在于推广对外经贸合作，贯彻合作共赢理念，也在于输出国内生产能力，促进国内外共同发展，推动中国经济高质量发展④。通过对外直接投资，我国能够在海外拓展新的需求来源，能够利用国外优势资源降低国内生产成本，引入国外

---

① 江泽民. 全面建设小康社会，开创中国特色社会主义事业新局面——在中国共产党第十六次全国代表大会上的报告[R]. 前进，2002(12)：4－24.

② 张幼文. 强国策：中国开放型经济发展的国际战略[M]. 北京：人民出版社，2013：240.

③ 张碧琼. 国际资本流动对世界经济体系的影响[M]. 北京：清华大学出版社，2010：224.

④ 郝宇彪，张志勤，云喆. 中国对外投资管理的历史演变：管理方式、投资主体与政策目的[J]. 社会科学动态，2021(9)：36－44.

先进技术和高水平人才，推动国内技术创新，推动本土企业国际化发展，进而带动投资双方产业结构优化升级。当然，对外直接投资也对国家经济发展存在一定的弊端，比如投资回报率低导致部分国内资本流失，或因本土新兴产业发展不足引起国内产业空心化，导致经济发展缓慢，就业压力增加等问题。为应对可能存在的负面影响，我国应该推动完善对外投资相关法规制度，提高境外投资企业的风险控制能力以应对国外复杂的经济环境，并且加大教育投入，大力培养高端复合型的人才，建立更加专业的投资经营管理团队，减少跨境投资风险。

第三节 开放型经济理论体系的构建

改革开放以后，我国对外开放的发展为开放型经济建设奠定了基础。开放型经济政策的基本属性包括互利共赢、多元平衡和安全高效。我国在走开放型经济道路的同时，应注意保护国家的经济安全。要科学把握国家经济安全观的内涵，理性看待开放经济与经济安全的关系，认识到只有发展开放型经济才能提升综合国力，提高国家经济安全性。维护国家经济安全，需要保障国家主权和经济独立性；需要坚持社会主义市场经济不动摇；需要完善金融监管，健全金融体制，防范金融风险；需要提高产业自主创新能力与核心竞争力，保障国家产业安全。改革开放初期，我国经济为外向型经济，因为外向型经济有助于我国迅速积累资本，发展工业，实现增长。但长期发展外向型经济会导致我国外贸依存度过高，引发西方国家外贸保护主义抬头，也会引起国内产业结构失衡，是一种高污染、高能耗、不可持续的发展方式。开放型经济是外向型经济发展的更高阶段，能弥补外向型经济存在的弊端与局限性，因此中国必须转变为以内需为主，内外需协调发展的开放型经济，才能实现国民经济的持续稳定增长。

一、中国开放型经济的理论内涵

改革开放以后，我国经历了从封闭型计划经济体制到实行对外开放，再到逐步建立开放型经济体制的过程。下放经营权拉开了我国对外开放改革的序幕，成立外贸公司，扩大企业经营自主权，增加进出口，鼓励外商投资，以及财政包干下外贸企业承包经营责任制改革等措施，逐渐将外贸企业培育成市场主体①，促进了我国外向型经济大发展，推动了整体市场化改革与思想观念的转变，为开放型经济建设奠定了思想基础②。随着我国外汇管理体制和财税体制的改革与完善，利用外资由重视数量转变为数量与质量并重，外贸体制改革进一步深化，贸易自由化的确立与推进促进我国经贸体制与国际多边体制接轨，也推动了我国经济体制模式从封闭、半封闭向开放型经济转型。"开放型经济"是更高水平的对外开放，是以公平竞争为基础的对内对外同时开放，要求既要优化引进外资的结构，又要转变对外贸易的发展方式，不断强化国际竞争力，提高国际经贸效益与质量③。

"开放型经济"的概念在 1993 年党的十四届三中全会中被首次提出；党的十四届三中全会提出全面建设市场经济基本框架，明确提出建设开放型经济的目标与任务，也明确了社会主义市场经济模式相对应的对外开放模式就是"开放型经济"。2000 年在《中共中央关于制定国民经济和社会发展第十个五年计划的建议》中，首次提出实施"走出去"战略；2001 年底中国加入世贸组织，以及 2002 年党的十六大报告总结提出将"引进来"和"走出去"相结合，推动着对外开放走向新阶段④；2007 年党的十

① 裴长洪. 中国开放型经济建立的经验分析——对外开放 30 年的总结[J]. 财经问题研究，2009(2):3-10.

② 王子先，姜荣春. 对外开放 30 年：迈向开放型经济目标的过程及路径[J]. 国际贸易，2008(6):4-11.

③ 魏达志. 重构"开放型经济"政策体系的探索与思考——实现"外向型"向"开放型"经济质的飞跃与模式创新[J]. 深圳社会科学，2018(1):37-42，156.

④ 江泽民. 全面建设小康社会，开创中国特色社会主义事业新局面——在中共产党第十六次全国代表大会上的报告[R]. 人民日报，2002-11.

七大报告明确指出：“我国开放型经济进入新阶段”[①]；2012 年，党的十八大提出“全面提高开放型经济水平，建立更加积极主动的开放战略，完善互利共赢、多元平衡、安全高效的开放型经济体系”[②]。

开放型经济是中国共产党总结我国改革开放 40 多年的实践经验提出的，是具有中国特色，以社会主义制度为基础，以市场经济为导向的理论创新，它的发展是动态且渐进的。主要包括：完善互利共赢、多元平衡、安全高效的开放型经济体系；构建开放型经济新体制；培育参与和引领国际经济合作竞争新优势；完善对外开放战略布局；积极参与全球经济治理和公共产品供给等内容框架[③]。

开放型经济的第一大属性是互利共赢。之所以强调互利共赢，是因为只有将中国自身的发展成果惠及各国人民，努力维护新兴市场国家和发展中国家的正当权益，确保各国在国际经贸活动中的机会平等、规则平等和权利平等[④]，才能建设好具有社会主义特色的开放型经济。中国除了需要做好国内市场的发展与开放，还需要去除一切阻碍市场公平竞争的因素，让所有贸易伙伴都能在相互开放中公平分享机会和利益，真正实现互利共赢；新时代经济开放格局是全面的，是多维度、多层次的，要求拓宽开放空间，开发新的开放平台，开放的领域不断多元优化，打造内陆地区与东部沿海地区双向互济的开放格局[⑤]。在全面开放的同时，也需要兼顾平衡。首先，要实现内外需的平衡。“我国进入开放型发展的新阶段，要提高开放型经济水平，必须继续实行内外需并重的经济建设方针，努力扩大内需与积极争取外需相结合，两手都要硬”[⑥]，继续扩大国内投资需求和居民消费需求，继续在世界经济大循环中充当“世界工厂”和“世界市场”，利

---

① 胡锦涛．高举中国特色社会主义伟大旗帜，为夺取全面建设小康社会新胜利而奋斗——在中国共产党第十七次全国代表大会上的报告[J]．实践(思想理论版)，2007(Z1)：4-19.

② 胡锦涛．坚定不移沿着中国特色社会主义道路前进，为全面建成小康社会而奋斗——在中国共产党第十八次全国代表大会上的报告[R]．人民日报，2012-11-9.

③ 裴长洪．中国特色开放型经济理论研究纲要[J]．经济研究，2016，51(4)：14-29，46.

④ 裴长洪．中国开放型经济建设 40 年(下)[M]．北京：中国社会科学出版社，2018：761.

⑤ 龚晓莺，蔡豪．新时代经济全面开放新格局的构建逻辑[J]．江淮论坛，2019(3)：26-32，193.

⑥ 裴长洪，彭磊．后危机时代中国开放型经济研究[M]．北京：社会科学文献出版社，2010：118.

用自身的劳动力要素禀赋优势，加大商品和服务的对外出口，扩大世界市场份额。其次，要坚持“引进来”和“走出去”相结合，实现进出口贸易平衡和资本流动平衡。近年来，中国的资本流出已逐渐赶超资本流入，以出口主导的“外向型经济”必须走向以“内需驱动、外贸、对外投资相结合”为主的“外在型经济”①。最后，要注重提高东部沿海地区的开放质量和西部内陆地区的开放总量，推动内陆沿边开放和沿海开放协调发展，拓展开放型经济的广度和深度；开放型经济还有一大属性是安全高效。安全，是指在对外开放的过程中着重防范金融风险；高效，是指在经济运行中实现成本最低化和效率最高化。

二、开放型经济与国家经济安全

改革开放之后，中国坚持走“独立自主”的对外开放道路，坚持以开放促改革、促发展，使中国全面融入经济全球化的大潮流中，经济发展取得了举世瞩目的成绩。开放型经济体制一方面能推动我国经济社会迅速发展，另一方面，伴随着世界政治局势的日益复杂多变，开放型经济也会给国内经济带来一定的风险。因此，国家经济安全一直以来都是学术界专注的重点。

有研究认为，国家经济安全是指在经济全球化的条件下，一国经济在整体上能够稳定持续发展，在国际经济生活中具有一定的自主性和竞争力，能够防范化解可能发生的局部或全局的经济风险和危机②。还有研究认为，经济安全主张国家的经济主权不受侵犯，经济发展依靠的资源供给不受他人控制，可抵御国际市场动荡和冲击③。关于开放型经济对国家经济安全的影响，大致有两种观点：一种观点认为，开放型经济会对国家的经济安全造成威胁。因为对外开放使中国经济与世界各国更加紧密地联系

---

① 裴长洪．中国开放型经济建设 40 年(上)[M]．北京:中国社会科学出版社,2018:94－95.

② 李天德,吕祥勍,李源源．国家经济安全视角下的我国对外投资战略选择[J]．亚太经济,2007(6):51－54.

③ 肖宇赫．中国开放型经济体制下国家经济风险管控研究[J]．河南社会科学,2020,28(6):46－54.

在一起，中国贸易顺差增大，外贸依存度上升，更容易受到国际市场波动的冲击和影响。再者，引进外资也可能导致外资企业大量挤占国内市场，进而形成垄断，扭曲价格，同时企业技术外溢的效果并不显著，不能优化升级国内产业结构，反而有损消费者的利益。另一种观点认为，与封闭的经济体制相比，开放型经济更安全，因为开放型经济可以促进国家经济增长，提升综合国力，降低金融风险，可以有效提高国家的经济安全性。

我们应该科学地把握国家经济安全观的内涵，理性地审视开放型经济与经济安全的关系，绝不能因噎废食，因为存在风险就拒绝开放，自我封闭。封闭的安全是宣传出来自欺欺人的假安全、暂时的安全，是不可靠、不稳固的[①]，犹如死水一般，没有生命力。真正的经济安全应该在不断开放、与时俱进中体现出来。国家在开放中实现发展，在融入世界经济的过程中变得更加强大，国家实力提升了，社会福利水平提高了，抵御风险的能力自然也就越来越强。当然，开放也需要适当的调控和管理，需要灵活应对可能面临的各类安全风险。

在开放型经济体制下保障国家经济安全，关键在于确保国家主权的独立性和经济的自主性。独立自主是国家主权的外在表现，坚持独立自主地处理国际关系一直是我国遵循的基本原则[②]，邓小平倡导的改革开放也是以“独立自主，自力更生”为立足点的。江泽民在党的十五大上强调“正确处理对外开放同独立自主、自力更生的关系，维护国家经济安全”[③]。国家作为一个独立的经济体，最重要的就是保护国家主权不受侵害，维护本国的根本经济利益，因此，中国的经济安全必须在独立自主中实现。要想在发展开放型经济的同时坚持国家主权独立，就需要增强国家经济的自主性，使国民经济持续健康增长。如果一国经济过度依赖外国资本、资源和技术，国内的核心产业就很可能被外部力量占据，使该国丧失掌握国家经济的主动权。因此，我们必须不断加强企业自主创新能力，提升科学技术

---

① 刘光溪．后 WTO 时代的改革开放与经济安全[J]．北京：中国对外贸易，2004(8)：74－76.

② 舒展，刘墨渊．中国对外开放中的国家经济自主性问题探析[J]．贵州社会科学，2015(9)：114－120.

③ 江泽民．江泽民文选(2)[M]．北京：人民出版社，2006：27.

水平，推动产业结构优化升级，提升社会福利水平和国民收入，扩大内需，减小我国经济对外的依赖性，从而保障国家的经济安全。

在经济制度方面，首先，我们必须坚持社会主义市场经济体制不动摇，要不断深化经济体制改革，完善法律法规建设，使之与国际经济秩序相适应，既要遵守国际经济法规和原则，又要保持自己的独立性和自主权，这样才能保障国家经济的安全性。其次，金融风险始终是中国经济安全最薄弱的核心性、战略性的风险所在①。金融市场对外开放使我国外汇储备不断增加，外资金融机构进入我国市场，存在抵消或扭曲货币政策效果，影响金融政策取向的风险，且银行体系存在的金融风险，股票市场的收缩和波动，以及国际金融体系的监管不力，都可能是造成我国金融市场动荡的因素。对此，我们需要不断完善国内金融监管体制和信息披露制度，完善有管理的浮动汇率制度，健全金融风险预警系统和风险防范机制②。在经济全球化和金融开放的背景下，要深入推进金融体制改革，防范化解地方债务风险，消除可能存在的各种风险隐患，保障国家金融安全。产业安全问题也值得引起重视。一方面，在不断对外开放和“走出去”战略实施的进程中，外商直接投资为我国带来了足够的资金和技术，技术溢出促使我国大量新兴产业涌现，产业竞争力越来越强，因此必须不断提高国家产业的安全性。另一方面，开放经济对国家产业也有一定负面影响，一些在进出口市场较为活跃的产业因受国际市场的挑战和冲击而影响产业利益③，国内一些中小型企业被跨国公司并购或抢占市场，不利于国内产业发展。但换个角度思考，在经济全球化的大时代，产业之间更替升级，发展优势产业，淘汰劣势产业，这是符合经济发展规律的正常现象，不一定会对国内产业大环境造成威胁。在保护国家产业安全方面，我们需要着力提升产业的核心竞争力，健全企业现代化管理制度，提高员工

① 夏先良．社会主义开放经济体制的构建与中国国家经济安全[J]．安徽师范大学学报(人文社会科学版),2020,48(2):10－18.

② 桑百川．在对外开放中维护国家经济安全[J]．中国流通经济,2006(12):22－25.

③ 肖宇赫．中国开放型经济体制下国家经济风险管控研究[J]．河南社会科学,2020,28(6):46－54.

福利待遇水平，最大限度地减少企业人才和产业资本外流；在发展对外贸易的同时还要强化产业预警机制，有效减少贸易摩擦对产业造成的损害；坚持创新引领，加大企业研发投入，提升企业自主创新能力，既要鼓励我国企业对外交流，又要保护本土企业的知识产权，维护国家产业的核心利益；同时，对于本土的基础产业也要加以政策保护，使其免受国际资本的侵占和挤压。

总体而言，开放的经济体系是一把“双刃剑”，它既可以形成良好的竞争合作平台，提升效率，促进公平，分散风险，也可能将外界的矛盾或不稳定因素引入国内，对国内的经济安全造成冲击。但我们仍需继续坚持建设社会主义开放型经济体制，不断提升我国的国际竞争力，积极参与经济全球化进程，在开放中开展合作，在共享中谋求安全，推动经济朝着开放、包容、合作、和平、安全的方向发展。

三、中国经济从“外向型”到“开放型”

改革开放之初，中国的经济发展逐渐由“进口替代”转向“出口导向”。出口导向型经济又称外向型经济，是指国家鼓励扩大出口，依靠产品出口进入国际市场，积极参与国际分工与交换，利用国际资源和要素来带动本国经济增长的一种发展战略。改革开放之后，我国吸取亚洲“四小龙”的成功经验，抛弃了原本的贸易保护，限制国外工业产品进口以促进国内工业发展的“进口替代”生产模式，转而实施“出口导向”战略，形成独特的以“出口创汇”为核心的外向型经济发展模式①。外向型经济的一个典型特征就是“大进大出，两头在外”，即原材料的进口源自国外，制成品的出口也面向国外，国内只完成中间生产加工过程。20 世纪 70 年代，一些国家的确通过这种出口导向型的生产模式实现了经济迅速增长，随后，因为国际市场对初级产品和劳动密集型产品的需求扩大，发展中国家也开始加入外向型经济的行列。发展中国家一般具有丰裕廉价的劳动力和较高的居民储蓄率，如果国际市场价格变化不大，那么小国大量出口劳

① 隆国强．构建开放型经济体制：中国对外开放 40 年［M］．广州：广东经济出版社，2017：22.

动密集型产品能够扩大进出口贸易，拉动国家经济增长，出口导向型经济对小国发展有利。但对于大国来说，劳动密集型产品的出口增加会导致市场价格下跌，国际贸易条件恶化，因此出口扩张给大国带来的经济福利不及小国①。中国作为世界第一人口大国，在资源匮乏、需求短缺的发展初期，外向型经济发展模式确实给中国带来了益处，使中国迅速发展工业，积累财富，实现了经济的高速增长。但长期较低的社会收入和消费水平，伴随着土地、生态、资源环境的粗放消耗②，外向型经济对中国的发展势必弊大于利。

党的十一届三中全会之后，我国开始尝试转向出口导向型经济，主张下放对外经营权，增设对外贸易港口，加大对外贸易体制改革，出口贸易稳步发展。1993 年，党的十四届三中全会提出“深化对外经济体制改革，进一步扩大对外开放”，标志着我国出口导向型经济开始进入全面实施阶段②。国家先以人民币贬值的方式刺激出口，通过实施出口退税、出口补贴等优惠政策拉动出口经济迅速增长，使我国出口贸易成功跻身世界第三，并实现连续十年的贸易顺差。1993 年，我国出口贸易总额为 917. 44 亿美元，到 2004 年，出口贸易总额已达到 5933. 26 亿美元，为 1993 年的 6. 46 倍，增长速度之快震惊世界。这一时期，我国不但在外贸上迅速发展，在利用外资方面也实现了稳步增长。我国实际利用外资总额从 1993 年的 389. 6 亿美元增加到 2004 年的 640. 72 亿美元，增长了将近一倍，外商直接投资的占比份额也从 70. 6% 提升至 94. 6%，利用外资结构得到优化。从 20 世纪 90 年代至 21 世纪初期，出口在我国经济战略中的地位独一无二，无可替代。但 2005 年之后，我国开始实施“扩大内需”的政策方针，2007 年的中共十七大对我国的对外贸易政策作出了进一步调整，胡锦涛强调，我国的经济增长方式需要从依靠投资、出口拉动向依靠消费、投资、出口协调拉动转变，贸易政策需要从以“出口创汇”为目标向“进出口并重”转变。单纯追求 GDP 增长和依靠出口拉动经济的模式已

① 裴长洪．中国开放型经济建设 40 年(上)[M]．北京:中国社会科学出版社,2018:308.

② 张幼文,黄建忠,田素华,等．40 年中国开放型发展道路的理论内涵[J]．世界经济研究,2018(12):3 - 24.

不能满足中国飞速发展的需要，外向型经济的弊端在2008年世界金融危机之后暴露得更加彻底，当国际市场和出口贸易受到巨大冲击时，唯有拉动内需，打开国内市场，促进国内大循环才能够减少国内的经济损失。只有提升本国的自主创新能力，适当降低外贸依存度，才能更好地抵御风险，保障国家的经济安全。

我国的外向型经济是以政府政策为主导的，在对外开放战略指导下的一系列支持政策和鼓励措施，并没有形成完备科学的体系，因此它存在着一定的弊端与局限性①。对于外向型经济的弊端，可以概括为以下几点：第一，外向型经济容易导致我国对外贸易和投资依存度过高，使得国内市场与对外贸易结构不平衡，在激烈的国际市场竞争和动荡的政治经济环境中，我国的市场利益极易受到损害。第二，中国凭借经济全球化和“入世”的有利条件，充分利用自身的劳动力资源丰富和规模化生产优势参与国际贸易②，获得了比西方国家更多的利益，西方国家势必会实施贸易保护主义，提高对中国的出口限制，采取一切措施打压中国的优势产业，阻止中国经济增长。中国与发达国家之间的贸易摩擦频频发生，使得中国出口导向的经济模式困难重重，难以为继。另外，中国“大进大出”的生产方式加剧了国际市场竞争，也增加了中国与其他发展中国家的利益冲突，在一定程度上阻碍了中国的出口贸易发展。第三，中国发展出口导向型经济主要依靠利用外资，尤其是外商直接投资的方式，国内市场准入门槛低，投资成本低，且大多是针对劳动密集型的制造业，容易导致产业结构失衡，产能过剩的问题，不利于中国产业的长远发展。第四，中国外向型经济是粗放型的经济增长方式，要素利用率低，污染高，能耗高，产品质量低，社会成本大，无法产生较高的经济效益，是不可持续的发展方式。

---

① 王春丽，宣凯．从外向型到开放型的经济体制跃迁与实践进路[J]．江汉论坛，2021(10)：34－40.

② 孔祥敏．从出口导向到内需主导——中国外向型经济发展战略的反思及转变[J]．山东大学学报(哲学社会科学版)，2007(3)：50－56.

第三篇

新时代中国特色社会主义政治经济学的新境界（2013年至今）

党的十八大以来，习近平总书记高度重视马克思主义政治经济学，随着对中国特色社会主义理论研究的不断深入，中国特色社会主义经济理论日益丰富完善，各种理论成果不断显现，这不仅为我国经济发展指明了方向，而且开拓了马克思主义政治经济学现代发展新境界。以习近平总书记为核心的党中央坚持社会主义市场经济的改革方向，全面推进、不断深化市场化经济改革。习近平认为，深化经济体制改革，核心问题是处理好政府和市场的关系，使市场在资源配置中起决定性作用和更好发挥政府作用。要按照市场在资源配置中起决定性作用和更好发挥政府作用的要求，努力把市场的决定作用与政府的重要作用结合起来，是习近平新时代中国特色社会主义经济思想的重要内容，是新时代马克思主义政治经济学中国化的崭新成果。

党的十八大以来，中国特色社会主义经济发展迈向新阶段，以我国国情为立足点，在实践中不断发展，使得中国特色社会主义经济理论日益丰富完善，形成了一系列重要的理论成果，这是马克思主义政治经济学在当代中国的理论创新与重大发展，不仅有力指导了我国经济发展实践，而且使得马克思主义政治经济学不断走向新境界新层次。随着我国经济发展的“蛋糕”不断做大，分配不公问题开始突出，收入差距、城乡区域公共服务水平差距较大。习近平多次强调，要坚持和完善社会主义基本分配制度，走共同富裕的道路。为此，我们必须坚持发展为了人民、发展成果由人民共享，使全体人民朝着共同富裕方向稳步前进，绝不能出现“富者累巨万，而贫者食糟糠”的现象。收入分配是民生之源，是改善民生、实现发展成果由人民共享最重要最直接的方式。因此，我们要坚持和完善社会主义基本分配制度，努力推动居民收入增长和经济增长同步、劳动报酬提高和劳动生产率提高同步，不断健全体制机制和具体政策，调整国民收入分配格局，持续增加城乡居民收入，不断缩小收入差距。

第八章　经济改革理论的新境界

从 1978 年实施改革开放开始，“改革”成了促进中国经济发展和社会变革的重要动力与重要力量。我国进入新时期以来，党中央根据我国现实情况与存在的问题提出了全面深入改革的指导思想，这是中国特色社会主义政治学在中国的具体实践与应用，构建起了具有中国特色的政治经济学。

本章将从全面深入改革的角度出发，对中国特色社会主义政治经济学在中国的具体发展进行梳理，主要内容包括：政府与市场的关系、混合所有制改革以及收入分配改革。

第一节　对政府与市场关系的新认识

改革开放以来，我们党根据我国发展的历史经验，正式提出了“建设有中国特色的社会主义”，并且将马克思主义政治经济学基本原理同改革开放新实践结合起来，创造性地提出了“发挥市场在资源配置中的基础性作用”。在新时期的新阶段，我们党进一步明确政府与市场的作用，正确处理政府与市场的关系，为政府与市场的有机统一奠定基础，为我国社会主义现代化建设提供有力保障。

一、我国政府与市场关系演变的发展历程

在各个国家不同的发展阶段，政府与市场的关系都是在发展中不断适应与变化的。新中国成立 70 年以来，政府与市场的关系受到经济发展水

平、思想认识水平、经济政治体制改革等因素的影响而不断调整、不断变迁。政府与市场关系的定位也不断经历着“实践、认识、再实践、再认识……”这一认识和实践相统一的动态变化过程，并不断推动政府与市场关系向前发展，不断深化对政府与市场关系的理论认识。

我国政府与市场的关系的发展大致经历了以下几个阶段：政府与市场关系萌芽时期（1949—1978 年）、政府与市场关系探索时期（1978—1992 年）、政府与市场关系完善时期（1992 年至今）。

这里着重介绍2013 年以来我国政府与市场关系的发展情况。2013 年11 月，党的十八届三中全会进一步提出，“经济体制改革是全面深化改革的重点，核心问题是处理好政府和市场的关系，使市场在资源配置中起决定性作用和更好发挥政府作用”①，这是我们党关于社会主义市场经济思想的新发展，对政府和市场关系的认识达到了新境界。市场起决定性作用的提出“是我们党对中国特色社会主义建设规律认识上的一个新突破，是马克思主义中国化的一个新的成果，标志着社会主义市场经济发展进入了一个新阶段”②。这意味着，政府和市场将各司其职，政府与市场的关系不再有主次、从属之分，而是“努力形成市场作用和政府作用有机统一、相互补充、相互协调、相互促进的格局，推动经济社会持续健康发展”③。处理好政府与市场的关系，就是要遵循市场经济的一般规律，要发挥市场的决定性作用，但“不能盲目绝对讲市场起决定性作用，而是既要使市场在资源配置中起决定性作用，又要更好发挥政府作用”④。

党的十八大以来，习近平总书记高度重视马克思主义政治经济学，伴随着中国特色社会主义经济实践的不断向前发展，中国特色社会主义经济理论日益丰富完善，形成了许多重要理论成果，不仅有力指导了我国经济发展实践，而且开拓了马克思主义政治经济学现代发展新境界。以习近平

---

① 中共中央关于全面深化改革若干重大问题的决定[N]. 人民日报,2013 - 11 - 16.

②③ 习近平总书记强调:正确发挥市场作用和政府作用推动经济社会持续健康发展[J]. 中国领导科学,2014(5):4.

④ 中共中央文献研究室. 习近平关于社会主义经济建设论述摘编[M]. 北京:中央文献出版社,2017:58.

总书记为核心的党中央坚持社会主义市场经济的改革方向，全面推进、不断深化市场化经济改革。习近平总书记认为，深化经济体制改革，核心问题是处理好政府和市场的关系，使市场在资源配置中起决定性作用和更好发挥政府作用。要按照市场在资源配置中起决定性作用和更好发挥政府作用的要求，努力把市场的决定作用与政府的重要作用结合起来，这是习近平新时代中国特色社会主义经济思想的重要内容，也是新时代马克思主义政治经济学中国化的崭新成果。

还有一些学者也对政府与市场关系这一问题提出了自己的见解。胡钧指出，理论界对政府与市场关系的认识缺乏理论知识，颠倒了政府与市场的作用，应确立根据科学发展观要求制定的经济社会发展规划在资源配置上的主导地位，更好发挥政府作用[①]。张旭认为，在当前我国全面深化改革的背景下，必须正确理解有关政府和市场关系的历史逻辑和理论逻辑，这是平衡政府和市场职能的关键[②]。

总体来说，政府和市场由最初的体制外结合，发展到体制内结合，形成了“有效的市场”和“有为的政府”共同发挥作用的格局。

二、我国政府与市场关系发展的新阶段

（一）政府与市场都是经济调节的手段

从我国不同时期政府与市场关系的发展历程来看，我国在对它们的本质的认识上也经历了一个长期的过程。过去，我们把计划经济看成是公有制的产物，把市场经济看成是私有制的产物，从而认为计划经济与社会主义相联系，市场经济与资本主义制度相联系。直到 1992 年邓小平“南方谈话”明确指出：“计划和市场不等于社会主义和资本主义，他们之间没有联系，计划与市场都是经济调节的手段”[③]，才纠正了这个错误认识。

① 胡钧．政府与市场关系论[J]．当代经济研究，2013(8)：22－30.

② 张旭．“政府和市场的关系”与政府职能转变[J]．经济纵横，2014(7)：18－22.

③ 邓小平．南方谈话[R]．1992.

马克思主义政治经济学指出，任何社会都存在着社会总劳动在不同部门的分配问题，而生产要素都是通过价值规律进行分配的。将马克思主义政治经济学与政府市场相联系，我们可以看出，市场发挥在资源配置中的决定性作用实质上就是按比例分配社会劳动；而政府的调节作用实质上就是对社会总劳动的控制与有计划的分配。

社会主义初级阶段，社会生产力还没有达到生产资料由全社会占有的高度，个人的劳动并不能直接作为总劳动的构成部分而存在。社会上每个集体或者个体都具有自己不同的利益要求，因此就需要市场机制去协调不同主体之间的资源配置。在发达的经济体国家，由于市场本身就存在信息不对称、外部性以及市场结构不均衡的情况，此时，仅依靠市场无法实现资源的最优配置，需要通过政府的计划手段去干预经济，解决市场的多变性。

由此可见，政府干预与市场调节都是实现资源最优配置的手段。政府干预的优点是可以进行宏观战略上的调节，包括不同产业的调节、产业间的调节、社会经济关系的调节、短期与长期的调节。但是如果政府干预过度，那么就会导致市场无法在自发机制下运行，过度干预会造成市场效率低下、无法实现资源的最优配置；市场调节的优点是能根据价值规律自发地调节从而实现资源的最优配置，但是市场调节又受制于市场自身的发展程度以及市场本身具有的缺陷。因此，将政府干预与市场调节相结合才能既充分发挥它们各自的优势，又尽可能规避它们自有的缺陷。

（二）发挥政府作用，尊重市场规律

随着中国特色社会主义政治经济学的发展，我们对政府与市场关系的认识不断深化。社会主义市场经济的一个特征就是：市场在资源配置中起决定性作用以及更好地发挥政府的作用。

1992 年，党的十四大提出建立社会主义市场经济体制的改革目标，指出“我们要建立的社会主义市场经济体制，就是要使市场在社会主义国家宏观调控下对资源配置起基础性作用……要大力发展全国统一的市场，进一步扩大市场的作用，并依据客观规律的要求，运用好经济政策、经济法

规、计划指导和必要的行政管理，引导市场健康发展”①。可以说，党的十四大后，市场开始真正扮演基础性角色，政府与市场的关系也开始明确起来，即市场在国家宏观调控下对资源配置起基础性作用；1997 年，党的十五大提出“高举邓小平理论伟大旗帜，把建设有中国特色社会主义事业全面推向二十一世纪”②，并且明确了如何进一步发挥市场对资源配置的基础性作用：改革流通体制，健全市场规则，加强市场管理，清除市场障碍，打破地区封锁、部门垄断，尽快建成统一开放、竞争有序的市场体系。进一步厘清了政府和市场的界限，明确了政府与市场的各自作用，为政府与市场的有机统一奠定了基础。

2001 年，我国加入世界贸易组织，对外开放步伐进一步加快，以开放促改革也就成了其中的要义之一，这也在一定程度上倒逼我国更好地理顺政府与市场的关系。特别是随着我国逐渐融入世界经济，经济全球化发展对我国社会主义市场经济体制的完善提出了更高要求；2002 年，党的十六大提出要“完善社会主义市场经济体制”“全面提高对外开放水平”“在更大程度上发挥市场在国家宏观调控下对资源配置起基础性作用”③；2007 年，党的十七大报告则进一步提出“完善基本经济制度，健全现代市场体系”“从制度上更好地发挥市场在资源配置中的基础性作用”④。从这一系列回顾中不难发现，我国越来越重视市场在资源配置中的作用，强调减少政府对市场的干预，让市场在资源配置中发挥基础性作用。而且从实践来看，市场在其中所起的作用也越来越明显。但与此同时，我们也不能忽视政府这只“看得见的手”在宏观调控中的作用，这是保证市场发挥作用的重要力量。因此，2012 年党的十八大除了明确将在更大程度和更广范围上发挥市场在资源配置中的基础性作用外，还进一步提出要“处理好政府和市场的关系，更好发挥政府作用”⑤。自此，我国开始考虑将“看得见的

① 中共中央文献研究室．十四大以来重要文献选编[M]．北京：中央文献出版社，2011：19.
② 中共中央文献研究室．十五大以来重要文献选编[M]．北京：中央文献出版社，2011：1.
③ 中共中央文献研究室．十六大以来重要文献选编[M]．北京：中央文献出版社，2011：20.
④ 中共中央文献研究室．十七大以来重要文献选编[M]．北京：中央文献出版社，2009：20.
⑤ 中共中央文献研究室．十八大以来重要文献选编[M]．北京：中央文献出版社，2016：16.

手”（政府）与“看不见的手”（市场）进行有机协调，从而形成有为政府和有效市场统一的格局。

随着中国特色社会主义进入新时代，我国经济已由高速增长阶段转向高质量发展阶段，全面深化改革也进入了深水区，转变发展方式、优化经济结构、转换增长动力成了当前的主要议题。2013 年党的十八届三中全会指出，“经济体制改革是全面深化改革的重点，核心问题是处理好政府和市场的关系，使市场在资源配置中起决定性作用和更好发挥政府作用”。可见，新时代下对政府与市场关系的定位也与过去大不相同，一方面强调要使市场在资源配置中起更为重要的“决定性作用”，另一方面则是对政府的职能提出了新的要求，作出了新的定位；党的十九大进一步明确提出，“着力构建市场机制有效、微观主体有活力、宏观调控有度的经济体制”。这一表述不仅为新时代的政府与市场关系指明了方向，而且还对如何充分发挥市场在资源配置中的决定性作用以及如何更好地发挥政府的职能提出了要求，也对如何将有为政府和有效市场有机统一起来给出了答案。这是对中国特色社会主义建设规律的新贡献和新突破，有助于形成政府与市场关系和谐共生的新格局。正如习近平总书记强调的那样，“使市场在资源配置中起决定性作用和更好发挥政府作用，二者是有机统一的，不是相互否定的，不能把二者割裂开来、对立起来，既不能用市场在资源配置中的决定性作用取代甚至否定政府作用，也不能用更好发挥政府作用取代甚至否定使市场在资源配置中起决定性作用”。在处理好政府与市场关系问题上，“看不见的手”和“看得见的手”都要用好，努力形成市场作用和政府作用有机统一、相互补充、相互协调、相互促进的格局。

三、学术思想的碰撞

首先介绍新结构经济学。新结构经济学①是我国经济学家林毅夫教授及其合作者提出并倡导的研究经济发展、转型和运行的理论。在他的代表

① 林毅夫．新结构经济学：反思经济发展与政策的理论框架［M］．北京：北京大学出版社，2012：21.

性作品《新结构经济学》中，他对政府与市场关系进行了详细系统的阐述。在发展中国家发展的过程中，由于自身发展不够充分，因此常常会受到全球经济的冲击，所以发展中国家要想发展，就必须选取一个好的行业标准，以适合本国的要素禀赋结构和行业发展水平，因此，他强调了政府与市场在该过程中的作用。

新结构经济学是先强调市场的重要性，然后指出在动态变化的过程当中有很多市场解决不了的问题，所以也要有一个有为的政府，强调政府和市场的有机结合，既要有市场也要有政府，两者缺一不可。只有在“有效市场”和“有为政府”的共同作用下，才能更好地推动经济结构的转型升级和经济社会的发展。

有效的市场的重要性在于，只有充分竞争的市场才能形成充分反映要素相对稀缺的价格体系。只有这样的价格体系和市场竞争的压力才能引导企业按照要素禀赋的比较优势来选择技术和产业，生产出来的产品才会成本最低、最有竞争力，从而创造最大的剩余和资本积累，推动比较优势从劳动或自然资源相对密集逐渐向资本相对密集提升，为现有产业、技术升级到资本更密集、附加价值更高的新产业、新技术提供物质基础。有效的市场机制是经济按照其比较优势发展的必要制度保障。

一个经济体在从农业经济向现代经济转型的过程中，有为的政府不可或缺。经济发展是一个资源随着要素积累、比较优势变化而不断从现有技术和产业配置到新的技术和产业的结构变迁的过程，新兴产业在发展初期阶段，无法通过自身的力量进行发展，因此政府在帮助企业克服外部性困难方面发挥了积极主动的作用，并且将政府干预分为两种：一种是为结构变化提供便利条件进行改善的政府；另一种是保护本国企业或产业的政府。

第一种政府保护的原因，是小企业对信息的收集和处理的成本很大，因此，政府投资于信息的收集和处理，将有关产业的信息免费提供给企业，促进企业的发展。

第二种政府保护的原因，是在经济发展的过程中，一方面由于小企业无法通过自身实现对基础设施的需求，因此只有通过政府的协调，才能更好地进行发展。另一方面是企业在内部的发展中，无法通过自身内化所需的不同的生产要素，此时只有政府才能提供或者调节这些所需的变化，为企业的升级和多样化提供便利。

在对新结构经济学中有关政府与市场的论述进行总结后，我们可以得知：有效的市场是经济能顺利发挥比较优势的必要制度保障，而政府在市场中存在的信息不对称、外部性以及市场结构协调方面又发挥着主动积极、提供便利的作用。

林毅夫教授对政府与市场关系的有关论述，对仍处于发展中国家的中国来说具有一定的现实指导意义，他向我们阐述了发展中国家在产业甄别与选择中政府与市场在不同方面的积极作用，对我国的发展特别是在产业方面的发展具有一定的现实指导意义。

其次介绍张宇对政府与市场关系进行的研究。他认为，要对政府与市场的关系进行研究，首先必须从中国的实际出发，把握三个维度：一是市场经济的一般规律；二是国情和发展阶段；三是我国的基本制度[①]。

张宇提出了有效市场、有为政府的概念。他认为政府与市场不是对立的关系，而是相辅相成的关系。从宏观角度来看，由于发展中国家市场经济的落后不仅表现在市场作用比较弱，如市场体系不全、市场秩序混乱、价格信号扭曲等，也表现在政府的作用比较弱，如政府能力不足、政府效率低下、缺乏权威等。因此，如果没有有效的政府调节，就难以形成有效的市场调节；如果没有有效的市场调节，就难以形成有效的政府调节。

他还特别强调在社会主义市场经济中，国家也就是政府的几个主导方面：一是党的领导。从总体上引导国民经济的发展。二是国家调控的全面性。社会主义国家对经济的调控不仅弥补了市场失灵，而且包括了总量平衡、结构优化、市场有效、共同富裕等多方面的内容。三是国家调控的长期性。社会主义国家对经济的调控不局限于短期，而是致力于经济的长期发展，把总量平衡与结构优化、长期目标与短期目标有机地

① 张宇．中国特色社会主义政治经济学[M]．北京：中国人民大学出版社，2016：170.

结合起来。

通过对张宇有关政府与市场的论述进行总结，我们可以得知：在正确处理政府与市场的关系的问题上，既要做到市场有效，又要做到党政有为。要更加尊重市场规律，增强市场活力并推进相关领域改革，加快完善现代市场体系的建设；要更好发挥市场作用，提高政府效率并推进相关领域改革，加强和改善党对经济的领导，转变政府职能，使“看不见的手”（市场）和“看得见的手”（政府）更好地结合起来。

最后介绍刘伟对政府与市场关系的研究。针对近年来我国处在中等收入阶段难以迈入高收入阶段的现实情况，要想跨越“中等收入陷阱”，就必须进一步深化经济体制改革。也就是说，他认为，政府与市场应形成合力，共同促进经济的发展①。

刘伟指出，一些发展中国家落入“中等收入陷阱”的一个重要原因，就是未能处理好政府与市场的关系，由于在根本上未能转变发展方式，导致资源配置效率低下，难以实现可持续发展。

因此，让市场处于在资源配置中起决定性作用的地位，有利于树立正确的观念，转变经济发展的方式，构建统一开放、竞争有序的市场体系；还需要政府进行有效的调控和规制，实现宏观调控有度，以解决市场带来的失灵问题。

刘伟还对从“市场起基础性作用”到现在的“决定性作用”这一表述的变化进行了解释与讨论②。他认为这个表述的变化包含三层含义：第一个含义是对市场在资源配置中的地位的重要性的强调，比过去进一步强调了微观层面，也就是在资源配置方式这个层面上对市场的地位进一步进行了强调；第二个含义，过去大多数是探究市场和政府的作用空间哪个为主，哪个为辅，而目前提的是市场决定性作用，和更好的政府调节，所以这个问题的讨论就变成了质量的讨论；第三个含义，更好地发挥政府的调

① 刘伟. 政府与市场形成发展合力[J]. 人民周刊,2019(2):2.

② 刘伟.《三中全会全解读——刘伟专栏》“市场起决定性作用”的定位对政府调控质量提出更高要求[EB/OL].(2013-11-15). 央广网财经，https://finance.cnr.cn/txcj/201311/t20131115_514144253.shtml.

节功能，实际上不是简单的在资源配置的空间上，而是在职能上，即在各自的定位、不同作用的功能和性质上去讨论两者的关系，市场调节越是起决定性作用，市场所不能有效起到作用的那些局限性方面就越需要高效率的政府调节，市场决定性的功能定位，不是对政府调节的排斥，而是对政府调节质量、政府调节效率的更高标准的要求。

通过对刘伟有关政府与市场的论述进行总结，可以得知：政府和市场作用协同发展，让政府作用的发挥建立在“市场在资源配置中起决定性作用”的基础上，转变政府职能，才能更好地发挥政府作用。同样，充分发挥市场作用，实现市场机制有效、微观主体有活力、宏观调控有度，才能构建一个政府与市场协同发展的市场经济体制。

这些学者的观点与我国当前在政府与市场关系的处理上不谋而合。在新时期的历史阶段背景下，习近平总书记提出要讲辩证法、两点论，就是使市场在资源配置中起决定性作用和更好发挥政府作用，两者是有机统一的。市场在资源配置上的作用从“基础性作用”发展为“决定性作用”，市场的地位从“都可以用”发展为与政府“两手合力”共同推动经济发展的平等地位。这是新时代中国特色社会主义政治经济学关于政府与市场关系及市场在经济发展中地位问题的新判断，是新时代中国特色社会主义政治经济学所取得的又一重大理论突破。关于政府与市场、有为政府和有效市场的关系的分析，必须有一个唯物主义的前提。也就是说，不能脱离“新时代”背景，需要立足世情、国情、社情、民情和党情，从新时代中国特色社会主义经济发展的实际情况来看，要想把握好计划与市场的关系，必须把握好政府和市场的关系。经济体制改革是全面深化改革的重点，核心问题是处理好政府和市场的关系。中国特色社会主义政治经济学关于政府与市场关系具有其独特的逻辑框架，这就为中国“有为政府 + 有效市场”机制的构建提供了理论指导。中国马克思主义政治经济学从理论上系统阐明了社会主义市场经济条件下政府和市场的关系，进一步明确了政府与市场的边界。习近平总书记指出，“更好发挥政府作用，不是要更多发挥政府作用，而是要在保证市场发挥决定性作用的前提下，管好那些市场管不了或管不好的事情"①，这就明确了政府"应该做什么"和"不应该做什么"。中国特色社会主义市场经济决定了，我们既要尊重市场经济一般规律，最大限度减少政府对市场资源的直接配置和对微观经济活动的直接干预，充分发挥市场在资源配置中的决定性作用，又要更好发挥政府作用，有效弥补市场失灵。经济发展不能盲目追求利益最大化，政府监管就是要避免市场失灵导致的供需失衡、公平与效率失衡。中国特色社会主义政治经济学将马克思主义政治经济学的立场和方法贯穿始终，并与中国具体国情相结合，在实践中检验和发展，逐步形成了符合中国经济发展的一套理论体系，适应了社会主义市场经济的发展，并且为社会主义市场经济的发展提供了支持与保障。中国经济发展取得世界性奇迹，其本质就在于始终坚持以马克思主义政治经济学为理论遵循，始终坚持走独立自主的经济发展道路，从而形成了具有中国特色的经济发展模式。因此，我们今后更应从中国实际出发，充分利用中国经济建设中的经验和教训素材，以马克思主义政治经济学的观点、立场和方法来完善自身理论体系，为人类经济发展规律认知贡献智慧。

第二节 混合所有制改革与所有制实现理论的推进

改革开放以来，随着社会主义市场经济体制的确立和生产力的解放与发展，混合所有制改革逐步推进，形成了国有资本与其他各种形式资本相互融合的混合所有制经济，这是基本经济制度的重要实现形式。在新时期的新阶段，我们要进一步推进混合所有制改革，促进各种所有制资本取长补短、相互促进、共同发展，为我国社会主义现代化建设提供有力保障。

一、混合所有制改革的发展历程

混合所有制经济并不是新生事物。追根溯源，从晚清时期的官督商办模式，到国民政府的"节制私人资本、发达国家资本"；从解放初期的

① 习近平．习近平新时代中国特色社会主义思想学习纲要[M]．北京：人民出版社，2019：115.

“新民主主义经济”，到“保护民族工商业”，再转向“一大二公”的模式，都留有混合所有制经济的深深烙印。但是，时代不同、背景不同，赋予混合所有制经济的内涵也不一样。

随着马克思主义经济学在中国的发展，我国政府的混合所有制在不同的发展时期根据不同的经济与社会状况，形成了独具中国特色的混合所有制。我国的混合所有制大致可以分为以下几个阶段：萌芽探索时期（1978—1992 年）、初步发展时期（1993—2003 年）、推动与融合时期（2003—2013 年）、分类与深化时期（2013 年至今）。

这里着重介绍 2013 年以来我国政府与市场关系的发展情况。党的十八届三中全会通过的《中共中央关于全面深化改革若干重大问题的决定》提出关于进一步全面深化改革的要求，国有企业的改革随之进行，并强调“积极发展混合所有制经济。国有资本、集体资本、非公有资本等交叉持股、相互融合的混合所有制经济，是基本经济制度的重要实现形式”①。中央出台了一系列关于国资国企改革的文件，积极推动国有企业的国资监管转型和国有企业经营机制的转化；民营企业也在全面深化改革的背景下受到了史无前例的重视，促使其从低端向高端迈进，在混合所有制改革中积极与国有资本结合。2015 年 9 月发布的《中共中央、国务院关于深化国有企业改革的指导意见》，明确了新时期国企改革的目标是发展混合所有制并提出了具体实施意见。

总体来说，我国混合所有制改革在层次、深度上以“混”消除产权差异，以“合”提高竞争优势，从而推动混合所有制改革顺应新时期发展的新要求。

二、混合所有制的生产力基础

混合所有制经济改革的路径伴随生产力的发展变化。整体来看，所有制的形式是随着生产力的发展而不断变化的。资本主义在最初阶段的所有制形式是单一的，由于少数人占有社会的大多数生产资料，导致了资本

① 新华社．中共中央关于全面深化改革若干重大问题的决定[J]．中国合作经济,2013(11):14.

主义社会的阶级分化和社会矛盾，甚至威胁到了生产力的进一步发展。为解决矛盾，资本主义国家通过资本社会化和公私混合的策略实现对自身系统的调节。而当代资本主义国家大多已经转向混合经济模式。

对于传统社会主义经济国家来说，混合所有制的改革也是随着生产力和生产关系的发展而被理顺的。在中国，“三个有利于”的判断标准，从根本上纠正了人们对不同形式经济的认识偏差，使得发展混合所有制经济的路径越来越清晰。党的十八届三中全会明确指出：混合所有制经济是我国基本经济制度的重要实现形式。

在公有制经济占主导，其他多种所有制经济共同发展的前提下，极大地发展混合所有制经济，能够推动社会财富的源泉充分涌流，激发全社会的创造力和活力，为高质量的经济发展提供强劲动力。以生产力发展为基本依据，有助于实现社会主义的本质和目的，满足人民群众的物质文化利益。

三、混合所有制改革发展的新阶段

新时代以来，在我国特色社会主义取得巨大成就的同时，新的任务与挑战也随之而来。党和国家根据经济发展的现状，继续调整与深化适合我国当前发展的混合所有制经济改革。党的十六大以来，我国继续深化国有企业改革，在改革国有资产管理体制、继续调整国有经济布局和结构、深化国有企业公司股份制改革方面取得了显著的成就。

一是完善各类国有资产管理体制[①]。国有资产管理体制是国有企业改革的重点，也可以说是国有企业改革的实质。党的十六大指出，改革国有资产管理体制是深化经济体制改革的重大任务。这一历史时期的改革，就是在明晰产权的基础上，加快推进国有资产管理的法制化、规范化建设；加快政企分离、政资分开向资企分开的改革进程，根除过去全方位影响生产发展的错位越位的弊端；针对国有企业出资人职责分散、责任职权不明确的问题，提出应由国家制定法律法规，建立中央政府和地方政府分别代

① 顾海良．中国特色社会主义政治经济学史纲[J]. 中国编辑,2019,112(4):100.

表国家履行出资人职责，享有所有者权益，权利、义务和责任相统一，管资产和管人、管事相结合的国有资产管理体制，进一步厘清中央和地方在国有资产管理上的权限。中央政府和省市两级地方政府设立国有资产管理机构，严格执行国有资产管理法律法规，坚持政企分开，实行所有权和经营权分离，使企业自主经营、自负盈亏，实现国有资产保值增值。

党的十六大报告中有关国有资产管理体制的总体框架可以概括为三个“三”的架构。第一个“三”是指形成中央、省和地区三个国有资产管理体系；第二个“三”是指实现管事、管人和管资产的有机结合；第三个“三”是指国资委代表国有资产出资人、国有资产经营公司运营国有资产产权以及国有企业从事经营活动①。从这三个管理体制的框架的构建中，我们可以看出，新时期对国有资产管理体制的改革有了以下几个方面的发展：一是明确细化了不同地区的国有资产监管组织体系的建设，使多层级的国有资产监管的组织体系逐步建立和完善；二是效率提升，将内部各主体有机地结合起来，使资产管理体制改革进入实质性运作阶段；三是明确责任分工，使不同机构各司其职，相互制约，实现共同发展。

二是加快国有经济的战略布局和战略性调整。随着我国经济体制改革和国有企业改革的不断深入，继续调整国有经济的布局和结构仍旧是今后一个时期改革的重点。党的十六届三中全会指出，要完善国有资本有进有退、合理流动的机制，进一步加强国有资本更多地投向关系国家安全和国民经济命脉的重要行业和关键领域，增强国有经济的控制力。党的十六大以来，我国国有经济布局和战略性调整取得了显著成效。中央企业通过重组的方式，促进国有资本向关系国家安全和国民经济命脉的重要行业和关键领域集中；在加快国有经济布局和战略性重组中，既对长期亏损的企业进行了兼并重组，又促进了国有资产有序流动，避免资产和员工利益的损失。通过国有经济的战略调整，使国有经济的整体素质和竞争力明显提升，极大地增强了国有经济的控制力、影响力，使国有经济在国民经济中的主导地位得到进一步的巩固提升。

---

① 中共中央文献研究室．十六大以来重要文献选编[M]．北京：中央文献出版社，2011.

党的十八届三中全会通过的《中共中央关于全面深化改革若干重大问题的决定》提出了积极发展混合所有制经济的相关要求①，明确“国有资本、集体资本、非公有资本等交叉持股、相互融合的混合所有制经济，是基本经济制度的重要实现形式，有利于国有资本放大功能、保值增值、提高竞争力，有利于各种所有制资本取长补短、相互促进、共同发展”；同时提出了“允许更多国有经济和其他所有制经济发展成为混合所有制经济”“国有资本投资项目允许非国有资本参股”和“允许混合所有制经济实行企业员工持股，形成资本所有者和劳动者利益共同体”等发展混合所有制的基本方式。这一论述标志着国有企业混合所有制改革成为新一轮国企改革的重要着力点。

党的十九大作出的中国特色社会主义进入新时代的重大论断，对国有企业改革发展具有全方位、深层次、根本性的影响，形成了国有企业改革发展的重大战略部署。这是在新的历史起点上，以习近平同志为核心的党中央对新时代国企改革发展的新号召、新要求、新指引，为做好国企改革各项工作指明了方向、提供了根本遵循。站在新的历史起点上，深化混合所有制改革必须紧紧围绕做强做优做大国有资本，培育具有全球竞争力的世界一流企业，做好“深化深入”的文章。一是牢牢把握混改方向。发展混合所有制经济，根本目的是促进国有企业转换经营机制，放大国有资本功能，提高国有资本配置和运行效率，促进各种所有制资本取长补短、相互促进、共同发展。要坚持宜独则独、宜控则控、宜参则参，要严格按程序操作，公开公正透明，坚决守住国有资产不流失的红线。二是分层分类推进混改。积极推进主业处于充分竞争行业和领域的商业类国有企业混合所有制改革，有效探索重点领域混合所有制改革，在引导子公司层面改革的同时探索在集团公司层面推进混合所有制改革。三是着力推动国企民企共赢发展。公有制经济和非公有制经济都是我国经济社会发展的重要基础，都是全面建设社会主义现代化国家的重要力量。发展混合所有制经济，就是要充分发挥国有企业技术、人才、管理等优势，充分发挥民营企

① 中共中央关于全面深化改革若干重大问题的决定[J]. 党建,2013(12):9－22.

业灵活的市场机制，促进各种所有制经济互利共赢、共同发展，夯实现代化经济体系的基础。四是推动混改企业转换经营机制。建立有效制衡的法人治理结构和灵活高效的市场化经营机制，这是国有企业提升发展质量和效益，实现永续发展、基业长青的源泉。要通过混改，引入积极股东，有效落实董事会职权，推进经理层任期制和契约化管理，激发国有企业的内生活力。五是加强混改企业党建工作。坚持党的建设与企业改革同步谋划、同步开展，根据企业组织形式变化，同步设置或调整党的组织，理顺党组织隶属关系，探索适应混改企业的党建工作机制，确保党组织有效融入公司治理，确保党组织和其他治理主体协调运作、有效制衡。

四、党在混合所有制改革中的重要作用

随着中国特色社会主义政治经济学的发展，党在经济发展建设中起到了重要的支撑和引领作用。新时期下，党在企业的混合所有制改革中更是发挥了重要的作用①。

坚持党的领导作用，完善党委决策机制，使党委实现并落实把握方向、统领大局、确保政策落实的定位作用。将党委的决策细化为决定权、建议权、监督权。在决定权方面，企业必须贯彻执行党和国家制定的方针政策以及法律法规，实现完成上级决定的重大举措；在建议权方面，党在企业的重要人事任免、重要机构设置等方面具有一定的建议权，在经由党组织讨论决策后，再由董事会与经理层方面进行程序的决策；在监督权方面，党委对企业内部领导班子的政治纪律与政治行动进行监督，保证企业内部纪律严明，更好地推动企业的发展建设。

将党的领导融入公司治理的各个环节，创新治理环节。在中国特色社会主义政治经济学发展下，将企业党组织与公司治理结构相结合符合当前时代的发展趋势。一方面，集团层面要完善党委领导的“三重一大”决策监督机制，构建以管资本为主的国有资本管理机制；另一方面，要充分授权、推动决策责任归位和管理责任到位，实现高效治理。

① 李锐．关于在混合所有制企业中发挥党建引领作用的思考[J]．求知，2018(6)：48－50.

坚持党管干部，创新党建骨干队伍建设机制。将党管干部与规范法人的治理相结合、将组织考察与董事会的选聘相结合，是保证党对干部人事工作的领导权和对重要干部的管理权、实现党对混合所有制企业领导的重要举措，可以有效制衡公司法人治理结构和灵活高效的市场化选人用人机制。要重点抓好企业领导干部、党务工作者，让企业领导干部坚决落实谁出资、谁管理、谁负责的法人治理原则，进行分类分级分层管理；党务工作者是党落实建设工作的主力军，要协助党组织在企业中进行考核与监督，规范企业行为。

第三节　收入分配问题的理论探讨

新时代以来，随着社会主义市场经济体制的确立完善以及中国特色社会主义政治经济学的发展，我国的社会主义市场经济理论不断突破，为社会主义初级阶段的收入分配的改革发展提供了有利条件。新时期以来，我们党坚持和完善按劳分配为主体、多种分配方式并存的分配制度，体现出了特有的优越性与先进性，为我国社会主义现代化建设提供了有力保障。

一、收入分配改革的发展历程

收入分配是民生之源，是改善民生、实现发展成果由人民共享最重要最直接的方式。深化收入分配制度改革，推进形成合理有序的收入分配格局，让改革发展成果更多更公平惠及全体人民，是实现社会和谐、保持经济长期稳定发展的重要基础。改革开放以来，我国高度重视收入分配问题，结合经济社会发展需要，持续探索推进收入分配制度的改革，取得了较多的成就与经验。

我国收入分配的发展大致经历了以下几个阶段：萌芽阶段（1978—1992 年）、探索阶段（1993—2002 年）、发展阶段（2003—2012 年）、成熟阶段（2013 年至今）。

这里着重介绍 2013 年以来我国收入分配改革的发展情况。党的十八大以来我国收入分配制度改革充分体现了中国特色社会主义制度的优越性。党的十八大报告提出，提高居民收入在国民收入分配中的比重，提高劳动报酬在初次分配中的比重，阐明了深化收入分配制度改革的基本方向，报告同时提出初次分配和再分配都要兼顾效率和公平，再分配更加注重公平。让发展的成果由人民共享，注重在提高居民收入的同时，将重视公平放在更加突出的位置①。党的十九大再次重申坚持按劳分配原则，并要求政府履行好再分配调节职能，缩小收入分配差距，促进社会公平。习近平总书记谈及改善民生时指出，“收入分配是民生之源，是改善民生、实现发展成果由人民共享最重要最直接的方式”②。

党的十八大以来，习近平总书记高度重视马克思主义政治经济学，伴随着中国特色社会主义经济实践的不断向前发展，中国特色社会主义经济理论日益丰富完善，形成了许多重要理论成果，不仅有力指导了我国经济发展实践，而且开拓了马克思主义政治经济学现代发展新境界。随着我国经济发展“蛋糕”的不断做大，分配不公问题开始突出，收入差距、城乡区域公共服务水平差距较大。习近平总书记多次强调，要坚持和完善社会主义基本分配制度，走共同富裕的道路。为此，我们必须坚持发展为了人民、发展成果由人民共享，使全体人民朝着共同富裕方向稳步前进，绝不能出现“富者累巨万，而贫者食糟糠”的现象。收入分配是民生之源，是改善民生、实现发展成果由人民共享最重要最直接的方式。因此，我们要坚持和完善社会主义基本分配制度，努力推动居民收入增长和经济增长同步、劳动报酬提高和劳动生产率提高同步，不断健全体制机制和具体政策，调整国民收入分配格局，持续增加城乡居民收入，不断缩小收入差距。

总体来说，这一阶段我国收入分配制度改革更加注重社会的公平正义，推动人民共享发展成果。

---

① 中共中央文献研究室．十八大以来重要文献选编[M]．北京：中央文献出版社，2016：28.

② 让老百姓过上好日子——关于改善民生和创新社会治理[J]．前进，2016(11)：4－8.

二、经济转型与收入分配的关系

中国经济转型对收入分配格局的变化产生了很大的影响。这种影响既体现在收入分配过程中分配体制和机制的变化，也表现在收入分配的结果上的变化。经济转型包括以下几种形式：第一，计划经济向市场经济的转变。在此过程中收入分配制度由高度统一的分配模式向分散化的分配模式转变。就是由单一国家平均主义的分配制度向以按劳分配为主体多种分配方式并存的模式转变。第二，经济单位的所有制结构变化带来的收入分配格局的变化。所有制结构多元化既会带来不同所有制部门之间收入差距的变化，也会带来同一所有制部门内部不同经济单位收入差距的变化。这些都是由于不同所有制部门采取了不同的收入决定机制和分配制度。第三，对外开放产生的收入分配效应。对外贸易及其引进外资都在不同程度地影响着收入差距的变化，特别是外资企业和合资企业为了吸引高技术人才、高层管理人员，采用高薪引人和高薪留人的做法，也拉大了外资企业与国内企业的工资差距和收入差距。第四，公共部门内部工资性收入分配制度改革也影响着收入分配的变化。特别是国有企业为了提高效率、增加激励机制，不仅拉大了管理层与一般员工之间的收入差距，还扩大了员工之间的收入差距。

市场化的分配机制主要表现为每个生产单位具有自己的生产自主权，每个就业者的收入是由市场与用人单位共同决定的。在市场供求的影响下，拥有相同知识技能的劳动者有一个相同的均衡工资，而用人单位则是根据就业者的实际劳动贡献决定其实际收入。一个就业者的实际收入与其在市场中的均衡工资之间可能存在差异，影响这个差异的原因主要是由其劳动贡献的大小决定的。市场化的分配机制还对劳动要素之外的其他生产要素给予收入回报，如实物资本、人力资本、管理才能，创新观念和创新能力都会通过分配机制获得应有的报酬。因此，由于市场主体的多元化，收入决定因素的多样化，使得收入决定机制发生了根本性的变化，收入差距的扩大也就不可避免。

所有制结构由单一化向多样化转变不仅带来了收入分配机制的变化，

也带来了收入差距的扩大。如果国有企业改革到位，所有制结构的变化只是导致一个部门内部收入差距扩大，而错位的改革不仅会导致一个部门内部收入差距的扩大，而且会导致不同所有制部门之间的收入差距扩大。在国企改革过程中，在国有企业规模缩小、就业人数减少的同时，大型国企的垄断地位也在不断强化，由此带来的垄断利润转化为员工和高管的超额工资报酬，不仅导致了部门之间工资收入差距的上升，也导致了收入分配的不公。

对外开放是新时期中国经济增长的动力源泉。它最直接的影响是就业增加，吸收了大量剩余劳动力，尤其是农村剩余劳动力。这个过程有助于提高农村居民的收入水平，有助于缩小城乡之间的收入差距。除此之外，外资企业对技能员工和高学历劳动力有着更大的需求，这无疑会提高人力资本的回报，导致不同企业工资差距加大。

中国的公共部门有着庞大的就业群体，其收入分配机制和分配结果直接或间接地影响着总体的收入分配格局。公共部门既包括政府机关、事业单位，也包括国有企业，因此公共部门的分配机制，一方面显现出分散化的特点，另一方面呈现出不同程度的集中控制。前者在很大程度上导致收入差距的扩大，后者带来了某些方面的收入分配不公问题。

三、收入分配改革的三次线索

在收入分配的改革过程中，一直伴随着效率与公平的问题。因此，效率与公平的这条线索的发展，也在一定程度上反映了收入分配改革的发展。随着党和政府对效率与公平的认识的不断加深，效率与公平的发展可以大致分为以下三个线索阶段。

第一个阶段，党的十一届三中全会到党的十四大（1978—1992 年）。破除平均主义，鼓励一部分人先富起来。长期以来，我国在收入分配中一直存在浓重的平均主义色彩，平均主义使劳动者积极性不高，无法充分提高生产效率。因此，1978 年党的十一届三中全会明确提出要“克服平均主义”。1984 年党的十二届三中全会通过的《中共中央关于经济体制改革的决定》中，指出了平均主义的弊端与危害，并且提出“让一部分人先富起来”[①]。1987年党的十三大报告指出，要使有效率的企业和个人先富起来，拉开收入差距，但又要防止贫富差距悬殊，坚持共同富裕[②]。总的来说，这一阶段重在打破平均主义，促使效率优先的发展。

第二个阶段，党的十四大到党的十六届四中全会（1992—2004年）。效率优先，兼顾公平。1992年党的十四大提出“建立社会主义市场经济体制”的经济体制改革目标，它同时也带来了在社会主义市场经济条件下应该实行什么样的分配制度的问题。因此，在党的十四大上确立了“兼顾效率与公平”的思想。1993年党的十四届三中全会通过的《中共中央关于建立社会主义市场经济体制若干问题的决定》中，突破了以往的“兼顾效率与公平”的原则，提出了“效率优先，兼顾公平”的原则[③]。1997年党的十五大重申了“效率优先，兼顾公平”的原则，指出了将按劳分配和按生产要素分配结合起来，坚持效率优先、兼顾公平，有利于优化资源配置，提高生产效率[④]。2002年党的十六大强调：坚持效率优先、兼顾公平，“初次分配注重效率，发挥市场的作用，鼓励一部分人通过诚实劳动、合法经营先富起来。再分配注重公平，加强政府对收入分配的调节职能，调节差距过大的收入”[⑤]。这一阶段重在兼顾效率与公平，提高生产效率。

第三个阶段，党的十六届四中全会到党的十八大（2004—2012年）。处理好效率与公平的关系，更加注重社会公平。2004年党的十六届四中全会提出“注重社会公平，合理调整国民收入分配格局”，这体现出党和国家更加注重社会公平，通过加大收入分配调节力度，使全体人民共享改革发展成果，也是在一定程度上放弃“效率优先，兼顾公平”的原则。2007年党的十七大报告明确提出公平和效率两者不可偏废，要正确处理两者的关系，更加注重公平。2012年党的十八大报告关于效率与公平关系问题有了进一步发展，不仅对公平的内涵加以发展丰富，扩展到了“权利公平、

① 资料来源：党的十二届三中全会，1984年。

② 中国共产党第十三次全国代表大会[J]. 党课，2017.

③ 中共中央关于建立社会主义市场经济体制若干问题的决定[J]. 求是，1993(12)：4－16.

④ 中共中央文献研究室. 十五大以来重要文献选编[M]. 北京：中央文献出版社，2011：24.

⑤ 中共中央文献研究室. 十六大以来重要文献选编[M]. 北京：中央文献出版社，2011：21.

机会公平、规则公平”，而且进一步指出“初次分配和再分配都要兼顾效率和公平，再分配更加注重公平”①。

通过对效率与公平发展线索的梳理，可以看出，随着我国社会主义市场经济的发展与人们认识的加深，效率与公平的关系也在不断地发展，它的发展也在影响着我国收入分配制度的变革。只有根据不同历史时期、不同发展阶段的变化进行原则政策上的调整，才能使其更好地服务于社会经济发展。

四、收入分配改革在新时期的发展

社会主义市场经济体制的确立推动了收入分配机制的市场化，由于居民收入差距的不断扩大，社会矛盾日益加剧，促使我国收入分配制度进一步发展。

党的十六大明确指出，“确立劳动、资本、技术和管理等生产要素按贡献参与分配的原则，完善按劳分配为主体、多种分配方式并存的分配制度”，进一步明确了按生产要素参与分配的原则，将其与按劳分配统一起来，创新了按劳分配的形式。这一原则极大地肯定了资本、技术和管理等生产要素在分配中参与的必要性，丰富了参与社会分配的要素。党的十六届三中全会把“完善收入分配制度，规范收入分配秩序”作为加强社会主义和谐社会建设的重要内容，并提出收入分配改革的阶段性任务：“到2020年，使城乡、区域发展差距扩大的趋势逐步扭转，合理有序的收入分配格局基本形成，家庭财产普遍增加，人民过上更加富足的生活。”

党的十七大报告针对收入差距趋势的加大，对收入分配制度做了一系列的调整。一是对收入分配制度的性质进行了新的理解，将收入分配和社会公平联系起来，提出“合理的收入分配是社会公平的重要体现”；二是仍然将坚持“按劳分配为主体，多种分配方式并存的分配制度，健全劳动、资本、管理等生产要素按贡献参与分配的制度”；三是将初次分配和再分配、公平和效率进一步联系起来，提出“初次分配和再分配都要处理

① 中共中央文献研究室．十八大以来重要文献选编[M]．北京：中央文献出版社，2016：28.

好效率和公平的关系，再分配更加注重公平”，这是社会主义经济本质要求的体现；四是第一次明确提出了“逐步提高居民收入在国民收入分配中的比重，提高劳动报酬在初次分配中的比重”；五是对生产要素按贡献参与分配进一步进行细化，提出“创造条件让更多群众拥有财产性收入”①。

党的十八大指出“实现发展成果由人民共享，必须深化收入分配制度改革”，提出了“两个同步”“两个提高”的目标，即“努力实现居民收入增长和经济发展同步、劳动报酬增长和劳动生产率提高同步，提高居民收入在国民收入分配中的比重，提高劳动报酬在初次分配中的比重”。在效率与公平的关系方面，较之以前又将公平放在了更加重要的位置，要求“初次分配和再分配都要兼顾效率和公平，再分配更加注重公平”，并且进一步提出“完善劳动、资本、技术、管理等要素按贡献参与分配的初次分配机制，加快健全以税收、社会保障、转移支付为主要手段的再分配调节机制”②。党的十八届三中全会明确提出“健全资本、知识、技术、管理等由要素市场决定的报酬机制”，并进一步要求“清理规范隐性收入，取缔非法收入，增加低收入者收入，扩大中等收入者比重，努力缩小城乡、区域、行业收入分配差距，逐步形成橄榄型分配格局”。党的十八届五中全会通过的《中共中央关于制定国民经济和社会发展第十三个五年规划的建议》提出了共享发展的理念，并要求“坚持共享发展，着力增进人民福祉”，专门就“缩小收入差距”作出了战略部署。

党的十八大以来，党和政府从分配制度建设、就业、社会保障制度、打击非法收入等影响收入的多个方面入手，积极实行了一系列增加收入以及缩小收入差距的政策举措。一是加强收入分配相关制度建设。2013 年 2 月，国务院批转了国家发展和改革委员会、财政部、人力资源社会保障部制定的《关于深化收入分配制度改革的若干意见》，对今后收入分配改革的总体目标、路径和政策举措等作出了要求与部署。同时，为了促进居民收入的增加，国务院制定了《关于激发重点群体活力带动城乡居民增收的

① 中共中央文献研究室．十七大以来重要文献选编[M]．北京：中央文献出版社，2009：30.
② 中共中央文献研究室．十八大以来重要文献选编[M]．北京：中央文献出版社，2016：28.

实施意见》；二是坚持就业优先战略，强化劳动者权益保护，保障劳有所得；三是完善生产要素按贡献分配机制，加强市场秩序规范，促进公平竞争；四是不断改革完善税收、社会保障等再分配调节机制建设；五是动员全党全国全社会力量，全力推进扶贫攻坚；六是加大对腐败和非法收入打击力度，同时强化了对居民收入和财产的监管。

党的十九大又明确提出坚持按劳分配原则，完善按要素分配的体制机制，促进收入分配更合理、更有序，并要求履行好政府再分配调节职能，加快推进基本公共服务均等化，缩小收入分配差距。这些都为未来收入分配领域的改革指明了方向。

第九章 新时代经济发展理论的新境界

党的十八大以来，经济发展的阶段性特征逐渐凸显，党的十九大报告基于对过去的总结，得出“中国特色社会主义进入了新时代”的重大政治论断。新时代我国特色社会主义事业取得了全方位的、开创性的历史性成就，但同时也面临着更为严峻的考验，正如党的十九大报告所说，我国现阶段正处在转变发展方向、优化经济结构、转换增长动力的攻关期。转变发展方式是新时代实现经济高质量发展的必然要求。在新时代中国特色社会主义经济改革与发展的实践中，逐渐形成了“新思想”，习近平新时代中国特色社会主义经济思想在坚持对生产关系的研究基础之上，不断开拓对生产力的研究范畴，提出了新发展理念、经济高质量发展、深化供给侧结构性改革、建设现代化经济体系、实施创新驱动发展战略等一系列具有开创性的新理念新思想新战略，赋予了马克思主义政治经济学新内涵，开拓了中国特色社会主义政治经济学新境界。

第一节 以新发展理念引领经济发展方式加快转变

2013 年，习近平总书记提出我国经济进入“新常态”的重大战略研判，并对新常态的内涵进行了阐述，引起了学术界的热烈研讨，转变经济发展方式、提升经济质量成为我国经济工作的重要内容。2015 年 11 月，在中央财经领导小组第十一次会议上习近平总书记提出供给侧结构性改革，并在同年 12 月中央经济工作会议上将“去产能、去库存、去杠杆、降成本、补短板”作为2016年推进供给侧结构性改革的五大任务，引导经济转型从供给侧施力。2015年10月，习近平总书记在党的十八届五中全会上提出“实现‘十三五’时期发展目标，破解发展难题，厚植发展优势，必须牢固树立并切实贯彻创新、协调、绿色、开放、共享的新发展理念”。新发展理念涵盖范围广泛、思想深邃，一经提出便引起了社会各界的热烈研讨，极大地丰富和发展了中国特色社会主义政治经济学理论。

一、正确认识与适应新常态

改革开放40多年来，我国经济以近两位数强势增长，创造了前所未有的“中国奇迹”，至2008年，连续30年的高增长呈现放缓趋势，国民经济落入一个新的次高速增长的平台。2012年第一季度是中国经济的一个转折点，从2012年起，我国GDP增速下降至7%~8%，经济增长率的下降受到国内外各界人士的关注。一些别有用心之人甚至发出中国“崩溃论”“恶化论”的断言，预判中国经济面临“硬着陆”风险，经济增长会持续大幅下降至5%甚至更低。2012年11月，以习近平同志为总书记的新一届中央领导集体敏锐注意到中国经济这一重大变化和可能潜在的深刻影响，在次年的中央经济工作会议上，习近平总书记首次提及“新常态”的概念。2014年11月9日，在亚太经合组织工商领导人峰会开幕式上，习近平总书记指出，中国经济出现新常态有以下几个特点：一是从高速增长转为中高速增长；二是经济结构不断优化升级，第三产业、消费需求逐步成为主体，城乡区域差距逐步缩小，居民收入占比上升，发展成果惠及更广大民众；三是从要素驱动、投资驱动转向创新驱动①。

一些学者对于我国经济增速下降作出了说明，并就经济新常态展开了研究与论述。刘树成指出，在国内外新的经济环境背景下，我国经济正处于增长速度下降的换挡期。将经济增长的适度区间把握在7.5%~9%，表明我国经济已从高速转入中高速增长阶段，这体现了我们主动将经济增长速度降下来一些，使经济发展更加注重转方式和调结构，更加注重提高质

① 习近平．谋求持久发展　共筑亚太梦想[N]．人民日报，2014-11-10(002)．

量和效益，更加注重资源节约和环境保护，更加注重保障和改善民生[①]。张军扩指出，我国自改革开放以来的高速增长属于追赶型增长，有着明显的增速变化的生命周期特征和增长速度变化的阶段性特征，这是追赶型增长的内在必然性。当前我国处于追赶型增长阶段的转换期，这是由于增长动力的转变，核心是发展模式的变化。在今后10~15年，我国还具有争取6%~8%的中高速增长的潜力[②]。宗寒指出，任何国家在不同年份不同时期的增长速度总是会有变化的，长期发展趋势才表明一个国家的发展状况。说“中国出现危机”“会硬着陆”，展示了他们的无知：不仅不懂得不同年份不同时期的增速不可能完全相同的道理，更无视降低速度是我们调整结构所主动作出的体现转变发展方式的客观要求[③]。曾培炎表示，新常态是一个含义丰富的重要表述，是对当前和今后一段时间中国经济发展规律的深刻把握。其突出表征为经济增长减速换挡，经济发展方式转向质量与效率型，产业链向高端迈进，高水平引进来、大规模走出去同步发生，中等收入群体成为稳定内需的主体，多样化消费渐成主流，中小企业和新业态成为增长新亮点[④]。洪银兴指出一种经济状态成为常态一定是合乎规律的状态。只有带有经济发展新阶段特征的内在必然性的状态才能称为新状态。中高速增长的新常态需要与以下三个方面新常态相互支撑：一是发展战略新常态，涉及结构再平衡战略和创新驱动发展战略；二是宏观调控新常态，涉及市场决定资源配置和明确宏观调控的合理区间；三是发展动力新常态，涉及以改善民生为着力点的消费需求拉动并与投资拉动相协调[⑤]。

---

① 刘树成．我国经济进入中高速增长阶段[N]．人民日报，2013-10-14(007).

② 张军扩．中国追赶型增长的阶段转换[N]．光明日报，2014-11-12(015).

③ 宗寒．道路决定社会发展——兼评“唱空”中国论[J]．毛泽东邓小平理论研究，2013(5)：59-64，92-93.

④ 曾培炎．中国经济新常态是一个中期的概念[EB/OL]．(2014-12-21)．中国网，http://v.china.com.cn/zhuanti/2014-12/21/content_34372570.htm.

⑤ 洪银兴．论中高速增长新常态及其支撑常态[J]．经济学动态，2014(11)：4-7.

二、转变经济增长方式的讨论

学者们在正视经济增速放缓的同时，也意识到了转变经济增长方式的重要性。

有学者从重构经济增长的动力机制入手，强调创新的重要性。沈坤荣和滕永乐指出加快转变经济发展方式的重中之重，就是重构经济增长的动力机制，提升经济增长的质量与效益。要运用以要素效率提升为目标，以技术创新为驱动，以产业结构升级为路径，以体制改革为保障的新增长动力机制，把长期经济增长由要素投入驱动变轨到全要素生产率驱动。卫兴华认为解决经济增长与发展中的瓶颈问题的关键是创新，是以创新驱动发展，包括理论创新[①]、制度创新、体制创新、管理创新、商业模式创新，以及更重要的科技创新、技术集成创新，进而提高自主创新、原始创新能力[②]。任保平和郭晗指出中国经济已经进入重大转型期，宏观上支持中国长期增长的各项要素禀赋条件发生了新的变化。这些变化要求经济发展方式从“要素驱动”转向通过技术进步来提高劳动生产率的“创新驱动”。创新驱动的内容包括产业创新、科技创新、产品创新、制度创新、战略创新、管理创新和文化创新[③]。

有学者基于全面深化改革的视角进行研究认为，转变经济增长方式首要的是深化改革。这包括：一是除掉双轨制改革遗留的收入分配问题、消除腐败，完善市场机制，同时更好地发挥政府作用；二是提高消费比重，降低投资比重；三是以创新拉动经济增长。但是选择自主研发还是技术引进，需要考虑到成本和风险因素[④]。

有学者从制度层面出发，认为在我国经济转入中高速增长的新常态下，转变经济发展方式，不能像过去那样单纯地从资源、劳动、技术等生产要素优化配置或单纯从企业、政府、社会等主体协同参与等角度探寻解

① 沈坤荣，滕永乐．“结构性”减速下的中国经济增长[J]．经济学家，2013(8)：29－38.

② 卫兴华．创新驱动与转变发展方式[J]．经济纵横，2013(7)：1－4.

③ 任保平，郭晗．经济发展方式转变的创新驱动机制[J]．学术研究，2013(2)：69－75，159.

④ 林毅夫．谈经济增长方式转型[J]．科学发展，2014(2)：11－14.

决之道，必须从制度层面进行系统的理论研究和设计。因而从制度经济学的视角，创新提出制度从正式和非正式两方面对经济发展方式影响的作用机制，并以此为逻辑起点，设计集目标取向、实施原则、突破手段、评价标准和实现主体于一体的路径，从产权制度完善、充分市场竞争、政府职能转变、社会组织培育、合理承载空间、创新驱动等方面入手①。

有学者认为转型升级要以“提高生产率”为政策标准，认为全面深化改革应以“提高生产率”为政策标准和主线推进经济转型升级，既包含吸引要素流入高端服务业，实现三次产业间资源配置的优化，也包括在制造业内部实现本地化升级、存量调整升级和现有产业的技术改造升级等②。

还有学者从全球化的视野，认为转变经济发展方式的基本方向必须是充分自主型经济发展方式。在生产力层面，主要是科技的自主创新，在生产力源泉层面，主要是形成科学的劳动力和资源、环境价格机制；在生产关系层面，主要是真正做到公有制为主体、国有制为主导；在对外经济依存度层面，主要是适当控制外贸、外资、外产、外源、外技的依存度和外汇的储备度③。

三、供给侧结构性改革

（一）供给侧改革的依据

1. 理论依据

有学者指出供给侧的认知与分析始发于萨伊的古典自由主义定律，并将当前我国的供给侧结构性改革与21世纪以来强调“供给管理”的美国政府做类比，这引起了学术界对我国供给侧结构性改革理论依据的追溯。学者们指出“里根经济学”所依据的供给学派理论和我国当前强调的“供给侧结构性改革”有类似的政策目标，但是却在政策背景、政策目标和手

---

① 徐永德．新常态下转变经济发展方式的制度因素和路径研究[J]．探索，2014(5)：108－113.

② 刘志彪，陈柳．政策标准、路径与措施：经济转型升级的进一步思考[J]．南京大学学报(哲学·人文科学·社会科学版)，2014，51(5)：48－56，158.

③ 曹雷，程恩富．加快向充分自主型经济发展方式转变——基于经济全球化视野的审思[J]．毛泽东邓小平理论研究，2013(8)：26－32，92.

段方面存在根本性的区别①。中国供给侧结构性改革恰逢学界的“供给侧”经济学又一轮形似复辟的浪潮，其不是贴标签式地选择新概念，不是否定需求侧和简单搬用美国供给学派减税为主的思路，而是实行承前启后、继往开来、理论密切联系实际的创新，借鉴中外所有需求管理、供给管理的有益经验，又侧重于供给体系建设的系统工程②。我们理解当前“供给侧结构性改革”的理论指南当属马克思的再生产理论，其从单个企业到社会总资本，全面具体地分析了社会再生产体系更新过程的各个环节的物质技术规律、社会生产关系。用马克思的再生产理论去认识供给侧结构性改革，有利于系统地理解我国经济面临的结构性问题及其性质、地位，科学把握改革的具体任务及长远目标③。

2. 现实依据

邓磊和杜爽指出随着经济形势和经济环境的变化，我国供给侧矛盾越来越突出。供给侧结构性改革与社会主义市场经济相适应，是新常态下我国跨越中等收入陷阱的必然选择，供给侧结构性改革通过构建双侧调控体系推动经济发展，借助制度动力、创新动力和结构调整动力为经济发展提供三大新引擎④。龚刚指出新常态是指中国已经进入经济发展的第二阶段，这意味着大规模的剩余劳动力在中国已不复存在，从而使中国经济出现了一系列的结构性变化。其中，最主要的变化是：新常态下中国已经是一个供给决定型经济，这是中国供给侧改革的逻辑起点。中国供给侧改革所面临的环境远比里根时期的经济环境更为复杂，从而改革的任务和内容将比里根的供给经济学更为丰富和艰巨。中国供给侧改革的目标是发展知识密集型经济，重中之重是为自主研发和创新提供足够的激励，从而必将体现为一系列的体制改革，包括教育体制、科研体制和企业制度的改革等⑤。

---

① 胡鞍钢，周绍杰，任皓．供给侧结构性改革——适应和引领中国经济新常态[J]．清华大学学报（哲学社会科学版），2016，31(2)：17－22，195.

② 贾康，苏京春．论供给侧改革[J]．管理世界，2016(3)：1－24.

③ 张俊山．用马克思再生产理论指导我国的“供给侧结构性改革”[J]．当代经济研究，2017(7)：29－35，97.

④ 邓磊，杜爽．我国供给侧结构性改革：新动力与新挑战[J]．价格理论与实践，2015(12)：18－20.

⑤ 龚刚．论新常态下的供给侧改革[J]．南开学报（哲学社会科学版），2016(2)：13－20.

（二）供给侧与需求侧的差异比较

还有学者基于供给侧与需求侧的差异对比，更深层次地把握供给侧结构性改革的内涵。冯志峰指出供给侧与需求侧是经济发展的“一体两面”。供给侧结构性改革旨在调整经济结构，使资源要素实现最优配置，使经济增长提质增效。就改革指向来看，供给侧结构性改革主要是指向生产者，着重从供给角度进行结构性改革，着重于经济结构的转型升级。就改革效果来看，供给侧改革由于政策传递到企业，再由企业进行技术创新和产业升级的生产过程需要长期才能见效，这是打基础、利长远的事情，要求改革者具有远大的抱负、足够的定力和相当的智慧才能够取得成功。就改革政策来看，需求侧改革主要是通过财政政策与货币政策来刺激消费，增加产品增量，无须承担消化“存量”的任务，而供给侧改革不仅是增加“增量”，还要消化既有的“存量”。供给侧结构性改革侧重在供给而非生产端，核心思想是降低制度性交易成本①。

有学者对供给侧与需求侧的内涵进行界定，指出供给侧改革主要包括要素端和生产端的改革，是指通过采取优化要素资源配置、鼓励企业创新、促进淘汰落后产能、降低税费负担和深化国有企业、战略性新兴产业和现代服务业等关键环节和重点领域改革等方式，使要素在市场力量配置下自由流动、产业在充分竞争中充满活力、创新在体制变革中蓬勃发展，实现经济社会的持续健康发展。而需求侧改革和政策措施最主要的着力点有三个方面，即传统意义上的投资、消费、出口“三驾马车”。主要政策措施是通过财政政策和货币政策的组合，根据经济形势变化，采取扩大出口、扩大投资或鼓励消费的政策措施②。

（三）实现路径

供给侧结构性改革的实现路径是怎样的？冯俏彬和贾康指出供给侧结构性改革不是简单地完成“三去一降一补”这五大任务，而是要考虑一个

---

① 冯志峰．供给侧结构性改革的理论逻辑与实践路径[J]．经济问题，2016(2)：12－17.

② 纪念改革开放40周年系列选题研究中心，王佳宁，盛朝迅．重点领域改革节点研判：供给侧与需求侧[J]．改革，2016(1)：35－51.

既有先后顺序又紧密相连的“三步走”战略：第一，从低效、过剩领域中释放要素，体现为完成“三去一降一补”这五大任务；第二，深化结构性改革，系统性地优化制度要素的有效供给，促进竞争性要素的自由流动；第三，积极抓抢新技术革命的机遇，大力发展新经济并基于“互联网+”战略推动传统产业升级换代，以形成要素优化配置的“升级版”，为迎来新一轮经济增长与繁荣夯实基础①。陈建华则指出供给侧结构性改革的核心是处理好政府和市场的关系，促进政府与市场角色和职能重新定位与良性互动，使市场在资源配置中起决定性作用和更好地发挥政府作用②。林卫斌和苏剑指出当前我国经济存在有供给无需求、供给体系低效率抑制有效需求和有需求无供给等三个方面供需失衡，实现供给侧改革，一方面要求破解体制机制障碍，使市场在资源配置中起决定性作用，优化生产要素组合；另一方面要求政府在政策引导、监管约束和公共服务等三个方面完善职能，更好地发挥政府作用③。

李翀指出在推进长期的供给侧改革的同时，不能忽略短期的需求侧的管理。习近平总书记所说的“在适度扩大总需求的同时，着力加强供给侧结构性改革”以及李克强总理所说的“在供需两端发力促进产业迈向中高端”，都说明他们清楚地意识到短期的需求侧管理的作用。我国政府应该寻求供给和需求动态平衡，既在短期内稳定我国经济，也在长期促进我国经济的增长。面对我国现阶段的经济情况，在短期内应该实行适度的需求管理，保持经济相对稳定；而在中长期则应该努力推进供给侧的改革，以加快我国经济发展方式的转变④。

四、新发展理念

（一）提出背景、基本内容与内在逻辑

程恩富指出五大发展理念，要在新常态的背景下进行分析，才能准确

① 冯俏彬，贾康．我国供给侧改革的背景、理论模型与实施路径[J]．经济学动态，2017(7)：35-43.

② 陈建华．供给侧结构性改革的核心是处理好政府与市场的关系[J]．毛泽东邓小平理论研究，2017(6)：57-63，108-109.

③ 林卫斌，苏剑．供给侧改革的性质及其实现方式[J]．价格理论与实践，2016(1)：16-19.

④ 李翀．论供给侧改革的理论依据和政策选择[J]．经济社会体制比较，2016(1)：9-18.

把握其内涵和关键节点。创新就是要在比较优势和竞争优势之外，发展出自主知识产权优势。协调的关键是理顺各领域各方面发展关系，而不是仅关注 GDP。绿色就是要建设生态制度体系，避免和消除妨害生态安全的各种隐患。开放则应借鉴德国、日本等国的经验，坚持有序开放、双向开放。共享首先要解决贫富分化问题[①]。杨嘉懿和李家祥指出“五大发展理念”科学把握新常态下“生产力水平”，为中国特色社会主义的生产关系发展提供了理论依据，其中创新发展和共享发展破解了新常态下经济社会发展突出问题的体制机制障碍，促进各方面的制度体系更为成熟定型，形成引领经济新常态的根本保障。在新常态下，遵循经济规律的科学性，要主动调整生产关系，构建经济发展新体制，创新和完善宏观调控方式，以适应社会生产力发展的需要；遵循社会规律的包容性，要让全体人民共享发展成果，保障和改善民生，注重社会公平正义，促使经济运行于合理区间[②]。

顾海良指出新发展理念以中国经济社会发展的重大实践和理论问题为导向，紧紧扣住中国经济社会的趋势性变化和阶段性特征，对“实现什么样的发展、怎样发展”问题作出新的系统阐释。在“五大发展理念”中，创新是引领发展的第一动力，协调是持续健康发展的内在要求，绿色是永续发展的必要条件，开放是国家繁荣发展的必由之路，共享是中国特色社会主义的本质要求，集发展方向、发展目标、发展方式、发展动力、发展路径等为一体，集中体现了新发展理念的中国特色社会主义政治经济学的深刻意蕴[③]。

冯俊提出“五大发展理念”是一个有着内在逻辑和有机联系的理论体系，与科学发展观是一脉相承的，“五大发展理念”和科学发展观之间有五点是共同的：一是“历史使命”是共同的；二是“第一要务”是共同

① 程恩富．论新常态下的五大发展理念[J]．南京财经大学学报，2016(1)：1－7，108.

② 杨嘉懿，李家祥．以“五大发展理念”把握、适应、引领经济发展新常态[J]．理论月刊，2016(4)：103－106.

③ 顾海良．新发展理念与当代中国马克思主义经济学的意蕴[J]．中国高校社会科学，2016(1)：4－7.

的；三是“核心立场”是共同的；四是“基本要求”是共同的；五是“根本方法”是共同的。但“五大发展理念”又是对时代发展新问题的回应，它把创新放在前所未有的重要位置，突出开放发展、共享发展，更加注重协调发展的整体性、强化人与自然和谐共生的绿色发展，是对科学发展观的继承和发展①。

（二）正确理解新发展理念的内涵与要求

“五大发展理念”具有丰富的理论内涵，学者们展开了正确理解新发展理念的内涵与要求的广泛研究。

谷亚光和谷牧青指出“五大发展理念”中，创新发展针对的是全球科技与经济竞争日趋激烈与我国创新能力较弱的突出矛盾，注重解决发展的动力源泉问题；协调发展针对的是经济总量高速增长与经济结构不平衡的突出矛盾，注重增强经济社会发展的整体性与系统性；绿色发展针对的是我国以往粗放型发展模式与资源、环境之间的突出矛盾，致力于实现经济社会发展与生态环境保护双赢；开放发展针对的是全球局势所发生的深刻变革与我国对外开放总体水平较低之间的突出矛盾，致力于推进我国经济深度融入世界经济，解决经济发展的内外联动问题；共享发展针对的是解决社会公平正义问题，追求民富优先，坚持人民主体地位，有效提升人民群众福祉，从而推动国家进一步发展。五大发展理念具有丰富的理论内涵，体现了我国今后五年甚至更长时期的发展思路、发展方向与发展着力点，为我国未来的发展注入了强大思想动力②。王淑芹指出在继承、借鉴、探索中实现创新发展；注重物质与精神、整体与部分的系统性、整体性协调发展；人与自然和谐的绿色发展，要求在生产力提高的经济增长中，确立资源和环境在经济发展中的重要地位和首要价值，以经济发展目的性、生态环境承载力统领社会经济发展的方式和生产效率；深度融入世界经济和参与全球治理的开放发展，在深度融入世界经济中，重新构建我国在世

---

① 冯俊．五大发展理念是对科学发展观的新突破新发展[J]．中国浦东干部学院学报，2016，10(1)：5－9.

② 谷亚光，谷牧青．论“五大发展理念”的思想创新、理论内涵与贯彻重点[J]．经济问题，2016(3)：1－6.

界经济体系中的结构地位；人民公平享有经济发展成果的共享发展，在合乎付出与得到、贡献与地位“应得”的正义精神和公平分配原则下，实现经济增长与人民富裕生活的同向一致，即着力增强人民福祉，提高人民生活质量和幸福指数①。

还有学者针对新发展理念中的某一方面展开更具针对性的翔实研究。柳礼泉和汤素娥聚焦于新发展理念中的共享发展，指出共享发展的内涵可以从其主体旨向、客体内容、实现途径、推进过程四个维度来理解，通过人人享有、人人均衡、人人参与、人人尽力来实现“全民共享、全面共享、共建共享、渐进共享”。推动共享发展，就要把共同富裕愿景作为经济动力、把坚守公平正义作为政治防线、把共筑精神家园作为文化营养、把维护和谐稳定作为社会基石、把实现人的自由而全面发展作为终极旨归②。刘德海阐明绿色发展理念，超越了传统意义上的环境保护、生态修复等视阈，把马克思主义生态理论、世界各国有益探索以及我国小康社会和现代化建设的具体实践相结合，将生态文明建设融入经济、政治、文化、社会建设的各方面和全过程，形成了具有时代特征和中国特色的全新发展理念。绿色发展的内涵从经济发展角度来看，是创新驱动的发展；从政治建设角度，绿色发展是高层次的发展；从生态环境角度，绿色发展是可持续性的发展；从社会发展角度，绿色发展是普惠民生的发展；从文化价值角度，绿色发展是和谐向上的发展③。董江爱和刘铁军剖析了协调发展是建立在追求物质文明的基础之上的，其内涵包括共同发展与公平发展、全面发展与和谐发展、安全发展与融合发展三个方面，其中共同发展主要是指区域共同发展，既有东部、中部、西部区域间及南、北方区域间的共同发展，也有区域内城市与农村的共同发展；全面发展追求经济、政治、文化、社会和生态各领域的共同发展和物质文明、政治文明、精神文明的全面提升；和谐发展追求经济发展与政治发展的和谐，要求解放和发

① 王淑芹．正确理解五大发展理念的内涵和要求[J]．思想理论教育导刊,2016(1):75－78.

② 柳礼泉,汤素娥．论共享发展理念的丰富内涵和实现理路[J]．思想理论教育导刊,2016(8):16－18.

③ 刘德海．绿色发展理念的科学内涵与价值取向[J]．江苏社会科学,2017(3):1－7.

展生产力与政治体制改革协同推进，确保生产关系适应日益增长的生产力发展需求；安全发展追求经济建设与国防建设的一致性，随着中国经济实力的增强和国际地位的与日俱增，无论国家安全与发展还是国际和平都需要富国与强军的统一；融合发展追求军民融合发展，要求打破军民分离的二元结构，实现资源整合和利益共享①。

（三）新发展理念提出的重大意义

刘奇葆指出新发展理念蕴含重大的政治意义、理论意义、实践意义与世界意义。新发展理念凝结了我们党对经济社会发展规律的深刻认识，指明了我国未来发展的方向和路径，是我国经济社会发展必须长期坚持的重要遵循；适应了时代发展和实践深化对党和国家工作的新要求，是关系我国发展全局的一场深刻变革，是破解发展难题、增强发展动力、厚植发展优势的行动指南；创造性地回答了关于发展的一系列重大问题，是我们党关于发展理论的一次重大升华，是对马克思主义发展理论的丰富和发展；它把准了当今世界发展的主脉，体现了鲜明的中国特色，为世界发展贡献了中国智慧和中国方案②。

尹汉宁认为五大发展理念体现了社会主义政治经济学的基本原则，丰富和发展了社会主义政治经济学理论。主要体现在：发展新理念有利于解放思想、转变观念，有利于创新发展思路、推动改革开放，有利于更加有效地配置资源、解放和发展社会生产力；发展新理念体现以人为中心的价值取向，回答了发展为了谁、依靠谁的根本问题；发展新理念有利于发挥比较优势与后发优势，通过提高开放水平和互利共赢的国际合作实现和平发展，进而赶上时代、引领时代；发展新理念引领发展方向，体现发展的原则要求，是对公共利益、整体利益和长远利益的追求；发展新理念坚持有效的市场与有为的政府有机结合，有利于发挥市场配置资源的决定性作用与更好发挥政府作用的有机结合③。

---

① 董江爱，刘铁军．协调发展：内涵、困境及破解路径[J]．当代世界与社会主义，2016(2)：19－24.

② 刘奇葆．新发展理念蕴含的理论特质和品格[N]．人民日报，2016－08－17(006).

③ 尹汉宁．以多维视角认识把握五大发展理念[N]．人民日报，2016－01－12(007).

吴宣恭认为新发展理念集发展方向、发展方式、发展条件、发展维度、发展路径、发展目标为一体，高度概括和综合了社会主义基本经济规律多维度加深扩展的内涵，极大丰富了马克思主义的科学发展观，将对我国经济的持续健康发展起到重大指导作用。但是，由于我国现阶段存在社会主义和资本主义生产关系、经济规律和社会矛盾的二重化，存在许多违背“五大发展理念”的行为和现象。治理这些问题的根本途径是发展社会主义公有制，不断强化社会主义经济规律发挥作用的根基①。

胡鞍钢等认为影响我国跨越“中等收入陷阱”有五大挑战，即全要素生产率挑战、城镇化挑战、生态环境挑战、被动依附型挑战和不平等挑战，而实行“创新、协调、绿色、开放、共享”的新发展理念就是成功应对上述五大挑战的战略指引和基本途径，是实现跨越“中等收入陷阱”的关键②。

冒佩华等指出当前各国问题之所以如此突出和集中，是因为这些国家均一味采用西方资本主义经济理论指导其发展实践，并未“因地制宜”“对症下药”，使自身深陷泥沼、难以破局。中国则在马克思主义经济理论的指导下，形成了一套具有中国特色的发展理论体系并保持了经济的稳定增长。中国的新发展理念能够为这些长期陷入发展问题的国家提供借鉴。无论是陷入发展困局的发展中国家还是难以复苏的发达国家，其根本出路在于创新，只有由资源、要素或金融、房地产等驱动向创新驱动转变，才能在经济泥潭中找到支点。当然，发展的内涵更为广泛，以“创新”为中心基点，发展中国家只有着重加强“协调”“绿色”“开放”三者的协同，才能挣脱发展羁绊，走向共同繁荣；而发达国家则应着重加强“协调”“共享”二者的协同，才能真正走上复兴之路③。

---

① 吴宣恭．五大发展理念是社会主义基本经济规律内涵的深化拓宽和高度概括[J]．马克思主义研究，2016(8)：63－71，160.

② 胡鞍钢，任皓，鲁钰锋，等．中国跨越中等收入陷阱：基于五大发展理念视角[J]．清华大学学报(哲学社会科学版)，2016，31(5)：62－73，194.

③ 冒佩华，王宝珠．新发展理念的思想渊源与世界意义[N]．光明日报，2016－12－14(015).

第二节 中国特色社会主义进入新时代的理论创新

2017 年 10 月 18 日，中国共产党第十九次全国代表大会在北京召开，习近平总书记在大会报告中指出，经过长期努力，中国特色社会主义进入了新时代，这是我国发展新的历史方位①。这是对我国改革开放 40 年与党的十八大以来过去 5 年所取得的历史性成就与变革方位上作出的科学判断。习近平总书记进一步强调中国特色社会主义进入新时代，我国社会主要矛盾已经转化为人民日益增长的美好生活需要和不平衡不充分的发展之间的矛盾①。新时代下如何正确认识主要矛盾的变化、如何更好地应对主要矛盾，成为学者们的关注重点。新时代背景下，我们更要坚定不移地继续推进改革开放，学者们在对经济改革的成就与经验进行总结的基础上，对新时代推进改革开放的重点、难点及推进方式等进行了研究。

一、中国特色社会主义进入新时代的几个重要理论问题探讨

（一）对新时代社会主要矛盾转化问题的认识

中国特色社会主义已进入新时代，新时代下国内主要矛盾是人民日益增长的美好生活需要和不平衡不充分的发展之间的矛盾。

针对主要矛盾转换的依据，从理论层面讲，刘同舫指出党的十九大对主要矛盾的认识，是依据马克思主义唯物史观与唯物辩证法的内在逻辑，并在把握时代发展变迁的基础上作出的科学论断，蕴含着深刻的现实与理论的必然逻辑②。吕普生指出在社会主义初级阶段以及整个社会主义全过程中，社会根本矛盾的内在属性并未发生实质性变化，这决定着社会主要矛盾在性质上一直是人民内部矛盾，即人民需求与社会供给之间的矛盾。

---

① 决胜全面建成小康社会 夺取新时代中国特色社会主义伟大胜利[N]. 人民日报，2017-10-19(002).

② 刘同舫. 新时代社会主要矛盾背后的必然逻辑[J]. 华南师范大学学报（社会科学版），2017(6):47-52,189-190.

社会主要矛盾的主要方面即生产力水平已经发生显著变化，这决定着原有主要矛盾的解决状况、需求侧的增长状况以及当前供给侧能否满足已经变化的需求侧。吕普生还指出从实践层面来讲，主要矛盾转换的依据体现在三个维度：一是生产力发展水平的显著提高真正化解了早期社会主要矛盾；二是生产力水平的提高真实促进了人民需求结构和需求层次的发展变化；三是不平衡不充分的发展现状难以满足新的社会需求①。

学者们还从主要矛盾中不平衡不充分发展的内涵进行多角度的解读与研究。陈晋指出所谓发展不平衡，从区域发展上看，有的地方快一些，有的地方慢一些，生产力布局还不平衡；从发展各领域看，既有达到甚至引领世界先进水平的生产力，也有大量传统的和相对落后的生产力，既存在产能过剩的情况，又存在有效供给不足的问题；从发展成果的共享看，不同群体之间也有不平衡。所谓发展不充分，主要指创新能力不够强，实体经济水平有待提高，发展的能力和水平还需要加强，发展的质量和效益还不高，转变发展方式还处于攻坚阶段，客观上还存在发展不够稳定和持续的情况②。卫兴华指出新时代社会主要矛盾中的发展不平衡不充分，不能简单解读为还存在着大量落后的甚至原始的生产力，以及在区域、城乡和收入等方面存在着不平衡。新时代社会主要矛盾中的发展不平衡不充分，是指相对于美好生活需要而言供给还不充分，形成需求侧与供给侧的不平衡。从人民日益增长的美好生活需要方面来看，既存在着总体性的共同内涵，也包含着层次性的区别内涵；人民群众对美好生活的需要，可以区分为可实现的需要、期待性与期盼性的需要。全面理解和把握新时代社会主要矛盾，应与新时代中国特色社会主义建设“五位一体”的总体布局和新发展理念紧密联系起来③。

对当下主要矛盾的应对之策，逄锦聚指出在适度扩大总需求的同时，

---

① 吕普生．论新时代中国社会主要矛盾历史性转化的理论与实践依据[J]．新疆师范大学学报(哲学社会科学版),2018,39(4):18－31.

② 陈晋．深入理解我国社会主要矛盾的转化[N]．北京日报,2017－11－13(021).

③ 卫兴华．应准确解读我国新时代社会主要矛盾的科学内涵[J]．马克思主义研究,2018(9):5－12,163.

着力加强供给侧结构性改革，坚持中国特色社会主义政治经济学的八项重大原则：第一，坚持以人民为中心的基本原则；第二，坚持矛盾分析和抓住主要矛盾、解决主要矛盾的原则；第三，坚持解放生产力发展生产力和创新、协调、绿色、开放、共享的新发展理念的原则；第四，坚持社会主义初级阶段基本经济制度不动摇的原则；第五，坚持和完善社会主义基本分配制度的原则；第六，坚持按比例分配社会劳动和协调发展的原则；第七，坚持社会主义市场经济改革方向，妥善处理政府与市场的关系的原则；第八，坚持对外开放基本国策不动摇的原则①。刘须宽指出必须坚守历史唯物主义立场，坚持以人民为中心发展理念；引导先富起来的地区反哺欠发达地区；化解城乡二元结构难题，推动城乡基本公共服务均等化；更好地满足人民立体化、多元化的需求；积极发展个性化定制服务②。杨小勇和王文娟指出要从矛盾的两个方面着手，一方面，深化供给侧结构性改革，优化经济结构，大力提升发展和供给的质量和效益，着力解决好发展不平衡不充分的问题；另一方面，要在发展中科学把握人民“美好生活需要”的时代内涵和动态特征，统筹推进“五位一体”建设，更好地满足人民日益增长的多方面多层级需要，推动人的全面发展和社会的全面进步③。

（二）建设现代化经济体系的讨论

洪银兴指出中国经济发展进入新时代的一个重要标志是推进现代化。新时代的现代化的领域涉及新型工业化、信息化、城镇化和农业现代化。新时代这“四化”有新的内容，为实现新时代现代化所建设的现代化经济体系最为关键的是三个：一是创新体系，二是供给体系，三是制度体系④。迟福林指出从我国实际经济生活看，建设现代化经济体系，要适应社会主要矛盾的历史性变化，以高质量发展为核心目标，以创新为战略支撑，以

---

① 逄锦聚．经济发展新常态中的主要矛盾和供给侧结构性改革[J]．政治经济学评论，2016，7(2)：49－59.

② 刘须宽．新时代中国社会主要矛盾转化的原因及其应对[J]．马克思主义研究，2017(11)：83－91.

③ 杨小勇，王文娟．新时代社会主要矛盾的转化逻辑及化解路径[J]．上海财经大学学报，2018，20(1)：17－28.

④ 洪银兴．新时代的现代化和现代化经济体系[J]．南京社会科学，2018(2)：1－6.

深化供给侧结构性改革为主线，以完善市场经济体制和构建开放型经济为动力[①]。刘志彪指出加快建设现代化经济体系是我国经济建设的一个总纲领，建设现代化的经济体系要坚持质量第一、效率优先的方针；以深化供给侧结构性改革为主线，推动质量经济、综合要素生产率和发展新动力的三大变革；要建设实体经济、科技创新、现代金融、人力资源四者协同的现代产业体系；要建设能够支撑现代化经济体系的经济体制和机制，让市场机制有效、微观主体有活力、宏观调控有度[②]。

二、改革开放40多年与新时代继续推进改革开放的讨论

（一）中国经济改革与理论发展的成就与经验

党的十九大以来，以习近平同志为核心的党中央高扬思想之旗、夯实理论之基，形成了习近平新时代中国特色社会主义思想这一当代中国马克思主义先进思想理论。在党中央的坚强领导和科学指引下，马克思主义理论研究和建设工程紧紧围绕学习研究宣传习近平新时代中国特色社会主义思想这一根本任务，在经典著作编译、理论研究阐释、重大问题研究、学科教材体系建设、壮大人才队伍等方面取得丰硕成果，党的思想理论建设和社会主义意识形态建设呈现新气象[③]。2020年，国家教材委员会办公室开展首批中国经济学教材重点建设项目，突破“用原有理论解释中国经济问题”或“原有课程+中国案例（数据）”的编写形式，立足新时代，系统总结新中国成立70多年来尤其是改革开放40多年来中国经济建设发展的丰富实践，提炼具有原创性、解释力、标识性的新概念、新范畴、新表述，推动形成中国经济学理论体系，并用来指导新的伟大实践，为构建中国经济学教材体系奠定了坚实的理论基础[④]。在伟大的思想领航下，学术

---

① 迟福林．以高质量发展为核心目标建设现代化经济体系[J]．行政管理改革，2017(12)：4-13.

② 刘志彪．建设现代化经济体系：新时代经济建设的总纲领[J]．山东大学学报(哲学社会科学版)，2018(1)：1-6.

③ 张晓松，邹伟，丁小溪，等．沐浴真理之光　汇聚复兴伟力[N]．人民日报，2020-12-10(001).

④ 国家教材委员会办公室关于开展首批中国经济学教材申报工作的通知[EB/OL]．(2021-01-05)．中华人民共和国教育部政府门户网站，http://www.moe.gov.cn/srcsite/A26/s7054/202101/t20210105_508800.html.

界在讲清中国道路、增强学术自信上不断前进。2018 年恰值改革开放 40 年，学者们就 40 年来我国经济改革的成就与经验进行总结，并论述了新时代如何进一步推进改革开放。

林毅夫总结了我国改革开放以来的成就，包括出口规模在 2010 年超过德国，变成世界第一大出口国；2013 年贸易总额超过美国，变成世界第一大贸易国；2014 年国内生产总值超过美国，成为世界第一大经济体；2017 年人均 GDP 达到 8640 美元，成为一个中等偏上收入的国家；超过 7 亿人口摆脱贫困；连续 39 年年均增长高达 9. 5% 等[①]。周文和冯文韬也指出在发展中国家工业化进程普遍难以为继的背景下，中国用 40 年完成了西方国家 250 年才完成的工业化进程，快速实现了工业化。自 1978 年以来，实现年均增长超 9. 6% 的快速经济增长，跃居为世界第二大经济体，经济规模是排名第三位的日本的 2. 5 倍。这一经济发展成就震撼了世界，被称为“中国奇迹”[②]。

李建伟指出，能达到如此的成就，是 40 年改革开放形成的持续制度创新和技术进步的结果，并以经济增长的周期性波动特征将我国经济增长划分为 1978—1990 年的产业结构优化调整阶段、1990—2000 年的新型轻工业化阶段、2000—2010 年的新型重工业化阶段和 2010 年以后从工业化后期向后工业化时期转化阶段，在不同发展阶段，中国经济增长的发展模式发生了明显转换[③]。王久高指出 1978 年中国启动的改革开放，有着自身的历史逻辑、实践逻辑和价值逻辑。中国共产党正是遵循了这些逻辑，在正确洞悉世界潮流和总结历史教训的基础上成功开启了改革开放，并总结了我国改革开放的五点核心经验：一是在坚持独立自主基础上处理好中国与世界的关系；二是在中国特色社会主义旗帜指引下坚定走中国自己的路；三是在问题倒逼改革的境遇中坚持理论创新与实践创新的统一；四是在党

---

① 林毅夫．中国改革开放 40 年经济发展态势与新时代转型升级展望[J]．西部论坛，2018，28(6)：1－6.

② 周文，冯文韬．中国奇迹与国家建构——中国改革开放 40 年经验总结[J]．社会科学战线，2018(5)：27－36.

③ 李建伟．中国经济增长四十年回顾与展望[J]．管理世界，2018，34(10)：11－23.

的领导、群众创造、社会参与的互动中凝聚改革的共识与合力；五是在改革与开放的互动中采取渐进式改革的方法①。

（二）新时代继续推进改革开放

新时代下要坚定不移地推进改革开放。黄泰岩表示新时代我国仍处于社会主义初级阶段的基本国情没有变，实现“两个一百年”发展目标、推动经济高质量发展和建设现代化经济体系等任务，都要求我们继续坚持改革开放。应通过落实创新驱动战略、推进供给侧结构性改革、理顺政府与市场关系等途径，进一步深化改革开放②。蔡昉指出新时代改革的重点、难点、推进方式甚至取向，应该随着发展阶段的变化而调整。一方面，随着中国进入从中等偏上收入向高收入国家迈进的阶段，经济增长方式需要转向生产率驱动；另一方面，越是临近社会主义市场经济体制臻于成熟、定型的阶段，改革的难度将会越大③。丁俊萍和许洪位指出新时代推进全面深化改革开放需要坚持科学方法论，要做到坚持社会主义与发展市场经济相结合；坚持独立自主同积极学习外来经验相结合；牢牢把握和熟稔运用“改与不改”“开与不开”“改多改少”“开多开少”“改快改慢”“开快开慢”的辩证法，不断增强驾驭复杂改革和深化开放的执政本领④。季正聚和许可指出全面深化改革的纵深推进要以解放思想为前提，形成改革的合力；以改善民生为导向，找准改革的立足点；以实践发展为基础，把握改革的脉搏；以改革方法为抓手，掌控改革的节奏与秩序；以制度建设为保障，防控改革风险；以全面从严治党为保障，落实改革的措施⑤。

---

① 王久高．中国改革开放的基本逻辑与核心经验[J]．中国特色社会主义研究，2018(3)：30－36，76．

② 黄泰岩．新时代改革开放的继承与创新[J]．辽宁大学学报(哲学社会科学版)，2018，46(5)：25－30．

③ 蔡昉．中国改革成功经验的逻辑[J]．中国社会科学，2018(1)：29－44．

④ 丁俊萍，许洪位．改革开放40年成就与新时代的改革开放观[J]．湖北社会科学，2019(2)：29－38．

⑤ 季正聚，许可．我国社会主要矛盾的变化与全面深化改革的纵深推进[J]．中共中央党校学报，2018，22(1)：13－20．

第三节　新时代以来几大战略安排与理论阐释

改革开放以来，我国经济整体与部分都获得了长足、有效的发展，步入新时代，经济发展更是步入了另一个阶段，相对而言，仍存在几大现实问题引起了我党的关注，包括农村的发展，为实现全面建成小康社会，实现第一个一百年的奋斗目标，党的十八大以来，我党将扶贫开发置于治国理政的重要位置，党的十九大报告提出实施乡村振兴的伟大战略，与脱贫攻坚形成有效衔接以促进农村的发展建设。更加强调积极发展混合所有制经济，推动国企深化改革与完善基本经济制度。

一、关于农村改革

（一）农村集体经济发展讨论

改革开放以来的中国农村集体经济发展，是农村经济发展成就的生动体现。中国农村集体经济发展取得明显成效，也面临一系列制度瓶颈，例如集体经济主体缺位、农村集体经济组织的成员权不清晰、法人治理结构不完善、农村集体经济缺乏长效发展机制等难题①。党的十八大以来，我党更加关注农村经济发展问题，2012 年底在全国 30 个省份的 3.2 万个村开展了产权制度改革，2013 年 11 月中共十八届三中全会通过《关于全面深化改革若干重大问题的决定》，提出“三权分置”，推动了我国土地改革向纵深发展。产权制度改革与土地制度改革相互配合，以期实现农村集体经济的焕新发展。

学术界对于这一伟大创举展开了丰富的研究。邵彦敏、冯蕾认为，集体经营方式是巩固农村基本经营制度、壮大集体经济的重要途径。而改革开放以来，我国农村许多地区集体经营弱化，集体资产流失严重，所以发展集体经营，一是要明晰集体产权，将农村集体财产全部或部分折股量化

---

① 孔祥智，高强．改革开放以来，我国农村集体经济的变迁与当前亟需解决的问题[J]．理论探索，2017(1)：116－122.

到个人，激发农民的积极性；二是要建立完善的内部治理机制，增强农村集体经营决策的科学性；三是在分配中处理好集体与个人、个人与个人、集体与管理者之间的关系；四是政府“引导不强迫、支持不包办、服务不干预”，建立良好的外部保障机制①。中国社会科学院农村发展研究所“农村集体产权制度改革研究”课题组指出，农村集体经济组织的产权制度改革是农村综合改革与发展的核心问题之一，而农村集体产权制度改革必须与农村土地制度改革统筹考虑②。肖卫东与梁春梅对农村土地“三权分置”的内涵进行阐述，从内容上看，“三权分置”的创新要义在于农户承包权与土地经营权的分离，这既是土地承包经营权内部权能的分离，更是其负载的社会保障功能与经济效用功能的分离；从本质上看，“三权分置”旨在重构集体所有制下的土地产权结构，不断促进公平与效率的有机统一和螺旋式互动增进。③

还有学者基于产权制度改革过程中出现的成就与存在的问题，总结了我国农村集体产权制度改革的一些好的经验与做法。黄延信等指出对于集体资产量化的范围，在中央没有制定统一标准前，各地可以先量化经营性资产，暂不量化非经营性资产和资源性资产；若农村基层干部、群众一致同意对资源性资产进行量化，应允许农民积极探索。关于成员资格界定，可行的办法是在提出指导性意见的基础上，鼓励地方因地制宜，积极探索。关于股权设置，原则上不提倡设集体股，具体是否设集体股，应根据经济发展的需要，充分尊重群众选择，由集体经济组织通过公开程序自主决定。在集体资产股权权能方面面临的任务主要是完善权能。他还特别指出农村集体产权制度改革最终落脚点是推动集体经济持续发展，政府应解决农村集体土地资源利用、改制后新型集体经济组织税费负担过重、集体

---

① 邵彦敏，冯蕾．我国农村集体经营方式创新与机制构建[J]．经济纵横，2014(4):66－69.

② 中国社会科学院农村发展研究所“农村集体产权制度改革研究”课题组．关于农村集体产权制度改革的几个理论与政策问题[J]．中国农村经济，2015(2):4－12，37.

③ 肖卫东，梁春梅．农村土地“三权分置”的内涵、基本要义及权利关系[J]．中国农村经济，2016(11):17－29.

经济组织成员缴纳红利税等问题①。

（二）脱贫攻坚

有学者总结我国改革开放以来扶贫开发历程，指出40年来中国的农村扶贫走了一条从以贫困地区区域开发为主转向以贫困家庭和人口为对象的精准扶贫之路。精准扶贫就是将贫困家庭和贫困人口作为主要扶持对象，而不能仅仅停留在扶持贫困县和贫困村的层面上。这种策略调整是基于中国现阶段贫困人口小集中、大分散的客观现实以及贫困人口没有从以往的区域扶贫开发中平等受益的实际状况作出的②。

有学者指出精准扶贫思想是一个行动理论，有着深刻的实践和理论渊源，其科学指南和根本遵循就是以习近平同志为核心的党中央在精准扶贫、精准脱贫和脱贫攻坚方面的新思想新实践。习近平精准扶贫思想由精准扶贫、精准脱贫、脱贫攻坚、“绣花功夫”四个方面组成，其中“六个精准”是对扶贫精准性的界定，涵盖从扶贫到脱贫的全过程，即扶贫对象精准、项目安排精准、资金使用精准、措施到户精准、因村派人精准、脱贫成效精准。“五个一批”是对扶贫方式和脱贫路径的归纳，包括发展生产脱贫一批、易地扶贫搬迁脱贫一批、生态补偿脱贫一批、发展教育脱贫一批、社会保障兜底一批。脱贫攻坚明确扶贫目标并建立动员和保障体系。“绣花功夫”抓扶贫则是攻克重点难点问题③。

有学者针对我国扶贫开发过程中存在的问题，有针对性地提出政策建议。辜胜阻等指出我国扶贫开发过程中存在着财政投入不足且“碎片化”、产业及金融扶贫等“造血”式扶贫，有效性不高、科教扶贫水平较低、贫困人口识别与扶贫退出机制不完善、扶贫社会参与度不高等问题。保证脱贫攻坚目标顺利完成，要进一步加大专项扶贫投入并整合资金，促进低保与扶贫相结合；要利用产业扶贫与金融扶贫，提升贫困地区的内生发展能

① 黄延信，余葵，师高康，等．对农村集体产权制度改革若干问题的思考[J]．农业经济问题，2014，35(4)：8－14.

② 汪三贵，曾小溪．从区域扶贫开发到精准扶贫——改革开放40年中国扶贫政策的演进及脱贫攻坚的难点和对策[J]．农业经济问题，2018(8)：40－50.

③ 檀学文，李静．习近平精准扶贫思想的实践深化研究[J]．中国农村经济，2017(9)：2－16.

力；要推进教育扶贫与科技扶贫，切断贫困“代际传递”，提升贫困地区劳动者素质与生产效率，等等①。

还有部分学者总结了党的十八大以来脱贫攻坚理论创新与实践创新，指出习近平扶贫开发战略思想的形成发展，为脱贫攻坚提供了根本遵循，把我国扶贫开发理论创新提高到了新的历史高度，并以习近平扶贫开发战略思想为指引，脱贫攻坚顶层设计基本完成，脱贫攻坚的实践创新不断深入推进。凭借思想引领与顶层设计，脱贫攻坚取得了巨大成就，包括农村贫困人口大幅减少；贫困地区农村居民收入稳步增长；贫困人口生产生活条件切实改善；贫困地区基本公共服务显著提升；脱贫攻坚的综合社会效应开始显现；中国减贫成效为全球减贫作出重大贡献；等等②。

（三）精准把握乡村振兴战略

党的十九大报告提出实施乡村振兴的总要求是，坚持农业农村优先发展，努力做到“产业兴旺、生态宜居、乡风文明、治理有效、生活富裕”，乡村振兴战略具有深远的历史意义与战略意义，理论界对于精准把握乡村振兴战略展开了研究。

张强等指出乡村振兴是相对于农村衰落而言的。农村衰落主要表现为农村居住人口过度减少而导致的空心化、老龄化等现象。实现乡村振兴，需要将快速工业化、城镇化阶段以解决“促进农业劳动力就业转移问题”为主的指导思想，转变为新时期以解决“转移后问题”为主的指导思想；需要对国民经济分配格局作出重大调整，更快地补齐农村基础设施和公共服务的各项短板；需要改变各种发展要素主要由农村向城市单向流动的局面，创造城乡要素双向流动、相互融通的新格局，在激发农村内部动力和积极性的同时，更加开放地吸引、吸纳农村外部的资源③。

叶兴庆指出乡村振兴是与新农村建设一脉相承但又内涵丰富的升级

---

① 辜胜阻，李睿，杨艺贤，等．推进“十三五”脱贫攻坚的对策思考［J］．财政研究，2016(2)：7－16.

② 黄承伟．党的十八大以来脱贫攻坚理论创新和实践创新总结［J］．中国农业大学学报（社会科学版），2017，34(5)：5－16.

③ 张强，张怀超，刘占芳．乡村振兴：从衰落走向复兴的战略选择［J］．经济与管理，2018，32(1)：6－11.

版。他认为与新农村建设的总要求相比，乡村振兴的总要求不仅体现在字面的调整上，更体现在内涵的深化上，可以说是其升级版。在城乡二元结构仍较为明显的背景下，要促进农业农村现代化跟上国家现代化步伐，必须牢牢把握农业农村优先发展和城乡融合发展两大原则。要抓好“人、地、钱”三个关键，促进乡村人口和农业从业人员占比下降、结构优化，加快建立乡村振兴的用地保障机制，建立健全有利于各类资金向农业农村流动的体制机制。要特别关注边远村落和贫困群体①。

黄祖辉指出准确把握中国乡村振兴战略首先是把握好乡村振兴战略与城市化战略的关系，其次是把握好“二十字”方针的科学内涵及其内在关系，最后是协调好乡村振兴战略的实施路径。要从区域新型城镇化战略和乡村差异化发展的实际出发。乡村振兴战略“二十字”方针所体现的五大具体目标任务相互联系，因此，既要准确把握“二十字”方针的科学内涵，又要把握好“二十字”方针中五大目标任务的相互关系。在具体实施过程中，还应重视“三条路径”的协调推进，即“五个激活”驱动、“五位一体”协同和“五对关系”把控的协调推进②。

还有学者强调乡村振兴与脱贫攻坚的有机衔接。豆书龙和叶敬忠指出乡村振兴与脱贫攻坚衔接的必要性主要体现在基层实践现实需要、制度衔接理论诉求与社会主义本质要求三个层面。以内容共融、作用互构和主体一致为表征的互涵式关系，为二者衔接奠定了理论可行性。实践可行性方面，乡村振兴可以借鉴脱贫攻坚的有效经验实现稳健推进，而脱贫攻坚亦能够利用乡村振兴机遇谋求纵深发展。虽然乡村振兴和脱贫攻坚在有机衔接方面取得了积极进展，但是仍然存在着体制机制衔接不畅、产业发展升级困难和内生动力难以激发等问题。为此，应该着力在体制机制统筹落实、产业发展多元鼓励和主体意识积极培育等方面精准发力，推动乡村振兴与脱贫攻坚的有机衔接③。

---

① 叶兴庆．新时代中国乡村振兴战略论纲[J]．改革，2018(1)：65－73.

② 黄祖辉．准确把握中国乡村振兴战略[J]．中国农村经济，2018(4)：2－12.

③ 豆书龙，叶敬忠．乡村振兴与脱贫攻坚的有机衔接及其机制构建[J]．改革，2019(1)：19－29.

二、混合所有制的讨论

（一）基本经济制度的重要实现形式

党的十八届三中全会审议通过了《中共中央关于全面深化改革若干重大问题的决定》（以下简称《决定》），《决定》强调积极发展混合所有制经济。国有资本、集体资本、非公有资本等交叉持股、相互融合的混合所有制经济，是基本经济制度的重要实现形式。由此引起了学术界对混合所有制的广泛探讨。

有学者指出《决定》将混合所有制经济提高到“公有制为主体、多种所有制经济共同发展”这一中国基本经济制度的重要实现形式的高度。强调发展混合所有制经济，强调混合所有制经济是基本经济制度的微观实现形式，除了提供制度合法性以外，还进一步明确了这种混合所有制的制度意义与高度，明确混合所有制是建立现代企业制度、现代国有企业制度的主要组织形式和实现形式，为公有制经济和非公有制经济的进一步发展提供新的空间①。

一部分学者强调从宏观、微观两个层面把握混合所有制的含义。刘崇献指出混合所有制具有宏微观两个层面的含义，宏观层面是指公有制和私有制的并存，微观层面是指企业的产权结构和资本构成中不仅包括公有资本也包括私有资本或外资资本。② 顾钰民指出公有制为主体、多种所有制经济共同发展的基本经济制度具有以下特征：一是公有制主体地位，二是混合所有制经济。在宏观上体现为公有制为主体、多种经济成分共同发展，在微观上体现为国有资本控股地位，企业实行混合所有制经济。积极发展混合所有制经济是实现基本经济制度宏观和微观内在统一的重要内容③。

还有学者从理论上辨析社会主义市场经济条件下的混合所有制经济的

① 黄速建．中国国有企业混合所有制改革研究[J]．经济管理，2014，36(7)：1－10.

② 刘崇献．混合所有制的内涵及实施路径[J]．中国流通经济，2014，28(7)：52－58.

③ 顾钰民．发展混合所有制经济的理论思考[J]．中国高校社会科学，2015(4)：124－129，159.

深刻内涵，强调以正确的思想观念指导改革实践。程恩富与谢长安指出社会主义市场经济条件下的混合所有制经济，是不断探索本国经济发展模式的产物，具有与西方国家不同的本质。我国发展混合所有制经济要做到“六个防止”：防止国有资产流失，防止外国资本垄断，防止非公资本单向参控，防止削弱人民币国际化，防止只讲混合所有制，防止削弱国有经济主导作用①。余菁认为正确看待发展混合所有制经济，有必要明晰何谓混合所有制经济以及新时期为什么要发展混合所有制经济，并重点回答了发展混合所有制经济的几个争议性问题：第一，发展混合所有制经济，会不会掉入“私有化”陷阱？第二，发展混合所有制经济，需不需要“负面清单”？第三，发展混合所有制经济，有没有理想的混合比例关系？认为要健康和务实地发展混合所有制经济，要用正确的思想观念指导改革实践②。

有学者指出混合所有制改革中国企改革是重要领域，发展混合所有制是现阶段我国国有企业改革的重要内容和关键突破口。国有企业混合所有制改革的动力主要在于提升经济绩效、改善企业治理、促进社会稳定与发展，而改革的阻力则主要来自部分既得利益者的阻碍、落后激励机制的制约、意识形态的固化及公众对变革的担忧。因此，应运用多种方式推进混合所有制改革，加大国有资产经营机制改革力度，切实加强各类产权的法律保护，维护公众利益③。程承坪和刘凡还界定混合所有制经济为“国有资本与非公有资本相融合的混合所有制企业的整体加总”。发展混合所有制经济可以有效解决国有企业中“行政化”“垄断化”与民营企业中的“家族化”等问题，缩小劳资分配差距。发展的关键是建立科学公平的资产定价或对价机制以及资本混合后实现有效的公司治理，同时要坚决反对国有企业私有化和杜绝国有资产流失。对国企以管资本为主和有效推动国

① 程恩富，谢长安．论资本主义和社会主义的混合所有制[J]．马克思主义研究，2015(1)：51-61，158-159.

② 余菁．“混合所有制”的学术论争及其路径找寻[J]．改革，2014(11)：26-35.

③ 綦好东，郭骏超，朱炜．国有企业混合所有制改革：动力、阻力与实现路径[J]．管理世界，2017(10)：8-19.

有资本与非公资本的混合可以作为混合所有制改革的两个突破口[①]。

（二）支持和推进非公有制经济发展

2018 年 11 月，习近平总书记主持召开民营企业座谈会，回顾了我国公有制为主体、多种所有制经济共同发展的基本经济制度的形成与完善历程，充分肯定我国民营经济的重要地位和作用，强调非公有制经济在我国经济社会发展中的地位和作用没有变！我们毫不动摇鼓励、支持、引导非公有制经济发展的方针政策没有变！我们致力于为非公有制经济发展营造良好环境和提供更多机会的方针政策没有变！对否定、怀疑民营经济的“民营经济离场论”“新公私合营论”“公私合营”的错误声音进行有力的驳斥与批评。明确在全面建成小康社会进而全面建设社会主义现代化国家的新征程中，我国民营经济只能壮大、不能弱化，不仅不能“离场”，而且要走向更加广阔的舞台。并立足于当前民营经济发展遇到的困难和问题，提出六个方面政策举措以化解难题，支持民营经济的发展[②]。

学术界对此展开了讨论。林毅夫指出贯彻落实习近平总书记在民营企业座谈会上提出的六个方面的政策举措，重点可从以下六个方面加以推动：一是鼓励和引导企业家树立长期发展的信心；二是进一步推动政府职能转变，提高行政效率，把鼓励、支持、引导民营经济发展的政策措施落地、落细、落实；三是切实减轻企业税负；四是深化金融体制改革，落实金融为实体经济服务的既定政策；五是建立制度化常态化政商沟通机制，促进政商双方“亲”“清”交往；六是创造更加公平的竞争环境[③]。柳学信和张宇霖指出推动这些政策举措落地、落细、落实，应全面深化改革，加大执行力度。坚持社会主义市场经济改革方向；以完善产权制度和要素市场化配置为重点深化经济体制改革；积极推进混合所有制改革[④]。

针对新形势下支持和推进非公有制经济发展，刘俏指出从长期看，要

---

① 程承坪，刘凡．发展混合所有制经济应把握的若干重大问题[J]．学习与实践，2015(4)：40 - 48.

② 习近平．在民营企业座谈会上的讲话[N]．经济日报，2018 - 11 - 13.

③ 林毅夫．民营经济发展迎来新的春天[N]．光明日报，2018 - 11 - 08.

④ 柳学信，张宇霖．大力支持民营企业发展壮大[N]．人民日报，2018 - 11 - 14.

彻底解决民营企业融资难、融资贵问题，需要认识其背后的深层次原因，以推进金融业市场化改革，化解民营企业融资难题。当前民营企业融资难、融资贵成因主要有三个方面：一是很多民营企业规模偏小、商业模式较为单一、可用作担保和抵押的资产不多。二是刚性兑付、软预算约束等的存在，使金融机构和企业的风险溢价不能得到合理估值。三是一些民营企业自身发展存在问题，例如经营比较粗放、滥用股权质押等①。王海兵和杨蕙馨总结中国民营经济改革与发展40年的成功经验包括健康稳定的政治环境、科学合理的制度创新、卓越非凡的企业家精神、丰富有效的劳动供给、和谐共生的包容文化、多样频繁的社会互动，指出民营经济未来的高质量发展要重点围绕从小到大的规模经济、从弱到强的竞争优势、从表到里的公司治理、从内到外的跨国经营、从近到远的代际传承等方面展开②。

① 刘俏．以深化改革化解民营企业融资困局[N]．人民日报，2018-12-10.

② 王海兵，杨蕙馨．中国民营经济改革与发展40年：回顾与展望[J]．经济与管理研究，2018，39(4)：3-14.

第十章　对外开放理论的新境界

自改革开放以来，对外开放成为我国的基本国策，我国外向型经济取得巨大成就的同时，也助推着经济全球化的发展。步入新时代，世界经济面临着多重挑战，针对近年来复杂多变的国际形势，我党适应经济全球化新趋势、准确判断国际形势新变化、深刻把握国内改革发展新要求，着力构建更高水平的开放型经济新体制，推动了中国特色社会主义对外开放理论与实践创新，包括提出“一带一路”倡议、积极推进并加入 RCEP、推动多边自由贸易体制的发展、推进经济全球化和区域经济一体化；积极推动构建以合作共赢为核心的新型国际关系，倡导建立人类命运共同体，推进新型全球经济治理体制的构建；立足于我国自身的发展阶段、发展环境、发展变化而提出加快构建以国内大循环为主体、国内国际双循环相互促进的新发展格局等。

第一节　对外开放实践与理论的新发展

全球化是现代世界体系的重要历史特征，但当前全球化趋势又发生了重要变化，一场关于逆全球化还是新全球化的讨论在理论界展开。对外开放一直是我国坚持的基本国策，顺应全球化发展大势也是中国智慧所在。应对当前复杂的国际环境，以习近平同志为总书记的新一届中央领导集体基于对历史经验的总结，提出了系列对外开放思想，形成了当下指导我国实践的理论指南。

一、逆全球化还是新全球化？

（一）对于逆全球化的争议

2008 年全球金融危机以来，世界经济持续低迷，全球化热潮退却后暴露了诸多经济问题，进一步加剧了世界经济的不稳定性。自经济危机之后，一股逆全球化态势引起了国内外的注意，学者们也加入了对逆全球化的研究中。

为什么会出现逆全球化的言论，逆全球化体现在哪些方面，对此何自力指出 2008 年全球金融危机之后，经济全球化的强劲发展势头戛然而止，随之而来的是贸易保护主义抬头，逆全球化浪潮兴起，其表现是：其一，国际贸易的规模和增速都显著萎缩；其二，投资限制和贸易壁垒加大；其三，区域经济一体化呈现排他性、封闭性、碎片化发展态势①。

佟家栋等指出，出现“逆全球化”现象的具体原因可分为长期原因、短期原因以及科技创新带来的冲击：长期原因是指国别收入分配的恶化，以及一些国家内部某些利益集团的阻力，全球化虽然促进了世界经济增长，但对于一个国家而言并没有带来财富的均衡分配，相反，往往拉大了国家内部的收入差距；短期原因是一旦遇到金融危机，失业状况更为严重，迫于选民的压力，不少国家采取了贸易保护主义政策，导致全球经济“雪上加霜”；第三个原因是科技创新冲击劳工市场，造成大量失业，信息技术、机器人及其他高科技的运用和创新，在生产率得到极大提高的同时，也造成了大批传统岗位的消失②。戴翔和张二震则指出“逆全球化”浪潮的兴起，是由要素分工深度演进背景下经济全球化红利分配在国家间和国家内出现的失衡与世界经济长周期进入衰退期耦合所致，2008 年全球金融危机的实质，是世界经济长周期进入衰退阶段的表现和结果，而且从全球化红利分配失衡和世界经济长周期进入衰退阶段的耦合来看，“逆全

---

① 何自力．中国方案开启经济全球化新阶段[J]．红旗文稿，2017(3)：22－24.

② 佟家栋，谢丹阳，包群，等．“逆全球化”与实体经济转型升级笔谈[J]．中国工业经济，2017(6)：5－59.

球化”在2008年爆发全球金融危机时就应该开始了，其兴起似乎晚于世界经济形势之变，一是由于在危机爆发之初对危机的本质尚未形成共识，二是危机爆发后全球各主要国家联手采取了凯恩斯式的宏观刺激政策①。

全球化趋势的不可逆与偶发的迂回曲折并存是学术界的共识。胡建雄指出，出现当前逆全球化和贸易保护主义现象并不是人类经济史上的倒退，当前兴起逆全球化和贸易保护主义背后的经济逻辑是：全球经济增速较低并处于持续放缓阶段，经济的不景气影响全球的市场需求，全球化和自由贸易在长期是利大于弊的，逆全球化和贸易保护主义只有在全球经济不景气时才会兴起，不必对当前的逆全球化和贸易保护主义过分担忧，当世界经济恢复增长，全球化给一国增加的国际市场需求大于其损失的国内市场需求时，自由贸易就可以增加该国的经济福利，贸易保护主义自然就会褪去②。苏立君也指出，社会经济系统的演化是一个不可逆的历史过程，从资本有机构成提高带来的去工业化过程看，新技术革命条件下生产方式的变革是不可逆的，在这个过程中资本为了追求利润最大化，而通过资本在国际范围内的流动赚取利润，促使本国的“去工业化”，在全球要素成本格局不变的条件下，这种想要逆转“去工业化”的“再工业化”战略是注定不会成功的③。

（二）新全球化论述

习近平主席在世界经济论坛2017年年会开幕式上指出：“历史地看，经济全球化是社会生产力发展的客观要求和科技进步的必然结果，不管是哪些人、哪些国家人为造出来的，经济全球化为世界经济增长提供了强劲动力，促进了商品和资本流动、科技和文明进步、各国人民交往。”④综合研判世界发展大势，经济全球化是不可逆转的。因此，无论是国家还是地区都应尊重全球化发展规律，站在历史正确的一边，摒弃“逆全球化”思

① 戴翔，张二震．逆全球化与中国开放发展道路再思考[J]．经济学家，2018(1)：70－78.

② 胡建雄．本轮逆全球化和贸易保护主义兴起的经济逻辑研究[J]．经济体制改革，2017(6)：19－26.

③ 苏立君．逆全球化与美国“再工业化”的不可能性研究[J]．经济学家，2017(6)：96－104.

④ 习近平．共担时代责任 共促全球发展[N]．人民日报，2017－01－18(003).

维，推动新型经济全球化深入发展。

习近平主席还在不同场合的讲话中一步步点明了新型全球化的内涵与遵循，在博鳌亚洲论坛2015年年会上的主旨演讲中，提及迈向命运共同体、开创亚洲新未来必须坚持各国相互尊重、平等相待；必须坚持合作共赢、共同发展；必须坚持实现共同、综合、合作、可持续的安全；必须坚持不同文明兼容并蓄、交流互鉴①。在联合国日内瓦总部的演讲中提及新全球化的目标就是坚持对话协商，建设一个持久和平的世界；坚持共建共享，建设一个普遍安全的世界；坚持合作共赢，建设一个共同繁荣的世界；坚持交流互鉴，建设一个开放包容的世界；坚持绿色低碳，建设一个清洁美丽的世界②。

学者们也对经济全球化新时代的特征做出了表述。金碚指出，当前正处在经济全球化3.0时代，世界各类经济体的利益处于相互渗透、绞合和混血的状态，虽然矛盾难以避免，但更具包容性和均势性的全球发展，符合大多数国家利益，尤其对于利益边界扩展至全球的世界大国，维护经济全球化发展的新均势同各自的国家利益相一致。所以，在利益关系错综复杂和矛盾冲突难以避免的经济全球化3.0时代，深度的结构性变化使得世界主要竞争对手之间的利益相互交叉重合，“共生”“寄生”关系日趋深化，在客观上朝着“利益共同体”的方向演变，有可能成为具有比以往的经济全球化时代更加和平（较少依赖军事霸权）的竞争方式和融通秩序的全球经济一体化时代③。国务院发展研究中心“国际经济格局变化和中国战略选择”课题组等也指出，新一轮技术革命、全球经济治理变革、大国博弈等重要因素，将深刻改变未来国际经济格局，未来，国际经济格局将呈现“十大变化”趋势：全球经济将处于低速增长期；全球经济格局多极化将更加明显；新技术革命推动的生产方式变革将重塑全球产业分工格局；国际贸易结构与格局将发生改变，数字化、服务化凸显，规则更趋强

① 习近平. 迈向命运共同体　开创亚洲新未来[N]. 人民日报,2015-03-29(002).

② 习近平. 共同构建人类命运共同体[N]. 人民日报,2017-01-20(002).

③ 金碚. 论经济全球化3.0时代——兼论“一带一路”的互通观念[J]. 中国工业经济,2016(1):5-20.

调高水平的便利化、自由化；全球跨境投资将在波动中上升，跨境投资规则制定出现新趋势；全球人口老龄化加速，发展中国家中等收入群体将超越发达国家；绿色发展将成为各国制定发展战略的重要取向；全球能源结构与格局将深刻变化；全球粮食安全总体状况将有所改善；国际金融中心将多元化①。

二、经济全球化与中国对外开放

（一）习近平对外开放指导思想

党的十八大以来形成了以习近平同志为总书记的新一代中央领导集团，习近平开放发展理念是马克思主义的中国化，是对历届领导人思想的继承和发展，也是对中国革命、社会主义建设与改革时期经济开放发展的长期实践经验进行科学总结和创新的结果。习近平总书记概括了近代以来中国走过的曲折的开放发展历程，指出“我国同世界的关系也经历了三个阶段。一是从闭关锁国到半殖民地半封建阶段，先是在鸦片战争之前隔绝于世界市场和工业化大潮，接着在鸦片战争及以后的数次列强侵略战争中屡战屡败，成为积贫积弱的国家；二是‘一边倒’和半封闭阶段，新中国成立后，我们在向苏联‘一边倒’和相对封闭的环境中艰辛探索社会主义建设之路，‘文革’中基本同世界隔绝；三是全方位对外开放阶段，改革开放以来，我们充分运用经济全球化带来的机遇，不断扩大对外开放，实现了我国同世界关系的历史性变革”②，基于对历史经验的总结，习近平总书记提出了系列对外开放思想，形成了我国指导实践的理论指南。

1. 开放发展是历史规律

习近平总书记在中共中央政治局第十九次集体学习时点明“开放带来

① 国务院发展研究中心“国际经济格局变化和中国战略选择”课题组．未来15年国际经济格局变化和中国战略选择[J]．管理世界，2018，34(12)：1－12.

② 习近平．在省部级主要领导干部学习贯彻党的十八届五中全会精神专题研讨班上的讲话[N]．人民日报，2016－05－10(002).

进步，封闭导致落后，这已为世界和我国发展实践所证明”[①]，这是对包括我国在内的世界各国发展经验深刻把握后所提出的，进一步地，他还指出：“人类的历史就是在开放中发展的。任何一个民族的发展都不能只靠本民族的力量，只有处于开放交流之中，经常与外界保持经济文化的吐纳关系，才能得到发展，这是历史的规律。”[②]

2. 改革开放是实现与发展中国特色社会主义的必由之路

如果说19世纪80年代的改革开放是迫于经济发展窘迫的压力，那么改革开放40年的经验则证明了这一历史选择的正确性，面向新时代，我们更要坚定地选择这一道路，“改革开放是决定当代中国命运的关键抉择，是党和人民事业大踏步赶上时代的重要法宝”[③]。2018年是改革开放40周年，习近平总书记在庆祝改革开放40周年大会上的讲话中指出：“改革开放是党和人民大踏步赶上时代的重要法宝，是坚持和发展中国特色社会主义的必由之路，是决定当代中国命运的关键一招，也是决定实现‘两个一百年’奋斗目标、实现中华民族伟大复兴的关键一招。”[④]

3. 以开放促改革、促发展

2015年9月15日，习近平总书记主持召开中央全面深化改革领导小组第十六次会议并发表重要讲话，他强调，以开放促改革、促发展，是我国改革发展的成功实践，改革和开放相辅相成、相互促进，改革必然要求开放，开放也必然要求改革，要坚定不移实施对外开放的基本国策、实行更加积极主动的开放战略，坚定不移提高开放型经济水平，坚定不移引进外资和外来技术，坚定不移完善对外开放体制机制，以扩大开放促进深化改革，以深化改革促进扩大开放，为经济发展注入新动力、增添新活力、

---

① 习近平:加快实施自由贸易区战略[EB/OL]. 新华网,http://www.xinhuanet.com/politics/2014-12/06/c_1113546075.htm.

② 2015年习近平传播五大发展理念的足迹[EB/OL]. 央广网,http://news.cnr.cn/native/gd/20151221/t20151221_520865733.shtml.

③ 习近平. 在庆祝中国共产党成立95周年大会上的讲话[N]. 人民日报,2016-07-02(002).

④ 习近平. 在庆祝改革开放40周年大会上的讲话[N]. 人民日报,2018-12-19(002).

拓展新空间[①]。

4. 新时代对外开放处于世界经济机遇与挑战并存背景下

当前世界正处于变革调整的时期，我国新时代对外开放作为世界经济的重要一环与关键组成部分，深受世界经济大背景机遇与挑战的考验。习近平总书记在党的十九大报告中指出，“世界正处于大发展大变革大调整时期，和平与发展仍然是时代主题，世界多极化、经济全球化、社会信息化、文化多样化深入发展，全球治理体系和国际秩序变革加速推进，各国相互联系和依存日益加深，国际力量对比更趋平衡，和平发展大势不可逆转；同时，世界面临的不稳定性不确定性突出，世界经济增长动能不足，贫富分化日益严重，地区热点问题此起彼伏，恐怖主义、网络安全、重大传染性疾病、气候变化等非传统安全威胁持续蔓延，人类面临许多共同挑战”，对世界形势的准确判断形成了新时代对外开放战略选择的依据[②]。

5. 实行更加积极主动的开放战略

近年来，习近平总书记多次提及要实行更加积极主动的开放战略。2013 年，习近平主席在亚太经合组织工商领导人峰会上讲道，“我们将实行更加积极主动的开放战略，完善互利共赢、多元平衡、安全高效的开放型经济体系，促进沿海内陆沿边开放优势互补，形成引领国际经济合作和竞争的开放区域，培育带动区域发展的开放高地”[③]，2018 年在庆祝改革开放 40 周年大会上习近平总书记又提到：“我们统筹国内国际两个大局，坚持对外开放的基本国策，实行积极主动的开放政策，形成全方位、多层次、宽领域的全面开放新格局，为我国创造了良好国际环境、开拓了广阔发展空间。”[④]

---

① 习近平．改革和开放相辅相成[EB/OL]．央广网，http://news.cnr.cn/native/gd/20150915/t20150915_519877451.shtml.

② 习近平．决胜全面建成小康社会　夺取新时代中国特色社会主义伟大胜利[N]．人民日报，2017－10－28(001).

③ 习近平．深化改革开放　共创美好亚太[N]．人民日报，2013－10－08(003).

④ 习近平．在庆祝改革开放 40 周年大会上的讲话[N]．人民日报，2018－12－19(002).

6. “一带一路”

“一带一路”是坚定我国对外开放之路，把握与积极应对世界经济机遇与挑战，实行更为积极主动开放战略的伟大尝试，“一带一路”不仅保障我国的能源安全，加速我国产业结构转型升级，也为焕发沿线各国的经济活力，开启了各国经济发展的机遇，为世界经济发展与稳定贡献了中国力量。习近平总书记指出要携手推进“一带一路”建设，“古丝绸之路绵亘万里，延续千年，积淀了以和平合作、开放包容、互学互鉴、互利共赢为核心的丝路精神，这是人类文明的宝贵遗产”，“一带一路倡议顺应时代潮流，适应发展规律，符合各国人民利益，具有广阔前景”。①

7. 共同构建人类命运共同体

2017 年，习近平主席出席“共商共筑人类命运共同体”高级别会议，并发表题为《共同构建人类命运共同体》的演讲。他在演讲中指出面对机遇与挑战并存的世界经济，“中国方案是：构建人类命运共同体，实现共赢共享”，“历史和现实给我们的启迪是：沟通协商是化解分歧的有效之策，政治谈判是解决冲突的根本之道。只要怀有真诚愿望，秉持足够善意，展现政治智慧，再大的冲突都能化解，再厚的坚冰都能打破。”②

学者们总结习近平总书记实行对外开放政策的历史贡献，“不谋全局者不足以谋一域，不谋万世者不足以谋一时”，已成为新时代谋划中国扩大开放的新要求。习近平总书记实行对外开放政策就是这个历史要求的时代产物，它的历史贡献主要是：第一，为中国开放型经济与开放型世界经济的内外联动提供了中国方案；第二，科学总结了以往经济全球化正反两方面的经验教训，提出了推动经济全球化朝着更加开放、包容、普惠、平衡、共赢的方向发展的新理念；第三，阐发了互利共赢、多边机制汇聚利益共同点和谋求最大公约数的政治经济学新观点；第四，揭示了实现中国

① 习近平．携手推进“一带一路”建设[N]．人民日报,2017-05-15(003).

② 习近平．共同构建人类命运共同体[N]．人民日报,2017-01-20(002).

梦的发展道路必须与人类命运共同体紧密相连的历史必然性①。

（二）中国对外开放实践

当今世界，经济全球化是不可逆转的大势。中国的对外开放、中国特色社会主义的建设都得益于全球化，而中国在全球化进程中积极承担起一个负责任大国的义务，不仅让中国人民过上富足的生活，也对世界经济的发展作出了巨大的贡献，二者相辅相成、互相促进。

第一，改革初期——区域性对外开放。改革开放是邓小平理论的重要组成部分，是我国社会主义建设的一项基本方针。1978 年，党的十一届三中全会作出了实行改革开放的重大决策，并对我国的宏观经济政策作出相应调整。首先，改革对外贸易体制，在统一指导下扩大部门和地方的对外经营权。其次，扩大利用外资规模。最后，建立经济特区，经济特区直接促进了吸引国外资金、技术和优秀人才等。1985 年先后出台了一系列重要措施，包括改革计划体制、减少指令性计划并放宽企业经营自主权、增设 14 个沿海开放城市和三大沿海开放区等。深圳等经济特区的创建成功，为进一步对外开放积累了经验，有力推动了中国改革开放和现代化的进程。邓小平作为中国改革开放的总设计师，其 1992 年"南方谈话"特别强调"一个中心，两个基本点"的路线不能动摇，正式提出建立和发展社会主义市场经济，同时指出加快我国经济发展，必须进一步解放思想，不要被一些姓"社"姓"资"的抽象争论束缚自己的思想和手脚。这次"南方谈话"使改革掀起了新一轮的高潮。此后，中国的改革开放进入了新阶段，加速融入世界经济的大潮流。

第二，改革中期——全方位对外开放。经过 15 年的艰苦努力，中国成为世贸组织的新成员，这标志着中国对外开放进入了一个崭新的阶段。新一轮对外开放也拉开了大幕，加入世贸组织不仅扩大和加深了中国对外开放的领域，而且使中国从原来的自主单边开放转为中国和世界贸易组织各成员之间的相互开放。加入世贸组织并参与多边贸易体制、完善 G20 全球治理机

① 裴长洪，刘洪愧．习近平新时代对外开放思想的经济学分析［J］．经济研究，2018，53（2）：4－19.

制、推动金砖国家的深度合作等，是中国领导人在经济全球化进程加快的形势下作出的战略决策，也充分表明了中国深化改革开放的决心和信心。

党的十六大立足于中国已经解决基本民生、人民生活总体水平达到小康的基础上，进一步提出了全面建设小康社会的构想；为优化国民经济结构、促进区域协调发展、逐步缩小区域间的发展差距，部署了西部大开发、振兴东北老工业基地、中部崛起等一系列战略。继续深化改革开放，坚持“引进来”和“走出去”相结合，全面提高对外开放水平，在更高层次、更宽领域参与国际经济合作和竞争。

第三，全面发展阶段。党的十八届三中全会明确了全面深化改革的总目标和重点任务，还指出“加快发展社会主义市场经济、民主政治、先进文化、和谐社会、生态文明，让一切劳动、知识、技术、管理、资本的活力竞相迸发，让一切创造社会财富的源泉充分涌流，让发展成果更多更公平地惠及全体人民”①，在对经济新常态的正确把握下，习近平总书记提出了“深化供给侧结构性改革”的战略构想。

中国开放的大门永远不会关闭，只会越开越大。要以“一带一路”建设为重点，遵循共商共建共享原则，加强创新能力开放合作，形成陆海内外联动、东西双向互济的全面开放新格局。“一带一路”建设是我国扩大对外开放的重大举措，为国际产能合作与产业结构升级提供了较为广阔的平台②。

当前，中国对外开放的国内国际环境都发生了剧烈的变化，正如习近平总书记所指出的：“国际经济合作和竞争局面正在发生深刻变化，全球经济治理体系和规则正在面临重大调整，引进来、走出去在深度、广度、节奏上都是过去所不可比拟的，应对外部经济风险、维护国家经济安全的压力也是过去所不能比拟的”③。这些挑战和风险是对每一个国家的考验，但外部压力和挑战不能阻挡中国改革开放的步伐，只能激发中国共产党和中国人民进一步深化改革、扩大开放的决心和动力。

---

① 中共中央关于全面深化改革若干重大问题的决定[N]. 人民日报,2013-11-16(001).

② 习近平. 抓住世界经济转型机遇　谋求亚太更大发展[N]. 人民日报,2017-11-11(002).

③ 习近平. 准确把握新发展阶段,深入贯彻新发展理念,加快构建新发展格局[J]. 求是,2021(9).

第二节　人类命运共同体思想的理论分析和践行路径

当今世界正处在百年未有之大变局，在面临前所未有的挑战时也面临着前所未有的发展机遇，没有任何一个国家可以置身事外、独善其身，也不存在任何一个只享受国际权力而不承担义务的国家，这是我们共同的家园，需要我们同舟共济，携手共建你中有我、我中有你的命运共同体；也需要相互尊重、平等协商，摒弃冷战思维，全面参与到共商共建共享的全球治理体系的大流中去。这是我们的任务，也是我们的责任。

一、人类命运共同体

（一）构建人类命运共同体的理念

马克思、恩格斯在《共产党宣言》中论述了无产阶级和共产党人的历史使命，描绘了共同体未来发展的美好愿景，初步回答了自由资本主义时期“无产阶级何去何从、人类社会何去何从”的重大时代课题。习近平主席着眼全人类所面临的共同挑战，站在新的历史起点上，把握国内国际发展大势，针对新的时代课题，分析“世界怎么了、我们怎么办”的时代困惑，在题为《携手构建合作共赢新伙伴　同心打造人类命运共同体》《携手建设更加美好的世界》等的重要讲话中，较为全面地阐述了构建人类命运共同体的重要思想，是对马克思的共同体思想的继承与发展，实现了马克思的共同体理论在新时代的转换，彰显了新时代中国共产党人为世界繁荣发展找方向、为人类前途命运谋蓝图的使命担当。

2013 年 3 月 23 日，习近平主席在俄罗斯莫斯科国际关系学院发表题为《顺应时代前进潮流　促进世界和平发展》的重要演讲，首次提出人类命运共同体的理念。党的十九大报告专门就“构建人类命运共同体”作出深刻阐述。此后，习近平总书记在多个重要会议和重要场合指出，要构建人类卫生健康共同体、安全共同体、发展共同体、人文共同体、人与自然生命共同体等，进一步深化拓展了人类命运共同体的理论内涵。党的十八大以来，我国面临着全新的内部和外部环境，在新时期下坚持构建人类命运共同体成为中国对外开放的基本战略方针。2021 年 7 月，习近平总书记在庆祝中国共产党成立 100 周年大会上的讲话中强调，以史为鉴、开创未来，必须不断推动构建人类命运共同体。党的十九大报告指出，“世界正处于大发展大变革大调整时期，和平与发展仍然是时代主题”“中国人民的梦想同各国人民的梦想息息相通，实现中国梦离不开和平的国际环境和稳定的国际秩序。必须统筹国内国际两个大局，始终不渝坚持走和平发展道路、奉行互利共赢的开放战略……始终做世界和平的建设者、全球发展的贡献者、国际秩序的维护者”。

构建人类命运共同体思想的内涵极为丰富深刻，其核心就是党的十九大报告所指出的“建设持久和平、普遍安全、共同繁荣、开放包容、清洁美丽的世界”。习近平总书记从政治、安全、经济、文化、生态等多方面论证了构建人类命运共同体的必要性和重要意义。这一理念引发海内外广泛热议，随后被写入联合国相关决议，推动构建人类命运共同体已成为全球共识。2020 年以来，全球遭遇新冠疫情的巨大冲击，再次充分证明各国命运与共、休戚相关，也充分证明了构建人类命运共同体的紧迫性和重要性。

（二）人类命运共同体的理论研究

人类命运共同体理念有着坚实的理论依据。石云霞指出中国共产党提出的人类命运共同体理念，是对马克思和恩格斯社会共同体思想的创造性运用和发展。毛泽东、邓小平为提出人类命运共同体奠定了深刻的思想基础；江泽民深入阐发和实践建立国际秩序的新理论；胡锦涛提出建设和谐世界和人类命运共同体的重要理念。党的十八大以来，习近平总书记立足中国而又面向世界，根据马克思和恩格斯关于人类社会共同体的思想，在党的几代领导人的思想理论的基础上，把马克思主义基本原理同中国国情和时代特征结合起来，在研究新情况、解决新问题的过程中进行理论和实践探索，对打造人类命运共同体作出新的阐发，把建立国际新秩序的认识提高到了新境界和新水平，是中国特色社会主义理论体系的重要成果[①]。邵发军指出人类命运共同体思想遵循了马克思主义的阶级分析理论的这一唯物史观的精髓，人类命运共同体思想的提出既立足于国际社会两条道路与两种制度对峙的矛盾现实，绝不以牺牲无产阶级的根本利益和损害社会主义国家的核心利益为代价，也不忘记马克思主义的阶级理论中为阶级的消灭准备物质条件这一历史发展观，通过经济共生性的平台积极发展社会主义，吸取资本主义国家发展中有利于社会主义成长的积极因素，积极创造消灭阶级对立的物质条件，进而为消灭货币—资本抽象共同体和虚幻的共同体做好物质基础，从而完成无产阶级自身最终的解放这一伟大的历史使命[②]。

人类命运共同体理念有着丰富的理论内涵。李爱敏指出人类命运共同体理念强调在多样化社会制度总体和平并存，各国之间仍然存在利益竞争和观念冲突的现代国际体系中，每一个国家在追求本国利益时兼顾他国合理关切，在谋求本国发展中促进各国共同发展，其核心理念是和平、发展、合作、共赢，其理论原则是新型义利观，其建构方式是结伴而不结盟，其实践归宿是增进世界人民的共同利益、整体利益和长远利益[③]。徐艳玲和李聪从历史、现实和未来三重维度阐明了人类命运共同体理念的价值意蕴，从历史维度看，“人类命运共同体”是在摒弃传统“帝国”体制和极端“国族”认同基础上形成的一种新型文明观；从现实维度看，“人类命运共同体”是在扬弃西方“正义论”和继承中华优秀传统文化基础上形成的一种“正确义利观”；从未来维度看，“人类命运共同体”是在超越“均势”和“霸权”两种国际秩序观基础上形成的一种新型国际秩序观[④]。

人类命运共同体理念还具有重要的当代价值。刘同舫指出构建人类命

① 石云霞．马克思社会共同体思想及其发展[J]．中国特色社会主义研究，2016(1):23-28.

② 邵发军．习近平“人类命运共同体”思想及其当代价值研究[J]．社会主义研究，2017(4):1-8.

③ 李爱敏．“人类命运共同体”:理论本质、基本内涵与中国特色[J]．中共福建省委党校学报，2016(2):96-102.

④ 徐艳玲，李聪．“人类命运共同体”价值意蕴的三重维度[J]．科学社会主义，2016(3):108-113.

运共同体作为破解全球性治理难题的中国智慧和中国方案，是对21世纪历史唯物主义理论发展的原创性贡献。在历史唯物主义的理论视野中，人类命运共同体是人类社会发展道路中不同社会形态基于互利共赢的基本导向和价值理念共同推进全球化发展的过程和图景，它立足于“人类社会”的哲学立场，促进人类真正的“普遍交往”以形成具有更高“共同性”水平的人类利益，并在变革全球治理体系的基础上推动全球生产力均衡发展，为实现人类社会更美好的世界景象奠定坚实的物质基础和精神基础。构建人类命运共同体的中国智慧为历史唯物主义的发展带来了前所未有的理论效应，创造了诠释历史唯物主义理论的新路径，使其具有新的思想形态。同时，通过对人类命运共同体的建构性阐释，历史唯物主义理论也实现了自身的理论目标和价值追求，必将成为全球化时代的一种建构性世界观①。

二、人类命运共同体与全球治理

习近平总书记指出，“当今世界是一个变革的世界，是一个新机遇新挑战层出不穷的世界，是一个国际体系和国际秩序深度调整的世界，是一个国际力量对比深刻变化并朝着有利于和平与发展方向变化的世界”②，弱肉强食的丛林法则，你输我赢的“零和博弈”早已不符合当下环境，和平、发展、合作、共赢的时代潮流奔腾向前，人类命运共同体亟须一个公正合理的全球治理体系，全球治理体系反过来也促进构建一个全人类同呼吸共命运的共同体。

在全球化时代，各国都在发挥比较优势刺激本国经济发展，但“人类依然面临诸多难题和挑战，国际金融危机深层次影响继续显现，形形色色的保护主义明显升温，地区热点此起彼伏，霸权主义、强权政治和新干涉主义有所上升，军备竞争、恐怖主义、网络安全等传统安全威胁和非传统

① 刘同舫．构建人类命运共同体对历史唯物主义的原创性贡献[J]．中国社会科学，2018(7)：4-21，204.

② 习近平出席中央外事工作会议并发表重要讲话[EB/OL]．新华网，http://www.xinhuanet.com/politics/2014-11/29/c_1113457723.htm.

安全威胁相互交织，维护世界和平、促进共同发展依然任重道远”[①]，但面对全球化的不断深入发展，全球治理体系反而落后，不能构建一个公正合理的全球秩序。“全球治理要求各个主权国家、国际组织之间相互协作，平等协商，建立公正合理的政治与经济新秩序，通过合作对话、协商，共同解决全球问题。”[②]

经济全球化所催生的气候变化、恐怖主义等各种风险，要求必须重塑全球治理体系，建立一个与全球化相辅相成的全球治理体系。旧有的全球治理体系之所以在全球化过程中逐渐被淘汰，主要是因为其目的不单纯、价值观有问题。首先，全球治理的目的在于为全人类谋取共同利益，而不是为了某个国家或某几个国家谋取个别利益。因此，全球治理应从全人类的视角出发思考人类的共同命运，然而由西方主导的全球治理却仅是为了自身而谋取利益，这与全球治理的根本目的相悖。其次，西方国家将西方价值当做全球价值，试图将“普世价值”传遍世界，但显然西方国家丝毫不考虑全球化治理的现实，这就导致全球秩序的混乱。最后，全球治理是指多元主体都能平等地参与到全球化治理的体系中，发出自己国家的声音。但是旧的全球治理更像是一种霸权论，当前，美国就是霸权国，其目的就是要在全球范围内谋取私利。

在当今时代，习近平总书记做出了“百年未有之大变局”的科学论断，并提出要构建人类命运共同体，从而为建设公正合理的全球秩序提供了中国方案。习近平总书记指出：“中国倡导国际社会共同构建人类命运共同体，建立以合作共赢为核心的新型国际关系，坚持国际关系民主化，坚持正确义利观，坚持通过对话协商以和平方式解决国家间的分歧和争端。我们将同世界各国一道，维护世界和平，捍卫公平正义，推进共同繁荣。”[③] 不同于西方国家主导的全球治理观，中国的全球治理观坚持以全人类共同价值为导向，提出“和平、发展、公平、正义、民主、自由，是全

---

① 习近平．顺应时代前进潮流 促进世界和平发展[N]．人民日报，2013 - 03 - 24(002)．

② 陶林．全球治理的中国方案：人类命运共同体论略[J]．武汉理工大学学报(社会科学版)，2020，33(1)：8 - 14．

③ 习近平．共倡开放包容 共促和平发展[N]．人民日报，2015 - 10 - 23(002)．

人类的共同价值，也是联合国的崇高目标”[①]。

三、践行人类命运共同体的中国实践

中国在2013年首次提出构建人类命运共同体后，无论是中国政府在第七十五届联合国大会上的承诺，“中国将提高国家自主贡献力度，采取更加有力的政策和措施，二氧化碳排放力争于2030年前达到峰值，努力争取2060年前实现碳中和”[②]，还是在新冠疫苗的研发、生产和使用中的谨慎负责态度，都为解决世界范围内的危机作出了巨大的贡献，也为经济全球化的健康发展提供了独特的中国方案。

第一，推动建设开放型世界经济，展现中国和平使命。无论何时何地，中国永远都“向着构建人类命运共同体的目标不断迈进”。在国际层面，中方始终坚持开放的经济秩序，维护国际多边制度的合法性，“支持开放、透明、包容、非歧视性的多边贸易体制”[③]；在国家层面，主张各国都应坚持开放的政策，和其他国家互联互通，提升多边和双边开放水平，共同建设开放型世界经济。中国饱受战乱之苦，经过领导人和全国人民的不懈努力，终于在世界中有一席之地，尤为懂得和平的珍贵。因此中国无论发展到什么程度，都永远不称霸、不扩张、不谋求势力范围，不搞军备竞赛。在推动建设开放型世界经济的过程中，中国始终在和平共处五项原则的基础上同世界各国友好发展，既承担着国际义务，也展现了自己的大国风采。

第二，引领“一带一路”建设，展现中国实践担当。“一带一路”建设是中国在新的历史阶段提出的全方位开放战略，是推动构建全球治理新模式的合作倡议，是构建人类命运共同体的伟大事业。“一带一路”建设，从倡议到逐渐落实，进展和成果明显，合作伙伴众多，影响力和号召力日益增强，为构建人类命运共同体奠定了坚实基础。一是开放包容的区域合

---

① 习近平．携手构建合作共赢新伙伴　同心打造人类命运共同体[N]．人民日报，2015－09－29(002)．

② 习近平．在第七十五届联合国大会一般性辩论上的讲话[N]．人民日报，2020－09－23(003)．

③ 习近平．在庆祝改革开放40周年大会上的讲话[N]．人民日报，2018－12－19(002)．

作。当今世界正处在高速发展时期，开放带来进步，封闭将导致落后。“‘一带一路’则是开放、共享、共赢的合作平台，没有地缘政治目的，不针对谁也不排除谁，不会关起门来搞小圈子，也不是所谓‘陷阱’，而是中国同世界共享机遇、共谋发展的阳关大道”①。二是共商共建共享的合作机制。“一带一路”倡议强调各方秉持共商共建共享原则，争取“一加一大于二”的效果，实现共同发展，彰显的就是同舟共济、权责共担的命运共同体意识，而非单向的中国对外援助。这条世界上跨度最长、最具潜力的合作带，横跨欧亚大陆，凝聚了沿线国家渴望发展和经济升级的最迫切意愿、提供了世界经济走出阴霾的最有效的中国方案，海陆统筹、东西互济、面向全球的开放新格局逐渐展开。

第三，全方位扩大对外开放，展现中国领导担当。在人类命运共同体总目标的引领下，“中国开放的大门只会越开越大”，逐渐形成全方位、立体化、全覆盖的全面开放系统。随着时代的发展，尤其是新时代的到来，中国的综合国力大幅提升，从一个落后的发展中国家成为世界第二大经济体和最大的新兴经济体。习近平总书记在2016年新年贺词中表示“世界那么大，问题那么多，国际社会期待听到中国声音、看到中国方案，中国不能缺席”②。因此，对外开放不仅是在中国的领土上对外来资源的开放，更是推动中国元素走向世界，实现中国和世界的互相开放、融合发展。全方位的对外开放即不管是发达国家还是发展中国家，不管是陆地开放还是海上开放，不管是经济开放还是民生开放，都必须坚持多元化。

第三节　全面提高对外开放水平的战略安排与理论内涵

2017年，习近平主席在联合国日内瓦发表了题为《共同构建人类命运共同体》的演讲，其中提到“中国打造伙伴关系的决心不会改变，中国支持多边主义的决心不会改变”。中国始终坚持独立自主的和平外交政策，

① 习近平．谋求持久发展　共筑亚太梦想[N]．人民日报,2014-11-10(002).

② 国家主席习近平发表二〇一六年新年贺词[N]．人民日报,2016-01-01(001).

同多个国家和区域建立伙伴关系，深化互利合作，共谋发展。同时，坚定维护以联合国为核心的国际关系，不断加大力度支持多边主义。无论是持续加深双边经济合作还是促进多边贸易体系的形成，都是不断加大对外开放格局的重要举措。

一、“一带一路”倡议

“一带一路”是涵盖基础设施、贸易投资、经济金融、生态文明和教育文化等多方面的一个全新的经济发展区域，东连亚太经济圈、西连欧洲经济圈。自中国提出这一计划以来，得到了中亚、西亚、中东欧、西欧等各国不同程度的响应。包括不限于2013年，中国与吉尔吉斯斯坦结为战略伙伴关系；2014年，中国和土库曼斯坦共同签署了关于发展和深化战略伙伴关系的联合宣言以及战略规划等；2014年，在中阿合作论坛上习近平主席希望两国以共建“一带一路”为机遇和挑战，不断深化全面合作、共同发展的中阿战略合作关系；除此之外，在欧洲地区，中国和荷兰决定建立开放的中荷全面合作伙伴关系。“一带一路”倡议的实施，极大地促进了我国与沿线各国的经济发展，学者们也对这一伟大战略的实施展开了丰富的研究与经验总结。

新事物的产生与发展并不是一帆风顺的。“一带一路”倡议推出伊始，同样面临着困惑甚至别有用心的质疑之声，有人将“一带一路”倡议与美国战后复兴欧洲的“马歇尔计划”相提并论，认为“马歇尔计划”帮助美国成为“真正的超级大国”，北京也寄希望于“一带一路”倡议实现同样的目标。对此金玲指出尽管从某些角度将“一带一路”倡议类比为“中国版马歇尔计划”并非全无道理，尤其是“一带一路”倡议对中国自身和沿线国家的经济拉动作用以及促进地区一体化方面可能产生的积极影响，完全可能发挥“马歇尔计划”对战后欧洲经济复苏和在欧洲一体化进程中的相似作用，但是，由于所处的时代背景完全不同，中美对各自倡议（或计划）的定位和目标诉求亦不相同，“一带一路”倡议与“马歇尔计划”在形式、内容和实施方式上都存在本质区别，从而回答了这一争议[①]。

事实上，“一带一路”倡议的实施具有必然性，且具备伟大的战略意义。袁新涛指出“一带一路”倡议的实施是党中央主动应对全球形势深刻变化、统筹国际国内两个大局作出的重大战略决策，“一带一路”倡议给古老的丝绸之路赋予了新的时代内涵，为中国全面深化改革开放规划了美好蓝图，为亚欧区域合作注入了新活力，为世界发展繁荣提供了新路径[②]。申现杰和肖金成指出，新的区域合作模式是应对美国 TPP 和 TTIP 战略所引发的外部挑战的条件，“一带一路”倡议一是拓展中欧合作的空间；二是深化与中亚、东南亚、南亚等周边国家的合作；三是深化中阿之间的经贸合作，依托“一带一路”建设，通过实施更为主动的开放性政策，构建亚欧经济一体化发展的新机制，积极发挥中国在区域经贸合作中的作用，能够有效提升中国与欧洲、亚洲和非洲等地的国家和地区在人流、物流、资金流、文化流和商品流上的互动层次，促进丝绸之路沿线地区和国家间的利益共同体的形成，为化解美国 TPP 和 TTIP 战略对中国在政治经济上的压力提供新的国际战略架构[③]。

有学者分析了“一带一路”倡议实施以来各国经济发展的实况，指出中国与西亚国家贸易现状：双边进出口规模迅速扩大；在各自对外贸易中的地位日益提高；中国对西亚国家贸易逆差在增加；中国对西亚贸易的国别集中度比较高；对西亚出口的商品结构升级明显；自西亚国家进口的商品结构相对稳定，证实了“一带一路”倡议实施的伟大成果[④]。

学者们还从不同的视角提出落实“一带一路”倡议的政策措施，例如，张鹏飞从基础设施建设角度，提出注重高收入经济体的交通基础设施建设，在完善已有交通基础设施、保持运力的基础上，最需要加强的是交通基础设施的衔接，对国内交通基础设施进行统筹规划、合理布局；注重

① 金玲．“一带一路”：中国的马歇尔计划？［J］．国际问题研究，2015（1）：88－99.

② 袁新涛．“一带一路”建设的国家战略分析［J］．理论月刊，2014（11）：5－9.

③ 申现杰，肖金成．国际区域经济合作新形势与我国“一带一路”合作战略［J］．宏观经济研究，2014（11）：30－38.

④ 韩永辉，邹建华．“一带一路”背景下的中国与西亚国家贸易合作现状和前景展望［J］．国际贸易，2014（8）：21－28.

中低收入水平国家的通信基础设施建设，交通基础设施建设水平发展到一定程度后，通信基础设施对一国出口的作用就会凸显，尤其是在减少信息不对称方面，对于促进进出口市场发展具有重要作用①。李丹和崔日明从贸易投资方面，提出要以区域合作组织为平台挖掘沿线国家市场潜力，以区域内现有的经济合作组织为推进战略建设提供现实的合作平台；以中国为核心构筑全球性自贸区群，吸引更多的国家加入或者模仿的效果，诱发"多米诺骨牌效应"，加速"一带一路"区域整体乃至与其他区域的汇合；以货币合作增强重构全球经贸格局的实力；以互联互通推进"一带一路"区域的整体融合②。赵东麒和桑百川从产业合作领域，指出我国制造业相对于"一带一路"国家具有极大的竞争力，这为我国化解产业结构转型升级和经济运行之间的矛盾带来新的思路。通过与"一带一路"国家之间的合作，依托我国制造业的强大优势，发挥主观能动性，结合各个国家市场的不同需求，推动我国在钢铁、有色金属、高铁等资本密集型产业以及轻纺等劳动密集型产业具有优势的部分转移到"一带一路"国家，使之成为能够带动相关地区发展的新型产业链，形成新的生产网络和消费市场，这样不仅能够发挥我国产业国际竞争力的优势，提升在相关地区的产业影响力，而且能够使我国在国际经济领域拥有更大的话语权③。

二、区域经济一体化：RCEP

《区域全面经济伙伴关系协定》（RCEP）以发展中经济体为中心，旨在建立各成员国协调发展的自贸协定，也是全球规模最大的自贸协定。自2013年开始，经过漫长曲折的会议和谈判，2020年15国终于正式签署了《区域全面经济伙伴关系协定》。RCEP要求参与国自协定生效之日起10年内逐步取消关税。无论是在工业品领域、农产品领域、服务贸易领域，还

---

① 基础设施建设对"一带一路"亚洲国家双边贸易影响研究：基于引力模型扩展的分析[J]. 世界经济研究，2018(6)：70-82，136.

② 李丹，崔日明."一带一路"战略与全球经贸格局重构[J]. 经济学家，2015(8)：62-70.

③ 赵东麒，桑百川."一带一路"倡议下的国际产能合作——基于产业国际竞争力的实证分析[J]. 国际贸易问题，2016(10)：3-14.

是政府采购等多领域，RCEP 成员国达成了一些开放型措施和减税政策。一些观点认为，随着区域内壁垒的减少，将会大大提高贸易投资的便利性，降低企业的运营成本，增加社会福祉；而另一些观点则认为 RCEP 中大多成员国都是出口方，在产能过剩的情况下，RCEP 对自贸区市场的效应还有待进一步的观察。

我党给予了对于积极推进并加入 RCEP 的国家以坚固的信心。李克强总理在出席第四次“区域全面经济伙伴关系协定”（RCEP）领导人会议时表示，今天我们 15 国领导人共同见证《区域全面经济伙伴关系协定》的签署，作为世界上参与人口最多、成员结构最多元、发展潜力最大的自贸区，这不仅仅是东亚区域合作极具标志性意义的成果，更是多边主义和自由贸易的胜利，必将为促进地区的发展繁荣增添新动能，为世界经济实现恢复性增长贡献新力量①。学者们也对此展开论述，陈淑梅和全毅指出亚太地区是全球经济增长的主要动力，占全球 GDP 的近 60% 和国际贸易的约 50%。20 世纪 90 年代以来，亚太地区的商品贸易增长 300%，而全球在该地区的投资则增长了 400%，东盟国家推出 RCEP 是对美国主导东亚经济一体化的有力回应，是东亚国家主动应对美国推动 TPP 主导东亚经济一体化的突破口，必然得到东亚地区国家的支持②。

对于加入 RCEP 后中国的战略选择，盛斌和果婷指出中国一方面应继续与东盟携手共建“中国—东盟命运共同体”，积极推动 RCEP 谈判和亚太自贸区倡议的发展；另一方面应逐步理解、接纳与践行基于全球价值链的现代高标准与高质量的贸易和投资政策规则，重新审视与评估传统贸易政策，逐步提高自身自由贸易协定网络的质量水平。具体而言：中国应灵活利用东亚地区的多重合作机制，统筹兼顾，积极推进 RCEP 的谈判进展；中国应以更加开放和包容的态度重新审视和评估 TPP 提出的基于全球价值链的新一代贸易规则，处理好 RCEP 与 TPP 之间的关系，避免因规则竞争而导致 RCEP 谈判受到冲击；中国应充分利用 2014 年 APEC 北京峰会东道

---

① 李克强：RCEP 的签署是多边主义和自由贸易的胜利[EB/OL]. 中国政府网，http://www.gov.cn/premier/2020-11/15/content_5561666.htm.

② 陈淑梅，全毅. TPP、RCEP 谈判与亚太经济一体化进程[J]. 亚太经济，2013(2):3-9.

主的身份，积极推动亚太自贸区的建立与发展；中国应进一步研究与明确自身在全球价值链贸易中的攻势利益和守势利益，积极打造具有中国话语权的亚太一体化协议体系①。

第四节　双循环新发展格局的理论解读

面对国内外环境的剧烈变化，习近平总书记在中央财经委员会第七次会议上首次提出“双循环”新发展格局。他指出：“国内循环越顺畅，越能形成对全球资源要素的引力场，越有利于构建以国内大循环为主体、国内国际双循环相互促进的新发展格局，越有利于形成参与国际竞争和合作新优势。”② 此后，习近平总书记在各种场合多次强调要构建“双循环”新发展格局。在党的十九届五中全会上，“加快构建以国内大循环为主体、国内国际双循环相互促进的新发展格局”③，进一步成为“十四五”时期经济社会发展的重要指导思想。新发展格局的提出具有重要的理论意义，其不仅具有深刻的理论内涵，也是我国直面现实经济环境的实践对策，是对马克思主义政治经济学的又一伟大创新。

一、新发展格局提出的背景与意义

构建双循环不是只注重国内循环而忽视国际循环，两者在新的时代发展背景下缺一不可，必须相辅相成，相互促进。这个新发展格局是立足于我国自身的发展阶段、发展环境、发展变化提出的，具有深刻的时代意义。刘立云和孔祥利从《资本论》对生产要素世界配置的角度指出，分配不是通常意义上的消费资料的分配，而是生产要素本身的分配，两种资源、两个市场内部与相互之间的促进贯通，可以促成更加紧密稳定的全球

① 盛斌，果婷．亚太区域经济一体化博弈与中国的战略选择[J]．世界经济与政治，2014(10)：4－21，154．

② 习近平．国家中长期经济社会发展战略若干重大问题[J]．新长征，2021(1)：4－8．

③ 刘鹤．加快构建以国内大循环为主体、国内国际双循环相互促进的新发展格局[N]．人民日报，2020－11－25(006)．

经济循环体系，打造新时期全球科技革命和产业变革孕育的创新版图，重塑经济结构，实现国际市场供需交易的规范化、标准化和科技化，拓展马克思关于世界市场、习近平总书记关于人类命运共同体理念的经济内涵和外延①。姜英华分析了双循环的内涵、现实依据、实践路径，进而指出双循环不仅是应对变化的因应之策，更是指导经济社会发展的长期之举，不仅为我国步入高质量发展阶段和解决中长期发展问题提供了重要的理论指导，开辟了中国特色社会主义政治经济学的新境界，而且为世界经济体回升和复苏回暖提供了重要的动能支撑，推进了马克思主义政治经济学的新发展②。李猛和黄庆平则从创新角度分析了创新驱动发展战略是构建国内国际双循环相互促进新发展格局的现实需要，新时期，我国唯有大力推动科技创新，坚持和深入实施创新驱动发展战略，努力实现关键核心技术新突破，全面提升产业链、供应链现代化水平，才能在国际环境日趋复杂，不稳定性、不确定性明显增强的新形势下，保持较强的经济增长韧性，实现经济社会健康可持续发展③。

构建国内国际双循环相互促进的新发展格局，是事关全局的系统性深层次变革，其意义不仅在于吸引外资扩大国外市场，还在于利用国内超大需求升级完善产业链供应链，预防突发性断裂引发的危险。

二、构建新发展格局的理论溯源

当前经济发展局势不稳，各国都面临着公共卫生、经济金融、地缘政治等多重风险，虽然其他国家，如美国、英国、苏联等，没有像我国一样明确提出“双循环”，但依然是通过国内循环和国外循环来运作经济④。面临世界“百年未有之大变局”，我国领导人深谋远虑，及时提出“牢牢把握扩大内需这一战略基点，使生产、分配、流通、消费各环节更多依托国

① 刘立云，孔祥利．基于《资本论》视阈的“双循环”新发展格局理论阐释与当代价值[J]．现代财经（天津财经大学学报），2021，41（9）：20－32.

② 姜英华．中国经济双循环：现实依据、实践路径与价值意义[J]．理论月刊，2021（2）：85－91.

③ 李猛，黄庆平．“双循环”新发展格局下的创新驱动发展战略——意义、问题与政策建议[J]．青海社会科学，2020（6）：31－40.

④ 伍山林．中国双循环发展：以全球性大国为镜鉴[J]．求索，2021（5）：136－144.

内市场实现良性循环，并构建以国内大循环为主体、国内国际双循环相互促进的新发展格局”①。随后在不同场合公开强调。这不仅为我国的经济发展找到新出路，也为未来的经济发展指明了方向。不同学者从不同方面对于构建双循环进行了阐释。

蒋永穆和祝林林从马克思主义政治经济学、中华优秀传统文化和西方经济学三个维度分别论述了“双循环”的理论自古有之，首先表明马克思主义创始人准确把握人类社会发展规律，并站在人民立场上对经济社会循环问题进行了深入研究，并指出马克思主义经典作家虽没有明确提出“双循环”概念，但他们却蕴含着“双循环”的思想，这是其产生的理论根基；其次说明中国传统文化中所蕴藏的经济流通思想是其理论滋养；最后说明不少西方经济学者也认为经济社会的发展需要通过经济社会各要素之间的均衡来保持整个经济社会的畅通，也要重视国际贸易在国家经济发展中的作用，实现国内循环与国际循环的联动②。周小亮则认为生产方式的变革应是构建双循环新发展格局的理论基础，不仅指出要依照生产力发展的趋势、规律和生产方式的时代特征与变革方向，研究我国构建双循环新发展格局的技术与社会条件、资源配置方式和经济制度基础，还提出要结合我国经济发展中结构失衡、市场与价格扭曲、收入差距持续扩大、生态环境不断恶化等问题，探索有利于构建双循环新发展格局的生产制度与社会生产形式，并结合经济发展成果的共享与资源高效利用等，探索有利于构建双循环新发展格局同时又能够体现社会主义制度优势的生产关系及其资源配置方式和劳动交换方式③。李震等则认为双循环相互促进的理论源泉主要包括三大方面，其中，马克思主义政治经济学居于核心地位，大国经济发展理论以及国际贸易理论对其形成了有益补充，三者共同构筑了双循环相互促进的理论框架，并指出只有畅通国内大循环，牢牢扭住扩大内

---

① 习近平．国家中长期经济社会发展战略若干重大问题[J]．新长征，2021(1)：4－8.

② 蒋永穆，祝林林．构建新发展格局：生成逻辑与主要路径[J]．兰州大学学报(社会科学版)，2021，49(1)：29－38.

③ 周小亮．构建双循环新发展格局：理论逻辑与实践思考[J]．东南学术，2021(2)：86－96，247.

需的战略基点，从而把对外贸易内嵌于国内市场，才能实现双循环的良性互动①。还有不少学者从其他层面或不同角度分析论述了构建双循环新发展格局的理论框架。

综上所述，对于我国构建双循环，可以将其理论基础分为三个方面。首先，马克思主义政治经济学是核心。不管是在《资本论》中提出的单一资本的运动表现为资本循环和资本周转两个方面，还是从社会再生产角度提出的世界市场不仅是同存在于国内市场以外的一切外国市场相联系的国内市场，而且同时也是作为本国市场的构成部分的一切外国市场的国内市场，都强调了人类的活动就是处于大循环当中，无论是国内自给自足的循环，还是通过国际贸易的国外循环。其次，西方政治经济学思想是基础。古典政治经济学家斯密不仅认为随着国内分工的不断扩大必须打通国内市场，还提出国际分工和国际贸易能促进经济社会的更平衡发展；凯恩斯主义则提出了有效需求不足原理等。这些优秀学者的论述是我们构建双循环的依托。最后，中国特色社会主义经济思想是保证。我国历届领导人对马克思主义思想进行再创造和再发展，进而提出符合中国国情的经济思想，这不仅源于我国领导人的高瞻远瞩，更源于我国是一个社会主义国家。

三、如何更好地促进“双循环”

在新时代背景下，我国充分认识到加入 WTO 和国际循环虽然很大程度上促进了我国经济长时间高速发展，但在“两头在外，大进大出”“世界工厂”等模式中，中国只是一个借助低廉劳动力和原料为其他国家打工的角色，并不能真正发挥其比较优势。因此，我国经济逐渐转型为高质量发展、提出供给侧结构性改革和“双循环”新发展格局等，这些都是我国经济发展进入新阶段的必然选择。那么其实现路径到底是什么呢？

首先，充分利用国内超大规模需求，畅通国内大循环。国际层面，2008 年国际金融危机后，各国或多或少出台贸易保护政策，使得全球产业

① 李震，昌忠泽，戴伟．双循环相互促进：理论逻辑、战略重点与政策取向［J］．上海经济研究，2021(4)：16－27.

链供应链呈现区域化、本土化趋势。新冠疫情的大流行尚未完全解决，导致全球经济不管是需求端还是供给端均遭到冲击，逆全球化和贸易保护更加猖獗；同时号称自由民主的美国却妄图制裁中国，阻止我国的经济发展。如习近平总书记指出的，“今后一个时期，我们将面对更多逆风逆水的外部环境，必须坚持底线思维、做好较长时间应对外部环境变化的思想准备和工作准备”。国内层面，我国的主要矛盾已转化为人民日益增长的美好生活的需要和不平衡不充分发展之间的矛盾。国内经济作为一个相对完整的自我循环系统，通过发挥市场机制的主导作用，有效利用区域内生产资源和要素，形成生产、交换、消费和分配等环节的自我封闭系统，并促进其自然循环流通，实现经济的健康平衡发展。

其次，健全产业链和供给链的完整性，深化供给侧结构性改革。国外循环是指在共建共治共享和包容开放的原则上，尊重国际规则并主动融入国际循环，借助国际市场和资源拓宽和加深我国贸易交易的宽度和深度。逆全球化和新冠疫情加速分化了产业链和供给链，造成了产业链供应链的断裂进而给一个国家的经济、民生、稳定等带来严重影响，因此要尽快健全产业链和供应链的完整性，促进全球经济回暖。我国之所以提出供给侧结构性改革，主要是由于供给侧和需求侧的不平衡。通过去产能、去库存、去杠杆、降成本、补短板等措施减少无效供给，提高全要素生产率，促进供给端和需求端的契合性，实现供需动态均衡。

最后，以内促外，共同发展。加快形成以国内大循环为主体、国内国际双循环相互促进的新发展格局，是习近平总书记基于国际国内的大环境作出的科学预见和战略部署。其本质并不是完全依靠于国内市场，也不是新的闭关锁国，而是国内循环和国际循环并重的双循环，更是以国内循环刺激国外循环，促进全球经济回暖的双循环。“我国是世界第二经济大国、最大货物出口国、第二大货物进口国、第二大对外直接投资国、最大外汇储备国、最大旅游市场，成为影响世界政治经济版图变化的一个主要因素。”尽管全球经济受到新冠疫情的重创，但“中国经济基本面是好的，潜力大，韧性强，回旋余地大，新动力正在强化，新业态不断出现，很多地区很多产业都在发生可喜变革，前景是光明的”①。在这个时间节点提出“双循环”，不仅为现阶段国内国际经济发展困境提出了解决方案，还为解决我国中长期发展问题提供了理论指导。

① 决胜全面建成小康社会　夺取新时代中国特色社会主义伟大胜利[N]. 人民日报,2017-10-19(002).

第十一章　党的十八大以来对马克思主义政治经济学的新探索

随着近年来中国特色社会主义道路的不断开拓，发展具有中国特色的社会主义政治经济学变得越来越重要。自2014年7月8日习近平总书记提出“各级党委与政府要学好用好政治经济学”之后，习近平总书记在会议上多次强调要学好用好政治经济学，自觉遵循经济发展的规律。在十八届中央政治局就马克思主义政治经济学基本原理和方法论的二十八次集体学习上，习近平总书记发表了题为《不断开拓当代中国马克思主义政治经济学新境界》的重要讲话，强调要立足我国国情与发展实践，解释新特点和新规律，提炼和总结我国经济发展的规律性成果，开拓当代中国马克思主义政治经济学新境界。这对我国以马克思主义政治经济学的基本原则为指导、结合我国实际发展、融合新理论与新思想，将其发展成一套可以切实指导新中国社会主义经济建设实践的理论体系提出了迫切需求。《资本论》作为马克思深刻解释资本主义发展规律与市场经济运行规律的著作，涵盖了马克思对资本主义社会经济运行的思考[①]，对其进行深入的研究与探讨，将马克思主义政治经济学与中国实际国情相结合，有利于不断完善中国特色社会主义市场经济体系，建设中国特色社会主义政治经济学体系。基于此，本章第一节从《资本论》的研读与探讨角度入手，对当前学术界关于《资本论》的研究进行深入的剖析与整理，旨在揭示《资本论》对中国特

① 马克思主义基本原理概论课题组. 马克思主义基本原理概论(2018版)[M]. 北京:高等教育出版社,2018:13－17.

色社会主义政治经济学的指导与借鉴；第二节从中国传统文化与西方经济学层面阐述当代中国马克思主义政治经济学是如何古为今用、洋为中用，不断实现知识创新、理论创新、方法创新的；第三节立足于中国基本国情与改革开放的伟大实践，深入分析当代中国政治经济学的鲜明特征，为世界马克思主义政治经济学研究提供中国方案、贡献中国智慧。

第一节　《资本论》的研读与探讨

2012 年，习近平总书记在视察中国人民大学《资本论》教学研究中心时指出："马克思主义中国化所形成的毛泽东思想中国特色社会主义理论体系两大理论成果，追本溯源都是在马克思主义经典理论指导之下形成的。"构建发展中国特色社会主义政治经济学，形成当代中国政治经济学体系，必须以马克思主义政治经济学为指导[①]，即坚持继承并创造性转化《资本论》所形成的理论成果。中国特色社会主义政治经济学的构建，需要贯彻运用唯物辩证法与历史唯物主义的世界观、方法论，深入对《资本论》的立论根据、基本观点、基本范畴、历史与现实意义等问题的研究。自《资本论》传入中国以来，在我国社会主义革命与建设的每个时期，《资本论》都为我国的理论与实践提供了新的思路与方向。我国对于《资本论》的译介与研究不断发展、不断完善，呈现出研究队伍规模大、研究成果多、研究范围广、研究理论深等特点。具体而言，对于《资本论》，我国学者的研究主要集中于以下几个方面：

第一，对于《资本论》立论根本与基础的研究，这一问题是关乎能否正确理解马克思思想与立场的重要问题。一部分学者指出，马克思主义政治经济学的批判基于"对人的对象性的本质理解"，其为资本主义的基础，即马克思政治经济学的理论基础是对资本主义社会运行方式的批判与再思

① 邱海平.《资本论》的创新性研究对于构建中国特色社会主义政治经济学的重大意义[J].马克思主义研究,2020(2):91－99.

考（袁立国，2014①；郭艳君和崔剑锋，2014②）；而另一部分学者则提出了不同的解答，即马克思所从事的政治经济学研究，其过程是创立、论证并使用唯物史观的过程，唯物史观作为马克思思想的重要落脚点，贯穿于《资本论》的前后论述之中，唯物史观才是《资本论》立论根本（张雷声，2012）③。《资本论》论述的起点是资本主义社会运行方式，马克思主义通过对资本主义生产方式进行深入分析，解读了经济运行的一般规律，而其立论的基础离不开马克思思想中的唯物史观，即唯物史观是《资本论》的理论根基。

第二，对于《资本论》基本观点的研究与梳理，这一问题关乎《资本论》的研究对象与主要结论，是《资本论》研究中必不可少的问题。在《资本论》中，马克思针对资本主义生产方式展开了思考与批判，并对资本主义社会中各种社会现象展开了讨论，从而形成自己的观点。总的来看，学术界从商品、劳动、资本、货币等几个方面来探讨马克思在《资本论》中的基本观点。对于商品，陈可焜早在 1962 年就发文探讨了《资本论》为什么从商品的分析开始这一问题④，而朱墨（1989）根据《资本论》的十条论断来说明《资本论》开篇所提到的商品的性质，进而得出在《资本论》中所探讨的“商品”是“逻辑上的简单商品”，并非“历史上的简单商品”⑤，而仰海峰（2014）从哲学的视角入手，分析了商品为何取代物成为马克思所考察的对象，并探讨了抽象劳动与商品的形式关系⑥。对于劳动，一些学者通过结合一些其他资料与马克思的文本，阐述了异化劳动与资本批判的有机统一，并从生态、历史与时间三个维度分析了异化劳动与人类社会的存在、历史与认识之谜（付文军，2015⑦；孙熙国和尉

---

① 袁立国．马克思与古典政治经济学的理论渊源关系研究[D]．长春：长春大学，2014.

② 郭艳君，崔剑锋．论马克思政治经济学批判的哲学基础[J]．学术交流，2014(7)：11－17.

③ 张雷声．唯物史观与《资本论》的创作过程[J]．学术界，2012(3)：144－153.

④ 陈可焜．《资本论》为什么从商品的分析开始——读《资本论》笔记[J]．中国经济问题，1962(6)：18－25.

⑤ 朱墨．《资本论》开篇商品性质问题研究[J]．江汉论坛，1989(9)：40－42.

⑥ 仰海峰．商品：一个哲学的分析[J]．哲学研究，2014(7)：21－29.

⑦ 付文军．从《巴黎手稿》到《资本论》：异化劳动理论的三维向度和“人类之谜”的三重解答[J]．当代经济研究，2015(2)：12－18.

浩，2014[①]），邓先宏等（2002）从《资本论》中有关劳动的论述入手，阐明了马克思所认识的劳动的基本内涵，并对劳动形态进行了扩充[②]。关于资本，是我国学术界对于《资本论》基本内容探讨的一大重要组成部分，有学者提出了“资本阐释论”，并从批判、实践与权力角度对这一理论进行了论述（俞吾金，2007）[③]。除此之外，关于《资本论》的观点与具体内容，另有学者从对政治经济学的相关批判文本视角入手，详细归纳梳理出马克思在《资本论》中所阐述的“资本”的范畴，详细论述了资本的成因，认为资本的产生与发展，是资本主义社会发展的根源，也是资本拜物教产生的根源（付文军，2016）[④]，还有学者厘清了资本的三大维度，即精神层面、社会关系层面与物质层面（汪丁丁，2006）[⑤]。对于货币，不少学者将马克思对货币的思想置于思想史的视角进行考察，将其划分为“货币异化阶段”“货币社会关系阶段”与“科学概述阶段”（元晋秋，2013[⑥]；陈飞，2014[⑦]），杨兴业、邹广文（2008）则基于《1857—1858 年经济学手稿》对马克思货币思想进行了解读与思考，阐明了其核心内容，即商品的特殊性与一般性的“对立”与“脱离”[⑧]。总的来看，我国对于《资本论》基本观点的研究，多集中于对马克思关于资本、商品、劳动、货币等核心问题的讨论，并从哲学等多个视角出发，在深入分析马克思思想的同时，结合我国发展实践，形成具有中国特色的政治经济学理论。

---

① 孙熙国，尉浩．论马克思异化劳动理论与资本批判理论的统一——《1844 年经济学哲学手稿》与《资本论》比较研究[J]．中国高校社会科学，2014(4)：16－26.

② 邓先宏，傅军胜，毛立言．对劳动和劳动价值理论几个问题的思考[J]．经济研究，2002(5)：3－12.

③ 俞吾金．资本诠释学——马克思考察、批判现代社会的独特路径[J]．哲学研究，2007(1)：23－31.

④ 付文军．资本、资本逻辑和资本拜物教——兼论《资本论》研究的逻辑主线[J]．当代经济研究，2016(2)：19－27.

⑤ 汪丁丁．资本概念的三个基本维度——及资本人格的个性化演变路径[J]．哲学研究，2006(10)：22－26.

⑥ 元晋秋．马克思的货币思想演进探析[J]．上海财经大学学报，2013(2)：16－23.

⑦ 陈飞．货币异化与货币文明——马克思早期思想中的货币概念[J]．社会主义研究，2014(3)：8－12.

⑧ 杨兴业，邹广文．论马克思的货币本质观——基于《1857—1858 年经济学手稿》的文本学解读[J]．马克思主义与现实，2008(6)：21－26.

第三，关于《资本论》中认识论的探讨与研究，这一问题关乎马克思如何认识世界。认识论是马克思主义研究中最重要也是最基础的问题之一，尽管当代马克思主义研究日趋多元化，但如何从认识论的视角来整体把握马克思主义哲学仍是一项十分重要的课题，不同学者从不同视角对《资本论》中的认识论展开了探讨。白刚（2020）指出，《资本论》中的认识论是西方近代哲学中认识论发展历程中的一大重要转折点，即《资本论》的伟大意义在于其实现了“抽象”的革命，“抽象力”实现了“叙事方法”与“研究方法”的有机统一，这也是列宁特别强调辩证法作为马克思主义认识论具有巨大革命意义的原因①；高云涌等（2020）则从《资本论》的逻辑入手，对《资本论》认识论的基本问题、认识对象与内容作了详细的探讨，指出《资本论》的认识论就是政治经济学批判中的历史科学认识论②；而吴猛（2021）在阿尔都塞对《资本论》认识论构建的基础上，对马克思认识论变革的本质进行了深入研究，提出马克思以批判的方式实现了对历史性现实运动的把握，即将政治经济学范畴与历史性相结合，通过对现实运动不断追问，来解释历史性方式本身③。

第四，关于《资本论》中方法论的探讨与研究。我国在20世纪60年代曾有一场学术上的争辩：以吴传启（1963）为代表的一方认为《资本论》的方法论是辩证方法及其应用，是抽象与具体、历史与逻辑等具体的分析方法，而且这些思想贯穿于《资本论》的始终④；而以王亚南（1962）为代表的另一方则认为《资本论》的方法论就是唯物辩证法，吴传启所认为的抽象—具体、历史—逻辑等方法是从属于唯物辩证法的⑤。关于《资本论》的方法论问题并没有在王、吴两位学者的争辩中结束，研

① 白刚．“抽象力”：《资本论》的“认识论”[J]．哲学研究，2020(3)：13－21.

② 高云涌，王林平．作为认识论的“《资本论》的逻辑”[J]．华中科技大学学报(社会科学版)，2020(4)：1－7.

③ 吴猛．马克思主义政治经济学批判中认识论变革——兼论阿尔都塞对《资本论》的认识论构建[J]．哲学研究，2021(2)：18－29.

④ 吴传启．关于《资本论》的方法问题——对王亚南同志的《资本论》的方法的商榷[J]．哲学研究，1963(2)：17.

⑤ 王亚南．《资本论》的方法[J]．经济研究，1962(12)：19－25.

究界对于这一问题的回答仍然层出不穷。如侯征（1981）认为，《资本论》的方法论就是唯物辩证法，而进入21世纪后，学术界对于这一问题进行了更充分的讨论与研究，提出了不少与之前不同的观点。一些学者认为《资本论》的研究方法并非局限于唯物辩证法，而是唯物主义逻辑、辩证法与认识论的有机统一。另有学者则指出，《资本论》中对不同问题的说明所使用的方法论是不同的，如从物的关系阐述人的关系，所使用的方法论是存在论；从抽象上升到具体对问题进行分析，所使用的方法论是认识论；而历史与逻辑的有机统一，所使用的方法论则是逻辑学①。还有学者将《资本论》的研究方法归于生产方式分析法、抽象与具体分析法与肯定否定分析法②，这也从侧面体现了马克思在《资本论》一书中所体现的辩证唯物主义的特点。综上所述，我国学术界对《资本论》所蕴含的方法论这一问题的探讨，尽管目前尚未形成定论，但唯物辩证法毫无疑问是其方法论中的重要组成部分，是指导我国经济发展的重要思想。

第五，关于《资本论》的历史与现实意义的研究。《资本论》这一著作承载了马克思一生中黄金时期的重要思想，对《资本论》进行研究不仅对理解马克思思想与历史唯物主义具有重要意义，而且也是指导我国社会发展实践的重要的理论武器。一方面，《资本论》是马克思揭示人类历史与资本主义发展规律、引领时代发展的代表之作（孙正聿，2014）③，对于我国与世界理论界都是一笔宝贵的精神财富；另一方面，《资本论》所揭示的社会生产、资本规律、市场经济发展规律，对中国经济发展具有重要意义（沈斐，2013④；张宇，2011⑤）。在中国特色社会主义新时期，在结合我国实际发展情况的基础上对《资本论》进行解读与研究，不仅有利于更好地推动中国特色社会主义政治经济学构建，开拓当代中国马克思主义

---

① 孔扬.《资本论》研究方法的世界观基础[D]. 长春:长春大学,2011.

② 张定鑫."普照的光"法——重思马克思研究资本的方法问题[J]. 上海财经大学学报,2014(5):14-22.

③ 孙正聿.《资本论》与马克思主义哲学[J]. 学习与探索,2014(1):1-14.

④ 沈斐.《资本论》在何种意义上与我们同时代——《资本论》的方法及其当代发展[J]. 经济学家,2013(6):12-20

⑤ 张宇.《资本论》的当代意义[J]. 政治经济学评论,2011(4):3-15.

政治经济学新境界，更有利于指导我国践行“五大发展理念”，构建新发展格局，推动国家治理体系与治理能力的现代化，促进我国经济社会高质量发展。

在《资本论》传入中国的80余载的时间里，尽管我国学术界对于《资本论》的研究视野不断开阔、深度与广度不断增加、社会影响力不断增强，但鲜有学者系统对有关《资本论》的研究进行详尽的梳理与分析。本节立足于构建中国特色社会主义政治经济学的理论依据，从《资本论》的理论基础、基本观点、认识论与方法论以及对中国经济社会发展意义几个方面，对有关《资本论》的研读与探讨的相关文献进行了细致的梳理，有利于理论界基于中国国情对《资本论》内容进行更深入的解读，进一步构建当代中国政治经济学体系，并以此指导中国经济社会发展实践，实现中华民族伟大复兴。

第二节　创造性的综合——博采众长

政治经济学自马克思创立时起就具有鲜明的时代特征。新中国在成立之后相当长的时间内处于阶级斗争状态，因此当时的政治经济学研究的主要是社会主义与资本主义的斗争问题。改革开放后，政治经济学与以经济建设为中心相适应，成为建设的经济学。伴随着我国经济社会的不断发展，马克思主义政治经济学在广泛吸收人类社会经济发明和精神文明成果基础上，紧扣时代主题，不断创新，形成了多种当代马克思主义思想流派。薛宇峰（2009）将当代马克思主义政治经济学划分为正统的马克思主义经济学创新流派、新马克思主义经济学综合流派、经典的马克思主义经济学文本流派、马克思主义生态经济学流派、演化的马克思主义经济学流派、数理马克思主义经济学流派、转型经济理论的马克思主义流派、后凯恩斯主义的马克思主义经济学流派八个流派①，对改革开放后我国政治经济学发展脉络与方法作出了清晰的划分。而在中国特色社会主义进入新阶

---

① 薛宇峰．当代中国马克思主义经济学的流派[J]．经济纵横，2009(1)：31－40.

段，我国政治经济学发展也进入了新的发展阶段，这也对政治经济学的理论创新提出了新的要求。

习近平总书记在2016年5月17日的哲学社会科学工作座谈会上提出："哲学社会科学的现实形态，是古往今来各种知识、观念、理论、方法等融通生成的结果。我们要善于融通古今中外各种资源，特别是要把握好两方面资源。一是马克思主义的资源，包括马克思主义基本原理，马克思主义中国化形成的成果及其文化形态，如党的理论和路线方针政策，中国特色社会主义道路、理论体系、制度，中国经济、政治、法律、文化、社会、生态、外交、国防、党建等领域形成的哲学社会科学思想和成果。这是中国特色哲学社会科学的主体内容，也是中国特色哲学社会科学发展的最大增量。二是中华优秀传统文化的资源，这是中国特色哲学社会科学发展十分宝贵、不可多得的成果，这可以成为中国特色哲学社会科学的有益滋养。要坚持古为今用、洋为中用，融通各种资源，不断推进知识创新、理论创新、方法创新。"由此可以看出，新中国成立以来，当代中国马克思主义政治经济学成为我国哲学社会科学体系的重要组成部分，在经典马克思主义政治经济学的基础上，在与我国国情结合的过程中，通过汲取中国传统文化与传统经济思想、西方经济学的理论，形成了一套适用于中国发展国情，以公有制与市场经济有机结合为逻辑主线、通过辩证发挥市场机制与政府作用为实践支撑的当代中国马克思主义政治经济学理论。当代中国马克思主义政治经济学是马克思主义政治经济学融合了中外哲学社会科学的积极成果后在当代中国的发展，是马克思主义政治经济学的现代化与中国化。笔者认为，当代中国马克思主义政治经济学是适应我国社会主义市场经济运行、适应我国国情的、具有中国特色的社会主义经济学理论。本节主要探讨当代马克思主义政治经济学是如何从中国传统文化与西方经济学中汲取营养，博采众长，实现创造性综合的。

一、当代中国马克思主义政治经济学与传统中国文化的结合

习近平总书记在党的十九大中讲道："坚持为人民服务、为社会主义服务，坚持百花齐放、百家争鸣，坚持创造性转化、创新性发展，不断铸就中华文化新辉煌。当代中国马克思主义政治经济学的理论气质与文化基因来源于优秀的中华传统文化的创新性发展，而马克思主义中国化的过程中也为中国传统文化赋予了新的时代精神，可以说，当代中国马克思主义政治经济学与中国传统文化相辅相成，互相促进。"具体来看，中国传统文化与当代中国马克思主义政治经济学的结合体现在微观、中观与宏观三个层面。

第一，从微观层面来看，作为中华传统文化的集大成者，一方面，儒家学说认为人的天性并非西方所提出的具有"原罪"，而是"人之初、性本善"，人的经济思想与本性是通过后天培养形成的，而这与马克思主义对于人性的认识颇为相似。马克思认为，人的自私观念是财产的所有权在人意识中的反映，这也从侧面说明了只有在产权私有制社会中人才会形成自私观念。而"人"作为社会关系的集合体，将人从其所处的社会关系中剥离出来评价人性的善恶会导致缺乏客观的标准，这一点是马克思主义与传统儒家思想所不同的地方。马克思主义通过将"个人"与"阶级"概念相区分，指出从总体视角把握经济关系中不同微观个体的行为选择，这一观点也为当代中国政治经济学提供了重要的认识论启发。另一方面，中华传统文化在"人性本善"的基础上提出，人可以"格物致知"，即通过对外界进行探索实践进而认识未知事物，通过发挥主观能动性，开拓自身的认知空间进而掌握客观规律。尽管一些西方经济学家提出"不可知论"，即人类对外部世界的认识有限，无法通过"格物"达到"致知"，由此说明计划经济的局限性，但是，不仅社会主义国家的实践（如苏联）驳斥了这一观点，以凯恩斯为代表的经济学家利用国家力量对经济进行宏观调控也证明了"不可知论"的谬误。无论是中国传统思想还是马克思主义唯物史观，都认为人类可以通过"格物致知"，使用先进工具与手段对世界进行探索与改造，推动生产力水平的进步，这为构建当代中国马克思主义政

治经济学奠定了重要的认识论基础。当代中国马克思主义政治经济学继承了中华传统文化中有益的认识论并加以创造性地发展与综合，这一点在对待计划与市场两者间的关系时尤为突出。当代中国马克思主义政治经济学突破了西方“不可知论”的束缚，将发挥计划作用与市场作用有机结合，主张一方面充分利用计划来纠正市场的失灵，另一方面利用市场提高经济的活力与能动性。这一理论突破为我国的经济发展提供了重要的微观基础，有利于建立与完善社会主义市场经济体制。

第二，从中观层面来看，中国传统儒家思想从“修身、齐家”上升至了“平天下”的层面，对如何实现社会利益，建立社会规范提出了要求。在孔子与孟子看来，通过提升自身的道德修养水平可以缓和“义”与“利”之间的冲突，然而，当这一问题上升到国家治理层面时，依靠道德与教育并不足以解决社会矛盾，即孔孟所追求的道德与仁义是由伦理纲常所维系的，无法上升到国家层面。在商品经济的背景下，市场作为人们交易的主要途径，已经突破了伦理纲常的作用范围，因此只有设计出一套适用于商品经济的制度与规则来规范人们的行为，才能正确处理好个人利益与社会利益之间的关系。针对这一问题，荀子提出：先王“制礼义以分之，以养人之欲，给人之求，使欲必不穷乎物，物必不屈于利，两者相持而长。”这里荀子所提出的“礼义”已并非孔孟所说的道德礼仪，而是指社会规则。荀子认为通过制定、践行社会规则，可以让个人对利益的追求不至于穷尽社会资源，社会发展也不完全以追求物质利益为导向，两者协调发展。当代中国马克思主义政治经济学正是在汲取这一传统文化的基础上，正确处理市场与政府之间的关系，在坚持党对经济工作的领导的前提下，坚持社会主义条件下的市场经济体制，充分发挥市场的活力与创造力，推动“有效市场”与“有为政府”的有机统一。党的十八届三中全会指出，要充分发挥市场在资源配置中的决定性作用，并在此基础上更好地发挥政府作用。这一论点深刻体现了我国传统文化中用礼仪来制约利益，用规则约束行为的思想。通过把握市场发展的规律，辩证看待政治与经济、政府与市场之间的关系，当代中国马克思主义政治经济学所提出的“中国式”的市场与政府理论便超越了西方经济学的相关经济理论，指导着我国进一步建设中国特色社会主义现代化经济体系。

第三，从宏观层面来看，在中华传统文化中有着“平天下”一说。从“治国”走向“平天下”，在一定程度上印证了马克思主义对于人类会从民族历史走向世界历史的判断，同时也为当代中国马克思主义政治经济学关于实现社会主义的认识奠定了文化基础。《礼记·礼运》曾提出“大道之行也，天下为公，选贤与能”，由此可以看出儒家学派认为“天下为公”是人间的正道，实现天下为公、恢复礼制，进而实现“平天下”。尽管当时的思想只是自然经济下朴素的公有制思想，是王权与小农经济结合下的产物，但这也说明早在2000多年前中国思想家已经对社会的发展形态进行了思考。当然，这种朴素的“天下为公”的公有制思想不可避免地具有历史局限性，这一思想不具备唯物史观，也没有正确意识到生产力与生产关系间的关系，无法解决生产资料产权的分配问题。当代中国马克思主义政治经济学则实现了对社会性质问题的突破，解决了2000多年前中国古人未解决的问题，主要体现在如下几点：第一，当代中国马克思主义政治经济学以实现共产主义、实现中华民族伟大复兴为目标，这就要求毫不动摇坚持和发展公有制经济，坚持公有制的主体地位，做优做大国有企业，充分发挥公有制经济对非公有制经济的领导带头作用；第二，商品经济形态到产品经济形态的发展是一个漫长的过程，需要坚持以市场机制配置资源，大力发展商品经济与市场经济，充分调动市场的活力，在注重商品经济发展的同时催生新经济、新业态，将满足人民多样化的物质、文化需求作为发展的目标；第三，从生产资料私有制向公有制过渡是一个漫长的过程，需要毫不动摇引导非公有制经济发展，鼓励各类经济主体参与到社会主义经济建设中去。当代中国马克思主义政治经济学深刻回答了什么是社会主义以及如何发展社会主义，通过将长远规划与现实国情相结合，充分体现了目的性与规律性的辩证统一。既继承了中国传统文化中“天下为公”的思想，又突破了自然经济条件下思想的限制，实现了对中国传统文化的创造性发展。

二、在对西方经济学的批判借鉴中推动马克思主义政治经济学发展

习近平总书记在2016年7月8日主持召开的经济形势专家座谈会上指出，坚持和发展中国特色社会主义政治经济学，要以马克思主义政治经济学为指导，总结和提炼我国改革开放和社会主义现代化建设的伟大实践经验，同时借鉴西方经济学的有益成分。从广义上讲，西方经济学包含了17世纪以来流行于西方资本主义国家的经济学理论与范式，包括古典经济学、新古典经济学、凯恩斯主义经济学、新古典综合经济学等。西方经济学是伴随着资本主义的兴起而产生的，并随着资本主义市场经济的出现与发展逐渐形成体系。一方面，西方经济学总结出体现社会化大生产与市场经济发展的一般规律，厘清了资本主义制度下的生产关系、交换关系以及分配关系，深入分析了商品的供给需求、价格的变动机制、货币与金融等一系列经济问题，其丰富的学术理论与流派无疑是人类文明发展的杰出成果；另一方面，西方经济学作为当时新生资本主义市场经济的代言人，着力从理论层面论述资本主义制度是符合社会发展的制度，但没有看到资本主义制度被社会主义制度所替代的必然性。因此，对待西方经济学需要我们取其精华，去其糟粕，文化、思想与文明之间的互相碰撞有利于新思想、新文化的形成①。本节通过对西方经济学主要经济理论进行梳理与概括，系统分析当代了中国马克思主义政治经济学对西方经济学的借鉴与超越。

1. 关于市场经济的理论

西方经济学把市场经济看作最有效率的资源配置方式，并从理论与实践上对这一观点进行证明。西方经济学家认为，由于资源的稀缺性与人需求的无限性，社会经济活动的最终目的就是达到稀缺资源的最优化配置，而参与市场活动的每个主体作为“理性人”，能够对自身行为自负盈亏，对市场中价格的变动与信号作出判断与反映。因此，市场可以在经济活动

① 颜鹏飞，李朝辉，王今朝，等. 经济思想史研究的新突破[J]. 经济评论，2004(5)：123－125.

中高效地配置资源（曼昆，2015）①。通过供给需求、竞争等机制，市场可以发挥出信息传递、创造知识、鼓励创新、推动要素流动等作用（萨缪尔森等，1999）②。而社会主义市场经济体系通过将社会主义制度的优越性与市场配置资源有机结合，在对西方市场经济有关理论进行借鉴的基础上，形成了中国特色社会主义市场经济理论，主要体现在如下几点：第一，建立健全中国特色社会主义市场经济体系，核心是市场要在资源配置中发挥决定性作用。党的十八大明确指出，社会主义市场经济体制要让市场在宏观调控下对资源配置起决定性作用。这意味着市场机制可以有效调节经济活动，要将政府需要放手的经济活动交给市场，通过价格与竞争机制，提升资源的配置效率，让企业与个人有更多空间去创造财富（习近平，2014）③。对市场作用的这一论述有力地指导我国在中国特色社会主义新时期、全面深化改革新阶段，正确处理好政府与市场关系，推动了社会主义市场经济体系完善，因而成为当代中国马克思主义政治经济学的重要理论。第二，重视对市场发挥作用条件的培育。通过深化国有体制改革，增强国有企业活力与创造力，同时鼓励、支持引导非公有制经济发展，形成多元竞争、共同发展的市场格局。党的十八届三中全会指出，要建立统一开放、竞争有序的市场体系，着力清除市场进出壁垒，形成企业公平竞争、自主经营，消费者自由选择、自主消费，要素平等交换、自由流动的市场体制机制。第三，重视政府宏观调控与发挥市场机制之间的关系。西方经济学的凯恩斯理论为政府介入经济活动提供了理论参考。在社会主义市场经济运行过程中，我党深刻认识到市场配置资源具有无法克服的弱点，会导致贫富差异扩大，影响社会的公平稳定，因此发挥好国家的宏观调控功能，加强对市场的监管与市场规则的维护，促进共同富裕是十分必要的。综上可以看出，当代中国马克思主义政治经济学在社会主义市场经

① ［美］曼昆．经济学原理：微观部分(第 8 版)［M］．梁小民，编译．北京：北京大学出版社，2015:61－63.

② ［美］萨缪尔森，诺德豪斯．经济学(第 16 版)［M］．萧琛，等，编译．北京：华夏出版社，1999:21－33.

③ 习近平．习近平谈治国理政［M］．北京：外文出版社，2014:111－130.

济的理论与现实研究方面与西方经济学相比取得了重大突破，不仅解决了社会主义与市场经济的可结合性问题，还正确把握了政府与市场之间的关系，摒弃了西方经济学将市场与政府看作“此消彼长”的零和博弈关系，既充分发挥市场经济的效率优势，又充分利用社会主义的制度优势来纠正经济增长过程中出现的发展失衡与贫富差距扩大问题，促进了社会公平与稳定。

2. 关于经济增长与经济发展的理论

现代西方经济学认为，经济增长理论侧重于关注国家经济增长的因素与经济增长的速度，而经济发展理论则关注一国从贫困走向富裕的过程，以及其中的经济结构、制度结构与社会结构变化。总的来看，现代西方经济学从如下几个方面对影响经济增长与发展的因素进行了阐述：一是推动经济增长的生产要素，如资本、人力资本水平、自然资源、创新、技术变迁等，其中，经济学家对于人力资本、技术与创新对经济增长的作用格外重视；二是影响经济发展的结构性因素，如经济结构的刚性、低供求弹性等因素会造成一国经济缺乏活力，市场无法发挥作用进而导致经济停滞不前；三是影响经济发展的制度性因素。有效的制度与机制能够带来生产效率的提升，促进经济的发展。通过对制度进行矫正，可以完善市场机制，降低交易成本，提升交易效率，推动市场高效运作。在我国进入经济发展新常态之后，随着劳动力成本增加，资源环境的约束加剧，资本的边际产出递减等问题的出现，要求我国寻找经济增长新动力。鉴于此，党中央强调提出了“五大发展理念”，指出要将经济增长的动力从要素、投资驱动转移到创新驱动上，为经济增长培育新动能。同时，制度结构上，党中央强调通过建立新型城乡关系，让广大农民参与到现代化进程中来，共享社会主义发展成果，不断缩小城乡差距，推动城乡一体化建设。由此可以看出，改革开放以来中国经济增长与发展在一定程度上印证了现代西方经济学所揭示的一般规律，但在实际发展中，中国也形成了一套具有中国特色的经济发展道理。从“发展才是硬道理”到“发展是执政兴国的第一要务”，从“科学发展观”到“五大发展理念”，无不说明中国正在走出一条具有中国特色的，具备社会主义优越性的经济发展道路。在中国特色社会主义建设新时期，对经济发展理念、发展道理进行研究，有利于为我国经济增长与发展寻找新的发展机遇与动力，也有利于构建当代中国马克思主义政治经济学的经济发展理论。

3. 关于现代产权的理论

西方产权理论通过将“交易成本”作为基础分析工具，研究产权的结构以及其对市场运行、资源配置的影响作用。通过对产权进行合理界定，可以降低市场运行成本，提高交易效率，进一步优化资源配置。在中国国有企业改革与所有制结构调整过程中，西方产权理论对我国的改革起到了一定的启示作用，具体体现在如下几个方面：第一，确定了产权在所有制改革中的核心作用，建立健全了现代化产权制度。产权具有排他性、可转让性与易分割性等特点，通过在不同主体之间的自由流动可以实现财产的增值，有利于资源得到合理配置。2016 年中央发布的《关于完善产权保护制度依法保护产权的意见》，明确强调要对公有制经济与非公有制经济的产权进行保护，这一政策为丰富与发展当代政治经济学产权理论提供了支持。第二，深化了对产权关系与产权价值的认识与研究。与传统所有制理论相比，现代产权理论更强调从动态视角分析现实中复杂的产权关系，如所有权与经营权之间的分离，国有资本、集体资本等不同资本之间的融合等。通过现代产权理论可以引发我国对市场经济下产权关系的深入考量，为推动产权制度改革，实现资源有效配置创造条件。第三，推动了社会主义市场经济运行环境的优化，有利于降低制度性的交易成本。交易成本作为非生产性的财富消耗，会降低制度运行效率，增加社会财富损耗。因此，党中央多次提出通过简政放权，建设服务型政府，降低企业的“制度性交易成本”，推进供给侧结构性改革。当然，在对西方现代产权理论进行肯定与借鉴的同时，我们也应该看到西方产权理论产生并根植于资本主义经济，私有产权优先于公有产权是西方产权理论根深蒂固的思想，而我国在实际的产权结构改革中探索出了一条具有中国特色的所有制改革路线，在以公有制为主体、多种所有制经济共同发展的制度下，推动公有与非公有制经济互相补充，共同发展。

4. 关于对外开放的理论

西方经济学从国际贸易理论、国际投资、国际金融等方面阐述了对外贸易理论，如比较优势理论与要素禀赋理论强调不同国家应利用其自身的要素禀赋参与到国际分工中去，而新贸易理论在将不完全竞争与规模经济纳入国际贸易进行分析后，对产业内贸易以及垄断进行了解释，国际经济学家从要素流动视角解释了劳动、技术、资本等要素在国际间流动的原因。西方经济学中有关对外开放、进行国际贸易的理论，为改革开放后的中国提供了理论上的参考与借鉴。改革开放后，通过利用发达国家产业转移的机会，我国充分发挥劳动力成本优势，发展劳动力密集型产业，有力推动了经济增长；同时，政府制定了一系列政策吸引外资，在增加社会投资的同时为我国带来了先进的技术与管理经验，推动了产业结构的升级。值得注意的是，我国的对外开放所取得的巨大成就印证了西方国际经济学的一些理论，但也提出了一些理论性的反思：为何我国并未像大多数发展中国家一样陷入经济停滞、债务危机、国际分工依附的局面？笔者认为，首先，我国在开放的过程中，充分将自身的要素禀赋优势与国外技术、资本相结合，不仅通过出口来带动投资与经济增长，并且注重技术进步与产业结构升级，在引进外资的同时打造一批有实力、有技术的企业“走出去”，充分参与国际竞争，提升自身实力水平。其次，在改革开放进程中，我国采取了渐进式的开放策略，稳步推行对外开放。从开放格局上看，经历了从经济特区，到沿海开放城市，建立沿海经济区，再到开放沿江城市，最后开放内陆，形成了全方位、多层次的对外开放格局；从开放领域来看，从最开始的非敏感部门，再到服务业、金融等部门，有效降低了开放带来的潜在经济风险。最后，我国在对外开放中清晰地认识到开放所带来的“双重效应”，在关系到国家自主权的问题上坚决不让步，以保证自身经济安全发展，保持对关键产业的控制力，在与其他国家互惠共赢、合作发展的原则下进行对外贸易。

建构当代中国马克思主义政治经济学理论体系，需要立足于中国国情，既要坚持马克思主义政治经济学的指导地位，又要做到博采众长，吸纳中国传统文化与西方经济学中的有益成分，切实提炼既具有中国特色又符合经济学逻辑的当代马克思主义政治经济学。当前学术界多从西方经济学与当代中国马克思主义政治经济学之间的关系入手，分析当代中国马克思主义政治经济学如何博采众长，却忽视了中国传统文化中有益的经济思想对当代中国马克思主义政治经济学形成的促进作用。本节系统分析了当代中国马克思主义政治经济学对中国传统文化的发展与继承，以及对西方经济学的借鉴，从中国实际发展情况出发，针对中国问题，提出反映中国立场、中国智慧的解决方案，提炼有中国特色、符合经济学逻辑的当代马克思主义政治经济学理论。

第三节　当代中国马克思主义政治经济学

习近平总书记在中央政治局第二十八次集体学习时指出：党的十一届三中全会以来，我们党把马克思主义政治经济学基本原理同改革开放的实践结合起来，不断丰富发展马克思主义政治经济学，形成了当代中国马克思主义政治经济学的很多重要理论成果。

可以说，当代马克思主义政治经济学作为马克思主义中国化的最新理论成果，既保留了马克思主义政治经济学的基本立场与理论基础，又立足于中国的基本国情以及改革开放的伟大实践，使其具有实践特色、时代特色、理论特色。它不仅是中国特色社会主义建设与中国特色社会主义事业的指导思想，深刻揭示了中国经济社会从“富起来”到“强起来”的运行规律，还丰富与发展了马克思主义，是对马克思主义政治经济学基本原理更为宽广时域的研究与运用，是对马克思主义政治经济学时代特色的彰显，开拓了马克思主义政治经济学新境界①。马克思主义政治经济学是一个开放的理论体系，在社会实践发展中不断得到完善，当代中国马克思主

① 中国特色社会主义理论与实践研究编写组．中国特色社会主义理论与实践研究(2018 版)[M]．北京．高等教育出版社,2018;27－32.

义政治经济学以中国特色社会主义生产方式及其发展规律作为主要研究对象[①]，具有鲜明的民族特色，为世界马克思主义政治经济学的发展贡献了中国智慧，其特征主要体现在以下几个方面。

一、当代中国马克思主义政治经济学与中国实践紧密结合

当代中国马克思主义政治经济学始终与中国特色社会主义建设的伟大事业紧密结合，体现并反映中国特色社会主义经济建设与改革发展的伟大实践。新中国成立后，以毛泽东同志为核心的党中央系统地回答了为什么会提出“马克思主义中国化”这一命题[②]，并带领全国人民创造性地提出建立社会主义基本制度，实现新中国从新民主主义到社会主义的历史性跨越，并对新中国社会主义经济建设提出一系列创新性理论，如以农业为基础，以工业为主导，走以农轻重为序的工业化道路；合理处理沿海工业与内陆工业的关系，促进各地区经济共同发展；协调国家、集体与个人的关系，使各方各得其所；建立相对独立完整的国民经济体系，努力实现农业、工业以及国防科技的现代化建设。这些理论观点都是马克思主义政治经济学与中国具体实践相结合的产物，是对马克思主义政治经济学的创新性发展，为当代中国马克思主义政治经济学的发展奠定了理论基础。邓小平同志在社会主义曲折探索的基础上，总结国内外社会主义国家的实践经验，提出了对内改革对外开放的社会主义发展新道路。在改革开放的进程中，中国共产党不断加深对社会主义本质的认识，对马克思主义政治经济学的认识不断升华，形成了关于社会主义本质理论，关于社会主义市场经济以及对外开放理论，关于社会主义初级阶段以公有制为主体、多种所有制经济共同发展的基本经济制度理论，关于社会主义初级阶段以按劳分配为主体、多种分配方式并存的基本分配制度理论，关于建设中国特色新型工业化、城镇化和农业现代化道路等。这些理论成果继承了马克思主义政

---

① 周文,李思思. 当代中国马克思主义政治经济学研究对象与鲜明特征[J]. 上海经济研究, 2020(10):62-70.

② 毛泽东思想和中国特色社会主义理论体系概论编写组. 毛泽东思想和中国特色社会主义理论体系概论(2018 版)[M]. 北京. 高等教育出版社,2018:14-16.

治经济学的基本立场与主要观点，为当代中国马克思主义政治经济学提供了基本理论框架。

习近平总书记在党的十九大报告中指出，中国特色社会主义进入了新时代，中国社会的主要矛盾已经由人民日益增长的物质文化需要同落后的社会生产之间的矛盾转化为人民日益增长的美好生活需要和不平衡不充分的发展之间的矛盾。以习近平同志为核心的党中央科学把握中国发展新的历史方位，从理论与实践相结合的角度系统地回答了在新时代下坚持和发展什么样的中国特色社会主义以及怎样坚持和发展中国特色社会主义，在此基础上形成了习近平新时代中国特色社会主义思想，并以此作为党的行动指南。习近平新时代中国特色社会主义思想明确全面深化改革总目标是完善和发展中国特色社会主义制度，推进国家治理体系和治理能力现代化。习近平总书记将社会主义初级阶段的理论概括为：关于社会主义初级阶段的基本理论，树立落实创新、协调、绿色、开放、共享的理论，关于社会主义市场经济更好发挥资源配置作用的理论，关于中国新常态的理论等。这一切表明中国改革开放的伟大实践与理论探索开拓了马克思主义政治经济学的新实践，为构建当代中国马克思主义政治经济学奠定了基础。

二、当代中国马克思主义政治经济学的根本立场是以人民为中心

当代中国马克思主义政治经济学坚持以人民为中心的根本立场。当代中国马克思主义政治经济学研究的不仅仅是资源分配与经济发展问题，还深深根植于马克思主义政治经济学，坚持马克思主义政治经济学以人民为中心的根本立场。马克思主义政治经济学的基本性质是为人民服务的经济学，当代中国马克思主义政治经济学继承并发展了这一性质。习近平总书记强调：“人民对美好生活的向往就是我们的奋斗目标。”以人民为中心的思想体现了人民群众是历史的创造者、是推动历史发展的根本力量这一唯物史观，是中国共产党人坚定的理想信念。中国共产党人在革命、建设和改革的不同社会实践时期，始终坚持人民群众是社会历史的创造者这一唯物史观的基本观点，始终坚持立党为公、执政为民，在根本立场方面始终

坚持实现最广大人民的根本利益，将以人民为中心的发展思想贯彻落实到社会主义建设的具体实践中，并随着中国特色社会主义的发展不断赋予其新的含义。

在理论层面，当代中国马克思主义政治经济学坚持以人民为中心这一马克思主义群众观点与人民立场。以人民为中心就是要坚持发展为了人民、发展依靠人民、发展成果由人民共享，坚持人民主体地位的同时也要将人民至上作为价值取向，具体表现为：坚持党的领导、人民当家作主与依法治国的有机统一；坚持问政于民、问需于民、问计于民，维护好广大人民群众的根本利益，让人民满意，让人民放心；发展社会主义民主，切实保障人民群众权益，坚持人民当家作主的政治立场。党的十八大、十九大以来，以习近平同志为核心的党中央坚持以人民为中心的发展思想，顺应人民群众对美好生活的向往，把增进人民福祉、促进人的全面发展以及实现共同富裕作为经济发展的出发点与落脚点，并以此作为制定经济政策、推动经济发展的根本原则，坚持共享发展理念，坚定不移地走共同富裕的道路，坚持让人民共享发展成果，让全体人民在共享共建中有更多更大更好的获得感，提升人民群众的幸福感，不断满足人民群众日益增长的物质和文化需要，使改革发展的成果更多地惠及全体人民。

在实践层面，当代中国马克思主义政治经济学的实践基础是人民日益增长的美好生活需要和不平衡不充分的发展之间的矛盾，这就要求党和政府更加注重人民的主体地位和人民的诉求，中国共产党人要坚持为中国人民谋幸福、为中华民族谋复兴的初心与使命。习近平总书记强调以人民为中心的思想不能只停留在口头上，止步于思想中，要更多地在经济社会发展的实践中得到落实，要按照“五位一体”的总体布局与“四个全面”的“战略布局”，不断贯彻落实新发展理念，并将以人民为中心作为施政理念，想群众所想，急群众所急，将老百姓的关心与期盼落到实处，使学有所教、劳有所得、病有所医、老有所养得到更加突破性发展，切实保障人民群众的根本利益。坚持将解放和发展生产力作为解决社会主要矛盾和增进人民福祉的主要手段，在新常态下实现经济结构转型调整的同时维持经济的中高速增长，全面关注经济增长速度与质量效益，实现全面建成小康社会与“两个一百年”的奋斗目标；坚持和完善社会主义基本经济制度、基本分配制度，必须坚持公有制为主体、多种所有制经济共同发展这一基本经济制度，在分配领域实行与之相匹配的按劳分配为主体、多种分配方式并存的分配制度，保证发展成果由全体人民共享，保障和改善民生，防止两极分化；坚持大力发展社会主义市场经济，这也是对马克思主义政治经济学的继承与创新，不断完善社会主义市场经济体制，处理好市场与政府之间的关系，使市场在资源配置中起决定性作用的同时充分发挥政府的作用与主观能动性，做大经济“蛋糕”，朝着共同富裕的方向稳步前进，实现社会主义现代化。具体来看，党的十九大明确指出“必须坚持以人民为中心的发展思想，不断促进人的全面发展、全体人民共同富裕”“永远把人民对美好生活的向往作为奋斗目标”“用制度体系保证人民当家作主”“必须始终把人民利益摆在至高无上的地位，让改革发展成果更多更公平惠及全体人民，朝着实现全体人民共同富裕不断迈进”等，将以人民为中心、让人民当家作主作为根本立场。进入社会主义发展新阶段以来，我国不断加快推进完善养老保险全国统筹、完善统一的医疗保险制度与最低生活保障制度及社会救助体系，促进各项社会福利事业与住房保障的全面发展，并加快建立具有中国特色的医疗保障制度与优质高效的医疗服务体系，加快老龄化事业与产业发展。这些具体的措施与体系抓住了当前社会保障领域中的关键性问题，充分体现了我国以人民为中心、发展依靠人民、发展为了人民，发展成果由人民共享的理念。

三、当代中国马克思主义政治经济学具有鲜明的民族性与世界性

当代中国马克思主义政治经济学的民族性主要表现在基本立场与基本观点方面，它坚持以人民为中心的基本思想，始终代表最广大人民群众的根本利益这一基本立场，揭示处于社会主义初级阶段的中国生产力发展水平及与之相适应的生产关系，分析社会主义市场经济体制及其运行规律，研究如何处理好政府与市场之间的关系，并指出社会主义初级阶段基本经济制度与分配制度之间的内在规律性，研究创新、协调、绿色、开放、共

享的新发展理念，而这些追根溯源都是由中国特殊的历史与实践所决定的，中国目前最大的国情就是正处于并将长期处于社会主义初级阶段，当代中国马克思主义政治经济学主要研究处于社会主义初级阶段中国经济运行的内在规律。中国特色社会主义深深根植于中国历史发展进程中，并且随着中国经济社会实践的发展而不断发展，与时俱进，其在本质上仍具有科学社会主义的一切本质要求：以共产主义为奋斗目标，坚持公有制为主体、多种所有制经济共同发展的基本经济制度，并实行与基本经济制度相适应的按劳分配为主体、多种分配方式并存的基本分配制度；坚定不移地解放和发展生产力，从根本上消灭剥削、消除两极分化，实现全体人民共同富裕，始终坚持中国共产党的领导地位。就像习近平总书记在中央政治局第一次学习时指出的："中国特色社会主义特就特在其道路、理论体系、制度上，特就特在其实现途径、行动指南、根本保障的内在联系上，特就特在这三者统一于中国特色社会主义伟大实践上。"① 当代中国马克思主义政治经济学独特的民族性与中国的基本国情是紧密联系的。中国有着数千年的历史，在农耕文明时期在世界处于领先地位，但在近代由于封建制度的衰落曾沦为半殖民地半封建社会，饱受外强的欺凌，直到新中国成立后中国共产党人带领中国人民经历过一段曲折探索后找到了适合中国发展的有中国特色的社会主义道路。在数千年的历史发展中，通过中国人民几千年的实践形成了具有中国特色的经济思想，从而为当代中国马克思主义政治经济学的发展提供了独特的历史土壤，为马克思主义政治经济学的发展增加了中国色彩。

当代中国马克思主义政治经济学的世界性是相对于民族性而言的更为一般的、普遍的意义，其主要表现为具有人类共同的价值追求，对世界各民族的发展实践具有一定的借鉴意义：第一，当代中国马克思主义政治经济学坚持以人民为中心的基本立场，始终坚持把增进人民福祉、促进人的全面发展、实现全体人民共同富裕作为经济发展的出发点与落脚点，致力

---

① 习近平．紧紧围绕坚持和发展中国特色社会主义学习宣传贯彻党的十八大精神[M]．北京:外文出版社,2014:3.

于维护好最广大人民群众的根本利益，努力消灭剥削，消除两极分化，而这正是世界各国人民共同的追求目标。第二，当代中国马克思主义政治经济学深刻揭示了社会主义初级阶段经济运行的内在规律与本质特征，研究了价值规律、供求关系及竞争机制在市场运行中所发挥的作用，并对实现人口、资源、环境的可持续健康发展方面提供了一些独特的理论，还对经济体制转型与经济发展方式转变时的一般规律进行了阐释，如充分发挥市场在资源配置中的决定性作用的同时要充分发挥政府的作用，恰当处理改革、发展与稳定的关系，而这些对一切发展市场经济和经济转型的国家具有一定的借鉴意义。同时，当代马克思主义政治经济学汲取了西方经济学的有用思想，如“理性人”假设等，通过博采众长，当代马克思主义经济学形成了一套具有中国特色的理论体系。第三，当代中国马克思主义政治经济学还对相对落后的发展中国家实现经济现代化提供了一条道路。当代中国马克思主义政治经济学在揭示中国实现经济现代化的特殊规律的同时，总结出相对落后的发展中国家实现经济现代化的一般性规律，如学习借鉴发达国家的经验教训，重视科技创新在经济发展中所起的重要作用，最大限度地解放和发展生产力，同时提出了“创新、协调、开放、绿色、共享”的新发展理念，开创了经济发展新局面，反映了历史发展的前进方向。当代中国马克思主义政治经济学不仅是属于中国的，更是属于世界的，世界各国文明相互借鉴，为世界文明发展、人类共同进步贡献出中国智慧与中国方案。

综上所述，当代中国马克思主义政治经济学作为中国特色社会主义理论体系中的重要组成部分，具有鲜明的时代性、包容性、开放性与创造性。伴随着中国特色社会主义建设道路的推进，亟须越来越多贴合现实，指导我国社会发展实践的新思想、新理念。本节通过将我国社会运行的历史逻辑与现实逻辑相结合，充分考虑世界格局变迁，在范式创新、理论创新、逻辑创新等方面，将理论逻辑与经济现实相结合，有利于推动当代中国马克思主义政治经济学进入发展新阶段。

参考文献

[1]白刚．“抽象力”:《资本论》的“认识论”[J]．哲学研究,2020(3):13－21.

[2]白让让,郁义鸿．价格与进入管制下的边缘性进入——一个理论模型分析[J]．经济研究,2004(9):70－81.

[3]财政部财政科学研究所课题组．宏观经济形势与财政调控:从短期到中长期的分析认识[J]．经济研究参考,2012(61):3－50.

[4]蔡昉．城乡收入差距与制度变革的临界点[J]．中国社会科学,2003(5):16－25,205.

[5]蔡昉．中国改革成功经验的逻辑[J]．中国社会科学,2018(1):29－44.

[6]曹雷,程恩富．加快向充分自主型经济发展方式转变——基于经济全球化视野的审思[J]．毛泽东邓小平理论研究,2013(8):26－32,92.

[7]曹雷．股份制、混合经济与利益统筹——海派经济论坛第18次研讨会综述[J]．经济学动态,2004(8):114－117.

[8]陈昌兵．新时代我国经济高质量发展动力转换研究[J]．上海经济研究,2018(5):16－24,41.

[9]陈代云．产业组织与公共政策:规制抑或放松规制?[J]．外国经济与管理,2000(6):7－12.

[10]陈东林．20世纪50—70年代中国的对外经济引进[J]．上海行政学院学报,2004(6):69－80.

[11]陈东林．七十年代前期的中国第二次对外引进高潮[J]．中共党史

研究,1996(2):79－84.

[12]陈东琪.1900—2000 中国经济学史纲[M].北京:中国青年出版社,2004.

[13]陈栋生.区域经济研究的新起点[M].北京:经济管理出版社,1991.

[14]陈飞.货币异化与货币文明——马克思早期思想中的货币概念[J].社会主义研究,2014(3):8－12.

[15]陈继勇,胡艺.美国技术创新与贸易竞争力之关系——一项基于实证的研究[J].经济管理,2006(15):84－89.

[16]陈建华.供给侧结构性改革的核心是处理好政府与市场的关系[J].毛泽东邓小平理论研究,2017(6):57－63,108－109.

[17]陈晋.深入理解我国社会主要矛盾的转化[N].北京日报,2017－11－13(021).

[18]陈可焜.《资本论》为什么从商品的分析开始——读《资本论》笔记[J].中国经济问题,1962(6):18－25.

[19]陈淑梅,全毅.TPP、RCEP 谈判与亚太经济一体化进程[J].亚太经济,2013(2):3－9.

[20]陈锡文.长期坚持党的农村基本政策　稳定完善农村土地承包制度[J].农村合作经济经营管理,2002(12):6－9.

[21]陈宣庆,张可云.统筹区域发展的战略问题与政策研究[M].北京:中国市场出版社,2007.

[22]陈云.陈云文选:第 2 卷[M].北京:人民出版社,1996.

[23]程承坪,刘凡.发展混合所有制经济应把握的若干重大问题[J].学习与实践,2015(4):40－48.

[24]程恩富,谢长安.论资本主义和社会主义的混合所有制[J].马克思主义研究,2015(1):51－61,158－159.

[25]程恩富.论新常态下的五大发展理念[J].南京财经大学学报,2016(1):1－7,108.

[26]程立显.论社会公正、平等与效率[J].北京大学学报(哲学社会

科学版),1999(3):57－63,157－158.

[27]戴翔,张二震. 逆全球化与中国开放发展道路再思考[J]. 经济学家,2018(1):70－78.

[28]邓磊,杜爽. 我国供给侧结构性改革:新动力与新挑战[J]. 价格理论与实践,2015(12):18－20.

[29]邓先宏,傅军胜,毛立言. 对劳动和劳动价值理论几个问题的思考[J]. 经济研究,2002(5):3－12.

[30]邓小平. 邓小平文选:第3卷[M]. 北京:人民出版社,1993.

[31]丁任重,孙根紧. 新时期我国民营经济的转型与发展[J]. 经济理论与经济管理,2011(12):93－100.

[32]都培炎. 世界政治经济与国际关系[M]. 上海:华东师范大学出版社,2011.

[33]豆书龙,叶敬忠. 乡村振兴与脱贫攻坚的有机衔接及其机制构建[J]. 改革,2019(1):19－29.

[34]樊纲. 两种改革成本与两种改革方式[J]. 经济研究,1993(1):3－15.

[35]范跃进,郑峰,李平,等. 经济全球化与区域经济发展[M]. 济南:山东人民出版社,2005.

[36]冯根福,刘志勇,蒋文定. 我国东中西部地区间工业产业转移的趋势、特征及形成原因分析[J]. 当代经济科学,2010,32(2):1－10,124.

[37]冯俊. 五大发展理念是对科学发展观的新突破新发展[J]. 中国浦东干部学院学报,2016,10(1):5－9.

[38]冯俏彬,贾康. 我国供给侧改革的背景、理论模型与实施路径[J]. 经济学动态,2017(7):35－43.

[39]冯志峰. 供给侧结构性改革的理论逻辑与实践路径[J]. 经济问题,2016(2):12－17.

[40]付文军. 从《巴黎手稿》到《资本论》:异化劳动理论的三维向度和“人类之谜”的三重解答[J]. 当代经济研究,2015(2):12－18.

[41]付文军. 资本、资本逻辑和资本拜物教——兼论《资本论》研究的

逻辑主线[J]. 当代经济研究,2016(2):19-27.

[42]高云涌,王林平. 作为认识论的“《资本论》的逻辑”[J]. 华中科技大学学报(社会科学版),2020(4):1-7.

[43]龚刚. 论新常态下的供给侧改革[J]. 南开学报(哲学社会科学版),2016(2):13-20.

[44]龚唯平. 马克思对外开放理论的三个层次[J]. 学术研究,1993(5):33-38.

[45]龚晓莺,蔡豪. 新时代经济全面开放新格局的构建逻辑[J]. 江淮论坛,2019(3):26-32,193.

[46]辜胜阻,李睿,杨艺贤,等. 推进“十三五”脱贫攻坚的对策思考[J]. 财政研究,2016(2):7-16.

[47]谷亚光,谷牧青. 论“五大发展理念”的思想创新、理论内涵与贯彻重点[J]. 经济问题,2016(3):1-6.

[48]顾海良,颜鹏飞. 新编经济思想史:第4卷[M]. 北京:经济科学出版社,2016.

[49]顾海良. 新发展理念与当代中国马克思主义经济学的意蕴[J]. 中国高校社会科学,2016(1):4-7.

[50]顾海良. 中国特色社会主义政治经济学史纲[J]. 中国编辑,2019,112(4):100.

[51]顾准. 试论社会主义制度下的商品生产和价值规律[J]. 经济研究,1957(3):21-53.

[52]关于建国以来党的若干历史问题的决议[N]. 人民日报,1981-07-01.

[53]郭大俊. 从马克思的世界历史思想到邓小平的对外开放理论[J]. 湖北大学学报(哲学社会科学版),1998(4):21-25.

[54]郭凡生. 谈谈技术的梯度推移规律[N]. 经济日报,1984-09-28.

[55]郭俊华,卫玲,边卫军. 新时代新常态视角下中国产业结构转型与升级[J]. 当代经济科学,2018,40(6):81-90,129.

[56]郭树清,刘吉瑞,邱树芳. 全面改革亟需总体规划——事关我国改革成败的一个重大问题[J]. 经济社会体制比较,1985(1):21-26.

[57]郭树清. 总需求、总供给——从概念到现实[J]. 经济研究,1992(3):3-15.

[58]郭艳君,崔剑锋. 论马克思政治经济学批判的哲学基础[J]. 学术交流,2014(7):11-17.

[59]国际合作中心对外开放课题组. 中国对外开放40年[M]. 北京:人民出版社,2018.

[60]国家发展改革委经济体制综合改革司,国家发展改革委经济体制与管理研究所. 改革开放三十年:从历史走向未来[M]. 北京:人民出版社,2008.

[61]国家信息中心中国新经济发展战略课题组. 新经济:中国面临的机遇和挑战[J]. 求是,2001(5):27-31.

[62]国务院发展研究中心"国际经济格局变化和中国战略选择"课题组. 未来15年国际经济格局变化和中国战略选择[J]. 管理世界,2018,34(12):1-12.

[63]韩绍凤,朱有志. 对我国农地经营制度变迁的展望[J]. 求索,2000(2):34-36.

[64]郝宇彪,张志勤,云喆. 中国对外投资管理的历史演变:管理方式、投资主体与政策目的[J]. 社会科学动态,2021(9):36-44.

[65]何道峰,段应碧,袁崇法. 论我国近年通货膨胀的发生机制与结构表现[J]. 经济研究,1987(11):21-28.

[66]何建章. 我国全民所有制经济计划管理体制存在的问题和改革方向[J]. 经济研究,1979(5):35-45.

[67]何伟. 论混合经济[J]. 经济学家,2004(4):15-19.

[68]何自力. 中国方案开启经济全球化新阶段[J]. 红旗文稿,2017(3):22-24.

[69]洪银兴. WTO条件下贸易结构调整和产业升级[J]. 管理世界,2001(2):21-26,219-220.

[70]洪银兴. 新时代的现代化和现代化经济体系[J]. 南京社会科学,2018(2):1-6.

[71]胡鞍钢,周绍杰,任皓. 供给侧结构性改革——适应和引领中国经济新常态[J]. 清华大学学报(哲学社会科学版),2016,31(2):17-22,195.

[72]胡家勇. 中国私营经济:贡献与前景[J]. 管理世界,2000(5):41-48.

[73]胡建雄. 本轮逆全球化和贸易保护主义兴起的经济逻辑研究[J]. 经济体制改革,2017(6):19-26.

[74]胡锦涛. 高举中国特色社会主义伟大旗帜 为夺取全面建设小康社会新胜利而奋斗[N]. 人民日报,2007-10-25(001).

[75]胡锦涛. 在纪念党的十一届三中全会召开30周年大会上的讲话[N]. 人民日报,2008-12-09.

[76]胡祖六. 关于中国引进外资的三大问题[J]. 国际经济评论,2004(3):24-28.

[77]黄承伟. 党的十八大以来脱贫攻坚理论创新和实践创新总结[J]. 中国农业大学学报(社会科学版),2017,34(5):5-16.

[78]黄速建. 中国国有企业混合所有制改革研究[J]. 经济管理,2014,36(7):1-10.

[79]黄延信,余葵,师高康,等. 对农村集体产权制度改革若干问题的思考[J]. 农业经济问题,2014,35(4):8-14.

[80]黄一乂. 论本世纪我国产业优先顺序的选择[J]. 管理世界,1988(3):16-35,220.

[81]黄赜琳. 改革开放三十年中国经济周期与宏观调控[J]. 财经研究,2008(11):88-100.

[82]黄祖辉. 准确把握中国乡村振兴战略[J]. 中国农村经济,2018(4):2-12.

[83]纪念改革开放40周年系列选题研究中心,王佳宁,盛朝迅. 重点领域改革节点研判:供给侧与需求侧[J]. 改革,2016(1):35-51.

[84]季正聚,许可. 我国社会主要矛盾的变化与全面深化改革的纵深

推进[J]. 中共中央党校学报,2018,22(1):13-20.

[85]贾康,苏京春. 论供给侧改革[J]. 管理世界,2016(3):1-24.

[86]简新华. 论社会主义市场经济的效率与公平[J]. 经济评论,1997(3):19-26.

[87]简新华. 试解劳动力商品与按劳分配的理论难题[J]. 经济学动态,1998(10):23-25.

[88]简新华. 委托代理风险与国有企业改革[J]. 经济研究,1998(9):47-52.

[89]江飞涛,陈伟刚,黄健柏,等. 投资规制政策的缺陷与不良效应——基于中国钢铁工业的考察[J]. 中国工业经济,2007(6):53-61.

[90]江小涓. 新中国对外开放70年[M]. 北京:人民出版社,2019.

[91]姜英华. 中国经济双循环:现实依据、实践路径与价值意义[J]. 理论月刊,2021(2):85-91.

[92]蒋一苇. 企业本位论[J]. 中国社会科学,1980(1):21-36.

[93]蒋永穆,祝林林. 构建新发展格局:生成逻辑与主要路径[J]. 兰州大学学报(社会科学版),2021,49(1):29-38.

[94]蒋自强,张旭昆,袁亚春,等. 经济思想通史:第4卷[M]. 杭州:浙江大学出版社,2003.

[95]蒋自强. 经济思想通史:第4卷[M]. 杭州:浙江大学出版社,2003.

[96]杰弗里·萨克斯,胡永泰,杨小凯. 经济改革和宪政转轨[J]. 经济学(季刊),2003(3):961-988.

[97]金碚. 论经济全球化3.0时代——兼论"一带一路"的互通观念[J]. 中国工业经济,2016(1):5-20.

[98]金碚. 三论国有企业是特殊企业[J]. 中国工业经济,1999(7):5-9.

[99]金玲. "一带一路":中国的马歇尔计划? [J]. 国际问题研究,2015(1):88-99.

[100]剧锦文. 民营经济的融资障碍及其解决对策[N]. 经济参考报,

2003 - 12 - 10.

[101]孔祥智,高强. 改革开放以来我国农村集体经济的变迁与当前亟需解决的问题[J]. 理论探索,2017(1):116 - 122.

[102]兰红光. 中共十六届三中全会在京举行[N]. 人民日报,2003 - 10 - 15.

[103]雷兴虎,冯果. 论股东的股权与公司的法人财产权[J]. 法学评论,1997(2):80 - 84.

[104]黎青平. 毛泽东邓小平与对外开放[M]. 北京:中央党校出版社,1998.

[105]李爱敏."人类命运共同体":理论本质、基本内涵与中国特色[J]. 中共福建省委党校学报,2016(2):96 - 102.

[106]李翀. 论供给侧改革的理论依据和政策选择[J]. 经济社会体制比较,2016(1):9 - 18.

[107]李琮. 经济全球化新论[M]. 北京:中国社会出版社,2005.

[108]李丹,崔日明."一带一路"战略与全球经贸格局重构[J]. 经济学家,2015(8):62 - 70.

[109]李丹,董琴."引进来""走出去"与我国对外开放新格局的构建[J]. 中国特色社会主义研究,2019(2):41 - 46.

[110]李建伟. 中国经济增长四十年回顾与展望[J]. 管理世界,2018,34(10):11 - 23.

[111]李京文,郑友敬,等. 技术进步与产业结构问题研究[J]. 数量经济技术经济研究,1988(1):3 - 8.

[112]李猛,黄庆平."双循环"新发展格局下的创新驱动发展战略——意义、问题与政策建议[J]. 青海社会科学,2020(6):31 - 40.

[113]李天德,吕祥勍,李源源. 国家经济安全视角下的我国对外投资战略选择[J]. 亚太经济,2007(6):51 - 54.

[114]李新春. 经理人市场失灵与家族企业治理[J]. 管理世界,2003(4):87 - 95,154 - 155.

[115]李颖. 数字经济趋势下产业组织变革及对策[J]. 商业经济研

究,2021(13):181－184.

[116]李拥军．“论十二大关系”对《论十大关系》的发展[J]．毛泽东思想研究, 1997(4) :62.

[117]李震,昌忠泽,戴伟．双循环相互促进:理论逻辑、战略重点与政策取向[J]．上海经济研究,2021(4):16－27.

[118]厉以宁．论城乡二元体制改革[J]．北京大学学报(哲学社会科学版),2008(2):5－11.

[119]厉以宁．论新公有制企业[J]．经济学动态,2004(1):17－20.

[120]栗书茵．基于产业组织理论的我国外汇市场结构优化研究[J]．经济学动态,2011(7):75－79.

[121]梁洪学,周伊伦．优势学说滥觞的再认识——亚当·斯密国际贸易理论的启示[J]．江汉论坛,2021(3):45－51.

[122]廖生明．略论市场经济条件下按劳分配的实现方式[J]．厦门大学学报(哲学社会科学版),1999(1):47－53.

[123][俄]列宁．列宁选集[M]．中共中央马克思恩格斯列宁斯大林著作编译局,编译．北京:人民出版社,2012.

[124]林汉川,管鸿禧．中国不同行业中小企业竞争力评价比较研究[J]．中国社会科学,2005(3):48－58.

[125]林卫斌,苏剑．供给侧改革的性质及其实现方式[J]．价格理论与实践,2016(1):16－19.

[126]林毅夫,蔡昉,李周．论中国经济改革的渐进式道路[J]．经济研究,1993(9):3－11.

[127]林毅夫,李周．现代企业制度的内涵与国有企业改革方向[J]．经济研究,1997(3):3－10.

[128]林毅夫．民营经济发展迎来新的春天[N]．光明日报,2018－11－08.

[129]林毅夫．目前的重工业热不符合中国国情[J]．当代经济,2005(2):6.

[130]林毅夫．中国改革开放40年经济发展态势与新时代转型升级展

望[J]. 西部论坛,2018,28(6):1 -6.

[131]林子力. 再论具有中国特色的社会主义农业发展道路[J]. 中国社会科学,1983(4):71 -98.

[132]刘光杰,温端云. 论社会主义全民所有制经济所有权与经营权的分离[J]. 经济学家,1991(1):9 -17,126.

[133]刘国光,刘树成. 论“软着陆”[J]. 人民论坛,1997(2):19 -21.

[134]刘国光. 坚持经济体制改革的基本方向[N]. 人民日报,1982 -09 -06(5).

[135]刘国光. 坚持正确的改革方向——读胡锦涛同志3月7日讲话有感[J]. 马克思主义研究,2006(6):13 -15.

[136]刘鹤. 加快构建以国内大循环为主体、国内国际双循环相互促进的新发展格局[N]. 人民日报,2020 -11 -25(006).

[137]刘建江,易香园,王莹. 新时代的产业转型升级:内涵、困难及推进思路[J]. 湖南社会科学,2021(5):67 -76.

[138]刘江永. 国际格局演变与中国周边安全[J]. 世界经济与政治,2013(6):4 -24,156.

[139]刘立云,孔祥利. 基于《资本论》视阈的“双循环”新发展格局理论阐释与当代价值[J]. 现代财经(天津财经大学学报),2021,41(9):20 -32.

[140]刘奇葆. 新发展理念蕴含的理论特质和品格[N]. 人民日报,2016 -08 -17(006).

[141]刘俏. 以深化改革化解民营企业融资困局[N]. 人民日报,2018 -12 -10.

[142]刘树成. 中国经济波动的新轨迹[J]. 经济研究,2003(3):3 -8,92 -89.

[143]刘同舫. 构建人类命运共同体对历史唯物主义的原创性贡献[J]. 中国社会科学,2018(7):4 -21,204.

[144]刘同舫. 新时代社会主要矛盾背后的必然逻辑[J]. 华南师范大学学报(社会科学版),2017(6):47 -52,189 -190.

[145]刘伟，黄桂田．银行业的集中、竞争与绩效[J]．中国金融，2003(24):65.

[146]刘伟，苏剑．供给管理与我国现阶段的宏观调控[J]．经济研究，2007(2):4－15.

[147]刘须宽．新时代中国社会主要矛盾转化的原因及其应对[J]．马克思主义研究，2017(11):83－91.

[148]刘志彪，陈柳．政策标准、路径与措施：经济转型升级的进一步思考[J]．南京大学学报(哲学·人文科学·社会科学版)，2014，51(5):48－56，158.

[149]刘志彪．建设现代化经济体系：新时代经济建设的总纲领[J]．山东大学学报(哲学社会科学版)，2018(1):1－6.

[150]柳学信，张宇霖．大力支持民营企业发展壮大[N]．人民日报，2018－11－14.

[151]鲁晓璇，张曙霄．对马克思主义国际贸易理论和西方国际贸易理论及其关系的思考[J]．经济学家，2018(1):20－28.

[152]罗珉，李亮宇．互联网时代的商业模式创新：价值创造视角[J]．中国工业经济，2015(1):95－107.

[153]骆耕漠．论社会主义商品生产的必要性和它的“消亡”过程[J]．经济研究，1964(3):3－11.

[154]马海涛，肖鹏．中国财税体制改革30年经验回顾与展望[J]．中央财经大学学报，2008(2):1－6.

[155][德]马克思，恩格斯．马克思恩格斯选集[M]．中共中央马克思恩格斯列宁斯大林著作编译局，编译．北京：人民出版社，1995.

[156]马克思主义基本原理概论课题组．马克思主义基本原理概论(2018版)[M]．北京：高等教育出版社，2018.

[157]马立诚．大突破：中国私营经济风云录[M]．北京：中华工商联合出版社，2006.

[158]马远达．《论十大关系》与科学发展观的继承与发展[J]．党政研究，2009(3):22－24.

[159]门洪华．中国对外开放战略(1978—2018)[M]．上海:上海人民出版社,2018.

[160]牛德生．论按劳分配的实现形式[J]．中国人民大学学报,1998(2):4－9,129.

[161]逄锦聚．经济发展新常态中的主要矛盾和供给侧结构性改革[J].政治经济学评论,2016,7(2):49－59.

[162]逄先知,于友先,等．邓小平讲话实录[M]．北京:红旗出版社,2018.

[163]裴长洪,彭磊．后危机时代中国开放型经济研究[M]．北京:社会科学文献出版社,2010.

[164]裴长洪,王万山．共和国对外贸易60年[M]．北京:人民出版社,2009.

[165]裴长洪．中国开放型经济建立的经验分析——对外开放30年的总结[J]．财经问题研究,2009(2):3－10.

[166]裴长洪．中国开放型经济建设40年(上)[M]．北京:中国社会科学出版社,2018.

[167]裴长洪．中国特色开放型经济理论研究纲要[J]．经济研究,2016,51(4):14－29,46.

[168]彭森,陈立,等．中国经济体制改革重大事件(上)[M]．北京:中国人民大学出版社,2008:.

[169]戚聿东,肖旭,蔡呈伟．产业组织的数字化重构[J]．北京师范大学学报(社会科学版),2020(2):130－147.

[170]綦好东,郭骏超,朱炜．国有企业混合所有制改革:动力、阻力与实现路径[J]．管理世界,2017(10):8－19.

[171]邱海平．《资本论》的创新性研究对于构建中国特色社会主义政治经济学的重大意义[J]．马克思主义研究,2020(2):91－99.

[172]全面建设小康社会　开创中国特色社会主义事业新局面[N]．人民日报,2002－11－09.

[173]邵发军．习近平“人类命运共同体”思想及其当代价值研究[J].

社会主义研究,2017(4):1－8.

[174]邵彦敏,冯蕾. 我国农村集体经营方式创新与机制构建[J]. 经济纵横,2014(4):66－69.

[175]申现杰,肖金成. 国际区域经济合作新形势与我国“一带一路”合作战略[J]. 宏观经济研究,2014(11):30－38.

[176]沈斐.《资本论》在何种意义上与我们同时代——《资本论》的方法及其当代发展[J]. 经济学家,2013(6):12－20

[177]沈雁昕. 中共十四大与十四年伟大实践的基本总结[J]. 当代中国史研究,2019,26(5):68－77,251.

[178]盛斌,果婷. 亚太区域经济一体化博弈与中国的战略选择[J]. 世界经济与政治,2014(10):4－21,154.

[179]石玉顶. 马克思恩格斯关于城乡统筹发展的思想及其启示[J]. 经济学家,2005(6):26－32.

[180]石云霞. 马克思社会共同体思想及其发展[J]. 中国特色社会主义研究,2016(1):23－28.

[181][俄]斯大林. 斯大林选集[M]. 中共中央马克思恩格斯列宁斯大林著作编译局,编译. 北京:人民出版社,1979.

[182]苏立君. 逆全球化与美国“再工业化”的不可能性研究[J]. 经济学家,2017(6):96－104.

[183]孙海. 论毛泽东对外开放的五大思想原则及其当代价值[J]. 毛泽东思想研究,2009,26(6):22－26.

[184]孙尚清,陈吉元,张耳. 社会主义经济的计划性与市场性相结合的几个理论问题[J]. 经济研究,1979(5):56－67.

[185]孙宪忠. 公有制的法律实现方式问题[J]. 法学研究,1992(5):19－26.

[186]孙祥剑. 我国对外贸易的国民经济盈利性问题[J]. 中国社会科学,1982(3):69－87.

[187]孙冶方. 把计划和统计放在价值规律的基础上[J]. 经济研究,1956(6):30－38.

[188]孙冶方．孙冶方文集:第 8 卷[M],北京:知识出版社,2018.

[189]孙泽学．对 1950 年代中国利用外资外智的历史考察[J]．中国经济史研究,2011(3):49 -60,68.

[190]檀学文,李静．习近平精准扶贫思想的实践深化研究[J]．中国农村经济,2017(9):2 -16.

[191]汤在新．不要把股份制和公有制对立起来——兼与项启源教授商榷[J]．经济学动态,2004(7):37 -42.

[192]唐仁健．对农村税费改革若干重大问题的探讨[J]．中国农村经济,2002(9):4 -13.

[193]唐松,温德尔,叶芷薇．恒产者恒心:“原罪”嫌疑、产权保护与民营企业绩效[J]．经济学(季刊),2020,19(3):995 -1016.

[194]陶林．全球治理的中国方案:人类命运共同体论略[J]．武汉理工大学学报(社会科学版),2020,33(1):8 -14.

[195]佟家栋,谢丹阳,包群,等．“逆全球化”与实体经济转型升级笔谈[J]．中国工业经济,2017(6):5 -59.

[196]佟家栋．发展中大国的国际贸易与中国[M]．天津:天津教育出版社,2005.

[197]汪海波,孙连成．必须保障集体农民的物质利益和民主权利[J]．学术月刊,1979(3):1 -8,39.

[198]汪三贵,曾小溪．从区域扶贫开发到精准扶贫——改革开放 40 年中国扶贫政策的演进及脱贫攻坚的难点和对策[J]．农业经济问题,2018(8):40 -50.

[199]汪祥春．对我国当前价格改革问题的初步认识[J]．财经问题研究,1981(2):22 -28.

[200]王聪,段西军．中国证券市场佣金制度研究——关于中国证券市场的 SCP 分析框架[J]．经济研究,2002(5):39 -47,65 -93.

[201]王海兵,杨蕙馨．中国民营经济改革与发展 40 年:回顾与展望[J]．经济与管理研究,2018,39(4):3 -14.

[202]王红霞．论建国初期毛泽东的三大外交政策[J]．党史文苑,2009

(10):24 -25.

[203]王宏伟. 试论社会主义建设道路探索初期毛泽东和谐社会思想[J]. 毛泽东思想研究, 2008(1):122 -125.

[204]王久高. 中国改革开放的基本逻辑与核心经验[J]. 中国特色社会主义研究,2018(3):30 -36,76.

[205]王俊豪. 我国自然垄断产业民营化改革的若干思考[J]. 商业经济与管理,2002(1):11 -14.

[206]王淑芹. 正确理解五大发展理念的内涵和要求[J]. 思想理论教育导刊,2016(1):75 -78.

[207]王伟光,张卓元. 中国经济30年(1978—2008)[M]. 北京:中国社会科学出版社,2008.

[208]王亚南.《资本论》的方法[J]. 经济研究,1962(12):19 -25.

[209]王姚瑶. 产业组织理论的主要流派及其在我国的发展[J]. 辽宁经济,2009(7):56.

[210]王子先,姜荣春. 对外开放30年:迈向开放型经济目标的过程及路径[J]. 国际贸易,2008(6):4 -11.

[211]卫兴华,洪银兴,魏杰. 论企业活力与企业行为约束[J]. 学术月刊,1986(4):1 -5,9.

[212]卫兴华. 创新驱动与转变发展方式[J]. 经济纵横,2013(7):1 -4.

[213]卫兴华. 关于姓“资”姓“社”与生产力标准问题[J]. 中国工商管理研究,1992(2):18 -22.

[214]卫兴华. 社会主义经济制度若干理论问题的认识[J]. 新视野,2007(1):20 -22.

[215]卫兴华. 我国现阶段收入分配制度的理论与实际问题[J]. 经济学动态,2004(4):6 -11.

[216]卫兴华. 应准确解读我国新时代社会主要矛盾的科学内涵[J]. 马克思主义研究,2018(9):5 -12,163.

[217]魏杰,侯孝国. 论产权结构多元化是国有企业产权改革的方向

[J]. 管理世界,1998(5):135-141.

[218]吴传启. 关于《资本论》的方法问题——对王亚南同志的《资本论》的方法的商榷[J]. 哲学研究,1963(2):17.

[219]吴汉洪. 西方产业组织理论在中国的引进及相关评论[J]. 政治经济学评论,2019,10(1):3-21.

[220]吴敬琏. 思考与回应:中国工业化道路的抉择(上)[J]. 学术月刊,2005(12):38-45.

[221]吴敬琏. 通货膨胀的诊断和治理[J]. 管理世界,1989(4):7-15.

[222]吴茜. 关于当代资本主义新变化的争论及其实质[J]. 社会主义研究,2010(3):121-125.

[223]吴宣恭. 五大发展理念是社会主义基本经济规律内涵的深化拓宽和高度概括[J]. 马克思主义研究,2016(8):63-71,160.

[224]伍山林. 中国双循环发展:以全球性大国为镜鉴[J]. 求索,2021(5):136-144.

[225]习近平. 共倡开放包容　共促和平发展[N]. 人民日报,2015-10-23(002).

[226]习近平. 共担时代责任　共促全球发展[N]. 人民日报,2017-01-18(003).

[227]习近平. 共同构建人类命运共同体[N]. 人民日报,2017-01-20(002).

[228]习近平. 决胜全面建成小康社会　夺取新时代中国特色社会主义伟大胜利[N]. 人民日报,2017-10-28(001).

[229]习近平. 谋求持久发展　共筑亚太梦想[N]. 人民日报,2014-11-10(002).

[230]习近平. 顺应时代前进潮流　促进世界和平发展[N]. 人民日报,2013-03-24(002).

[231]习近平. 携手构建合作共赢新伙伴　同心打造人类命运共同体[N]. 人民日报,2015-09-29(002).

[232]习近平. 在庆祝改革开放40周年大会上的讲话[N]. 人民日报,2018-12-19(002).

[233]习近平. 在庆祝中国共产党成立95周年大会上的讲话[N]. 人民日报,2016-07-02(002).

[234]习近平. 共担时代责任,共促全球发展——在世界经济论坛2017年年会开幕式上的主旨演讲[N]. 人民日报,2017-01-18.

[235]习近平. 国家中长期经济社会发展战略若干重大问题[J]. 新长征,2021(1):4-8.

[236]习近平. 习近平新时代中国特色社会主义思想学习纲要[M]. 北京:人民出版社,2019.

[237]习近平. 在民营企业座谈会上的讲话[N]. 经济日报,2018-11-13.

[238]项启源. 不能把股份制等同于公有制——兼与厉以宁教授商榷[J]. 经济学动态,2004(4):18-24.

[239]萧禹功. 关于社会主义制度下商品生产存在的原因[J]. 经济研究, 1957(4) :18-29.

[240]肖卫东,梁春梅. 农村土地"三权分置"的内涵、基本要义及权利关系[J]. 中国农村经济,2016(11):17-29.

[241]肖宇赫. 中国开放型经济体制下国家经济风险管控研究[J]. 河南社会科学,2020,28(6):46-54.

[242]新华社. 中共中央关于全面深化改革若干重大问题的决定[J]. 中国合作经济,2013(11):14.

[243]徐攀峰. 国际产品内分工下我国加工贸易发展研究[D]. 长沙:湖南大学,2006.

[244]徐平华. 产权改革是国企建立现代企业制度的基础环节[J]. 当代财经,2001(7):45-48.

[245]徐艳玲,李聪."人类命运共同体"价值意蕴的三重维度[J]. 科学社会主义,2016(3):108-113.

[246]徐永德. 新常态下转变经济发展方式的制度因素和路径研究

[J]. 探索,2014(5):108 - 113.

[247]徐赟,李善同. 中国主导产业的变化与技术升级——基于列昂惕夫天际图分析的拓展[J]. 数量经济技术经济研究,2015,32(7):21 - 38.

[248]许经勇. 我国农村土地产权关系的深刻变革[J]. 财经研究,1999(5):38 - 42.

[249]薛暮桥. 薛暮桥回忆录[M]. 天津:天津人民出版社,2006.

[250]薛暮桥. 我国生产资料所有制的演变[J]. 经济研究,1987(2):15 - 28.

[251]薛宇峰. 当代中国马克思主义经济学的流派[J]. 经济纵横,2009(1):31 - 40.

[252]颜鹏飞,李朝辉,王今朝,等. 经济思想史研究的新突破[J]. 经济评论,2004(5):123 - 125.

[253]颜鹏飞,刘昌明. 中国对外开放的思想渊源——马克思的世界市场和经济全球化理论(上)[J]. 当代经济研究,2001(3):43 - 47.

[254]杨灿明. 地方政府行为与区域市场结构[J]. 经济研究,2000(11):58 - 64.

[255]杨灿明. 产权特性与产业定位——关于国有企业的另一个分析框架[J]. 经济研究,2001(9):53 - 59,96.

[256]杨德明,刘泳文. "互联网+"为什么加出了业绩[J]. 中国工业经济,2018(5):80 - 98.

[257]杨欢进. 马克思逻辑中的按生产要素分配——兼与周为民、陆宁商榷[J]. 当代经济科学,2004(1):54 - 59,95.

[258]杨嘉懿,李家祥. 以"五大发展理念"把握、适应、引领经济发展新常态[J]. 理论月刊,2016(4):103 - 106.

[259]杨瑞龙. 论国有经济中的多级委托代理关系[J]. 管理世界,1997(1):107 - 116.

[260]杨圣明. 走向贸易强国的理论创新[M]. 北京:经济科学出版社,2011.

[261]杨小勇,王文娟. 新时代社会主要矛盾的转化逻辑及化解路径

[J]. 上海财经大学学报,2018,20(1):17-28.

[262]杨兴业,邹广文. 论马克思的货币本质观——基于《1857—1858年经济学手稿》的文本学解读[J]. 马克思主义与现实,2008(6):21-26.

[263]杨仲伟,张曙光,王诚,等. 我国通货膨胀的诊断[J]. 经济研究,1988(4):3-11.

[264]杨卓华. 五大发展理念与毛泽东《论十大关系》关系探讨[J]. 马克思主义研究, 2016(4):33-34.

[265]姚曾荫. 国际贸易概论[M]. 北京:人民出版社,1987.

[266]叶兴庆. 新时代中国乡村振兴战略论纲[J]. 改革,2018(1):65-73.

[267]银温泉,才婉茹. 我国地方市场分割的成因和治理[J]. 经济研究,2001(6):3-12,95.

[268]尹汉宁. 以多维视角认识把握五大发展理念[N]. 人民日报,2016-01-12(007).

[269]尹航. 中国经济体制改革进程中的邓小平南方谈话——纪念邓小平南方谈话二十周年[J]. 求实,2012(5):4-8.

[270]于光远. 关于"社会所有制"[J]. 学术月刊,1994(2):3-6.

[271]于金富,安帅领."重建个人所有制"是共产主义社会所有制关系的本质特征——兼论公众股份制是我国现阶段"重建个人所有制"的重要形式[J]. 经济学动态,2010(4):50-55.

[272]于金富. 马克思按劳分配理论与我国现阶段社会主义分配制度[J]. 当代经济研究,2006(11):41-44.

[273]余菁."混合所有制"的学术论争及其路径找寻[J]. 改革,2014(11):26-35.

[274]元晋秋. 马克思的货币思想演进探析[J]. 上海财经大学学报,2013(2):16-23.

[275]袁文祺. 关于我国对外贸易若干基本理论问题的再探[J]. 国际贸易,1987(12):4-10,1.

[276]袁新涛."一带一路"建设的国家战略分析[J]. 理论月刊,2014

(11):5 –9.

[277]张朝尊. 在两权分离基础上实现两权合一——论承包制的缺陷和前进方向[J]. 经济研究,1990(11):28 –31,80.

[278]张定鑫."普照的光"法——重思马克思研究资本的方法问题[J]. 上海财经大学学报,2014(5):14 –22.

[279]张浩:"三级所有,队为基础"应该稳定[N]. 人民日报,1979 –03 –15.

[280]张健华,贾彦东. 宏观审慎政策的理论与实践进展[J]. 金融研究,2012(1):20 –35.

[281]张金山,叶毅,陶颖. 经济增长理论与中国经济发展路径[J]. 税务与经济,2020(6):20 –26.

[282]张俊山. 用马克思再生产理论指导我国的"供给侧结构性改革"[J]. 当代经济研究,2017(7):29 –35,97.

[283]张强,张怀超,刘占芳. 乡村振兴:从衰落走向复兴的战略选择[J]. 经济与管理,2018,32(1):6 –11.

[284]张树文. 一支行将崛起的新军——关于吉林省私营企业的调查与思考[J]. 中国农村经济,1988(12):23 –28.

[285]张维迎. 价格体制改革是改革的中心环节[N]. 经济日报,1984 –09 –29.

[286]张晓松,邹伟,丁小溪,等. 沐浴真理之光 汇聚复兴伟力[N]. 人民日报,2020 –12 –10(001).

[287]张宇,等. 中国特色社会主义政治经济学[M]. 北京:高等教育出版社,2018.

[288]张宇.《资本论》的当代意义[J]. 政治经济学评论,2011(4):3 –15.

[289]张宇. 市场、平等与按劳分配——对按劳分配理论的再认识[J]. 中国特色社会主义研究,1999(6):46 –49.

[290]张卓元. 新中国经济学研究 70 年[M]. 北京:中国社会科学出版社,2019.

[291]张卓元．“十五大”报告对社会主义经济理论的重要贡献[J]．经济研究,1997(10):7-15.

[292]赵景峰．经济全球化的马克思主义经济学分析[M]．北京:人民出版社,2006.

[293]赵丽芬,董军．论现阶段我国“重化工业化”论断的反思[J]．改革,2005(4):28-33.

[294]赵锡斌,温兴琦．我国民营企业发展环境分析[J]．经济体制改革,2005(2):55-58.

[295]赵晓雷．新中国经济理论史[M]．上海:上海财经大学出版社,1999.

[296]赵紫阳．在中国共产党十三届三中全会上的报告[J]．求实,1988(S2):1-8.

[297]郑志国,蔡继明,蒋学毛,等．关于按劳分配与按要素分配相结合的研讨[J]．经济学动态,1998(5):37-45.

[298]中共中央关于加强和改进新形势下党的建设若干重大问题的决定[N]．人民日报,2009-09-28(001).

[299]中共中央关于全面深化改革若干重大问题的决定[N]．人民日报,2013-11-16(001).

[300]中共中央文献研究室．邓小平年谱(1975—1997):下[M]．北京:中央文献出版社,2004.

[301]中共中央文献研究室．邓小平文选:第3卷[M]．北京:人民出版社,1993.

[302]中国经济增长与宏观稳定课题组．后危机时代的中国宏观调控[J]．经济研究,2010,45(11):4-20.

[303]中国社会科学院经济研究所资料室．价值规律作用问题资料[M]．北京:中国社会科学出版社,1979.

[304]中国社会科学院农村发展研究所“农村集体产权制度改革研究”课题组．关于农村集体产权制度改革的几个理论与政策问题[J]．中国农村经济,2015(2):4-12,37.

[305]周瑞金．“皇甫平”文章引发的一场思想交锋[J]．新闻战线，2008(9)：30－33.

[306]周文，冯文韬．中国奇迹与国家建构——中国改革开放40年经验总结[J]．社会科学战线，2018(5)：27－36.

[307]周小川．金融政策对金融危机的响应——宏观审慎政策框架的形成背景、内在逻辑和主要内容[J]．金融研究，2011(1)：1－14.

[308]周志山．从分离与对立到统筹与融合——马克思的城乡观及其现实意义[J]．哲学研究，2007(10)：9－15.

[309]朱光华．大力发展混合所有制：新定位、新亮点[J]．南开学报，2004(1)：3－5.

[310]朱华．关于“引进来”与“走出去”相互关系的理论思考[J]．大连海事大学学报(社会科学版)，2010，9(1)：5－7，11.

[311]朱墨．《资本论》开篇商品性质问题研究[J]．江汉论坛，1989(9)：40－42.

[312]朱沁夫．分配方式的目的与效率[J]．经济学动态，2000(6)：39－40.

[313]卓炯．论社会主义商品经济[M]．广州：广东人民出版社，1981.

后 记

本书由宋宇制定大纲及编写体例，并由孙雪博士协助对书稿进行改写和定稿，参与书稿撰写的均为西北大学经济管理学院教师或者研究生，具体分工为：宋宇（导论）、孙雪（第一章、第四章、第五章、第九章、第十章）、梅国伟（第二章）、马雪涛（第三章）、成康（第六章）、庞钰（第七章）、王昕（第八章）、张玉（第十一章）。

本书出版，得到教育部人文社会科学研究西部和边疆地区规划基金项目“新时代中国特色社会主义政治经济学若干重大理论问题研究”（19XJA790002）、教育部哲学社会科学研究重大课题攻关项目“中国特色社会主义政治经济学的理论与实践研究”（20JZD005）的资助。同时，我们感谢西北大学经济管理学院多年来的帮助与支持，感谢白永秀教授、任保平教授、吴振磊教授、马莉莉教授、师博教授、王强教授、何爱平教授、岳宏志教授、杨建飞教授、李凯教授、吴丰华教授，以及李玲燕副教授、赵麦茹副教授、王聪副教授、魏婕副教授、张美云副教授等的大力帮助与支持，特别是对责任编辑的辛勤编辑工作和宝贵建议表示衷心感谢。

中国特色社会主义政治经济学博大精深，我们试图梳理中国特色社会主义政治经济学的发展线索，以努力为推动中国特色社会主义政治经济学的守正创新贡献绵薄力量。但由于水平及时间限制，尽管做了很多努力，本书仍有不少不足之处，敬请同人批评指正。

宋 宇

2022 年 9 月